线装经典

中华考古事典

《线装经典》编委会◎编

云南出版集团
云南人民出版社

图书在版编目（CIP）数据

中华考古事典 /《线装经典》编委会编. --昆明：云南人民出版社，2017.1

（线装经典）

ISBN 978-7-222-14357-9

Ⅰ. ①中… Ⅱ. ①线… Ⅲ. ①考古发现—中国 Ⅳ. ①K87

中国版本图书馆CIP数据核字（2017）第045849号

出 版 人： 胡平　高晓玲

项目策划： 唐码书业（北京）有限公司 WWW.TANGMARK.COM　云南出版集团 北京南天竹图书有限责任公司

责任编辑： 姚实名　董高凌

装帧设计： 刘畅

责任校对： 胡元青

责任印制： 洪中丽

ZHONGHUA KAOGU SHIDIAN

中华考古事典

《线装经典》编委会　编

出版　云南出版集团　云南人民出版社

发行　云南出版集团北京南天竹图书有限责任公司

社址　昆明市环城西路609号

邮编　650034

网址　www.ynpph.com.cn

E-mail　ynrms@sina.com

开本　787mm × 1092mm　1/16

印张　22

字数　360千

版次　2017年1月第1版第1次印刷

印刷　北京海纳百川旭彩印务有限公司

书号　ISBN 978-7-222-14357-9

定价　26.80元

如有图书质量及相关问题请与我社联系

审校部电话：0871-64164626　印制科电话：0871-64191534

前　言

中华文明源远流长，在这漫长的历史长河中，我们的祖先曾创造了难以计数的辉煌。我们是幸运的，因为许多文明成就流传到了今天；我们又是不幸的，由于自然环境的演变、战争的破坏、人类生存的需要等，许多灿烂的文明成就早已消失在岁月中。

中国是一个史学发达的国家，所以，我们曾经满怀信心地寄希望于那些浩如烟海的史籍，希望能从那些流淌的文字中，窥探古文明那辉煌的身影。但很快，我们就失望了，因为有文字可考的历史，只有不到1%！而即使是这1%，还有许多是找不到实证的疑史！至于其他的，尤其是那些在远离中原大地的世界里发生过的故事、存在过的古国，在历史的尘埃中，化作一曲曲绝响，凝结成了一个个未解的谜团。

然而，逝去的文明并没有就此销声匿迹，它们在广袤的大地上留下了内涵丰富的遗迹和遗物，或尘封在了荒城古冢的残垣断壁中，或埋藏在了古堡废墟的碎石破瓦间，和古老的传说一起，讲述着曾经的灿烂与辉煌，成为人们了解过去的世界的唯一桥梁。于是，人类找到了还原历史的新途径，由此，考古学应运而生。

虽然中国的考古学只有不到80年的历史，但其成就却是令人瞩目的：北京人的发现，展现了人类演进的清晰进程；殷墟的发掘，使商王朝不再只是美丽的传说；良渚的美玉，见证了远古手工业的发达；莫高窟的壁画，再现了中国佛教艺术的繁盛；马王堆汉墓的揭秘，诉说着一个肉体不灭的神话；楼兰的复苏，再现了一个沙海里的奇迹；秦陵地宫，更是让人在无限神往的同时感慨万千……

这些都堪称是中国考古学上最伟大的发现，也曾使整个世界为之震惊。科学家通过对这些历史遗迹的研究，发现了通往人类起源和昔日文明的路标。

本书分溯源中华祖先、追寻文化源流、解密玄奥“天书”、叩问神秘墓寝、开启绝世宝库、重现神秘都城六大板块，着重选取了我国考古学上的一些重大考古发现，详细地讲述了它们的发掘过程、惊人的收获、难解的谜题以及重大意义和深远影响。

在此次编著过程中，我们摒弃了考古报告的沉闷繁琐，以大量精美写实的图片、生动流畅的语言，再现这些重大发现，诉说那些鲜为人知的真相，揭开笼罩在这些失落的文明上的迷雾，让读者循着考古学家的足迹，与他们一起探险、一起历奇、一起狂喜、一起失落……

在享受这些惊喜的同时，我们也不会忘记那些仍在考古发掘现场战斗着的英雄们。中国的考古学是一门新兴的学科，一方面，在理论、技术上落后于西方国家；另一方面，中国古老的文明延续时间最长，情况十分复杂。这些都对中国考古学家们提出了挑战。但是，他们从不退缩，为了心中崇高的信念，他们行进在祖国山河的每一个角落，栉风沐雨，风餐露宿，忍受着常人难以想象的寂寞和孤独。而正是他们的辛劳奉献，我们才得以领略这来自废墟里的辉煌和田野上的诗意。

在此，谨向他们致以诚挚的问候和衷心的感谢！

目录

溯源中华祖先

追寻文化源流

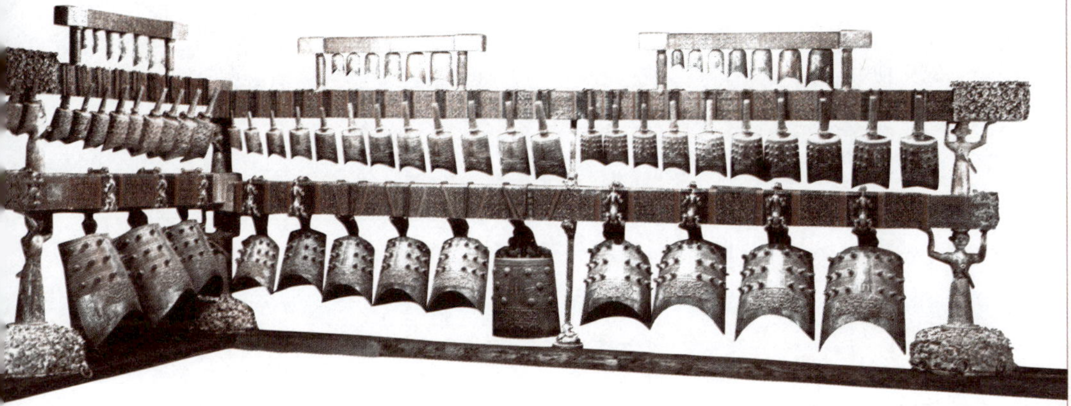

解密玄奥『天书』

目录

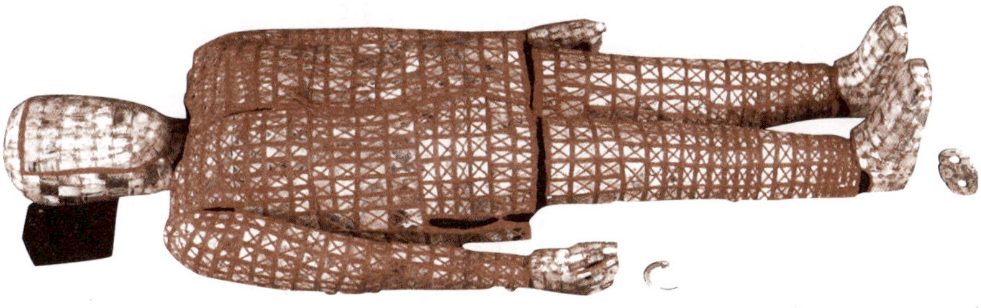

开启绝世宝库

重现神秘都城

溯源中华祖先

SUYUAN ZHONGHUA ZUXIAN

『我们从何而来？』这是一个亘古以来一直缠绕着人们的问题，淳朴的古人们不约而同地把这份伟大的功绩奉献给了神灵。然而，现代考古学却为达尔文的《物种起源》提供了证据，给了我们不同的答案。

元谋人

——最古老的祖先

- 年代：约164万年前
- 位置：云南省元谋县
- 发掘迄始：1965年

地质调查的意外发现

云南元谋盆地虽地处云贵高原，却属于亚热带气候，一年分雨季、旱季两季，平均气温为21.9℃。这种气候与东非大裂谷很相似，是早期人类进化的理想环境；就连这里的植被，也与东非的奥杜韦峡谷（世界著名的早期人类化石产地）有着惊人的相似。

20世纪初，很多考古工作者就曾经进入元谋地区考察，他们发现了早更新世的动物化石群，但却没有找到古人类的活动遗迹。20世纪30年代，我国著名考古学家、古人类学家贾兰坡也曾到过云南调查，结果也没有什么重大发现。20世纪50年代以后，云南元谋等地相继发现了古猿化石，有了古猿化石，就意味着可能会有古人类的活动遗迹，然而，考古学家们多次前往元谋等地探察都没有任何发现。

元谋猿人遗址

元谋猿人遗址位于云南省元谋县城东南约7千米的大那乌村，属全国重点文物保护单位。

历史就是这样，总爱跟人类开玩笑，许多考古学家穷一生精力都无法寻获，而许多重大的发现，却总是源于人们的一次不经意——元谋地区古人类化石的发现，就是地质考察带来的意外惊喜。

1965年4月初，国家想要在西南建设成昆铁路，中国地质科学院就派出了地质力学研究所的地质学家钱方、赵国光、浦庆余和王德山等人，组成了一支野外工作队，到元谋盆地开展地质工作，以辅助铁路的设计工作。

展开工作前，考察队向当地老乡打听过，知道元谋盆地上那蚌村附近龙骨很多，就决定过去看看。5月1日，他们来到了上那蚌村，发现该村附近有一座棕褐色小山丘，山丘四周被那蚌河冲出了一道道沟壑，富含化石的不同堆积层从沟壑中露了出来，非常方便考察，他们决定就从这里开始探查。

起初，几个地质队员从早更新世（更新世亦称洪积世，一般认为在距今175万年前到1万年前之间，是古人类进化的重要时期）地层中挖出了许多古脊椎动物的化石。下午5点，钱方发现了几颗半露出地面的云南马化石，到近前一看，旁边还有一些牙齿状的化石。他小心翼翼地挖掘，终于挖出了一枚化石，越看越觉得像人牙，就又往旁边挖，又发现了一枚。为了找到更多的证据，他们又在附近做了许多挖掘工作，但却没有什么新发现，只好收工回去了。

几个地质学家虽然翻查资料做了对比研究，但都不敢确定这到底是否属古人类的牙齿化石，于是，决定返回北京后找权威人士鉴定一下。后来，这两枚化石被送到了经验丰富的古人类化石家胡承志手中，经过初步鉴定，这颗牙齿的“主人”被认定为近似于北京人的早期直立人。按照考古学的惯例，他被称为“直立人元谋亚种”，简称“元谋人”。中国最古老的祖先“元谋人”，就这么简单而轰动地问世了！

由两颗牙齿得来的证据

地质学家在云南元谋发现的两颗牙齿化石，是口腔上内侧的两颗门牙。最初发现时，齿冠部分保存得很完整，齿根末梢残缺，表面有许多碎小的裂纹，其中填满褐色黏土。清洗后发现，这两枚牙齿特别粗壮，外侧比较平坦，内侧的模式显得非常复杂，具有明显的原始性质。

富有经验的古人类化石专家胡承志对这两颗牙齿化石做了鉴定，认为它们粗壮、硕大、磨蚀程度不大，切缘刚露出齿质，很可能属于一个青年男性所有。但是由于资料缺乏，人们还无法一窥这位祖先的真实面貌。

把这些牙齿化石同“北京人”牙齿化石比较后，就会发现它们也呈铲

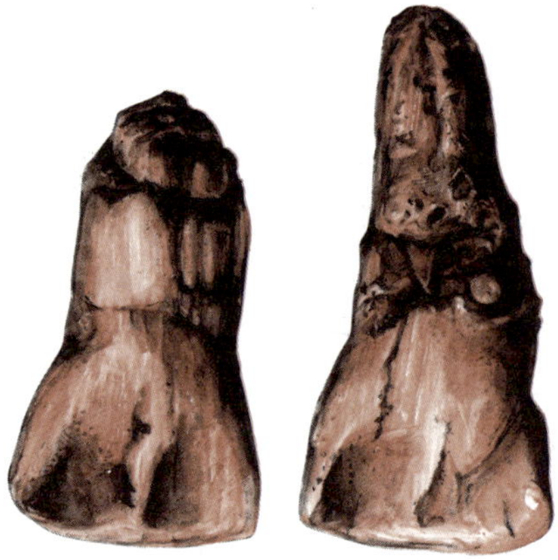

元谋人门齿化石

据考证，元谋人的这两颗牙齿，一为左上内侧门齿，一为右上内侧门齿，同属于一个成年个体，可能是一个青年男性的。

形，具有很大的相似性；同时，“元谋人”的牙齿同纤细形南猿的牙齿也有几分类似。这一方面反映了“元谋人”同纤细种南猿间的传承关系，也反映了其同“北京人”之间的亲缘关系。

以“元谋人”上中门齿为代表的远古人类，既是我国早期直立人的代表，也是纤细种南猿的后系，是两者之间的过渡阶段。这正好填补了人类由猿到人进化过程中的一段空白，使人类进化链条更加丰富起来。

在“元谋人”牙齿化石出土地点附近，考古工作者还先后发掘出了7件粗糙石器。这些石器主要由脉石英打制而成，有刮削器和尖状器，器身都带有比较明显的人工痕迹。在同人类化石相伴被发掘的石器中，这些是我国目前最早发现的石器。

而在后来“元谋人”的考察中，最让人惊喜发现的是找到了炭屑。

1974年，考古工作者又开始了对元谋地区的发掘。一天，一切都像往常一样继续着。突然，有人大喊了一声：“快看，是炭屑！”话音未落，在场者都已抛下手中的工作围了上去。

随着发掘的深入，炭屑遗迹越来越多。不仅如此，在炭屑附近，考古队员还发现了两块烧骨，而且炭屑也总是与哺乳动物化石同在一处。这到底是自然火还是古人们使用的火？这个问题还需要考古学家们进一步地研究。如果这真是“元谋人”使用火的遗存，那人类使用火的历史就往前推进了一百多万年。

在对元谋地区的后续考察中，中国科学院的考古工作者们还发掘出了“元谋人”的一段胫骨化石以及尖状骨器一件、两截人工痕迹明显的骨头化石。

云南这片土地是我国目前已知最古老的人类起源、演化地。考古学者们还认为，“元谋人”或者他们的子孙们曾向北越过金沙江，迁徙到甘肃、青海一带，滞留当地的，成为古代所称的羌、戎族；继续向东北开进的，很可能就是越过白令海峡进入美洲的古印第安人的祖先。

“元谋人”到底有多古老

“元谋人”的发现引起了考古学界的广泛重视。中国科学院用古地磁法测定出化石出土的地层大约有170万±10万年的历史，但这个结论没有得到中外专家的广泛认可，学术界存在着很多不同的观点。

有人认为，地球的南、北两极在不断地偏移，甚至可能出现过南北极倒转的状况，古地磁法不能产生准确的数值年份，只能产生相对年代，这样确定的年代会出现很大的偏差；甚至还有人宣称，“元谋人”顶多有70万年。而中国科学院古人类研究所的黄慰文研究员在云南的发现，则为170万年说提供了最新的有力证据。

2005年5月，黄慰文从北京到云南，本是受邀去查看富源县遗址的，路过“元谋人”遗址时，他突然想起长期以来的心愿，于是就生起了顺道看看的想法。路上，他对陪同的云南省考古所副研究员吉学平开玩笑说：“说不定，这次我们会有大发现呢！”谁也没想到，这一次竟然真的有了令人惊喜的新发现。

其实，黄慰文考察“元谋人”的想法由来已久。早在1986年，国际专家就曾联合考察了旧石器时代大量存在的网纹红土层，经过同位素年代测定，专家们一致认定，这是80万年前形成的特有土层。关于红土层的论证，让黄慰文想起了“元谋人”化石的出土层，于是，他总想找机会再做一次实地考察。

元谋陈列馆前的元谋猿人复原像

元谋陈列馆前立有元谋猿人复原像，馆内陈列着元谋人牙齿化石的标本及其他有关元谋人的实物、资料。

到了遗址，他们仔细考察了这里的红土层，经过反复验证，认定这里果然是网纹红土。这种表面带有蜿蜒纹路的红色土层，是在80多万年前的湿热气候刺激下，岩石产生了化学反应，又被风化而形成的，这在长江以南地区的早期地层中经常出现。

而“元谋人”牙齿化石的出土层面就压在网纹红土层下面。网纹红土的酸性很强，一般不会留下动物化石，这就排除了化石从上层掉落到下层的可能。所以，最大的可能是，“元谋人”生活在早于红土层的年代，也就是生活在距今80万年以前的时代。

虽然“元谋人”具体生活年代仍在争论中，但越来越多的证据都表明，“元谋人”是我们当之无愧的古老祖先！

蓝田人

——黄土高原上的先祖

- 年代：约100万－50万年前
- 位置：陕西省蓝田县
- 发掘迄始：1963年

大雨带来的古人牙齿

早在20世纪初，周口店发现古人类化石后，专家们就开始向外找寻与“北京人”一脉相承的其他人类遗迹。经过多学科探查，60年代时，人们逐渐把视线落到了陕西蓝田地区。

“蓝田人头骨出土处”纪念碑

蓝田猿人遗址属全国重点文物保护单位，包括蓝田县公王岭和陈家窝两个地点。据古地磁测定，两个地点的地史年代分别距今75万－80万年和53万年。1964年秋，考古学家在公王岭发现蓝田人头骨化石后，遂立此纪念碑。

位于西安东南的蓝田盆地自始新世（始新世在地质年代体系中位于新生代第三纪之下，介于古新世与渐新世之间，持续时间约为距今5500万年前到3370万年前）起，就堆积了大量从秦岭和骊山上冲刷下来的泥沙、石块，形成了几千米深的巨厚堆积层，加之季风从西北吹来黄土，形成了厚厚的覆盖层。地壳运动和河流的切割作用，使这一带林立着沉积地层的剖面，成为一个天然的地质博物馆，许多地层中蕴藏着丰富的化石和遗物，是古地质学和古人类学家注目的焦点。

1963年夏天，一支由中国科学院古脊椎动物同古人类研究所联合组织的考察队到达了蓝田地区。专家张玉萍、黄万波带着这支考察队在蓝田泄湖镇陈家窝村开始了搜寻。终于，他们在大约30米厚的红土层中发现了一枚古老人类的下颌骨化石，这使蓝田盆地成了中国大地上又一处重要的早期人类遗迹发现地。

消息传出以后，举国振奋，中国科学院很快又组织了一次“蓝田大会战”活动，全国多家科研机构的几十名专家组成了多支野外考察队，由著名考古学家贾兰坡带领，奔赴蓝田进行大规模的综合考察，以期获得更大、更有力的发现。

考察队到达蓝田盆地后，得知蓝田北岭的三官庙地区有很多龙骨，也就是专业所称的化石，就打算到那里去勘查。走至公王岭附近，大雨滂沱而至，考察队被拦了下来。正好附近有个小村子，队员们就到村中避雨。在与当地老乡攀谈中，他们说出了来意，一听到是来挖龙骨做研究的，热心的老乡立刻告诉他们，公王岭上就有很多龙骨。听说有龙骨，考察队的专家们都很高兴，当即决定改变原来的计划，先到身边的公王岭去考察。

第二天一早，考察队员就来到公王岭上。刚开始考察，公王岭完整的地层、蕴含的丰富的古动物化石就令他们震惊不已，他们立刻开始着手挖掘。5月22日，经验丰富的技工武英发现了一颗藏在钙质结核中的牙齿化石，半露半掩的化石让他精神一振，随即开始挖掘。但是，因为钙质结核太过坚硬，化石在发掘时断裂，剩下的一半还留在结核里，不能判断到底是否属于古人类化石。

天色已晚，但考察队员们并没有就此放弃，而是继续挑灯奋战，硬是一点点地把剩下的半颗牙齿清理了出来。破裂的牙齿合成了一颗完好的人牙，队员们都沸腾了。等他们冒雨将这颗宝贵的牙齿送到总负责人贾兰坡那里时，这位著名的考古学家竟然激动地大叫了一声：“人牙！”

这颗因一场大雨而被人们找到的人牙化石还只是个开始，公王岭还有更大的发现在等待着考察队。

“蓝田女人”的头骨

考察队在公王岭的初期发掘并不顺利。这是因为，公王岭的地层中各种动物的骨骼及碎片、牙齿都互相叠压在一起，很难梳理开来，其各自的具体数目更难弄清楚；这里到处都是黄土，这种土透水性极差，里面的化石经常处在潮湿的环境中，脆弱得不堪碰触；而且，公王岭的许多化石还都被包裹在坚硬的钙质结核中，要想敲破坚硬的结核层而不伤及里面脆弱的化石，困难很大。考察队刚开始挖掘时，尽管都非常小心，但由于经验不足，还是损失了许多化石。

这种情况被汇报到了贾兰坡老先生那里，贾老立刻指导考察队改用套箱法采集化石。套箱法是在野外条件不充分的情况下，处理不易剥离化石的一种极好方法。考察队员遵照贾老的指示，将化石连同堆积物整块采集下来，根据化石块的大小制作出箱子的四面，然后将化石块套入箱中，先封上顶，再翻过来封上底，打算把这些箱子运回北京再慢慢清理。

制作了40多个箱子后，考古队的工作就要告一段落了。因为箱子里是比较坚固的化石堆积块，不会轻易受到损坏，队员们就把这些箱子用火车托运回了北京。

1964年秋季，考察队的专家们在北京开始清理公王岭带回来的化石套箱。在这些套箱中，有块重达800千克的超级套箱，是在发现古人类牙齿的地方挖掘出来的，因此受到了大家的特别关注，富有经验的柴凤岐师傅亲自指导青年技工李功卓整理这个套箱。套箱慢慢缩小，剑齿虎、熊、三门马、大角鹿等化

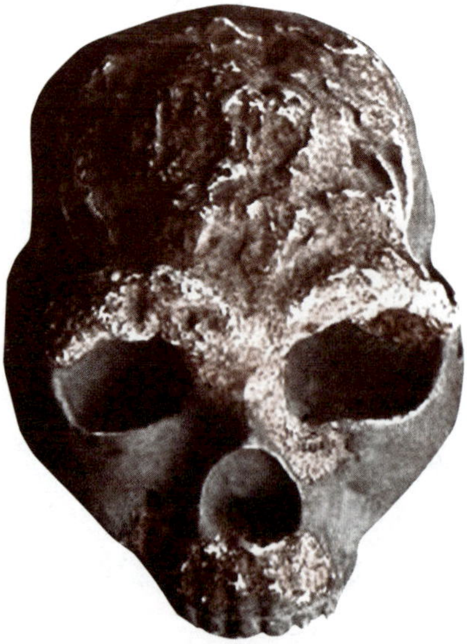

蓝田人头骨化石

蓝田猿人遗址中，有一具被命名为“蓝田人”的女性头骨化石，经脑容量测定，其比北京人更为原始。

石一个个被剥离出来，可古人类化石却迟迟不露面。人们在焦急中等待着，当化石被剥到脸盆那么大时，终于发现了一颗人牙，大家的心这才稍微安定了一点。

10月12日，一枚人头骨终于在人们的热烈期盼中从化石块中现出了身影。这枚人头骨有比较完整的头盖骨及一大片上颌骨，颌骨上面还有两颗牙齿，这是世界上发现为数不多的猿人头骨化石之一。经鉴定发现，这是一名女性。新出现的人种，按照其出土地被命名为“直立人蓝田亚种”，简称为“蓝田人”。

粗糙石器的使用者

伴随着“蓝田人”骨骼化石出土的，还有200多件粗糙石器。这些石器主要分为大尖状器、大小各种多边砍斫器和单边砍斫器、刮削器等。此外，还有一些不知用途的石球。制造石器所使用的材料大多是脉石英、石英岩、砾石，其加工制作技术十分粗糙，只是用锤击方式打出使用面来，很少对石器进行第二步加工，带有相当大的原始性。

蓝田人复原像

蓝田人的容貌更似猿猴，智力和四肢也比不上北京人发达。考古学家因而把蓝田人归为“早期直立人”，而把北京人归为“晚期直立人”。

但是，这批粗糙石器中也有一些制作得比较精细，有一种脉石英打制而成的盘状器，直径有10厘米，中心凸起，周围打出刃，可用于割裂、刮削，即使到了旧石器晚期，也有人类继续使用。而更引人注目的是“蓝田人”使用的手斧，这种石器一般都出自欧洲旧石器早期遗址，在东方的出现还是独例，这是远古人互相交流的作品，还是“蓝田人”的神来之笔？至今仍是难解之谜。

2001年3月，为“蓝田人”遗址修建保护厅时，考古学家又发掘出了4件旧石器。这些用乳白色石英岩打制成的石器，比“蓝田人”使用的旧石器更粗糙，经过研究，他们的年代要比“蓝田人”更早。那么，还有没有更早的古人类在蓝田地区活动过呢？这还需要更深入的研究。

在“蓝田人”化石发现的地层中，考古工作者还发掘出了1200多件古动物骨骼化石，其中有三门马、大熊猫、鼢鼠、李氏野猪、葛氏斑鹿、东方剑齿象、剑齿虎、爪兽、硕猕猴和兔等，这些化石结构都带有比较明显的南方色彩。由此，可得出我们的早期祖先“蓝田人”应该生活在气候相对温暖、湿润的古森林草原地带。

较早的直立人

在“北京人”得到世界承认之后，考古学家们都在猜测中国到底有没有更早的人类。当时，国内学术界也在争论“北京人”是否属于最原始的人，我国有没有早更新世的人类。“蓝田人”的出现，打破了这种疑虑，提供了中国更早直立人存在的确切证据。

考古学家对公王岭出土的“蓝田人”头骨进行测定，发现这是一位30岁左右的成年女性，属于早期的直立人。

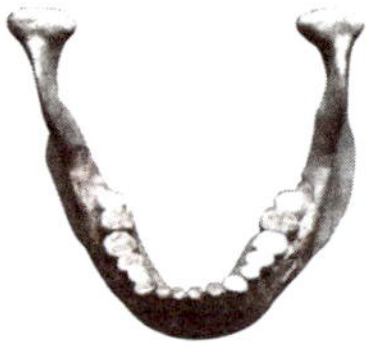

蓝田猿人下颌骨化石
发现于蓝田县陈家窝，经测定，它属于一个老年女性。

公王岭远眺
公王岭遗址位于灞河左岸最高一级阶地，因发现“蓝田人”化石而闻名于世。

这位女性祖先眉脊比“北京人”更加突出，前额更低平，头骨骨壁更厚，牙齿也更粗大一些，其脑容量只有778毫升，远不如“北京人”。这都说明了，这位远祖是比“北京人”更原始的人类祖先。

其实，早在公王岭“蓝田人”头骨发现以前，考古学家还在同属蓝田地区的陈家窝发现了一枚下颌骨，通过科学测定，这枚下颌骨属于一位老年女性，生活在距今大约65万—50万年前，与“北京人”的时代比较相近。而公王岭出土的女性头骨经测定后，被认定是100万年前的人类遗骸。科学家根据公王岭“蓝田人”的头骨复原出的猿人头像虽然比“北京人”和“陈家窝人”原始，但主要特征没有很大差别。因此，公王岭的“蓝田人”被归入早期直立人之列，时间却比陈家窝的“蓝田人”提早了四五十万年。时至今日，“蓝田人”化石仍然是公认的亚洲北部最老的直立人化石。

“蓝田人”遗迹的考古发掘，为史前研究提供了丰富的资料，被国际考古界誉为20世纪60年代的重大考古发现，为各国古人类学家、古生物学家所向往。

北京人

——举世瞩目的祖先

- 年代：约70万－20万年前
- 位置：北京市西南房山区周口店龙骨山
- 发掘迄始：1921年

“龙骨”中的牙齿

在中国，人们很早就把从地下出土的、像石头一样奇形怪状的动物骨头、牙齿统称为龙骨，把它们当作止血安神的药材来使用，这在李时珍的《本草纲目》中就有记载。然而，他们不知道这些却是远古动物的骨骼化石。

19世纪以后，在中药店里流行的龙骨引起了一些外国人的注意。德国医

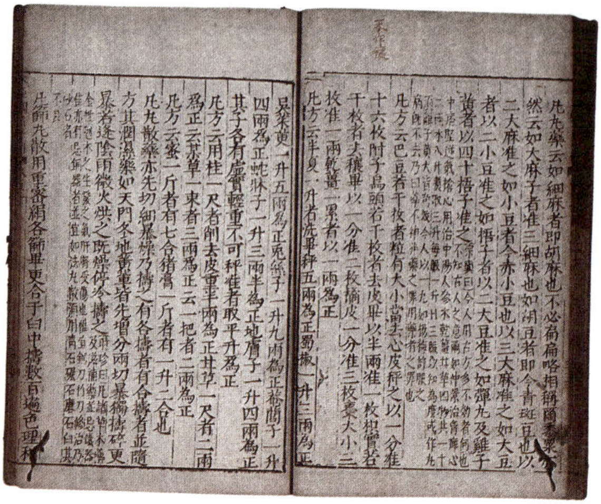

《本草纲目》书影

《本草纲目》中曾有记载，“龙骨”能生肌防腐，具有止血和治疗外伤的功效。

生哈贝尔离开中国的时候，就带回了一箱龙骨、龙牙。他把这些送给了德国著名古脊椎动物学家施洛塞尔教授，教授在其中发现了一颗介于人与猿之间的牙齿化石。

消息一传出，世界学术界都为之振奋了，很多科学家都萌生了到中国收集龙骨的想法，瑞典考古学家安特生就是其中之一。安特生是瑞典著名地质学家、考古学家，热衷于收集和研究古生物化石，并以此进入考古界。他曾主持发掘仰韶文化，亦到中国的青海等地做过考古调查，开启了中国的田野考古工作，并著有《中国远古之文化》等多部著作。

1911年，安特生作为政府聘请的矿产顾问来到中国，他抓住这个千载难逢的好机遇，到处搜求龙骨。

1918年，安特生得知北京西南周口店附近有专门出产龙骨的地方，非常兴奋，立刻动身去考察了两天，还作了小规模的发掘，但没有找到似人或猿的骨骼化石。后来，搜寻工作暂时停了下来。

3年后，奥地利一位年轻的古生物学家师丹斯基来到中国，想跟从安特生做实际考察工作。安特生对这位年轻的古生物学家很欣赏，于是决定带他去周口店，看看有没有什么新发现。

一行人到了周口店，当地一位老乡得知他们在找龙骨后，就指点他们到另一个地方——即现在的龙骨山去挖掘。就在这里，安特生发现了一些边缘锋利的白色脉石英碎片，他认为这很像是打制的粗糙石器。于是这位兴奋的考古学家说：“我有一种预感，我们祖先的遗骸就躺在这里。现在唯一的问题就是去找到他。”

在这次考察中，师丹斯基采集了许多龙骨标本，其中就包括几颗“北京人”牙齿化石，但是当时他们都没有辨认出来。后来，师丹斯基把这些标本带回了欧洲。1924年，他从标本中鉴定出了人牙化石，但还不很确定这是古人类牙齿化石，但他还是把消息以及疑问公布了出来。这立刻在科学界引起了轰动，消息很快传遍了全世界。

寻访“北京人”

周口店古人类化石的发现，不久就得到了大部分科学家的承认，但也有一些科学家仍抱怀疑态度。曾经就有人问安特生：“喂，安特生博士，‘北京人’是怎么搞的，它到底是人还是食肉类动物？”

安特生很幽默地回答说：“尊敬的先生，来自周口店的最新消息是：我们的老朋友既不是一位男子汉，也不是食肉类动物，而是介于其中的某个阶段的代表，并且还是一位女士呢！”后来，“北京女士”就成了“北京人”化石这一重大发现的代名词。

周口店找到的牙齿化石是早期人类骨骼化石，再找下去一定会有更大的发现，安特生对此有着坚定的信心。他立刻与加拿大解剖学家步达生合作，着手筹备继续寻访“北京人”的工作。

当时，世界上正流行“中亚热”。世界古人类学、古生物学家们普遍认

北京猿人遗址

位于北京市西南房山区周口店镇龙骨山北部。因20世纪20年代出土了较为完整的北京猿人化石而闻名于世。尤其是1929年发现了第一具北京人头盖骨，为北京人的存在提供了坚实的基础，成为古人类研究史上的一座里程碑。

北京人复原头像
这座头像是古人类学家于1959年根据对北京人头骨化石的研究复制而成的，是一个中年妇女头像。

为，中亚包括中国西北部曾是孕育原始人类的“伊甸园”，进入这片地区寻找人类远祖的行动立刻热浪滚滚起来。

在这次热潮推动下，安特生与步达生的工作得到了美国洛克菲勒基金会的支持。他们组织了一支考察队，于1927年春开始系统发掘周口店龙骨山的化石，以期找到中华大地上的人类祖先存在的确切证据。

发掘工作很快就取得了可喜的成就。考察队从收集到的500箱龙骨化石里，找到了一颗保存完好的古人类牙齿化石。步达生仔细研究了这颗化石，确定这就是人类远祖的牙齿化石，并以此为根据，确立了“中国猿人北京种”这个种属，也称为“北京中国猿人”。

不久，刚刚从地质学院毕业的学生裴文中加入了安特生和步达生的考察队，他就是后来震惊世界的“北京人”头盖骨的发现者。

1928年，考察队的收获更加丰富，他们发现了两枚“北京人”的下颌骨，其中一枚还保有3颗完整的牙齿。同时，发掘也进入了新的地质层次——堆积层，想真正了解它，需要深入到地质学、古生物学等各个领域中去，现有的组织以及计划已不适应考察的需要。

于是，安特生、步达生等人协商成立了世界知名的中国地质调查所新生代研究室，开始系统、全面地展开对周口店龙骨山地区进行发掘，这也加速了震惊世界的“北京人”头盖骨的问世。

发现头盖骨

新组建的队伍更加繁忙地发掘、整理着周口店龙骨山的化石。散乱堆积的古生物化石越来越少，这时，一些人转到其他方面去工作了，周口店化石发掘的重任落在了裴文中身上。

随着发掘的深入，考察队员们在龙骨山狭窄的裂隙南部又找到了一小片未开发区域。裴文中等人腰系绳索到里面考察，发现了大量的化石。

这时已是寒冷的冬季，挖掘工作应该停止了，但因为突然发现这么多化石，大家都很兴奋，裴文中就决定再做几天。当时，谁都没有想到，奇迹就要发生了！

1929年12月2日下午4点多，裴文中和几个技工忍耐着寒冷坚持工作。在极其狭小的空间中，他们拿着蜡烛等工具仔细地察看着。突然，裴文中大喊道："这是什么？是人头！"人们都沸腾了，连忙围拢到洞口朝里看，只见一块头盖骨化石半埋土中。

裴文中小心地挖空周围的硬土，轻轻地用撬棍撬了几下，头盖骨出来了。在撬动时，头盖骨化石破损了一点儿，这让裴文中很是后悔。不过经整修后，头盖骨完好如初，并没有影响到以后的研究工作。

裴文中带着队员们捧着宝贵的头盖骨回到驻地，刚出土的化石非常脆弱，经过夜以继日地处理，他们在头骨外边做了一层"皮牢克"（一层保护化石的石膏壳），然后又用棉被仔细地包裹好。最后，才由裴文中亲自送回了北京。

第一次完整发掘出"北京人"头盖骨的消息，迅速传遍了学术界，震撼了整个世界。作为从猿到人学说的重要证据，"北京人"头盖骨是举世瞩目的稀世瑰宝，这次发现也因此被誉为"古人类历史中最有意义、最动人的发现"，被评为20世纪古人类学界最重要的发现之一。

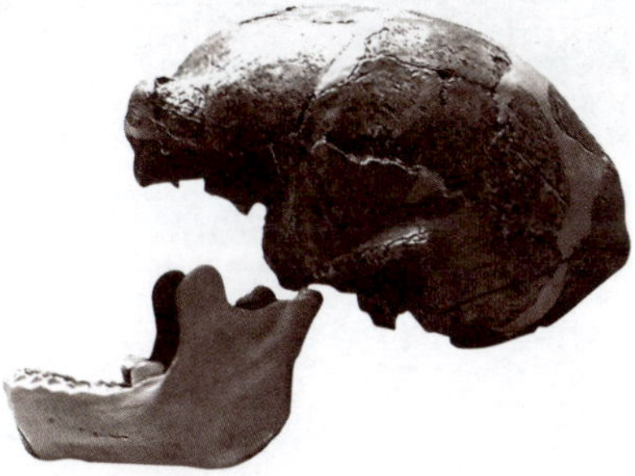

北京人头盖骨

1929年12月，考古学家们在北京房山区周口店村的龙骨山上发现了距今约60万年的一些完整的猿人头盖骨，遂将这些猿人定名为北京猿人。考古证明，北京猿人过着狩猎为主的洞穴生活，能够使用和制造粗糙的石制工具，并已学会用火取暖和吃熟食。

人类进化的重要证据

"北京人"化石出土后，引来了各国古人类学家的高度关注。1934年，步达生病死在工作台上。次年，著名的美籍德裔人类学家魏敦瑞接替了步达生的工作。

经过仔细研究，魏敦瑞详细地描述了北京猿人的形体特征，将其归类为早期智人。他还把"北京人"同当时多有争议的爪哇猿人进行了比较，将两者合为一个属种，称为"直立人"，这已经成为现代考古学公认的分类方法。

魏敦瑞指出，"北京人"的身体特征介于古猿与现代人类之间。其头骨低平、眉骨高凸、面部短、吻部前突；脑容量平均仅1043毫升，大约是现代人的2/3；身材短粗，男性大约身高156厘米，女性约有144厘米；双腿短，臂

周口店遗址博物馆

周口店遗址博物馆坐落在北京房山区周口店龙骨山脚下，是一座举世闻名的古人类遗址博物馆，始建于1953年。馆内除有北京猿人的头骨展品之外，还有大量古生物遗骸。

部较长，头部前倾。虽然“北京人”还保留着许多古猿的特征，但其四肢骨骼已十分接近现代人，能够极其轻松地直立行走。这种特性使得“北京人”成为人类进化链条上的重要一员，为“从猿到人”的进化学说提供了无可争辩的确凿证据。

同时，魏敦瑞认为，“北京人”是蒙古利亚人种的祖先。“北京人”有着铲形门齿，头骨上有明显的矢状脊，鼻子宽阔垂直，颧骨前突等等一系列外貌特征与现代蒙古人有着惊人的相似。由此，他提出了人类起源的多中心论，这一理论已被我国后来发现的一系列人类化石所证实。

所有研究都证明了“北京人”是中国大地上人类进化的重要证据，更是人类无可争辩的祖先之一。

神秘失踪的头盖骨

震惊世界的“北京人”头盖骨被安特生、步达生等人研究后，一直保存在协和医学院。后来，考察队又挖出了四枚头盖骨化石，这批珍贵的化石和第一枚“北京人”头盖骨一同保存在了协和医学院的地下室中。

1937年，日本全面侵华，“北京人”化石也成了他们劫掠的目标。当时地质调查所所长翁文灏等人竭尽全力来保护这些“国宝”，他们想出了3种方法，要么把化石运到抗战的大后方重庆，要么秘密地埋到一个安全隐蔽的地方，要么先送到美国暂时保管。

但是从北京到重庆千里迢迢，要经过日军的重重关卡，要想避免意外，可能性太小；留在北京，在日军的严密搜查下，随时都可能会暴露。最终，大家都倾向于第三种方案即把化石先送到美国暂时保管。

1941年，当时任新生代研究室主任的裴文中，让人把化石打包装箱。工作人员将“北京人”化石用纸层层包好，外面裹上药用棉，还用细纱布又缠了几层，放进塞满棉花的小木盒中。自最初发掘以来，先后发现的6枚猿人头骨、12枚下颌骨、10枚牙齿、10余件体骨都如此严密包裹好后，装了两大箱，很快被悄悄送上了火车。可是，谁也没有想到，这竟然是人类与这些珍贵化石的最后一面！

12月5日，“北京人”化石“乘坐”美国海军陆战队的专列驶出了北京。按照计划，列车到达秦皇岛就会有人接收化石，然后将化石搬到“哈利逊总

北京猿人生活雕像

据考证，北京猿人生活在距今约70万-20万年。北京人已经直立行走，食物主要来源于狩猎和采集，他们以石击石的方法打制出刮削器、钻具、尖状器、雕刻器和砍斫器等工具，用来满足生活需要，并已懂得用火。

统”号上，运往美国暂时保存。

但3天后，美日正式宣战，太平洋战争爆发，秦皇岛的美国海军兵营被日军占领。没有来得及运出的宝贵化石被不知情的日本人控制住了。当接收者辗转收到自己的行李时，装有“北京人”化石的两个箱子已不见踪迹。

从此，珍贵的“北京人”头盖骨化石就神秘地失踪了。当时，日本宪兵队也曾经多方查问过；战争结束后，盟军也曾寻找过，但都没有找到这批化石。关于它的下落，各方传言不断涌现，至今为止仍然是一个解不开的谜。

新中国成立后的发掘

1945年，抗日战争刚刚胜利，中央地质调查所就派人到北京重新开展周口店的考古发掘、考察工作。但是，当时经费极其紧张，新开展的只是标本的清理工作。周口店真正的发掘工作，是从1949年新中国建立以后才开始的。

历经百年战乱的中国百废待兴，但政府仍然从有限的经费中拿出一部

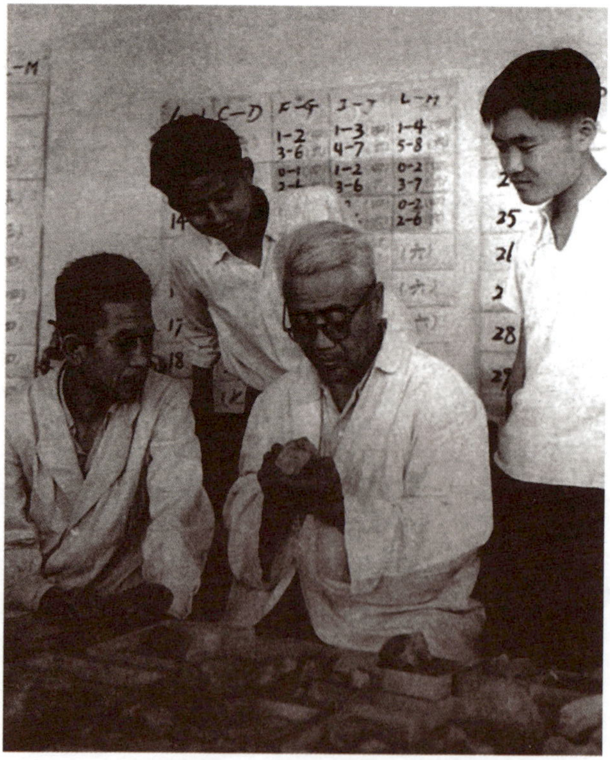

考古学家裴文中（左一）与贾兰坡（右二）

考古学家裴文中于1929年发现了第一个“北京人”头盖骨，而贾兰坡在1936年11月又连续发现了三个“北京人”头盖骨，他们都是我国古人类研究的先驱。

分，支持周口店发掘等中国古人类考察工作。在考古学家贾兰坡的主持下，“北京人”遗址的发掘工作紧张有序地开展起来。

世界文化遗产“周口店北京人遗址”纪念币

贾兰坡中日战争前就曾主持过“北京人”化石的发掘工作，还曾经发现过3枚完整的北京人头骨化石，考古经验十分丰富，这使得发掘工作很快取得了进展。在此次考察中，考古工作者们发现了5枚“北京人”牙齿化石和两件体骨化石。

1959年和1966年，令人振奋的消息传来：在裴文中的主持下，周口店发现了“北京人”头盖骨枕骨化石和额骨化石，加上整理出来的属同一个体的其他碎骨，刚好可以拼成一个完整的“北京人”头盖骨。这个拼接成功的头盖骨化石，也成了现存唯一完整的北京猿人头骨化石。

此后，周口店地区“北京人”化石的发掘工作一直没有间断过。2005年，中法两国科学家共同合作，在周口店龙骨山地区做了非侵入式地质和地球物理勘探，发现龙骨山西坡地下存在着不为人知的洞穴或裂隙，很可能是古人类居住的遗迹，这将赋予周口店新的考古发掘价值。

研究古人类生活的宝库

经过多年发掘，“北京人”遗址已成为研究古人类生活的宝库。

在“北京人”遗址发掘出的人体骨骼化石分属于40多个不同个体，数目众多的人类化石是研究人类发展的重要物证。通过研究发现，“北京人”大约生活在距今70万–20万年前，他们通常几十人结成一群在一起生活，大多数时间他们是靠采集果实、种子等艰难度日，其死亡年龄普遍偏小，大多数人在14岁之前就夭亡了。

除此之外，“北京人”遗址还出土了大约10万件石器。这些石器大多细小，原料多为脉石英、砂岩、石英岩、燧石等砾石，主要分为砍斫器、刮削器、雕刻器、石锤和石砧几类。

砍斫器主要是挑选扁圆的砂岩或石英砾石，从一面或两面打出薄刃；刮削器则选取大小不同的石片，稍微加工出刃而成；尖状器和雕刻器制作得比较精致，代表了石器制作的高超技艺，数量不多，弥足珍贵；石锤和石砧相对较大，是制作石器的工具。同时，考古工作者还在洞穴堆积中发现了丰富的骨器和角器，有像水瓢一样的鹿头盖、尖形或刀形的肢骨。正是这些工具的使用，将“北京人”彻底从古猿中分离了出来。

在“北京人”生活的地层中，还发现了大量的动物骨骼化石。这说明“北京人”生活的时代，气候要比现在温和湿润，山中草木茂盛，野兽众多。虽然“北京人”主要靠采集果实、种子等维持生命，但已学会猎取肿骨鹿、梅花鹿、野羊和野马等动物了。

值得一提的是，“北京人”遗址中还有几处呈堆形的灰烬层，明显是受到管理的火堆。在洞穴的灰烬层中，考古工作者还发现了许多被烧过的石头、骨头和朴树籽等，说明北京人已经不再茹毛饮血，而开始吃烧熟的食物。

虽然目前还无法证明“北京人”已能人工取火，但他们显然学会了保存火种的方法。这是人类由动物界跨入文明世界的重要标志！

考古资源丰富的周口店“北京人”遗址是当之无愧的研究古人类及其生活的重要宝库，有着不可估量的重要价值。1987年，“北京人”遗址被联合国教科文组织定为世界文化遗产。

山顶洞人

——高度智慧的“新人”

- **年代：**约18000年前
- **位置：**北京市西南房山区周口店龙骨山山顶洞内
- **发掘迄始：**1933年

龙骨山山顶上的居室

周口店龙骨山出土“北京人”化石后，龙骨山作为研究史前人类的宝库而备受考古工作者的偏爱，发掘工作从未间断过。

1930年，为了查清楚“北京人”遗址南部边界到底在哪里，第一枚“北京人”头盖骨化石的发现者裴文中带着队员们一起去清理龙骨山顶部的浮土。浮土清除后，一个被掩盖的小洞口露了出来。洞中充满了灰色的胶结物，从这些胶结物中，考古工作者们清理出了大批的化石。在周口店古人类遗址附近发现大量的古人类化石并不是一件令人惊讶的事情，谁也没有想到，新人种的证据就藏在这堆化石中。

等裴文中带人整理出化石后，大家面对着这些古人类骨骼化石，都惊呆了——这明显是一个比“北京人”更加进步的新人种。

这种新的人种是“北京人”的后人吗？所有关心者都急于知道答案。为了能清楚了解这种新的人种同“北京人”的关系，从1933年开始，考古队集中力量开掘了这个位于龙骨山山顶的小洞。

山顶的堆积层直接叠压在下层“北京人”遗址上方，考古队从最上层直接向下发掘。清理完毕的山顶洞分为洞口、上室、下室和下窨四部分。上室在洞穴的东半部，大约有110多平方米，考古工作者在这里发掘出了婴儿头骨碎片、骨针、装饰品和少量的精细石器，同时还在地面中间发现了一堆灰烬，附近地面都带有烧烤的痕迹，有很浓重的生活气息。下室位于洞的西半

龙骨山山顶的居室

北京周口店龙骨山山顶东北部有一个海拔170米的天然山洞，洞长约12米，宽8米，面积90多平方米，可容纳数十人。山顶洞人头骨即在这里被发现。

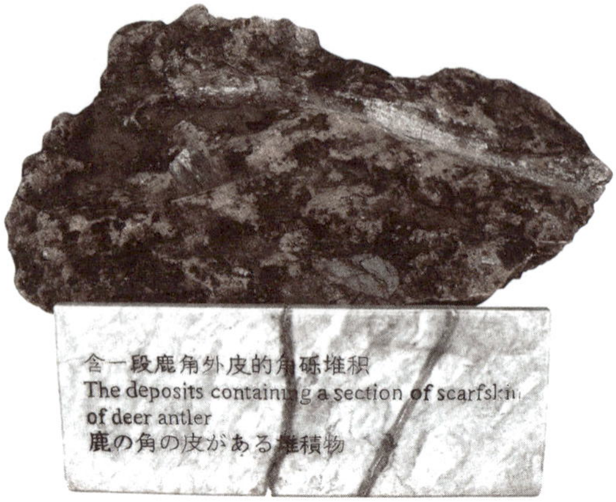

山顶洞石层中的鹿角外皮角砾堆积

考古学家在山顶洞人的装饰品中发现有鹿牙、鹿皮、鹿腿等饰件，并据此推断，鹿骨可能是山顶洞人制作骨器的原料之一。

部，是一个8米深的大坑，里面有一枚老年男性和两枚女性的头骨，像是一处原始墓地。下窨在下室深处，是一条3米见方的裂缝，这里有许多完整的动物骨架，应该是古人类藏食物的地方。

通过发掘，考古人员共得到了3枚完整的人类头骨，还有一些零碎骨骼化石，大约属于8名年龄不同的个体，最大的要超过60岁。这些人的体质同现代人已没有太大的差别，应该是人类发展史上“新人”的代表。新发现的人种因为其发现地点在龙骨山山顶洞内而被称为“山顶洞人”，此处古人类遗址也被称为山顶洞遗址。

但是，在山顶洞遗址中出土的这些骨骼化石在抗日战争期间与“北京人”化石一起装运美国时，也神秘失踪了，现在只剩下了3枚完整的头骨、几枚下颌骨以及少量的模型。

经过考古工作者鉴定，山顶洞人大约生活在距今18000年前，而在30万年前，古老的“北京人”就已经离开了龙骨山，因此，新的人种与“北京人”之间并没有直接的传承关系。山顶洞人是从别处迁徙到达龙骨山后，找到了这个位于山顶的洞口，从此便在这里繁衍生息，为古人类学及考古学研究留下了丰富的文化遗迹。

高度智慧的山顶洞人

古人类学家深入研究了发掘出来的山顶洞人头骨及其他部分的化石，发现他们跟现代人在体质上没有大的区别。山顶洞人的脑容量是1300—1500毫升，这为他们高度发达的智慧提供了生理基础；他们的身高也有了很大进步，男性一般有174厘米，女性大约是159厘米。

但是，山顶洞人与现代人在面部骨骼上还是有一些区别的：他们头骨仍然粗壮，且长于现代人；额头倾斜，眉脊有些突出；下颌骨颏孔位置比较低，且靠后，还不是特别突出，仍带有一些原始性，在人类发展史上处于“新人”阶段。该人种与现代东方人非常相似，科学界认为他们是蒙古人种的祖先。

虽然比不上现代人，山顶洞人仍是具备了高度智慧的“新人”，他们用自己的聪明才智，创造了相对比较发达的文化，极大地丰富和改善了自己的生活。

其中最显著的标志是他们已经掌握了人工取火的方法。考古学家们研究了山顶洞人洞穴中留存的灰烬遗迹，认为这里有人工取火的痕迹，判断山顶洞人已经完成了从保存火种到人工取火的质的飞跃。人工取火标志着山顶洞人从本质上脱离了动物界，成了具备高度智慧的人类，这为以后人类文明的飞速发展奠定了坚实的基础。

山顶洞人遗址中清理出来的石器数量很少，只有25件。其中3件是由砂岩砾石打制成的砍斫器，还有几件是用燧石或脉石英石片制成的相对精致的刮削器，还有用脉石英制作的两极石片。这些石器打制得都比较粗糙，比不上同时出土的骨角器精良。在山顶洞遗址出土的骨角器中最有代表性的是骨针，针身残长82毫米，打磨得非常光滑，还有细小的针孔，这是我国已发现的最早的缝纫工具。山顶洞人所使用的赤鹿角器也是经过刮磨的精致器具，这些骨角器的制作方法为后来新石器的制作奠定了较好的基础。

考古工作者通过研究发现，山顶洞人主要靠狩猎维持生计，除了猎取兔、赤鹿、斑鹿、野猪、羚羊、獾、狐狸等陆地动物外，他们还能捕猎到鸵鸟及一些飞鸟类。同时，在遗址中发现的鲩鱼、鲤科动物化石说明山顶洞人也能捕捞水生动物，其生活来源远比龙骨山以前的住户“北京人”丰富。

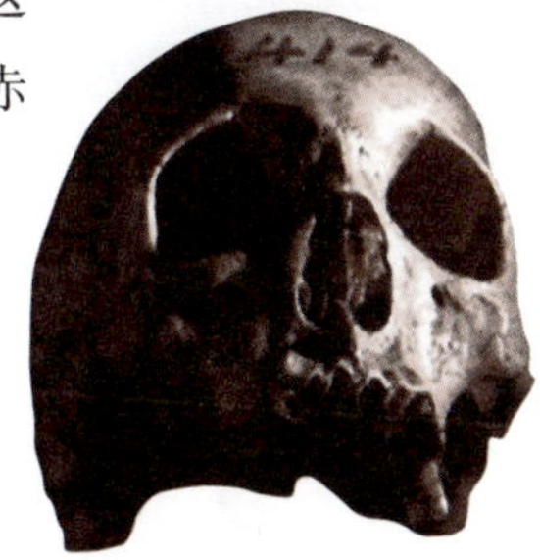

山顶洞人头骨化石

山顶洞人头骨已具有现代人的形状，脑容量约1300—1500毫升，在现代人脑容量的变异范围之内。

追求美的祖先

山顶洞人最具代表性的作品不是那些生活器具，而是他们制作的各种装饰品。虽然生活条件极其艰苦，他们还是尽最大力量来追求美，这说明山顶洞人已开始有了审美意识。在出土的装饰品中，有7颗穿孔小石珠，还有穿孔的小砾石、海蚶壳、鲩鱼眼上骨、兽牙等等。

山顶洞人制作石珠的本领非常高超。这些穿了孔的石珠多用白色石灰岩薄片制成，看起来更像四方或多边形。其制作石珠的过程大致如下：先用石器将石块打磨平整，然后放在小石块上用尖状器钻孔，钻到差不多时，再开始从钻孔的背面打磨，直到磨出孔洞为止。这种磨制和钻孔的技术，直到几千年前的新石器时代才成为制作石器的流行工艺。

山顶洞遗址中还出土了120多颗穿了孔的兽牙，这一般是男性佩戴的饰品。他们希望用成串的兽牙来显示自己的强悍，表现自己狩猎技术的高超，以求得异性的青睐。穿孔的兽牙大多是猩猩、狐等小型食肉动物的犬齿，偶尔也有鹿类的大齿。考古学家贾兰坡认为，山顶洞人使用犬齿主要有两个原因，其一是犬齿齿根长、齿腔大，更容易穿孔；其二则是犬齿形状美观、尖锐有力，且在牙齿中最稀有，穿串后更能显示猎人的气概和打猎技术。

出土的装饰品中还包括3只穿孔的贝壳，经过古生物学家的辨认，这是生长在海水中的海蚶的壳。但问题是从周口店到渤海湾大约有170千米的距离，他们是如何跑到那么遥远的海边去采集贝壳的呢？

有学者认为是当时出现了物品交换，贝壳就是以物易物交换过来的。也有学者认为，历代海陆都有变迁，在山顶洞人生活的时代海陆之间距离也许比较近，他们就有机会采集到这些贝壳。而古气候及地质学关于最后一次冰川期时华北地区曾发生过海侵的测定，也为后一种说法提供了证据，但是具体情况仍需进一步证明。

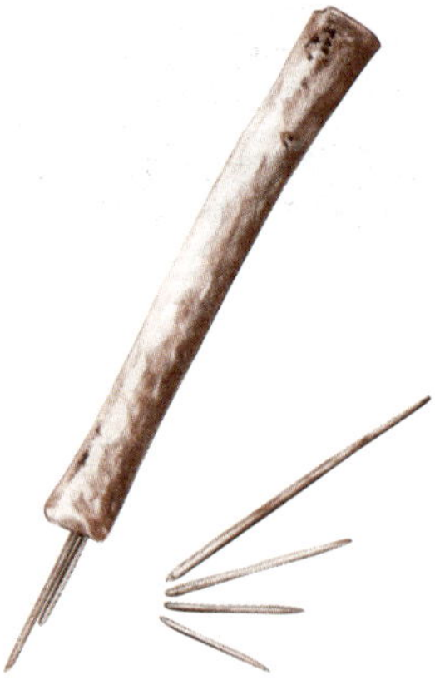

骨针

山顶洞人遗址出土的骨针，针身保存完好。它是我国最早发现的旧石器时代的缝纫编织工具。山顶洞人骨针的发现在染织史上具有重大意义，它表明5万年以前我们的祖先已能够自己缝制简单的衣物。

这些色彩各异的石珠、砾石、兽牙、鱼骨和海蚬壳等，大多被山顶洞人制成美丽的项链或者手链，挂在脖子或手腕上。他们还给绳子和小孔都染了色，染料大多是粗糙石器在赤铁矿石上刮磨出来的粉末。红色的绳子映衬着洁白的石珠、兽牙、淡绿色的砾石，传达了山顶洞人对美的追求。

除了这些饰品，专家们还认为山顶洞人已经可以缝制简单的皮衣。他们所使用的线很可能是狞鹿的韧带，这种韧带长的有半米多，既细又白，是缝制兽皮衣最理想的使用品。

无论是精致的饰品还是简单的皮衣，都反映了山顶洞人对美的不懈追求，是人类文明不断进步的标志之一。

山顶洞人的葬礼

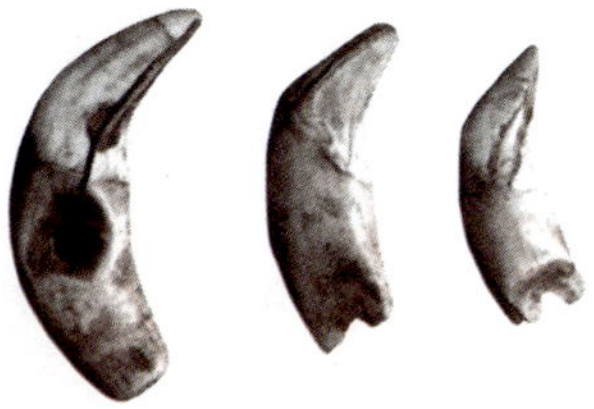

兽牙

考古学家在山顶洞人遗址中发现了大量的穿孔兽牙等物。据推测，山顶洞人把它们连成串，作为装饰品佩戴在身上。

2006年，周口店遗址博物馆请来中国科学院古脊椎动物与古人类研究所的黄万波、顾玉珉两位专家到馆中指导工作人员整理化石标本。12月26日，黄万波发现了两枚覆盖着厚厚灰尘的“骨片”，本以为是一块化石碎成了两片，但当他拿过来擦净后仔细一看，发现竟然是两根完整的骨管。

这两根骨管都是从偶蹄类动物的肋骨上截取下来的，长短基本一致，粗细也相差不大。管体很像成人的食指，颜色稍微发黄。两管腹部一面打磨得十分平整，管壁最薄的地方只有1.5毫米，工艺十分高超。通过管上的编号可以看出，这是1938年在龙骨山顶第四地点发掘出来的。

黄万波连忙回去查阅资料，结果在1939年的《地质学会制》19卷3期上找到了裴文中的一段话，大意是说在第四地点顶部发掘时，找到了两件小骨骼，形态像肋骨，腹面因磨制而变平。而且，他还查阅到以前曾有两个专家发表文章谈到这两件不知去向的珍贵化石。至此，黄万波才确定，在灰尘中发现的两根骨管是消失多年的珍宝。

那么这两件化石到底是用来做什么的呢？黄万波推测这很可能是祭祀用的骨哨，骨管的下部有道豁口，看起来很像是能吹响的哨子，只是因为里面积满泥沙，管壁太薄，没有十足的把握不敢随便疏通，因此，是否是骨哨仍需进一步研究。

事实上，在山顶洞人的祭祀品中，考古工作者曾经发现过骨针以及类似的骨管。古人类学界普遍认为，山顶洞人已经具备了原始的信仰，已知道人死后要埋葬，发现3颗头骨化石的下室就是他们的墓穴。考古者在山顶洞遗址的墓穴中发现了老年到婴幼儿等各个年龄段的人骨化石。这些人骨化石并不是整齐排列着，看起来似乎曾被人打乱过，到底是谁曾打扰这些死者的安宁呢？学者们很早就讨论过这个问题。有人认为是敌对部落的仇视行为；也有人认为尸体是被鬣狗撕咬才散乱的，山顶洞中也出土过鬣狗的完整骨架；而我国著名考古学者贾兰坡则主张“二次葬”说，认为是初葬几年后，用正式仪式再次厚葬，这才导致了人骨的错乱。

另外，在墓穴的人骨周围还撒有赤铁矿粉末，虽然专家们还不能解释其具体意义，但都认为这是一种祭奠仪式。

山顶洞人具有原始信仰，他们拥有高度的智慧，他们有审美意识，这些都为我们研究古人类的生活提供了新的信息。

惊人的发现

1939年，德国人类学家魏敦瑞研究了3个山顶洞人头骨化石，有了一个惊人的发现：老年男性头骨近似欧洲的克罗马农人，中年女性的头骨接近现在北极的爱斯基摩人，青年女性则接近南太平洋岛屿上的密克罗尼西亚人。他认为这是当时盛行掠夺婚姻的结果，3个人是一夫二妻的家庭。这种解释明显不符合当时的交通状况。裴文中等人提出了新的看法，他们认为早期人类没有定型，这些相似人群应该是山顶洞人迁徙中定型的后人，这种观点有待进一步证实。

目前，考古工作者们在周口店地区又发现了与山顶洞人生活年代大致相同的晚期智人（注：智人是人类发展史上的第二个阶段。人类发展可分为罗摩猿、南猿、能人、非亚猿人、欧洲远古人类、智人六大阶段，而其中智人分为早期智人和晚期智人，晚期智人又称新人。他们保存着古猿的某些特性，但总体上更类似于现代人。他们直立行走，使用打制的粗糙或精致石器，保存天然火种。新人已接近现代人，具有人工取火、制作装饰品、举行简单的墓葬仪式等高级能力），其住地离龙骨山也非常近，周口店地区的考古发掘工作再次受到人们的关注，我们期待新的发现能带给我们更多的证据，让我们能进一步了解史前祖先的发展演化以及真实生活。

追寻文化源流

ZHUIXUN WENHUA YUANLIU

悠悠中华文明，五千年绵延不绝。它的文化根源在哪里呢？江南水乡，塞外高原、中原胜地，无一不是我们文化的源泉。

河姆渡文化

——江南水乡的文明源头

- **年代**：约7000－5000年前
- **位置**：浙江省余姚市罗江乡河姆渡村
- **发掘迄始**：1973年

排涝挖出的文明

浙江余姚姚江边上，有一个闻名遐迩的文化遗址，这就是江南水乡的文明源头河姆渡。它的发现是源于一次偶然。

1973年，国家为促进农业的发展，提出了“以粮为纲”的口号，人们的农业生产热情空前高涨，浙江余姚罗江公社社员们也不例外。但罗江公社地势比较低，在多水多雨的南方，经常遭遇洪涝灾害。为了保护水稻生产，公社决定改造姚江上的旧排涝站，安装更大功率的水泵。

6月下旬，改造工程开始，但没过多久，不平常的事情就发生了：当社员们挖到地下1米多深的时候，许多混在泥土中的石头、瓦片、骨头等阻碍了工程的进度。

事情很快报到了公社领导那里，负责人罗春华来到工地检查情况。这位负责人对文物稍微有点了解，当他看到挖出来的残破罐子、盘子碎片时，马上意识到这很有可能是挖到文物了。罗春华随即将情况报告给了县里的文化站，同

河姆渡遗址

河姆渡遗址位于距宁波市区约20千米的余姚市河姆渡村，是我国目前已发现的最早的新石器时期文化遗址之一。

时，他还将挖出的各种器物收集在一起，等待文化站的工作人员过来考察。

工作人员到现场看过挖出的残器后，发现的确是年代很古老的文物，经过勘查，他们觉得这里不仅有文物，而且含量相当丰富，很有可能是一处未知的文化遗址。施工当即停止了，现场被保护了起来，事件始末也被报告给了上级部门。

隔了一天，浙江省文管会派工作人员王士伦来工地考察。王士伦一看到挖出的器物，立刻就震惊了，这是具有新石器时代特征的精美器物，在整个浙江省还是首次发现。经过仔细辨认，他认为这里应该是浙江省最古老的新石器时代遗址。

王士伦立即就带着几件标本返回杭州报告去了，他的报告很快得到了文物管理部门的重视。第二天，省博物馆派出一支专家组成的队伍到河姆渡村试掘，专家组的成员很快在此发现了大量的文物。

最初发掘出的是一些带有明显加工痕迹的木头，后来在木头下面发现了一口水井，原来这是一口带有井架的水井，据此推断，这里很可能是古人类居住的村落。不久，工作人员又挖到了11座墓葬、3个灰坑，出土了大量的陶片、精致石器、骨器等，经过研究，专家一致认定这是6000年前古人类的物品。

随着发掘工作层层深入，举世瞩目的南方文明源头就这样慢慢拉开了它神秘的面纱。

早期的水稻种植

随着考古工作的展开，挖掘也越来越深入，就在地下大约3米深的地方，考古队员有了新的发现。当铲开黑褐色的泥土时，他们竟然在其中发现了一些金黄色的颗粒，等他们上前细看时，这些颗粒很快就变成了同泥土一样的颜色。这种奇异的景象，震惊了在场的所有考古队员。

雕刻蚕形图案的骨器

出土于河姆渡遗址，用牛骨制成，下部刻有三角形纹样，上部环刻蚕形图案，证明当时蚕桑业已经出现。

是什么让这些训练有素的队员们如此吃惊呢？原来，这竟然是炭化了的稻谷。谁都不敢确信，六七千年前的河姆渡人竟然会种植水稻。怀着希望的研究人员把这些炭化的稻谷同人工栽培的稻谷、野生稻谷进行了对比，发现它的颗粒外形、大小都接近于现代栽培稻，每粒重量也远远超过了野生稻谷。经

骨耜

出土于河姆渡遗址，长18厘米，用动物肩胛骨制成，可用来开沟或松土，是耜耕农业的重要实物证明。

过科学家的鉴定，这些稻谷主要是籼型水稻，也有部分粳稻，从而填补了新石器时代考古只发现粳稻而没有籼稻的空白，让考古队的专家们激动不已。

接着，更多的炭化稻谷被发掘出来。在对河姆渡进行的两次大规模考古发掘中，考古工作者在遗址中出土了大约12吨的稻谷，这使得河姆渡成了世界上发现早期稻谷最多的遗址。这些证据证明，早在神农氏教授人们种植水稻之前，我们这些身处江南水乡的远祖就已经相当熟练地掌握了水稻种植技术。

但是，他们到底是用什么方法来种植这么多的水稻呢？这个问题又困扰了考古工作者。很快，发掘工作就揭开了答案。

在发现大量稻谷的地方，考古人员找到了远古人们使用的生产工具——170多件骨耜。这种貌似现代的锨或铲的工具，主要用于疏松土壤。它们多由大型偶蹄哺乳动物的肩胛骨加工而成，装上木柄就可以使用。为了让它们结合得更牢固，河姆渡的原始居民把木柄下端一面削平，将骨耜刻出浅槽，然后用葛藤等缠好，便制成了相当耐用的耕种工具。

这么多年代久远、制作精良的骨耜告诉我们，早在六七千年前，我们的祖先不但会种植水稻，而且已经摆脱了最原始的农业耕作方法，学会了用耒耜耕作，进入了更高层次的农业种植阶段。

河姆渡人从野生水稻一步步培育出人工栽培的优良水稻，摸索出比较先进的耕种方法，创造出了当时世界上最发达的耜耕农业，成为中华农业文明的一个重要源头。

最早的干栏式建筑

就在大量囤积的稻谷的发掘地附近，考古工作者还挖掘出了许多木板和木桩，当时，谁也不清楚这有什么用处，当地人则猜测因为以前这里是海湾，遗留了很多破损的船只。真的是这样吗？

满怀疑问的队员们顺着这些木板、木桩继续挖掘，就在这些木桩和木板的两端，他们居然找到了榫卯的印记。要知道，人们发现的最早的榫卯式样是青铜时代的那些古人们用金属工具制造出来的，而生活在新石器时代的河

河姆渡干栏式建筑
干栏式建筑一般是用竖立的木桩或竹桩构成高出地面的底架，底架上有大小梁木承托的悬空的地板，其上用竹木、茅草等建造住房。干栏式建筑上面住人，下面饲养牲畜。

姆渡人是靠什么加工出这些榫卯的呢？

后来，考古队发掘出了很多锋利的石制工具，解释了人们的疑问。这些工具的锋利程度加工木材绰绰有余，所以，在上面加工出相对简单的榫卯还是可以的。此地出土的上百件带榫卯构件把我国应用榫卯技术的历史向前推进了3000多年。

同时与木板、木桩相伴出土的还有一些用芦苇编成的席子，它们与当地人现在使用的苇编席子极其相似。这种苇席既可以遮风挡雨，也能供人坐卧休息，如果撑在房间中间还能把大房间隔成小隔间，这让人不得不佩服几千年前河姆渡人的灵巧聪慧。

考古人员按照榫卯结构重新组装了这些木板、木桩，又层层铺设了苇席。复原的结果令人大吃一惊，展现在人们面前的竟然是南方地区常见的干栏式建筑。

我国南方地区多雨、多虫蛇，地下比较潮湿，不适合使用地穴式的建筑，这也是河姆渡先民们不得不花费更多精力建筑干栏式房屋的主要原因。这种建筑形式对工艺要求很高，建筑在木桩上面的干栏式建筑要打好基础特别不容易，必须先计算好承重力，然后选好圆桩、方桩、板桩，削尖后深深地打入土中，然后才能架设地梁，然后根据建筑的大小分隔出房间，对于原始居民来说，这是一项相当浩繁的工程。

除了修建房屋以外，河姆渡人也有了初步的装修意识。考古人员曾在其房屋的地板位置发掘出“人”字形土块，应该是河姆渡人在坐卧的主要地方曾经抹过泥土，在这上面铺上苇席后，就会平整很多。专家们研究河姆渡人遗址后还发现其室外有1米多宽的走廊，外侧还装有栏杆。同时出土的刻花木构件、马鞍形五叶纹陶块、屋脊上的鸟形器都可能是装饰房屋的艺术品。

考古人员发现河姆渡人建造的房屋并不像现在房屋那样坐北朝南，大都是面朝东南，难道是古人缺乏理性头脑？经过仔细研究后，专家们才发现所有的房子都只有门，门既供人出入，同时也有通风、采光等功能。而且这种朝向更容易在冬季时获取日光，夏季时也可避免强烈的日照，可以说是比较合理的选择。

河姆渡人发明的干栏式建筑可以说是后世干栏式建筑的源头，在我国建筑史上有着举足轻重的地位。

繁荣的南方制造业

相对发达的生产力、高超的制作工艺，使河姆渡人的生活变得相当丰富多彩。考古工作者在河姆渡遗址中发现了数量颇多的工艺品、漆器、陶器等，显示了当时中国南方制造业的繁荣。

河姆渡遗址中出土的大量石、玉制品，有玦、璜、管、珠等。这些玉、石器大多朴素无华，选料也不精细，制作水平还不是很高，但是，却开创了我国用玉文化的先河。

多向发展的河姆渡人还发明了吹奏、打击乐器。考古工作者在河姆渡遗址中发掘出了一些骨哨、陶埙等，音乐工作者仿照这些骨哨用鸡腿骨做出了复制品，五孔的哨子竟然可以吹奏出完整的七声音阶，技艺之高，让人赞叹。

在河姆渡遗址中还发掘出了许多精致的雕刻艺术品，这些艺术品大多用象牙、骨、木等制成，含有极深的寓意。其中有件双鸟朝阳纹象牙蝶形器，外形像一只展翅的蝴蝶，正面刻有精美图像，中间雕刻了五个同心圆来表示太阳，有两只长着勾喙的鸟在圆两边振翅欲飞。整个雕刻非常精致，但其中的寓意却让学者们费尽了心

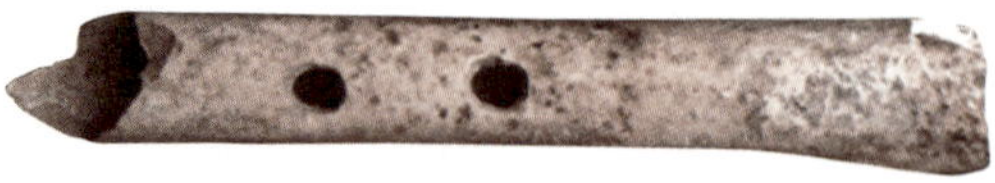

原始骨哨

出土于河姆渡遗址。骨哨均用一截禽类的骨管制成，一侧刻孔，有的骨管内还插一根可以移动的肢骨，用以调节声调。河姆渡遗址出土有大量的野生动物遗骨，其中鹿科动物居多。河姆渡氏族获鹿丰厚，与骨哨的使用关系甚大。猎人利用骨哨模拟鹿的鸣叫，吸引异性，伺机诱杀。

思，有人认为是对太阳的崇拜，也有人说它是生殖崇拜的产物，至今仍没有确切的解释。

在河姆渡遗址中，人们还发掘出一只木制漆碗，这只漆碗用整段的圆木挖成，制作得比较规整，涂有一层红漆，是我国现存最早的木制漆器实物。

河姆渡人还制造了大量的陶器。遗址中发掘的陶器主要是夹炭的黑陶，夹砂、泥质的灰陶则十分稀少。这些都是纯粹的手工制品，主要是日常生活中常用的釜、罐、杯、盘、钵、灶等。陶器表面经常使用的纹饰是绳纹或刻划纹，刻划纹富有情趣，有双燕比翼等生活味道浓厚的画面，最经典的是1973年出土的猪纹陶，猪的形态非常逼真，介于家猪与野猪之间，是河姆渡人饲养牲畜的一个重要印证。但就制作工艺而言，这些陶器的制作还比较原始，胎质比较疏松，器壁还很厚，仍然处在陶器制作的初始阶段。

可以看出，此时的河姆渡人已掌握了比较娴熟的缝纫技能，他们可以使用骨针、细小的骨锥及小石锛等纺线织布、缝制衣物、编织苇席，过着相当“现代”的生活。

考古工作者在河姆渡遗址还发现了6只船桨和1只陶舟。船桨通体用一块原木削成，长63—92厘米，木柄上还刻着精细美观的图案，柳叶状的桨叶能减小水的阻力，设计十分合理，这也是世界上现存的最早的木桨。陶舟长仅7.7厘米，高不过3厘米，宽只有2.8厘米，明显是一只独木舟的微型仿制品，显示了河姆渡先民高超的造船技术。

骤然消失的古文明

干栏式的房屋、设计复杂的水井、发达的原始水稻种植以及崭露头角的家畜饲养，这些都说明河姆渡人已经开始了原始的定居生活。经过科学测定，先民们在这里生活了大约2000年。

然而，到了大约5000年前，河姆渡文明却突然终止了，先民们放弃了经营了千年的家园，从历史的长河中神秘消失了。发生这种情况的原因是什么？历史学家与考古学家对此提出了各种各样的看法，但一直没有准确的答案。

1998年，南方发生一次特大洪灾，考古学家突然想起了消失的河姆渡文明，猜测是不是水灾中断了这个延续2000年的古老文明。在这种思想的指导下，考古工作者考察了河姆渡遗址地层的地理环境。

7000年前的河姆渡遗址地势低平，气候温暖湿润，植被覆盖良好，而且“工”字形的地质结构，使得这里成为洪水过后最先显露出水面的肥沃淤泥地，先民们正是借助这里的有利条件，创造了长江流域璀璨的农业文化。然而，多次的洪水最终还是摧毁了这个千年文明。

考古人员在相关地层中发现了至少两次时间很长的特大洪水。大概5000年前，最后一次洪水不仅冲垮了河姆渡人的家园，还在遗址旁边冲出一条100余米宽的河道。姚江改变了原来的流向，占领了新出现的河道，海水经常沿河道回溯，河姆渡人时刻遭受洪水的威胁，他们不得不离开家园去寻找新的栖息地，灿烂的文明就这样淹没于滚滚洪流中。

这种说法现在已得到了专家的普遍认同，但是，还有一个疑问困扰着河姆渡的研究者们，那就是河姆渡人到底去了哪里。考古学家苦苦追寻，却一直都没有新的发现。无奈之下，考古学家们只好求助于古人类学家，想通过研究河姆渡遗址中发现的几十具骸骨来寻找突破口。

象牙雕鸟形匕

用当时最珍贵的材料象牙制成，上部为鸟形，刻有各种纹样。

研究发现，这些河姆渡人具有典型的蒙古人种特征：头骨比较长，鼻骨宽平，齿槽突颌；头骨眉弓已经不十分粗壮，前额也不再向前突出，鼻根凹相对浅平，颧骨大而突出；男性身高接近现在的中等身材。虽然他们同蒙古人种有着诸多的相似点，但同各地具体人种之间却没有明确的联系，对于揭露其去向没有太大的帮助，河姆渡人到底去了哪里仍然是一个谜！

河姆渡遗址为考古学研究提供了宝贵的资料，是我国目前发现的最早的新石器时期文化遗址之一。

仰韶文化

——中原文化的摇篮

- 年代：约7000－5000年前
- 位置：河南省渑池县仰韶村以及黄河中下游地区
- 发掘迄始：1921年

收集石器发现的文明

像大多数考古上的重大发现一样，仰韶文化的发现也不是考古者的特意举动，而是古人类学研究中的无意之举。

中国考古学的先驱、瑞典地质学家安特生主要研究方向是古人类学，1911年他来到中国后，一直对各地出土的古生物化石十分关注。1918年，有人告诉安特生，河南仰韶村的村民曾挖出过不少古生物化石。这个消息让安特生十分欣喜，他立即中止了自己当时在北京周口店龙骨山的考察，来到河南渑池县，迅速展开了古脊椎动物化石的勘探工作。

但后来，他没有找到丰富的古生物化石，只好暂时离开。但是，安特生没有灰心，两年后，他又派地质调查所的刘长山到渑池地区去帮他收集古生物化石。

当时，局势动荡，天灾人祸使得渑池地区的农民们度日艰难。刘长山为了寻找线索，就以出钱求购的方式向农民收购化石或带有人工痕迹的石头。听说有人要买石头，很多生活窘迫的农民高兴地翻出自己耕地时带出的石头送了过去。刘长山很快收集到了许多石头。不过，他发现其中有很多石器做工都比较精细，不太像古代原始人类所能制作的。带着疑惑，刘长山一再要求当地人带他到挖出石器的地方考察一下。

经不住再三请求，有人带他来到了仰韶村，就在这里，刘长山发现了

小口尖底瓶

该器物出土于新石器时代仰韶文化半坡类型的遗址中，是仰韶文化的典型器物之一。尖底的罐子被吊进水中时，罐身便会横躺下来，方便汲水。

早期陶器的碎片。惊喜之下，他在这里实地考察了3天，一共发现了600多件陶片和石器。这些陶器以及制作比较精细的石器意味着这里曾经有古人生活过，仰韶文化就这样悄悄地展露出它深埋已久的身姿。

第二年，这批宝贵的文物被带到了北京。安特生看到这些磨制精细的石斧、石刀以及比较原始的陶片后，非常震惊，这分明是新石器时代人们所使用的工具啊！短短几天就有这么丰富的收获，那么，仰韶村的地下将会是一个多么大的宝库啊！他立即意识到，这次将会发现一处庞大的新石器时代遗址，于是，他立刻亲自奔赴仰韶村。

安特生在仰韶村做了8天的考察，收获了大量的石器、陶片。安特生还初步调查了遗址状态，并确定仰韶东沟和西沟之间的南北长900米、东西宽300米的冲沟为仰韶遗址的范围。在取得北洋政府和河南省政府的同意后，1921年10月，安特生组织了一支发掘队伍，对仰韶遗址进行了首次发掘。就在这片大约30万平方米的土层下面，考古队发掘出了大批的石器、陶器以及一具人骨架。

仰韶文化的发掘，与远古的传说相互印证，揭示了中华民族源远流长、绵延不绝的5000年漫长文明史，为悠久的中华文明再添绚丽色彩，彻底否定了当时一些外国人宣扬的所谓“中国文化西来说”。

中原先民的定居生活

自从1921年以来，考古学家在仰韶遗址进行了3次有计划的发掘，出土了大批石器、骨器、陶器、蚌器等工具，并在此基础上考察了当时居民的住宅、村落，对这片土地上古代先民的早期生活有了一个初步的认识。同时，考古学家们还在黄河流域的许多地区发现了一千多处时期、文化基本相同的村落遗址，这些村落遗址统统被冠上了最初发现地的名称，组成了蔚为壮观的仰韶文化群。

考古学者发现，原始的仰韶人过着山洞野人的生活，但是后来人口不断增加，迫使他们必须走出山洞，而熟练的耕种技术，也促使他们去肥沃的平原和丘陵地带寻找更适合生存的地方。黄河及其支流岸边土地肥沃，又容易灌溉，于是仰韶人就来到了这里，种植粟、黍，畜养猪、狗，建造房屋，过起了定居生活。

考古工作者在仰韶遗址中发现了大量的木锄、石斧、石刀、石锄、石铲，先民们就是用这些原始的工具，通过集体辛勤的劳作，在草莽之间开出了片片良田，播种收获。

尽管当时仰韶人的生产工具已经有了较大的进步，但是要用这种工具来对抗天灾，还是没有什么力度的，即使没有什么灾害，单靠农业还是无法解决生存问题，远古以来的狩猎、捕鱼等仍是他们的重要生存方式。

在弓箭发明以前，狩猎是一种比较困难的生活手段，人的体能毕竟比不上野地中生存的动物，更何况打猎往往会碰到比较凶猛的野兽。为了围猎大型野兽，仰韶人必须集体协作，以群体的力量获取生存的可能。打猎的时候，有可能出现猎物较多的情况，吃不完或年幼的活猎物就被保留下来，时间一久，人们就学会了饲养牲畜。仰韶文化遗址中发现的家畜主要是猪和狗。

种植粟和饲养家畜，使得仰韶人不能够随心所欲地到处迁徙，但同时也给他们提供了相当丰富的食物来源，使他们不需要再过那种流浪的生活。

走出山洞的仰韶人，开始尝试着为自己修建住宅。考古工作者发现这时的村落已开始形成一定的格局，这在大的村落中表现很明显。仰韶人的大村落一般分为居住、公共墓地和窑场三大区，居住区房屋的建筑技术还不十分发达，但仍是人类从洞穴中走出来的确切证据。

考古工作显示，仰韶人的房屋并没有完全脱离穴居，其房屋普遍包括地面建筑和半穴居两部分。他们一般先在地面挖出一个相当深的洞穴，打实地基后才在上面修造建筑，房屋的墙壁都是泥质的，有的也用木头做骨架。混上草的泥墙被火烤后，变得非常坚固，具有一定的抗水性能。

仰韶文化早期的房屋呈圆形，主要是单间，后期的房屋慢慢演化成方形，一般分成几个房间。木骨泥墙的建筑技术以及方形分间的建筑格局，在我国传统建筑中处处可见其影子。

有了自己的房屋后，仰韶人开始定居在宽阔平坦的原野上，世代繁衍，并创造了光辉灿烂的文明。

人面鱼纹盆

高16厘米，直径39.05厘米，1995年出土于陕西省西安半坡遗址。鱼纹是半坡类型彩陶的代表纹样，反映出渔猎在当时人们经济生活中占很大的比重。

兴盛的陶器制作

在仰韶人的诸多成就中，最为辉煌的应该是陶器制作技术。仰韶人的陶器一般是容器、烹饪器、饮食器等生活用具。考古人员在仰韶遗址中发掘出来的陶器有鼎、罐、碗、盆、钵、杯、瓮、缸等。

仰韶人制作陶器的过程大致如下，先是用手将黏土捏成器物的形状，如果制作大型器物，则用泥条盘制成形，或分部分做出，然后粘成整体。接着，仰韶人会用木片等工具把粗糙的器型表面打磨平整，再把陶坯放进窑里烧制后就成了陶器。如果要加上装饰纹，就要在陶坯半干时用含矿物的颜料绘上纹样，这样就可以使陶器表面形成美丽的花纹了。仰韶陶器大多以红色为底，使用赤铁矿粉和氧化锰作颜料，在陶坯表面上彩绘各种图案，经过窑火后，图案就会在红底上浮现出来，大多呈黑、白色。聪明的仰韶先民们还会在原坯表面加上一层白色薄衣，让烧成的陶器更加鲜艳美丽。

烧陶的窑一般包括火膛、火道、火眼及窑室心四部分，可以有效保证烧制陶器所需的温度。仰韶人的陶窑就建在村落附近，考古工作者发现的陶窑大多是成组成片的，充分显示了仰韶文化中发达的陶器制作水平。

仰韶人制作的陶器中最精美的是彩陶，由于其时间跨度与分布地域的不同，主要分为半坡类型和庙底沟类型。

仰韶彩陶的纹饰种类很多，有宽带纹、网纹、花瓣纹、鱼纹、弦纹和几何图形纹等等。这些纹饰十分密集，常用线的曲直来表示旋转或其他动静，密集的线带着强烈的动感，线上还不时出现大的圆点，使画面流动感中现出凝练，动中有静，静中有动，极具节奏美。

曲腹高足盆

仰韶文化庙底沟类型。高16厘米，直径26厘米，器型庄重，装饰华丽，为仰韶文化庙底沟类型珍贵的彩陶艺术品。

这些丰富多彩的纹饰是仰韶先民们在长期的劳动实践中，把自己接触的实际事物，用抽象的方式表达了出来。充分显示了古代劳动人民的智慧以及他们对美的欣赏和追求。

仰韶文化中的陶器既具实用性又具审美性，是新石器时代人类智慧的高度结晶。

中华文明的曙光

生产能力得到提高、物质生活相对安稳的仰韶先民们曾创造出了光辉灿烂的文化，是中华文明的第一抹曙光。

彩陶双纹鱼壶

新石器时代的陶器珍品。此盆由细泥红陶制成，敞口卷唇，盆内壁用黑彩绘出两组对称的人面鱼纹。

仰韶人除了在彩陶上显示出他们作画的高超技艺外，还创造了许多瑰丽的图画，展现出他们对美的追求。考古人员在仰韶遗址中挖掘到了一幅《鹳鱼石斧图》，该画描绘了老鹳从河中叼出鱼的瞬间，画面主体的参照物则是岸边的木柄石斧，整幅画表现了先民们细致的观察力和表现力，这对中国古代艺术的发展有着极其重要的意义。

不仅如此，仰韶先民们还能用蚌壳等砌出丰富的图案。考古工作者在一处仰韶遗址中发现了3组蚌砌图案，一为龙、虎组合；一为龙、虎、鹿、蜘蛛的有序组合，鹿与蜘蛛之间还有一枚精致的石斧；一为人骑龙驭虎蚌图。这些蚌图中的龙常被人称为“中华第一龙”，它表达了仰韶人乘龙飞天的梦想，带有很明显的祭祀意味，可以说是中华民族宗教信仰的源头。

考古队还发掘到了仰韶文化遗址中的墓葬。仰韶文化早期盛行集体合葬和同性合葬，考古曾发现过埋有几百人的超大型公共墓地，这些坟墓按照一定顺序整齐排列着，其规模和随葬品都非常相似。这些墓葬之间最大的差别在于女子的随葬品要多于男子，说明此时仍处于母系氏族的繁荣时期。先民们过着只知其母不知其父的生活，女性在社会生活中占据重要地位。但是，这并不代表着谁有压迫别人的权力，氏族就是他们的家庭，大家有着共同的血缘，地位平等，一起劳动，共同分享食物，一致应对极为艰苦的环境。

除了这些，仰韶文化中还出现了文明社会的先兆。如果把城市、青铜器、文字作为进入文明社会的标志，那仰韶文化已经有一只脚迈进文明社会了。考古者在郑州北郊23千米处的邙岭余脉上发现了仰韶晚期的一处城堡遗址即西山古城址；在姜寨遗址发现了一枚半圆形的铜片，其中含有65%的铜、25%的锌，以及少量其他金属，还有一支成分相同的黄铜管。这些发现都预示了，不久的将来，这片土地上将会出现一个辉煌的青铜文明社会。

仰韶文化纵横2000里，绵延数千年而不曾断绝，直接影响着中华文明的发展，是中华文明的源头之一。仰韶文化遗址为研究我国社会发展史提供了丰富的实物资料，它不仅在中国，即使在世界上也是重要的新石器时期的遗址之一，是中外史学界、考古学界人士梦寐以求的古文化“圣地”。

半坡遗址

半坡遗址

半坡遗址位于陕西省西安市东郊灞桥区浐河东岸，是黄河流域一处典型的原始社会母系氏族公社村落遗址，属新石器时代仰韶文化，距今6000年左右。

1953年春，西安灞桥火力发电厂要修建一条专用的运煤铁路，工程推进到西安东郊半坡村时，在推土机轰隆而过之后，令人惊奇的场面出现了：无数的石制工具散落在土中，相伴的还有人体骸骨、彩色的陶器等。

施工单位立刻把情况报告给了文物主管部门，专家们很快赶到工地，开始收集出土的文物。经过仔细鉴定，专家们认定这是新石器时代的一处遗址，类型相当于黄河下游各地发现的仰韶文化遗址。仰韶文化遗址中唯一一个保存完整的遗址——半坡遗址就这样被发现了。

一年后，中国科学院考古研究所正式展开了对半坡遗址的考古工作，经过4年的发掘，一个完整的母系氏族部落遗址现出了她的本来面目。大约5万平方米的半坡遗址向我们展示了6000年前，生活在黄土高原上的先民们从生到死的生活轨迹。

当时的陕西半坡属亚热带气候，温暖湿润，而且依山傍水，又接近平原，是个非常适合人类居住的地方。先民们在此繁衍生息，形成了一个拥有400至600人的大部落，建起了一个包括居住区、制陶区、墓地在内的布局严密的聚居地。

居住区正中间有座大约160平方米的大房子，这是部落集会、议事的地方，房前还有个中心广场。房子及广场是部落的核心，四周遍布的小房子的房门都朝向这边，小房子里面住着年轻的妇女以及走婚的其他氏族男子。当时很有可能存在比较稳定的对偶婚，但还没有出现婚姻制度，人们过着只知其母不知其父的生活。

环绕着居住区的是一条大围沟，专家推测这是为防御敌人、野兽、洪水而挖的，是后世护城河的前身。但是，在当时工具极其落后的情况下，半坡人是如何挖出这么一条大围沟的，至今还是一个不解之谜。

围沟北面是氏族公共墓地区，多是单人葬，也有双人或4人合葬的，死者头部一般向西，其葬式有仰身葬、俯身葬、直肢葬、屈肢葬、瓮棺葬等多种方式。最引人注目的是儿童大多不葬在公共墓地内，而是以瓮棺装殓葬在其父母房屋的附近，充分表达了父母对死去子女的眷恋。

围沟东面是陶窑区，考古工作者在这里发现了6座烧陶窑址。同所有的仰韶文化遗址一样，半坡遗址出土的陶器以彩陶为主。出土的陶器有盆、埙、瓶、罐、甑等，最著名的是人面鱼纹盆。

半坡彩陶的纹饰主要是鱼纹，也有独具特色的人面纹，还有许多几何纹、宽带纹等，大多造型可爱，独具特色。其中最有代表性的是人面鱼纹，线条明快的画面中，头顶三角形发髻的人面两嘴角各衔一条小鱼，表现出人类童年的天真稚气和与自然的亲切关系，可以说是半坡人原始生活的记录，生动显示了半坡人丰富的艺术想象力，是半坡人最闪光的创造，具有很高的

半坡遗址博物馆

半坡遗址博物馆是中国第一座史前遗址博物馆，1957年在半坡遗址上建成。馆内陈列展览面积约4500平方米，分出土文物陈列、遗址大厅和辅助陈列三部分。

艺术成就。

在半坡遗址出土的还有近万件石质、陶质、骨质工具，分别为农具、猎具、渔具、炊具、食具、纺织具等，半坡人就是用这些工具打猎、捕鱼、种植粟、制作熟食、纺织衣物。他们已经知道用石磨盘、石磨棒等对粟进行加工处理，这也是生产发展中不小的进步。

半坡遗址，这片黄河流域规模最大、保存最完整的母系氏族村落遗址的发掘，在我国新石器时代考古中确立了一个新的文化类型——仰韶文化半坡类型，它为我们研究仰韶文化提供了相对完整的资料，是史前考古的重要宝库。

红山文化

——神秘的女神崇拜文化

- 年代：约6000－5000年前
- 位置：内蒙古、辽宁及河北交界处
- 发掘迄始：1919年

长期沉默的独特文化

内蒙古赤峰市东北有一片褐红色的山峰，即红山。近几年来，红山正以其所蕴涵的悠久的文化受到人们的广泛关注，即“红山文化”。其实，20世纪初时，就已经有人对红山文化做了初步的调查。但红山文化被确立后的几十年中却没有什么重大的考古发现，因此它一直处于默默无闻的状态。

最先发现红山文化的是日本考古学家鸟居龙藏。1906年，这位喀拉沁王府聘请的教师来到内蒙古赤峰，他对考古有着异乎寻常的热情，每天奔波在几处新石器时代的遗址中做调查。后来，鸟居龙藏发现了一些环绕着石头的古墓，但是他缺少必要的调查条件，不久，就带着满腹的遗憾离开了。

从1919年起，法国著名学者桑志华等人在这里做了一些考古发掘工作，采集了一些史前文物标本，虽然有所发现，却也没有真正地深入了解红山文化。

1930年，中国著名考古学家梁思永来到赤峰，展开了对红山文化的初步调查。梁思永是我国近代著名的考古学家，其家族是我国近代的名门大家，他的父亲是我国近代著名的资产阶级改良派领袖梁启超。他本人曾入哈佛大学研究院学习考古，引入的先进技术提高了我国考古发掘的科学水平，促进了中国考古学与世界的接轨。梁思永在美国留学期间曾阅读过鸟居龙藏以及桑志华写的赤峰调查论著，对红山文化早有关注。在赤峰，梁思永终日奋战在考古第一线上，他在那里发掘了一批新石器时期的石器和陶片。

1931年9月18日，日军侵入东北，第二年占领了赤峰，梁思永的考察被迫中断。日本第一次满蒙学术调查团打着学术研究的旗号，迫不及待地介入了占领区新石器时代遗址的调查，为炮制满蒙独立寻找所谓的历史依据。号称日本考古学之父的滨田耕作亲自操刀，对赤峰的红山文化进行了三个星期的大规模发掘，并发表了《赤峰红山后》的发掘报告。

1934年，就在日本人考察的同时，梁思永整理了自己在热河采集的材料，发表了一篇考古报告。在报告中，他很有预见性地指出了西辽河南北文化的差异，为后来学者确定红山文化的独特性提供了指导性的意见。

从新中国成立后到20世纪80年代，考古学者们对红山文化做了诸多调查，基本确定了其范围在辽宁、内蒙古和河北交界的燕山南北及长城地带，测定了其年代大约在6000—5000年前。但是，就像所有的北方文化遗址研究一样，学者们把重点放在了陶器、陶窑、房屋建造等几个方面，红山文化的特殊性被人们忽略了。

直到1981年，人们发现了牛河梁文化遗址，红山文化的特殊性才真正显

赤峰红山

红山文化因首次发现于赤峰红山而得名。它以西拉沐沦河、老哈河流域为中心，分布面积达20万平方千米，距今6000-5000年左右，延续达2000年之久。

示出来，受到了考古学者的重视；而1984年女神庙建筑群的发现，更是让红山文化遗址成为了轰动世界的重大文化遗址。长期沉默的红山文化一下子变得炙手可热起来。

山顶的积石冢和大型祭坛

自从红山文化被发现以来，考古工作者先后发掘了500多处红山文化遗址，但是，这些遗址中大多只有居住地，却没有墓葬区。难道他们流行水葬、火葬或是其他没有痕迹的葬式吗？这个问题一直困扰着考古学家。

在燕山支脉努鲁儿虎山南麓，有两道名叫牛河梁的土山，山上散落着许多石块。牛河梁的百姓们常把这些石块带回家中砌院墙或者猪圈，偶尔，他们也会捡到一些玉器，但由于文物知识的缺乏，他们并没把这些东西当回事。

1981年，消息传到了红山文化考古专家郭大顺耳朵里。当时，郭大顺正在建平县举办考古培训班，有人告诉他，建平县马家沟有人曾捡到一个马蹄形的玉器，听闻此消息后，郭大顺立刻同建平县的两名考古队员前去寻访。

很快，他们就找到了玉器的发现者马龙图，并花5块钱买到了那件玉器。在攀谈中，马龙图还告诉郭大顺，就在发现玉器的地方，他曾挖出过人的尸

牛河梁遗址

牛河梁遗址位于辽宁省凌源市与建平县的交界处。遗迹分布在范围达50平方千米的十余处地点，是在1981年的文物普查中发现的，包括用于祭祀的女神庙与积石冢群。

骨。听到这个消息，郭大顺眼睛一亮，难道这里可能有红山人的墓葬吗？他立刻提出要求，想到玉器的发现地去看看。

在这里，郭大顺找到了一块腐烂的人骨，顺势挖掘后，他们发现了一座墓葬，这就是后来考古队编为红山文化牛河梁遗址第二地点的1号墓。

两年后，考古队进驻牛河梁，实地调查后，在这里又发现了20多处红山人墓葬遗址。它们并不是当时流行的“土坑竖穴式”，而是墓顶上堆满石头的“积石冢”。坟墓建在山丘顶部，通常是在整修后的山顶上用石块砌出一个范围，然后在其中砌出多具石棺墓。这些石棺墓常以一座大型石棺墓为中心，然后在其周围砌出多具小型石棺墓，最后在墓顶堆放石块。这种葬式，说明了红山文化社会中复杂的等级划分，即使是小型墓葬，也有一定的等级差别。

红山人的墓葬中出土了大量的玉器。1989年秋，在牛河梁1号冢21号墓中，考古人员又发现了20件造型各异的玉器，是现有墓葬中随葬玉器最多的一个墓葬。多次发掘后，考古队员们发现，这里的随葬品只有玉器，而且大多存在于大型石棺墓中。

红山墓葬还出土了很多特别的陶器。这些陶器大都是红色的筒形陶器，很厚，腹部一面有黑色彩绘，特殊之处在于这些陶器都没有底部，并被成排地竖立放置在冢周围的一圈台阶上。对于这种奇特现象，很多学者做过讨论，有人觉得这些陶器是和墓葬祭祀有关的陶鼓；比较权威的认识是从力学角度分析得出的，认为这些陶器起到保护冢顶和周围石砌不至于坍塌的类似“坝”的作用。

随着考古工作的深入，人们还在积石冢里发现了红山人建造的大型祭坛。祭坛由红色的石头桩砌筑成三个同心圆，而且一层比一层高，从外到内，逐渐变细。

积石冢葬式和大型祭坛无不告诉我们，5000年前的红山人已经形成了自己的宗教信仰，正在逐步摆脱蒙昧状态，社会已沿着文明的方向向前迈了一大步。

神秘的女神崇拜

考古队在牛梁河发掘出积石冢和大型祭坛后，学者们开始思考，会不会有相关的地面建筑遗迹呢？因为在史前文化遗址中，墓地、祭坛、地面建筑总是相伴而生的。如果有的话，地面建筑会在哪里呢？考古工作的重点，开始转移到寻找红山人建筑遗址上面。

1983年的一天，在北梁山上忙碌了一天的考古人员终于结束了工作，准备下山。这时，队员赵文彦突然想上厕所，就赶忙跑到一个水流冲刷出来的土沟里。在这里，他发现了一块土红色的东西。赵文彦捡起东西仔细查看，一阵惊喜顿时涌了上来，这分明就是个泥巴捏成的人耳朵啊！

泥塑人耳很快引起了队员们的高度重视，他们就在那条冲沟中展开了搜寻工作。惊喜接踵而来——考古队员们在沙土中陆续找出了泥塑的人鼻、乳房、手臂和一些陶片。这些遗物不像是狭小低陷的冲沟中应有的东西，于是大家寻根溯源，顺着冲水沟找到了不远处的东山坡上，都猜想红山人可能曾在这里修建过神庙之类的建筑。

东山坡到底埋藏了什么，成了队员们急切想要弄清楚的问题。满怀期盼的队员们小心翼翼地清理了25－50厘米的土层后，红山人的建筑遗址终于呈现在了人们的眼前。这是一座土木混合的建筑，分主室、东西侧室、南北室以及一个长方形室，南北室与长方形室相连。建筑模式依旧是半坡人的半地穴式。考古队员通过种种迹象判断这应是一座红山人的神庙。

女神庙遗址

女神庙遗址位于牛河梁主山梁的中心部位，距今已有5000多年的历史，包括大型祭坛、女神庙和积石冢群，其布局和性质与北京的天坛、太庙和十三陵相似。

1983年11月2日，考古队员们很早就赶到了发掘现场，准备清理主室西侧一块特大泥块。在铲子和刷子沙沙的响声中，泥土迅速剥离，先是现出了一个人的面部轮廓，接着，眼睛等部位也慢慢显露——沉寂了5000年的远古女神终于再次露出了高贵而神秘的容颜。同时也证实了考古队员的判断，这是一座红山人的女神庙。

女神头像与真人头颅大小相同，有着方圆的脸形、高突的颧骨，其眼睛由青色圆形玉片做成。但是，令人遗憾的是，女神头像缺少了鼻子，大家忽然想起在冲沟中清理出来的鼻子，赶紧拿出来对接了一下，果然正好吻合，女神头像这才“圆满”了。

在之后的发掘工作中，考古队员们陆续在女神庙主室中找到了一些泥塑女神躯体和龙的残体，在北室中发现了一对15厘米长的泥塑鸟爪。在女神庙附近，他们还发现了一个大约4万平方米的用途不明的正方形平台。

红山文化女神头像

出土于牛河梁女神庙遗址，距今5000多年。头像高22.5厘米、宽16.5厘米，相当于真人大小。头顶和左耳残缺，鼻脱落。

女神塑像及其神庙建筑群的发现震惊了全世界，把红山文化提到了一个前所未有的高度，在国内外引发了一场关于中国文明起源的大讨论。同时红山文化还存在着许多难以解释的疑问，如在进入父系氏族社会后，女神庙中的神像到底代表了对什么神的崇拜，又有什么重要意义，这都是学术界的未解之谜。学者们提供了很多看法，但都没有得到一致的认定。千古谜题，还等待着考古学家们去一一揭示。

繁荣的北方玉文化

在考察红山文化的过程中，考古工作者在红山墓葬中发现了大量的随葬玉器，在红山的其他遗址中也发现了大批玉器。这些出土玉器种类之繁多，造型之多变，内涵之深奥，为其他史前文化所少见。有的学者认为，该文化也许就是5000年前中国传说中的“玉器时代”的典型代表。

红山文化遗址中出土的众多玉器，造型各异，不仅有做装饰的玉珠，还有工具、动物造型、人物造型等多种类型。其中最普遍的就是动物造型，如玉龙、玉鸟、玉蚕、玉鸮、玉蝉蛹、玉龟等，这应该是红山人对动物的一种崇拜。有专家认为，红山人相信动物能够给他们带来好运、免除灾难。

在红山遗址出土的玉器中，有件精美的C形玉雕龙，它出土后并没引起人们的注意，而是在翁牛特旗文物馆中沉寂了很多年，后来机遇巧合，它才一鸣惊人，被人称为“中华第一玉雕龙”。

C形玉雕龙最初是由三星他拉村的农民张凤祥发现的。1971年的一天，张

玉雕龙

中国是礼仪之邦，也是尚玉之邦。红山玉雕龙的发现，不仅让中国人找到了龙的源头，也充分印证了中国玉文化的源远流长。

凤祥在修梯田时，发现了一个人工砌成的石洞，好奇的他决定看看里面到底是什么。在洞底，张凤祥摸到了一个“铁钩子”，他觉得这个东西说不定可以拿到废品站换点儿钱，就带回了家中，随手扔到了地上。

后来，张凤祥六七岁的弟弟看到“铁钩子”后，就用绳子拖出去玩耍了。过了几天，本来暗淡的“铁钩子”被磨出了光泽，张凤祥这才发现，原来这是一件玉器，就带到了翁牛特旗文化馆，以30元的价钱卖给了工作人员。因为没有办法测定该玉器的年代，工作人员就按惯例办理登记手续后，把它作为一件普通文物锁了起来。

到了20世纪80年代，考古人员在牛河梁展开发掘工作后，连续出土了几次神秘的“玉猪龙”。这些“玉猪龙”温驯可爱，肥头大耳，鼻子短平，技术高超的红山人还在它们的鼻梁上刻了些细密的皱纹，再加上弯曲的身躯，很是招人喜欢。

“玉猪龙”的出土，在国内很快引起了轰动，消息传到了翁牛特旗，文化馆的负责人贾鸿恩听到后，突然想起了馆中藏有的那件C形玉器，意识到那很有可能也是件珍贵文物。于是，他立刻将玉器带往北京，找到著名的考古学家苏秉琦进行鉴定。苏秉琦考古经验丰富，1934年起参与发掘宝鸡斗鸡台墓地，50年代后参加辉县发掘，并先后主持洛阳中州路，邯郸涧沟、龟台，洛阳王湾，陕西泉护村、元君庙的考古发掘。他是中国较早注意类型学的运用，并在这方面作出突出贡献的学者。他所提出的重建中国史前史与古代历史的意见，对全国考古工作发挥了重要的指导作用。

苏秉琦看后，认出这是非常重要的红山文化遗物。经过鉴定，证实这是国内首次发现的红山玉雕龙，距今已有近6000年的历史，因而被誉为“中华第一玉雕龙”，这是国宝级的文物。

1989年，在新中国成立40周年之际，C形玉雕

玉猪龙

这件玉猪龙肥首大耳，圆睛怒睁，眼周有皱纹，吻部前突，也有多道皱纹，口微张，獠牙外露，背部卷曲如环，是猪首龙身相集合的形态。

龙被调往北京展出，随后收藏在中国国家博物馆。

这个珍贵的玉雕龙通体碧绿，龙鼻前伸，嘴紧闭，双鼻孔对称，两眼突起，眼尾细长上翘，头上还刻有细密的方格网纹，背部有21厘米的长鬃，是由整块玉雕刻而成的，高26厘米，重1000克，身体呈英文字母C的形状，因此被称为C形玉雕龙。龙背上有一个圆孔，如果用绳子穿过，悬挂起来后，龙头龙尾恰好处于同一个水平线上，充分显示出红山人的制玉工艺已达到了相当高超的境界。

C形玉雕龙是目前国内时代最早、体积最大的龙形玉器。它的出土，标志着早在5000多年前西辽河上游便已形成了对龙的图腾崇拜，表现了红山文化深邃悠远的历史内涵，使中华民族的文明史向前推进了1000年。

红山玉遗址出土的众多玉器，使考古专家不禁心生疑问，如此众多的玉石材料是从哪里来的呢？后来，辽宁省“玉石之乡”岫岩县的发现使这个问题迎刃而解。

岫岩县出产的玉石被称作“岫岩老玉”。有的学者经过实地考察后认为，红山玉器的玉料就是出自这里的细玉沟。经过测量，岫岩老玉的硬度大概为6—6.5，属于硬度较大的玉石，所以，现代人大多用炸药采集玉料，借助电动机带动硬度很高的锯片来解玉。而至今仍在困惑着人们的是，古老的红山人在极其原始的生产条件下，究竟是借助什么来开采这些玉料，并加工成这么多精美玉器的呢？

现在比较合理的解释是：红山人用玛瑙、燧石、鲨鱼牙齿这些比玉器硬度高的东西来雕刻玉器。但是，在红山玉器中还有一种马蹄形玉器，考古工作者发现了红山人制作此种玉器的坯料、切割出来的玉芯。通过研究坯料和玉芯上的切割痕迹，人们猜测，玉芯是用兽皮拧成的线在解玉砂和水的辅助下一点点切割出来的。而这个过程，往往需要花费几个月甚至几年的时间，但是，许多学者并不认同，猜想红山人一定掌握了更省时省力的制玉方法。但在红山文化制玉作坊和工具发现之前，这个问题还无法得到确切解释。

双连璧

红山文化玉器主要表现为造型优美独特、工艺精湛，除了玉雕龙和玉猪龙外，还有双连璧。

红山人繁荣的玉器文化，无论是在中国，还是在世界史前文明中，都是一个灿烂夺目的闪光点。

大汶口文化

——父系氏族的典型文化

- **年代**：约6100－4600年前
- **位置**：山东省泰安市大汶口以及黄河下游各省
- **发掘迄始**：1959年

打破成见的偶然发现

由于历史记载的误导，在很长一段时间里，考古学家们都把寻找史前文化的重心放在了中原地区。但修筑京沪铁路时的一次偶然发现，却打破了学术界的这种成见。

1959年5月，铁道部门正在京沪铁路山东段施工，在泰安市郊大汶口镇的工地上，人们正干得热火朝天的时候，工程却突然中断了。原来，工地上挖出了大量的陶器碎片，很明显，这是挖到文物了。铁道部门赶紧把情况报告给了文物主管部门，山东省文物管理处的考古学家们立即奔赴现场。

学者们对出土文物做了初步鉴定后，发现这是一处新石器时期的文化遗址。这个发现当即震惊了在场的考古学家们，大家都认为应该进行一次大规模的发掘。山东省文管处召集相关专家们群策群力，很快就制定出了一个详细科学的方案。

大汶口遗址

大汶口遗址属于新石器时代晚期父系氏族社会遗存，遗址总面积约82万平方米，已发掘面积5400平方米。

6月，考古队开进了汶河南岸的宁阳县堡头

村，正式开始了发掘工作。这是一个蕴藏丰富的遗址群，在5000多平方米的区域内，考古工作者发现了墓葬群、房址、窑址等多处遗址，出土了2000多件随葬品。

八角星纹彩陶豆

豆，指敞口喇叭足的食器。这尊陶豆通身施红色，腹部绘有白色空心八角纹，是大汶口文化中颇具特色的食器。

70年代，考古学家们又在汶河北岸进行了两次发掘，出土的文物明显早于第一次发掘所得，带有仰韶文化的遗留特点。

3次大规模发掘，让学者们基本上确定了大汶口遗址的范围，它东起宁阳县堡头村，西北至汶河北岸卫家庄村，东北接大汶口镇，遗址西南部虽然已经被汶河淹没，现存面积仍有82.5万平方米，涵盖了6100—4600年前文化发展的各个阶段，向世人展现了原始社会向阶级社会转化的详细过程。通过对发掘的墓葬群以及出土的随葬品的研究，文物考古专家们一致认定，这是一个独具内涵的独立文化，按照其发现地称之为“大汶口文化”。

后来，考古工作者们在古代黄河三角洲地区相继发现了200多处与大汶口文化类型相同的遗址，其中有兖州王因、邹县野县、胶县三里河、诸城呈子等，甚至在江苏、安徽、河南等省也发现了同类遗址。大汶口文化分布如此广泛，影响如此深远，实在令考古学家们震惊。

贫富分化的父系氏族文化

学者们对大汶口文化遗址中的墓葬群进行了深入的研究，认为大汶口文化时期已进入父系氏族社会，当时已存在贫富分化现象。

红陶斝

大汶口出土，高9.5厘米，口径9厘米，底径5.5厘米。

大汶口文化遗址的聚落中一般都有集中的墓地，所有的墓葬按照一定顺序整齐地排列着，死者头部所朝的方向也一致，墓穴多采用北方流行的竖穴葬，早期墓葬中常见同性合葬和多人合葬。这种集中葬在一地以及多数人或同性的合葬方式，是氏族制度下墓葬形式的共同特点，反映了大汶口的先民们仍然通过血缘关系组成氏族部落共同生活。在大汶口文化中晚期墓葬中发现最多的葬式是单人

刻纹陶尊

盛酒的祭器，腹上部刻着“日云火”组成的图像或文字。大汶口陶尊上的这类“符号”，被一些学者认为是中国最早的文字。

葬，晚期还出现了异性双人合葬的形式，甚至还有些三人墓葬，即在异性合葬时加入了一个孩童，看起来很像是一家三口的墓穴。

在合葬墓中，大多随葬品都偏向于男性一侧，年代更晚点儿的墓葬中，男性遗体更是占据了墓穴的中心位置，女性则被排挤到正穴侧面，陪葬品也明显少于男性。这种葬式显示，女性已经离开了自己的氏族，嫁到了男方氏族中，相对稳定的婚姻关系才导致了合葬的出现。同时，离开氏族的女性已经失去了曾经的主导地位，她在社会和家庭中的优势逐渐被男性所取代，因此才会出现男性占据墓葬中心的现象。

文物工作者通过勘查还发现，当时的死者一般都有一层棺木栖身，少数还有棺椁皆备的。大多数墓中没有随葬品，有随葬品的墓则多寡悬殊，最少的只有1件，多的则超过百件。

大汶口M10号墓中，一位老年女性躺在漆过的棺椁之中，头上插着象牙梳，颈部缠绕着大理石和松绿石串起的项链，手戴指环，左腕戴着玉臂环，还随葬了90多件陶器以及猪头、兽骨、鳄鱼鳞板等物品。这座极其豪华的大墓，反映了当时日趋严重的贫富差别，这一时期很可能已经有了初步的等级差别。

从这些墓葬中，我们可以看出，很多大汶口人都拥有属于自己的财产，不仅是装饰品，像猪头这些东西被用于殉葬，也说明了家畜的私有化。这是私有制萌芽的一个鲜明标志，原始社会的公有制受到了极大的挑战。

综上所述，大汶口文化正处于氏族制度逐渐衰亡的时代：父权制逐步取代了母权制，人们渐渐有了稳定的家庭；财产逐渐成为私有，氏族内部出现贫富差距。这些都说明大汶口文化时期是一个巨大变革的酝酿时期。

大汶口先民对美有独特的认识。对现代人来说，缺少门牙是件颇不光彩的事情，而大汶口的先民们却不这样认为。这些具有独特美感的祖先们每到成年，就自动自发地把自己的门牙给拔掉了，这种风气甚至在南北朝时期还相当盛行。不仅如此，大汶口先人们的头骨也大多比较扁，这可不是自然形成的，而是他们长时间含着小石球或陶球，以此使自己长出扁扁的脑袋。幸好这些风俗已经消失，否则我们就要每天张着没有门牙的嘴向扁脑袋的熟人们打招呼了。

两大文化的中间阶段

20世纪20年代，考古工作者相继发现了仰韶文化和龙山文化，学术界一直认为这两大文化类型分别是中国文明发展的两大源头。然而，大汶口文化遗址的发掘，有力地驳斥了这种错误的说法，为不同文化的相互渗透及共同发展提供了重要的证据，使中华文明起源研究有了一个相当大的进步。

大汶口文化是新石器时代中期的文化，它受仰韶文化的影响，后来又渗入黄河中游，肇始了新石器时代晚期的龙山文化，可以说是衔接两大文化的中间阶段。

大汶口的先民们仍然种植粟，但是其生产能力在一千多年的时间里，已经有了很大的发展。最初，他们使用简单的农具，如相对粗糙的石刀、石铲等；后来，他们开始制作比较精致的石制工具，磨光的刃部相当锋利，造型也更规整，还有成套的大、中、小型石锛。工具的改进，使得粮食获得了大丰收，多余的粮食大多被用来酿酒。考古工作者在遗址中找到了600多件饮酒用的高柄杯，充分反映了当时酿酒风气的兴盛。

狩猎和捕鱼仍是大汶口先民的重要生活手段。遗址中有许多牛、羊、猪、狗等家畜的骨骼，其中猪仍然是最重要的家畜，并成为当时主要的随葬品，近三分

嵌松石骨雕筒

由动物肢骨雕刻而成，一侧穿有四孔，可能是象征氏族首领权力的麾的柄部。考古学家推测，我国的牙骨雕刻和玉石镶嵌技艺可能始于大汶口文化时期。

红陶兽形器

在我国，酒大约产生于距今6000年前的大汶口文化时期，酒器的产生时间应与酒的产生时间大致相同。

之一的坟墓中都随葬有猪的下颌或头部。渔业捕捞的对象不仅包括鱼、虾，还有大型的水生动物如扬子鳄等。

考古学证明，早期的大汶口人跟仰韶人一样住在半地穴式的房子中；到了晚期，他们已经学会挖出墙基槽以深埋木柱来支撑房屋的高超技术，房屋以地面建筑居多。遗址中出土的陶制模型，表明他们的房子前有门，大多三面有窗，屋顶为攒尖式，多呈长方形或正方形，是相当成熟的房屋形状。

大汶口的陶器也极负盛名。早期主要用手来塑造成型陶坯，偶尔也采用轮制法对器物做局部修整，做工还比较粗糙，器型也不多；到了中晚期，不仅广泛使用轮制法来做陶器，还发明了快轮，大大提高了生产效率，也提高了陶器的质量，能生产出颜色更加丰富的彩陶、精致的黑陶和灰陶，代表性的作品有篮纹鼎、袋足、折腹豆、瓶、磨光黑陶高柄杯、篮纹大口尊等。

在大汶口出土陶器中，最引人注目的是白陶。这种陶器多用高岭土塑成陶坯，然后在1200℃的高温陶窑中烧制而成。这种陶器轻薄坚硬，被认为是龙山文化中蛋壳陶的前身。

大汶口人还制作了许多精致的骨器、象牙器。墓地中出土的透雕十六齿象牙梳、花瓣纹象牙筒和镶嵌绿松石的骨雕筒等，显示了他们精湛的镶嵌工艺和透雕技术。在大汶口文化晚期，一些陶器上还出现了类似文字的符号，被有些学者认为是文字之源。

大汶口文化遗址的发掘，展现了一个上受仰韶文化影响，下启龙山文化的新型文化，为学者们研究中原同山东地区原始文化的发展交流提供了重要线索，是我国史前文明考古的重大发现之一。

良渚文化

——精美的玉石文化

- 年代：约5250－4150年前
- 位置：浙江省杭州市余杭区良渚、安溪、瓶窑三镇
- 发掘迄始：1936年

盗掘玉石引出的文化

良渚是浙江杭州湾的一个小镇，早在清末，这里就以出土古玉而闻名。民国时期，不少当地人为利所惑，开始参与古玉盗掘，使良渚古玉四处流散，这很快就引起了学者们的注意。

最先着手研究良渚文化的是复旦大学的何天行，但他的研究是从陶器和石器开始的，这些散碎的采集品数量太少，不成系统，因此他的研究没有受到学术界的重视。良渚文化也就没有引起当时学者的注意。

良渚文化遗址

良渚文化一向被誉为“文明的曙光”。在中国史前文明的各大遗址中，浙江良渚遗址（公元前5300—前4000年）的规模最大、水平最高。

良渚文化石犁

犁是由耒耜发展而来的，它的出现极大地提高了耕种效率。良渚文化的许多遗址都发现了石犁，这说明，良渚文化是中国最早实现犁耕的农业文化之一。

1936年，施昕更主持了第一次科学田野考古发掘，消失了数千年的良渚文化终于重现在了世人面前。施昕更是西湖博物馆的工作人员，他本是浙江余杭镇人，所以从小就知道良渚地区人们盗掘古玉的事情，从事文物工作后，发掘良渚地区一直是他心中的梦想。

1936年6月，施昕更回到家乡良渚做了一次深入调查，结果没有什么发现。但他没有气馁，1个月后，他再次回到良渚进行调查。经过一番苦苦追寻，11月3日的下午，施昕更终于在朱村兜附近发现了几片黑色陶片。新的发现让施昕更兴奋了很久，因为这种比较原始的陶片证实了他的判断，说明此地的确埋有古文明的遗藏。

1936年12月，施昕更主持了良渚遗址的首次发掘，也是江南地区的第一次考古发掘。对良渚遗址的发掘接连进行了3次，考古人员从这里发掘出了一批实物资料。但是，因为当时发现的陶片多是黑陶，与黄河流域的龙山文化陶器类型很相似，施昕更就把它定为龙山文化的分支，而没有意识到这是一种截然不同的文化类型。

1938年，考古发掘报告《良渚》出版了，这个在任何史书上都没有只言片字记载的远古文化很快受到考古界的关注，接连发起了对良渚文化遗址的发掘考古活动。新中国成立后，良渚的相关考古工作迅速展开，新的遗址不断被发现，大量独具特色的文物出土，良渚文化的真面目逐渐清晰。

1959年12月，考古界专家夏鼐综合了各项发现成果，在长江文物考古队队长会议上正式为良渚文化正了名，使其摆脱了龙山文化而成为独立的类型，这个观点得到了学术界的公认。

至今，考古工作者已在太湖流域、长江下游地区发现了多处良渚文化遗址，包括村落、墓地、祭坛等多种遗存。这些遗址大体上被分为早、晚两期，早期以张陵山等遗址为代表，晚期以良渚、雀幕桥为代表。良渚文化标志性器物有灰陶、泥质黑皮陶等，最有代表性的是做工精良的玉器，因此良渚文化时期也被称为中国史前玉器文化的巅峰时期。

接连现世的精美玉琮

1973年夏，考古学家在江苏苏州唯亭镇阳澄湖南岸草鞋山砖瓦厂工地对发现的良渚文化遗址进行了深入发掘。随着良渚大墓一个个被打开，良渚文化的研究进入了一个新层次。

其实，早在1956年当地砖瓦厂在取土时就发现了珍贵的玉琮和玉璧，文物主管部门得知后立刻派人过来进行了考察，确认这里是一处良渚文化遗址，但是限于条件，当时并没有开始发掘工作。

直到1972年，南京博物院才组织工作队对草鞋山遗址进行发掘。1973年6月，发掘延伸到地下水位之下，积水导致工地上发生了多次塌方。26日，最高处的一个探方发生塌方，考古队员们连忙组织了一次清理，没想到，他们竟然在土堆里发现了一件六节玉琮，这种仅记载于史书中的玉琮让大家觉得很不寻常，都开始在附近四处搜寻。

玉琮，又称“辋头”，是一种内圆外方的筒形玉器，与玉璧、玉圭、玉璋、玉璜、玉琥合称“六器”，是我国古代最早的玉器之一。汉代认为这是祭地的礼器，现代学者根据良渚文化中出土的玉琮特征，推测它是原始巫师通天地、敬鬼神的法器，后来被纳入儒家的礼仪系统中，成为礼器或葬器。此种玉器在商周还常见，战国两汉后多不出现。早期的玉琮比较矮小，一般也没有纹饰；晚期器型比较高，主要用兽面纹装饰，有的还阴刻神人或云雷纹。

7月1日，考古人员又发现了堆在一处的大件玉璧、玉琮与带盖的大陶鼎、细刻花纹的贯耳壶。这时大家才发现，原来找到的是一座大墓，墓内又出土了许多陶器和玉斧、玉钺等。精美的器物震惊了全场的工作人员，引发了学术界的又一次震动，而这还仅仅是一个开始。

也是在这个时代，浙江余杭一个农民在农田翻地时挖到了一些古玉器，考古人员通过考察分析后，将考古工作开展到了反山。

1986年，浙江考古研究所组织了一个挖掘小组到反山发掘。不料一连下了三天大雨，考古工作被

良渚文化陶袋足鬶

短颈，鼓腹，由三个高袋足组成器身，腹侧附一宽环形把手。造型丰润敦厚，是良渚文化的典型器物。

良渚文化玉琮

此玉琮两端作圆圈形口，外周四面呈正方形，中心有圆穿孔，每面阴线刻兽面纹。系手工雕刻，横线刻画极平行，棱角处见圆弧。

迫停了下来，队员们都焦急万分。好不容易盼到天晴，迫不及待的人们就开始了清理工作，突然，他们在泥土中发现了一个绿色器物，等清理过后，大家一看，这竟然是一件特别精美的玉琮，尽管良渚文化遗址中发现的玉琮有很多，但这件玉琮之精美、之大，还是震惊了所有的队员。

随后，又一件玉琮出土了，这件玉琮比刚才那件还要大，于是得到了“玉琮王”的美称。这件玉琮宽阔硕大，高8.8厘米，重达6.5千克，表面雕琢了目前所见最完整的“神人兽面纹”，同时还镌刻有繁缛细致的纹样，其线条纤细规整，有时1毫米中就雕有四五条细线，技艺十分高超，做工异常精美。

这些精美玉琮的发现，既显示了良渚人高超的玉刻技术，也反映了他们发达的礼制，是良渚社会迈进文明门槛的重要标志。

神秘大墓的主人

考古工作者在浙江反山遗址不仅出土了精美的大玉琮，在发现玉琮的大墓中还出土了7百多件玉器。据统计，反山遗址墓葬总共出土了5000多件随葬品，其中绝大多数是做工精绝的玉器。这么丰富的随葬品，充分显示了墓主人崇高的社会地位。他们到底是什么人呢?

在发现玉琮的大墓中，考古学家勘查认定，这里使用了著名的“玉殓葬”，随葬的都是真玉，其中包括象征权力的玉琮、玉璧、玉钺。有人因此推测这是良渚人的王陵，其他规格稍次点的则是稍低等级贵族的坟墓。难道当时的良渚社会已经形成了如此等级森严的制度吗?

后来，随着考古工作的深入，这种类似的大墓陆续出现在常州、苏州、上海一带。这些由史前人类堆积起来的大墓中，随葬玉器之丰富精美，让人们越来越惊讶于这些墓主人强大而集中的权力。因为这些大墓并不是天然形成的小山墩，而是人工堆成的，如果没有强大的权力保证，在当时的条件下不可能堆积出如此高的小山丘。

1987年春，考古学家们发掘了良渚文化瑶山遗址。瑶山遗址与反山遗址相距只有5千米，它包括1座祭坛遗迹和11座墓葬。在规整平缓的祭台上，坟墓呈东西向，从南到北排成两排，整齐有序，其时代同反山墓葬大致相当，出土物品也很相似，与反山墓葬成了互证。

古代的祭坛是巫师们表现“神”的存在并与之交流的地点，是神权的所在地，祭坛的主事者也就是巫师因为能与神交流而成为神的代言人，同时他们还是神权的执行者。在当时人们普遍信奉、崇拜神的情况下，这些巫师应该属于族内的实际统治阶层。后来，瑶山遗址中的祭坛原因不明地废弃了，成了埋葬这些与神有联系的贵族的墓地，在墓葬中出土的玉琮上面雕刻的兽面纹和人兽结合的所谓“神徽”等纹样，都带有浓厚的宗教崇拜色彩。由此证明，反山遗址中埋葬的也可能是那些处于统治阶层的巫师。

当然，墓葬主人的实际情况现在已不能确定，但可以肯定的是，在良渚文化时期，社会的不平等已经根深蒂固，区分社会等级的礼制也已稍具规模。不平等和礼制的出现，是文明即将到来的重要标志，只是良渚文化用玉器来表示这种不平等和礼制，其方式不同于其他文化类型而已。反山和瑶山墓地的发掘，为学术界探索中华文明起源多元化及文明标志异同提供了重要依据。

高度发达的史前文明

至今为止，良渚文化研究仍在如火如荼地进行着，上海、江苏等地的遗址相继发掘，重大发现层出不穷，良渚文化也慢慢展现了其独特的身姿。

玉器是良渚文化最具代表性的器物，其高超的制作工艺折服了众多研究、收藏者。除了久负盛名的玉琮外，还有精美的玉钺、玉璧等。良渚玉璧外薄内厚，中孔比较小，大多尺寸较大，直径常有1尺，与其他玉器不一样的是，其制作不够规整，璧体或厚或薄，有的表面还有明显的锯痕，而且很少有纹饰。

良渚遗址出土的玉钺可与玉琮相媲美，其中有我国目前所能见到的最大的玉钺由一块软玉制成，白色器身带有紫色的斑点，形体似“凤”字。玉钺两面刃部带有同玉琮一样的纹饰，这在良渚其他玉钺上都没有见到过，可谓是精品中的精品。

三叉形玉饰

这件玉饰短叉顶端有一圆孔，可能是某一器物的部件。人兽面结合图案在良渚玉器中多有发现，应为原始崇拜的一种神灵象征。

良渚玉器上最普遍的纹饰，被专家们称为“神徽”。“神徽”图案一般分为上、下两部分，上部是一个头戴羽冠的人的上半身，下部则是兽形。学术界大多数人都认为下半部的兽形是虎形，推测它主要表现了巫师骑着虎飞天的形象。图案两边常带有鸟纹，被认为是用来帮助巫师升天的。

良渚彩绘陶壶

这件陶壶是在已经烧成的黑衣陶上施以彩绘，所以与彩陶不同，称为彩绘陶。彩绘花纹未经火烧，与陶器结合不很紧密，所以多有剥落。

精致的玉器说明良渚人的制玉工艺已达到了相当先进的水平。因为，要在这么坚硬的玉石上切割、钻孔、刻纹与打磨，是非常困难的事情，所以，良渚人应该已经形成了专门的制玉行业，也就是说社会有了初步分工，已经有了独立的手工业者。

而有部分手工业者独立出农业，这是生产力发展到一定阶段的产物，而良渚人精细繁琐的玉器制造，正是建立在农业生产力能够支持一部分人不劳动就能满足需要的基础上的。从良渚遗址中出土的农具就可以看出，良渚先民们已经掌握了相当先进的农业生产方法。

在良渚遗址中发现的三角形犁形器，也就是石犁，前锋有尖角，弧形两腰稍稍突出，中间有连接犁床架的钻孔，是适应水田耕作的专用农具。除此之外，还发现了破土器、耘田器以及收割用的石镰等农具。

良渚文化玉琮上的兽面纹

良渚玉琮的琮身均饰有兽面纹，纹饰以四角线为中心，分成四组，随琮高低不同，以相同的纹饰饰于琮上。

不仅如此，良渚先民们还制造出了更先进的陶器、炊器，掌握了更先进的竹器编制、丝麻纺织等工艺，创造出了一个高度发达的史前文明。

然而，这个高度发达的文明在大约4000年前时，却神秘地消失了。有人认为是良渚文化自然消亡了，也有人认为是特大洪水灭绝了良渚人，还有人认为是良渚人被迫迁徙到别处了。相对来说，迁移学说比较流行，但还不能让大多数人信服。

良渚文明为什么消失？他们到底去了哪里？这些疑问成了无人能解的谜案，有待突破性的考古工作为我们解开谜题。

龙山文化

——质朴的黑陶文化

- 年代：约5000－4100年前
- 位置：黄河中下游
- 发掘迄始：1928年

震惊中外的城子崖

20世纪初，“中国文化西来说”非常盛行，而中国刚刚起步的考古学则用诸多事实有力地回击了这股学术邪说，其开端就是城子崖遗址的考古发掘，它引出了驰名中外的龙山文化。

1928年4月4日，清华大学人类学二年级的学生吴金鼎准备去平陵古城考察。平陵在山东章丘，是春秋时的重要城邑，汉时则是济南王国的都城，吴金鼎是来考察汉代文化遗址的。

到达平陵后，吴金鼎登上了一座高台，忽然看到东面有个台子很像古代的城堡，这引起了他的兴趣。他向当地人询问，知道那里是城子崖，便想去查看一番。

吴金鼎很快就奔到了城子崖下，在西面的断崖上，他发现了十分明显的火烧痕迹，附近还有残破的陶井、散落的贝壳及动物骨骼。吴金鼎随手试掘

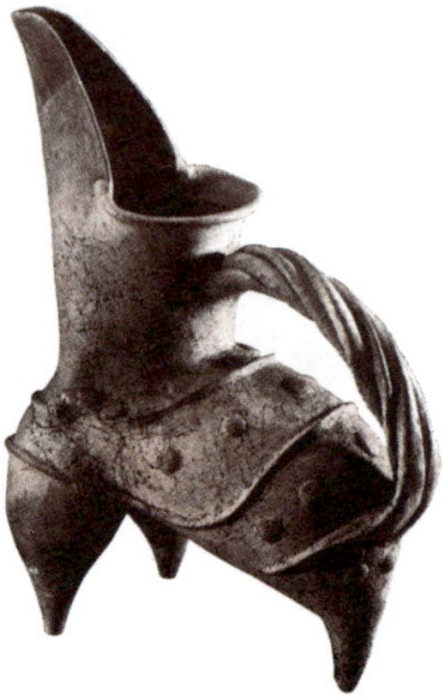

龙山文化陶鬶

龙山文化泛指黄河中下游地区、新石器时代晚期的一类文化遗存，距今约4350—3950年。此时已进入父系氏族公社时期，出现了私有财产，开始跨入阶级社会。鬶是原始先民用来烧水的器皿，也是龙山文化最具特色的器物种类之一。

了几下，竟然从地下挖出了两枚制作粗糙、看上去年代十分久远的骨锥。他又在城子崖周围做了详细的勘查，发现了大量的陶片、贝壳、兽骨。这些实物使他坚信，此地一定是一处远古文化遗址。

为了找到更确切的证据，吴金鼎于当年7月再次来到城子崖，进行了更深层次的发掘勘查。这次，他从地下挖出了一只完整的石斧。在以后的发掘中，他还从遗址深处挖出了一种漆黑发亮的陶片。当时的他并不知道，这是以后闻名世界的龙山黑陶。

吴金鼎感觉到自己的想法确实无误后，立刻将发现报告给了老师李济。李济是中国著名的考古学家，当时他主持的河南安阳殷墟的发掘工作因故暂停，正打算到临淄古城开展工作。他听说城子崖发现了远古文化遗址后，立刻让吴金鼎带他前去考察。看到那些散落的陶片、贝壳、兽骨后，经验丰富的李济很快意识到，这里很可能是一个重要的远古遗址，应该进行一次正规的发掘。

情况报告到主管部门后，经过磋商，中央研究院与山东省政府联合组建了“山东古迹研究会”。考

城子崖遗址博物馆

位于山东省章丘市龙山镇政府西1千米处，主体建筑面积达4000平方米，建筑风格独特，为全国唯一一座土堡式公共建筑，外观形似原始社会圆形房屋。

古大队于1930年11月展开了对城子崖的挖掘工作。1931年，考古学家梁思永主持了城子崖遗址的第二次挖掘工作，正式确认城子崖新石器时期文化的地位，使尘封4000多年的城子崖重新展露出它的远古面容。

城子崖遗址的发掘工作，是中国近代第一次由本国学者发现、独立发掘的考古活动，对我国近代考古学的发展有着深远影响。梁思永还主笔编写了我国第一部田野考古发掘报告《城子崖》，这次发掘工作也因其重大意义而被称为“中国考古第一案”。

城子崖遗址处在龙山镇，它所代表的文化类型因而被称为“龙山文化”。直到五六十年代，城子崖遗址仍是山东地区史前研究的重点，就连龙山文化也成了我国文明时代即将来临时的史前文化的代名词。

蛋壳黑陶的千古谜题

在对城子崖的数次发掘中，考古人员在新石器时代晚期文化堆积层中发现了数量很多的黑陶，这些制作精美的黑陶与我国中西部流行的彩陶大不相同，成了龙山文化的独特“亮点”。

历经几千年的发展，龙山人已经掌握了极其高超的制陶工艺。他们根据陶器的不同用途来配制不同的陶土原料，还发展出拼接技术来制造巨大而坚固的陶器。陶器器型也更加丰富、规整，有罐、盆、鬲、豆、杯、鼎等不同类型的器物。

龙山人发明了飞速旋转的快轮，这种制陶方法的广泛使用，使陶器制作变得非常迅速，质量也得到显著提高。这也是龙山时期陶器越来越薄，最终出现薄如蛋壳的陶器的重要原因。

龙山人还掌握了先进的封窑技术，有效提高了窑内的温度，缩短了烧窑的时间，扩大了窑内的空间，使陶土中的铁成分得到充分还原，不仅提高了陶器的硬度，同时还赋予了陶器灰、黑两种色彩。其中黑陶的制作是龙山人的伟大发明，就是在器物烧成的最后阶段，从窑顶徐徐加水，使木炭熄灭，产生浓烟，让烟熏黑陶土，形成黑色陶器。

蛋壳黑陶高柄杯

高22.6厘米，口径9厘米；为泥质黑陶，器表乌黑光亮。此高柄杯体态轻盈，挺拔秀丽，制作工艺精湛，是一件不可多得的古代艺术珍品。

河南徐堡龙山文化遗址

目前发现的龙山文化中规模最大、保护最好的遗址之一，已出土陶、铜、石、骨、玉等器物近200件，发掘出各个时期的房址、陶窑、窖穴、灰坑、水井、墓葬等遗迹200多处，并有部分动物、植物遗骸。

黑陶的装饰极其简单。早期泥条盘筑成的陶器上一般有编织纹、篮纹、绳纹等纹饰，有时还会雕出镂空的花纹；但后期的黑陶却很少有装饰，主要是以器体造型的丰富多变和设计的新颖巧妙成就出绝妙的艺术特色，朴素中蕴含着独特的匠心。

这些黑陶中有件稀世珍品，就是举世闻名的蛋壳黑陶杯。这个完整的黑陶杯有20厘米高，最薄处却只有0.2毫米，“黑如漆，亮如镜，薄如纸，硬如壳，掂之飘忽若无，敲之铮铮有声”，整体重量还不足50克，被世界考古界誉为“4000年前地球文明最精致的作品”。

可是，4000多年前的先人们是如何制作出技艺如此高超的黑陶杯的？这个疑问一直困扰着考古学家。为了解开谜团，考古学家模拟当时的环境，依照现有的出土工具仿制了一套制陶工具，然后尝试着做出类似的陶器来。结果，多次试制都失败了，他们不得不放弃了这种模拟原始条件的试验，转而使用现代科技来尝试，却仍然无法制作出相同的蛋壳黑陶杯！

神秘的黑陶杯是中国乃至整个世界的无价之宝。

发达的史前文化

城子崖遗址开始发掘后，考古学家们又陆续在山东各地发现了多处龙山文化遗址。至今，黄河中下游发现的龙山文化遗址共有1000多处，按照发现地的不同，可分为山东龙山文化、庙底沟二期文化、河南龙山文化、陕西龙山文化等类型。龙山文化遗址的不断丰富，使学者对龙山文化的全貌有了基本的认识。

上承仰韶文化、大汶口文化的龙山文化，不仅在农业方面有了很大的发展，还出现了文明时代来临的先兆，如城市的雏形、少量使用的铜器、相对成熟的文字符号等。

龙山人所使用的生产工具中，石、骨、蚌类农具做工精细、种类繁多。新工具中最有代表性的是石镰和石刀，这些锋利工具的外形与今天人们使用的铁制镰、刀等十分相似，是龙山文化农业水平提高的显著标志。

龙山文化农业发展的另一个标志，就是酿酒技术的发明与发展——只有在粮食产量满足人们需要之后还有大量剩余，才能供酿酒使用。考古工作者们在龙山文化遗址中发现了各式各样的酒器，反映了当时农业生产的发达。

虽然龙山人仍居住在半地穴或者地面房屋中，但是地面与墙面都用白粉涂抹了一遍，整个房间显得整洁明亮，说明他们已经有了室内装修的意识。龙山人使用的炊器也有了较大发展，其中最具代表性的是鬲，呈三足袋状，不仅形状优美，还可以缩短烹饪食物的时间，极具科学性，是龙山人智慧的结晶。

处于前文明时期的龙山人，还在聚落的基础上发展出了早期的城市，如河南安阳的后岗古城址、淮阳平粮台的正方形城址、登封王城岗遗址，山东章丘城子崖城址等。这些城址小则30多平方米，大则可达数万平方米，但都有城墙、城壕围绕，有些比较先进的城址还有夯土台基。早期的城墙大多用比较原始的堆筑法筑成，显得比较粗糙，但却是我国城池的渊源所在。

龙山人的手工业也有很大发展，不仅有高度发达的陶器制作，还出现了铜制工具，虽然不像后来那样普遍，但在各处遗址中都有发现，例如山东胶

神兽纹玉锛

一种玉制礼器，下部两面阴刻神兽纹，线条纤细，行刀流畅，刚劲有力。

龙山文化细黑陶豆
该器物高13.5厘米，口径13厘米，底径10.5厘米。

县三里河遗址曾出土了两件黄铜锥形器，临汝煤山遗址中发现了铜坩埚、熔铜炉残壁及铜液痕迹。铜器制造业的发展，为即将到来的辉煌的青铜时代夯实了基础。

城市与农业、手工业的进步促进了文化的发展，大汶口时期出现的原始刻画符号，在此时已经进化成相对成熟的文字符号，大多刻在祭祀用的器物上，显示了龙山人相对发达的祭祀文化。这时已有真正的骨卜、鳄鱼皮鼍鼓和大型石磬等乐器出现在祭祀活动中，这些祭祀用具直到商代仍在流行。考古人员还在邹平西公古城内出土了具有辞章性的陶文，从右到左竖行排列的文字是中华早期文明的源头之一。

此时的龙山社会继续发展着大汶口文化中已经出现的父权制及财产私有化，而其高度发达的文明直接启发了以后的青铜文明，为夏商周三代的来临打下了坚实的基础。

解密玄奥『天书』

JIEMI XUAN'AO『TIANSHU』

前人用文字、图画记录下自己的生活。但随着时间的流逝，这些作品已成为难以理解的玄奥『天书』。成功解密『天书』，将为我们揭开尘封已久的历史。

贺兰山岩画群

——游牧文化的艺术长廊

- **年代**：约5000－4000年前
- **位置**：宁夏回族自治区贺兰山脉
- **发掘迄始**：1969年

岩壁上的图画

贺兰山，绵延200多千米，是我国古代北方少数民族的聚居地，因岳飞“驾长车、踏破贺兰山缺”的豪迈诗句而闻名于世。近些年来，考古学家在这里陆续发现了壮观、神秘的壁画群，使其声名更加远播海外。

1969年，毕业于宁夏大学的李祥石到贺兰山生产队下乡工作，工作之余，他经常一个人到贺兰山口去游玩。偶然的一天，李祥石在山口的巨石上发现了许多动物画像，不仅有牛、马、羊、鹿、骆驼、老虎等，还有一些奇怪的动物，它们有着长长的脖子及粗大的尾巴。这些不寻常的图画引起了李祥石的注意，继续寻找，他发现顺着山沟排列的岩壁上还有许多类似的图画。这让李祥石很好奇，到底是谁在这里刻画了这么多动物图像呢？

贺兰山远景

贺兰山脉位于宁夏回族自治区与内蒙古自治区交界处，北起巴彦敖包，南至毛土坑敖包及青铜峡。贺兰山山势雄伟，若群马奔腾。蒙古语称骏马为“贺兰”，故称其为贺兰山。

贺兰山岩画群

贺兰山岩画是古代先民们在漫长的岁月里运用写实或抽象的艺术手法，在岩石上绘制或凿刻的图画，它记录了古代人类社会生活的各个方面。

就在谷口为了解开心中的疑问，李祥石向当地人询问情况，大家却都不清楚。后来，山脚下一位80多岁的老大爷告诉他，石头上的画相传是古代人用来记录自己杀人数量的，画一个人头就是杀了一个人。这种解释当然无法满足求知心切的李祥石，李祥石又发现了大量的人物画像。那些鲜活的人物形象，与无数知名或不知名的动物，似乎都在诉说着什么。可是，由于时间紧迫，他没有来得及详细地研究它们。返回单位后，贺兰山的岩画一直深刻在他的心中，挥之不去，去贺兰山研究那些图画，成了他最大的心愿。

1976年，考古工作者在内蒙古阴山发现了一系列岩画，两年后，消息传到贺兰县，这让李祥石立刻联想到自己一直惦念的贺兰山岩画。不久，他就找到了机会再探贺兰山口，但是，让人痛心的是，当地人为了引水，在这里开山修渠，一些刻有宝贵岩画的石头已经被炸碎。无奈的李祥石唯恐这些岩画遭遇不测，只好用自己带过来的照相机尽可能多地留下它们的身影，然后匆匆离去了。

1983年，经过对贺兰山岩画的多年研究后，李祥石终于将成果汇成了《宁夏贺兰山贺兰口岩画调查报告》一稿，并发给了《文物》编辑部。消息传开后，引起了很多人特别是宁夏文物考古界的注意，也由此引发了人类对贺兰山岩画系统、专业的研究。

岩画中的游牧文化

在文字出现以前，富有创新思维的人类就已经懂得用图画来记录自己的生活、传达自己的情感。当这些图画绘在岩石上后，会随着坚硬的石头穿越漫长的历史时空，成为后人了解前世文明的“史书”。我国岩画分为南北两个系统，南方岩画大多以红色颜料涂绘，庄严神秘，主要记录了战国到东汉时期先民们的采集、狩猎活动；北方岩画大多磨制或刻凿在石块上，浑厚苍凉，主要反映了原始社会到元代之间先人的游牧、狩猎生活。

贺兰山是我国历史上著名的少数游牧民族集中区之一，几千年来，生活在此的西戎、鬼方以及后来的匈奴、鲜卑、突厥、回鹘、党项等游牧民族，在这里留下了有关他们生活的各种印迹，其中包括岩画。

在贺兰山区，考古工作者发现了2000多处岩画遗存，题材丰富多样，因地而异。那些笔画粗犷的人面、人体、动植物，都在向后人诉说着它们创造者原始、粗犷又神秘的社会习俗、生活情趣，以及对美好生活的追求，生动地展示了古代先民的生活特色。

石嘴山附近的岩画大多是森林草原中的动物画像，如矫健的山羊、雄壮的牛、狡猾狠毒的草原狼、健美灵巧的鹿、威武的猛虎、沙漠之舟骆驼等，这些或奔跑或静止的栩栩如生的动物形象，为后人展示了古代贺兰山多姿多彩的动物群体。其中，大西峰的老虎画像形神具备，可以说是先民们制作动物岩画的代表作品。

青铜峡、中卫等地岩画中的主角除了北山羊外，还有许多放牧的场景；而白芨沟等地则出现了骑兵征战的彩绘画面。白芨沟岩画是贺兰山岩画中仅有的一处彩绘岩画。这组绘在天然石洞东侧岩壁上的图画很像是南方的岩画，基本上都是红色，除了北方岩画中常有的动物形象外，还有英武的骑兵

“太阳神”图案岩画
遗留在贺兰山崇山峻岭间的岩石崖壁上的太阳神岩画是贺兰山岩画群的代表作品。然而，这幅远古岩画在经历了漫长岁月的风吹日晒、自然侵蚀以及人类活动的影响后，目前已裂痕累累，如风中之烛，抢救性保护迫在眉睫。

以及狩猎中的猎人。不仅如此，这里还有一些奇怪的手印和符号。

最引人注目的是贺兰山口的一系列人面图画，简单写实又充满神秘。很多岩画中的女性头上都戴着与中原风情不同的头饰，挽着奇异的发髻，真实地再现了几千年前北方先民们对美的追求；还有几幅人面岩画就像站立的人形，双臂弯曲，两腿叉开，腰佩长刀，被认为是图腾巫觋形象的显示。这些人面画中还有许多奇怪的形象，如长着犄角的人头、大耳高鼻满面生毛的人面、口衔骨头的特异造型，让考古学家很是疑惑不解。此地还有一些人手和太阳的画面以及古人祭祀神灵的原始宗教活动场面。

根据学者们的分析，这些古朴的岩画，大部分是春秋战国时期北方游牧祖先留下的珍贵艺术精品，也有一些是西夏时期的画像。古代北方游牧民族生活的方方面面，在贺兰山的岩画中大多可以找到相对应的画面。他们在这些石块上或凿刻或磨制出一幅幅真实、亲切、肃穆、纯真的图画，组成了后世的民族艺术文化长廊。

屡遭破坏的黑石峁岩画

在贺兰山的2000多处岩画中，宁夏石嘴山市境内就占了近1/4；在这些默默无闻的岩画群中，有一个保存最完整的岩画区，那就是神秘的黑石峁。见到黑石峁后，才明白名字的由来：灰白色的山峦中，就这么一块黑色的山头，傲然挺立其中，从上到下透着一种神秘的气息，让人肃然起敬。

黑石峁的山顶上满布黑色石块，其石质坚硬细腻光滑，色黑如墨，看起来似乎还泛着油光，很不像普通的石块。这些石块不规则地向下延伸着，越往下方，石块就越小，到山脚下，就变成了贺兰山那种常见的灰白石块。很多人都以为这是来自太空的陨石，很可能是历代少数民族搬上山来的。这些石块只有大约1.2厘米厚的黝黑表层，其下仍为白色，有专家考证是岩漆所致。

1984年，石嘴山市文物普查队在全市进行普查时，在黑石峁发现了60多幅岩画。当时，这些岩画中可辨认的图像有170多个，大的有210厘米宽，小的还不足20厘米宽，大多很完整，也比较清晰，相对于其他地方破碎的岩画来说十分难得。

这里的岩画以动物图像为主，有鹿群、羊群、虎群以及狼群。鹿群画中，有2只大鹿带着6只小鹿，静静地站着，远方则有一人手持弓箭，做出了

老虎图案岩画

捕猎的动作；虎群或狼群画中的狼或者猛虎，都是形态各异，刚劲有力；岩画中的羊，大多长着弯曲粗大的角、翘起的尾巴，或站或卧，有的还抬腿做跳跃状。在整个黑石峁岩画群中，最具代表性的是《双羊图》，两只造型相同的硕大山羊，除了两对大角外，还拥有直线型的臀部；花格图案的表现方法，则使整个画面粗犷中见工整，自然中显优雅。

先民们还在岩石上刻画了祈祷祭祀、出征作战、集会舞蹈等场面。其中有一幅比较罕见的《双人舞》岩画，看起来像是一男一女并列而站，皆头戴饰品，双臂上举，两腿分开做骑马蹲裆式，他们在做什么？不由让人浮想联翩。

黑石峁的岩画大多线条流畅，造型优美，刚劲有力。白色刻痕凿在黑色石头上，分外鲜明，使得刻凿的岩画清晰可见，历经千年仍像刚刚刻上的一样，成了贺兰山岩画的代表作品，受到了许多人的关注，引起了人们的无限遐思。有人甚至认为，这也许是很久以前坠落在此地的外星人留下的神秘文化。当然，这只是一种猜想。

现在，黑石峁地区比较清晰的岩画已不多见，其原因既有自然侵蚀，也有人为破坏，而后者更为严重。其实，不只是黑石峁，整个贺兰山的岩画都面临着极大的危机。因为盗取岩画的人太多，大西风沟的文物管理人员甚至推倒了原来的保护碑，以使人们不能轻易找到这些岩画。1997年，贺兰山岩画被联合国教科文组织列入非正式世界文化遗产名单，正式申遗项目已于2002年启动，但愿这能为它们带来更多的关注与保护！

殷墟甲骨文

——汉字的源头

- 年代：3000多年前
- 位置：河南省安阳市西北郊小屯村
- 发掘迄始：1928年

“龙骨”上的文字

清代末期，小屯村的一位剃头匠李成因为生了疥疮，在没钱买药的情况下，以捡拾所谓的龙骨磨成粉末来治疗，岂料，用过几次之后，疥疮竟然痊愈了。李成立刻想出了一个生财之道，就是收集龙骨来卖。这项本少利多的生意越做越大，小屯龙骨很快涌入了四面八方的药店，当然也少不了京城的各大药店。京城之中，名家汇聚，为甲骨文的发现提供了契机。

1899年的秋天，北京国子监祭酒（相当于中央教育机构的最高长官）王懿荣得了疟疾，家人请中医给他开了药方，并派人到宣武门外菜市口的达仁堂中药店买回了药材。稍知医理的王懿荣查看了一下药材，偶然间，他发现所谓的龙骨上有许多刻痕，且刻痕之间似乎存在着某种联系。

王懿荣是我国有名的金石大家，对各种出土、传世的文物古器都有深入的研究。面对这些奇怪的刻痕，他的好奇心自然萌发，便仔细观看起来，这才发觉它们非常像以前的文字，但既不像大篆也不像小篆，是一种他从来没有见过的符号。为了搞清楚这些符号，他派人赶到达仁堂，以每片二两银子的高价，把药店所有刻有符号的龙骨全部买下，又通过古董商进行搜购，累计收集了1500多片。

王懿荣像

王懿荣（1845—1900年），中国近代金石学家、甲骨文的发现者和爱国志士。

甲骨文
文字的出现，意味着人类从茹毛饮血的蛮荒时代迈进了文明时代。甲骨文的发现更证明中华文明脉络清晰，很早就有了文字记载的历史。

经过仔细研究，王懿荣发现，这些龙骨都是很久以前的龟甲或者野兽骨骼，这些符号正是当时的人们刻画上去的，很可能就是早期的文字。对比辨认后，他在甲骨上找出了“雨”“日”“月”等字，还找出了商代几个君主的名字。这些甲骨上的刻痕是中国早期的成熟文字，显然已成了确定无疑的事实。

王懿荣去世后，他所收藏的甲骨大部分转归好友刘鹗。刘鹗又进一步收集，所藏甲骨增至5000多片，并确定这些是商代文字，出版了文物资料《铁云藏龟》一书。

在甲骨上发现文字的消息，很快在社会各界引起轰动，抢购搜求安阳小屯的龙骨成了文人学士、古董商人最热衷的事情。因为这些文字是刻在甲骨上的，便被定名为“甲骨文”；而最先发现甲骨文的王懿荣，也被人们尊称为“甲骨文之父”。

甲骨文的发现，不仅受到国人的关注，也震惊了整个世界，它与敦煌石窟、周口店猿人遗址一起被称为当时中国的三大发现。遗憾的是，在那个国家衰弱、战乱频仍的年代，大量的甲骨被掠夺到海外，留在国内的仅占少部分，给后来甲骨文的研究造成了一定的困难。

中国最早的成熟文字

王懿荣和刘鹗收藏甲骨并做了初步的研究后，罗振玉、王国维等人也多方搜集甲骨并做了纵深的研究，进一步证实小屯就是文献上所说的殷墟，并出版了《殷墟书契》等书籍，奠定了中国甲骨文的研究基础。

许多学者如孙诒让、董作宾、唐兰、郭沫若等人，就在此基础上做出了卓有成效的考释和研究，后人还把成就最大的郭沫若（字鼎堂）、董作宾（字彦堂）、罗振玉（号雪堂）和王国维（号观堂）称为“甲骨四堂”。对甲骨文的研究与解读，也成了一门显学——甲骨学。

经过学者专家们的考证，认为这些甲骨文是商代人们占卜留下的记录，而那些所谓的龙骨就是占卜用的工具。商人大多信鬼神，凡是遇到大事或者难以决定的事情，都要向上天祷告询问，比如王室的祭祀、战争、游猎、疾病、生育、起居等种种活动，都要同鬼神“探讨”一番，而当时的年成、天气等事关农业的重大事件，当然也在此列。而询问上天的具体方法是：削出一段牛肩胛骨或者一片龟甲来，在甲骨背面钻出圆洞或者浅槽，再把事情述说一遍，然后用火来烤圆洞或者浅槽，等到甲骨上显出一定的裂纹来，就算是上天告知答案了。

当然，这种答案普通人是没法看懂的，需要能与神交流的占卜祭司们才能理解。主持占卜的祭司大多是王或者各邦的诸侯，他们察看过这些烧出的裂纹后，会根据其长短、粗细等情况来判断神带来的是坏消息还是好消息，然后根据神的指示决定事情该怎么做。

最后，占卜的内容和结果会一同被刻在甲骨上，有时候应验与否也会刻在上面，于是，甲骨上就留下了有关这些事件的记录，并被长久保存下来。商被周灭亡后，王都败毁，这些甲骨及文字被埋于地下，直到悠悠几千年后才传奇般地现世，成了学者研究商代历史的重要资料，也成为中国汉字最古老的起源。

甲骨文字是我国历史上最早的成熟文字，它的发现，标志着中国文字走过了散乱零碎的最初发展期，迈入了严整有序的成熟期，是中华早期文明的

殷墟遗址

殷墟位于今河南安阳小屯村及其周围，是商代后期都城遗址。殷墟总面积24平方千米，目前已在此发现宫殿、作坊、陵墓等遗迹，及大量生产工具、生活用具、礼乐器和甲骨等遗物。

巨大闪光点。

历经3000多年的沧桑巨变，甲骨文陆续演化出了金文、大小篆、隶书、楷书、草书等各种不同的书写形式，但是其文字结构及基本语法仍然未变。时至今日，甲骨文是世界上唯一仍在延续使用的古代文字体系，它为中华文明绵延5000年而不断绝提供了最有保证的载体。

甲骨上的历史震惊世界

在甲骨文出现以前，学术界很多人认为商代缺乏足够的历史记载，很可能是不存在的传说时代，研究历史，应该“从诗三百篇做起”。然而，甲骨文的现世却告诉人们，商代不是传说，而是中国历史上一个有史可考的真实朝代。特别是国学大师王国维利用甲骨文中的记录对比，校正了司马迁所记载的商朝历代君主世系表，发现其差别非常微小，从而证实了史书中的记载，也有力地证明了——就在世界其他古国发展出灿烂文明光辉的同时，我们的国家也进入了一个昌盛的文明时期。

目前，在殷墟总共出土了15万片甲骨，学者们找到了大约4500多个单字，其中1/3已经被释读。利用这些文字资料，历史学家们除了对照《史记》等史书，校正一些历史记载的谬误外，更重要的是加深了对商代人们的政治、经济、文化各种生活的了解。

牛骨刻辞

牛骨正反面刻满了长篇卜辞，字口内涂朱，内容是关于北方部族入侵、王命诸侯、田猎和天象等。

通过将甲骨和《史记》对比，可以确认商代共有17世31个君主，大部分继位的君主不是前任君主的儿子，而是他们的兄弟。商代的君主们并不像后来的王朝那样，争到王位后，想尽方法将来之不易的宝座传给自己的儿孙，而是家族成员平等，能者居之，像后世王朝中把一个幼儿推上国家统治地位的事情，此时还没有出现。

从卜辞上看，商代的君主相对后世的君主们是比较可怜的，他们在任何事上都不能为所欲为，与鬼神沟通交流的权力也不仅仅属于他们，他们势力强大的妻子、部下、专职的神巫世家都可以直接向鬼神们询问事情，然后根据所谓的鬼神的指示来评判、限制他们的活动，如商王武丁的三个妻子就有这种权力。

当时的统治者十分重视农业生产。甲骨文中经常出现关于裒田、作大田的记载，裒田就是大家一起开发田地。商王还总是向上天询问黍、稷、麦等农作物的收成到底好不好，气候条件怎么样，祈求上天保佑风调雨顺，粮食丰收。

除此之外，商代甲骨文中还记载了许多社会生活内容，比如狩猎方法，使用贝、朋等进行商业往来活动，臣服的邦国前来进贡等，可以称得上是商代历史的百科全书。

安阳小屯出现的甲骨文，将中国有文字记载的历史往前推进了几百年，纠正了学术界春秋以前无历史的偏见，驳斥了一些外国学者“中国文明只能上溯到七八世纪”的谬论。真可谓：“纵横千年路，甲骨始复出。补叙前朝事，汉字已成熟。”

大盂鼎铭

——周代禁酒的证据

- **年代**：公元前990年
- **位置**：陕西省岐山县
- **发掘迄始**：1849年

辗转人手的宝鼎

黄土高坡上的陕西省是养育我们民族文化的摇篮之一，勤劳的先民们在这里繁衍生息，创造了数千年的辉煌。辉煌过去了，但总会有点滴深藏在这古老的土地之下，等待后人的发掘，重现它昔日的辉煌。

清道光二十九年（1849年），陕西岐山县连降三天大雨，天晴后，当地有农民下地干活儿，突然，锄头撞上了硬物，疑惑的村民把东西挖出来一看，竟然是生满绿铜锈的大铜鼎。

当地首富宋金鉴听到消息后，立即意识到这是挖到古董了，赶忙买下了这只大鼎。刚到家，宋金鉴就迫不及待地让人清理那些铜锈，想要仔细看看自己买回来的到底是什么宝贝。除掉铜锈后，就在鼎的内腹部，他惊喜地看到了“文王”“武王”“盂”等字迹，知道自己得到了件周代宝鼎——大盂鼎，就把这件宝物藏在了家中。

大盂鼎

大盂鼎是西周早期青铜礼器中的重器，因作器者是康王时一位名盂的大臣而得名。鼎高100.8厘米，口径78.3厘米，重153.3千克。造型雄伟凝重，纹饰简朴大方。

不久，宋金鉴家藏有周代青铜器的消息泄露了出去，传到了县令周庚盛耳中。这位“父母官”听到消息后，就对这件宝器上了心，经过多方施压，宋金鉴只好把宝器转给了周庚盛。

本以为与宝鼎无缘的宋金鉴，却在第二年又见到了自己被迫送出去的宝贝。1850年，宋金鉴入京参加会试，闲暇之余，在琉璃厂古玩市场上游逛，竟然发现了熟悉的宝器大盂鼎。会试得第后，宋金鉴被封为翰林，春风得意的他花三千两银子将大盂鼎又买了回来。

然而，好景不长，十几年后，宋家开始败落，这件宝鼎也成了众人觊觎的对象，宋氏后人允寿无奈之下，将大盂鼎低价转让给了陕甘总督左宗棠的幕僚袁保恒。不过，这件宝鼎并没有在袁保恒那里停留多长时间，很快就被他送给了上司左宗棠。

左宗棠像

左宗棠，中国晚清军政重臣，湘军统帅之一，洋务派首领。当初，大盂鼎流落民间，左宗棠购得后赠予潘祖荫，才使大盂鼎在潘家保存下来。

左宗棠非常喜爱文物，但他知道还有一个人比他更爱这些古董，那就是他的宦途恩人潘祖荫。在左宗棠发迹之前，曾被人谗言所伤，幸得侍读学士潘祖荫力保，并为其上下打点、疏通关系，才得以脱罪。因此，他对潘祖荫感恩戴德，常思回报，获得这件宝鼎后不敢专美，就赠给了自己的恩人。

潘祖荫字伯寅，号郑庵，历经咸丰、同治、光绪三朝，在朝廷上颇有盛名，同时又通经史书籍，也是当时有名的金石收藏大家。他虽然官高禄重，却常因为购买青铜器而显得非常落魄，由此可见他对青铜器的痴迷程度。得到宝鼎后，他如获至宝，轻易不愿示人，当时虽然也有人想夺这件宝器，但都因为潘祖荫官高位重而没有得逞，宝鼎这才从辗转流离的命运中摆脱出来，在潘府正式安了“家”。

战火中幸免于难

1890年，潘祖荫在北京去世后，其弟潘祖年秘密赴京，将大盂鼎及潘祖荫生前收集的其他贵重青铜器一起运回了苏州老家，存放于苏州南石子街的潘家老宅中。这时，许多人看到潘家已经失势了，就想方设法夺取大盂鼎等青铜宝器，其中势力最大的莫过于光绪末年的两江总督端方。

端方也是一位金石大家，他对潘家珍藏的青铜器垂涎已久，就利用自己地方父母官的身份，想尽办法逼迫潘祖年交出大盂鼎。在潘祖年的周旋下，宝鼎始终都没有被端方借故夺走。就在潘家疲于应付的时候，事情有了转机。1911年，辛亥革命在武昌爆发，两江总督端方在革命中成了矛头所向，最终被杀，潘家的危难暂时得到了缓解。

民国初年，也有外国人想要重金购买大盂鼎，潘家最终还是回绝了。直到20世纪30年代，国民党大员们也是想尽方法打算从潘家那里夺得宝鼎，潘家人又用自己的机智一一避开了祸患。

抗日战争爆发后，日军侵入苏州，大盂鼎再次面临更大的危机，凶残的日本人哪里会轻易放过这件稀世珍宝，他们肯定不会像端方等人那样有所顾忌。眼看大盂鼎就要落入日本人手中，就在这危难时刻，潘家后人想出了一个办法：将大鼎及所有的珍藏都埋入土中，等到局势平稳后再取出来。

可是，到底应该藏到哪里呢？潘家人把目光投向了二进院落中久无人居的堂屋。这是间闲置已久的房屋，里面积满了灰尘，是个藏东西的好地方。于是，潘家人全体出动，连着干了两天两夜，才把所有的珍藏都转到了地下，最后又把屋子恢复成了原样。参与救宝的还有潘家的两个佣工和一个看门人，大家都一致承诺保守秘密。事情处理好后，潘家人就转到上海避乱去了。

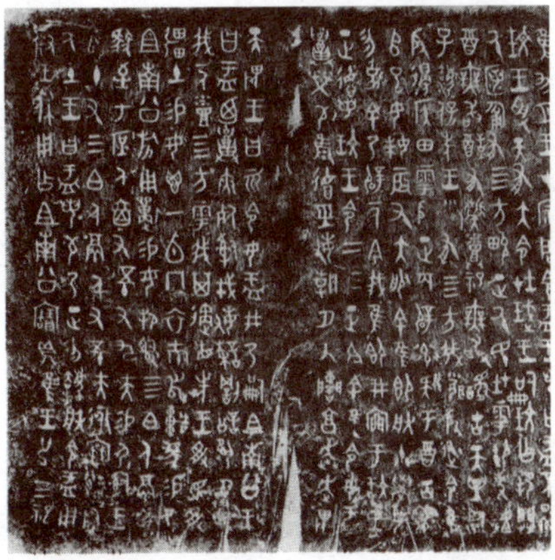

大盂鼎铭文

大盂鼎内壁有铭文291字，内容为周王告诫盂者忌酒。其书法体势严谨，布局质朴平实，用笔方圆兼备，具有端严凝重的艺术效果。

日军进入苏州后，果然对潘家老宅进行了全面搜查，反复搜查甚至到处翻挖后，一无所获的日军失望地撤离了，这些珍贵文物总算保留了下来。但是，它们虽然躲过了日军的搜查，却遇到了内部的黑手。潘家的看门人趁乱几次进入老屋中偷取珍藏，还好大件物品没法搬动，那些小件的文物则被卖给了一位姓洪的古董商，流落在外。

新中国成立后，潘家人经过商议，认为国宝应该由国家珍藏，就推举潘祖荫的孙媳潘达于执笔写信给华东文化部，将珍藏数十年的大盂鼎和西周孝王时期的大克鼎一同捐献给了国家。1951年，这两件宝鼎终于落户在上海博物馆，以后，又辗转到了中国历史博物馆，留存至今。

享誉史册的西周铭文

当年，潘祖荫得到大盂鼎后，曾经与好友王懿荣、张之洞等人切磋研究、拓文注释。后世许多学者对大盂鼎铭文也多有释读研究，著名史学家陈梦家曾考订出大盂鼎的时代。随着研究的深入，大盂鼎铭文向我们揭示出了越来越多的西周社会状况。

潘祖荫像

潘祖荫，字伯寅，小字凤笙，号郑庵。江苏吴县人。咸丰年间进士。历任编修、侍读、工部尚书。

大盂鼎因为由西周贵族“盂”所做而得名，同时出土的还有小点儿的盂鼎，为了区别二者，就称大点儿的为大盂鼎，因为它铸于周康王二十三年，故又被称为“廿三祀盂鼎”。

大盂鼎是迄今为止所发现的西周最大的青铜器，大鼎通高100.8厘米，口径为78.3厘米，腹深49厘米，大约重153.5千克。大鼎铸有一对立耳，其腹部深而鼓起，腹上还有曲折角兽面纹饰，略呈蹄状的三足上则是外卷角兽面纹饰。

大盂鼎内壁铸有19行291字的铭文，全文笔触圆润浑厚，内含筋骨，且布局整齐，风格雄健庄重被认为是西周成、康时期所知金文中书法成就最高的一篇，因此受到了书法家们的普遍关注。

铭文中记载了康王对臣属的例行忠告，要求盂牢记商因酒而亡国的教训。其具体内容分为两部分。

第一部分记载二十三年九月，康王在宗周对器主人盂的谆谆告诫。他先是追述了文王接受天命，武王继承父业，最终代商自立的业绩，认为先祖们就是专心理政，不沉迷喝酒，也不饮酒闹事，所以才受到上天的保护，取得了统治地位；认为殷商灭亡的原因就是大小官员耽湎于酒致使民心、天命丧失。虽然带有一定的程式化，但也反映了西周统治者对过度饮酒的反对态度，正好对应了《尚书·酒诰》中的记叙。然后康王又告诫盂要认真做事，效法他的祖先南公，管理好军队，辅佐君主治理天下，做一名合格的好臣子。

第二部分则主要介绍了康王对盂的赏赐，这些赏赐包括祭神的香酒1卣，祭祀用的礼服以及车马，4名官员及大量的平民、奴隶，还有盂嫡祖南公以前用的旗帜。盂就是因为这个原因，才制作了祭祀嫡祖南公的宝鼎，用来纪念周王的恩德与赏赐。

大盂鼎铭文真实地反映了西周当时的社会状况，具有很高的历史价值，是史家研究周代分封制和周王与臣属关系的重要史料，一向为史学家所重视，享誉中华史册。

毛公鼎铭

——铜铭中的至尊

- **年代：**公元前828－前728年
- **位置：**陕西省岐山县董家村
- **发掘迄始：**1850年前后

颠沛流离的宝鼎

陕西岐山县位于有名的“青铜器之乡”宝鸡市区域内，这里的百姓经常在田间地头、村前屋后挖出青铜器物，许多宝贵的青铜器就是被他们的锄头刨出来的。

清道光末年（1850年）的一天，董家村村民董春生正在自己的田里刨红薯，突然间，镬头扎到了一个东西，怎么都拔不出来。他左晃右动，想尽方

叶恭绰像

叶恭绰（1881–1968年），家学渊源，毕业于京师大学堂仕学馆，生性喜欢收藏古籍和文物。他花了大量财力，收藏稀世珍宝，如西周毛公鼎、晋王羲之《曹娥碑》、晋王献之《鸭头丸帖》、明唐寅《楝亭夜话图》等。

法才拔了出来，还因为施力太大狠狠地摔了一下。到底是碰到了什么？董春生疑惑之下，继续往下刨，只听“咣”的一声，镢头碰到极硬的东西，反震了回来。

附近的百姓对于挖出青铜器已不陌生，所以董春生立刻想到了这个，开始在四周慢慢挖起来。终于，地下的“宝”现了出来。这可是件大家伙，粗壮的三足，圆而深的大腹，差不多半米高，董春生使尽浑身力量也拉不动。以前人们挖到宝就能卖很多钱，更何况是这么大一件？他越想越高兴，赶紧把土又填了回去，兴奋地跑回家找人合计去了。

董家人商量后，决定到了晚上再把宝贝偷偷运回家。天好不容易黑了，董春生喊上几个关系比较好的本家兄弟一起悄悄出发了。到了地里，几个人合力才把那件青铜器拔了出来，但还是抬不动，又偷偷把牛车赶来，将宝贝拉了回去。家徒四壁的董家人为了保住这难得的宝贝，将大鼎埋在了自家牛棚中，还买了两条狗守在家中，唯恐被盗贼土匪给夺了去。

尽管董春生十分小心，消息还是很快传开了，害怕招来祸患的他，很快找到一个古董商人，把宝鼎以三百两白银的价钱卖了出去。占了便宜的古董商兴奋地让人把大鼎抬到马车上，告别而去。不料，半路上却被村霸董治官拦了下来，大鼎也被抢走了。无奈之下，古董商将此事报告给了官府，结果，贪婪的岐山知县看到宝鼎后，反而将其据为己有，卖给了西安城有名的古董商人。

随后，古董商人将宝鼎运到了北京，并卖给了京城著名金石大家陈介祺。陈介祺不仅用全部积蓄买下了这件惊世奇宝，而且，仅用一天时间就解读了鼎内铭文，定下了毛公鼎的文字。为了保护宝鼎，陈介祺还让人做了一尊仿制品，把真鼎运回了老家山东潍县。而他为鼎文所作的释文和题记，直到同治年间才公布给世人。

然而，毛公鼎并没有就此改变它多舛的命运。陈介祺死后20多年，直隶总督端方又瞄上了这个宝物，用尽方法以势相迫，最终从陈家买走了宝鼎。端方死后，其家人在败光了家产的情况下，几经辗转又将宝鼎卖给了民国交通总长叶恭绰等人。

叶恭绰也是著名的金石学家，虽身为总长，但也无力购买昂贵的毛公鼎，只好多方筹措，再加上好友郑洪年、冯恕的支持，三人变卖家产，终于合伙买下了宝鼎。尔后，直到叶恭绰在官场飞黄腾达后，毛公鼎才彻底归其一人所有。不久，叶恭绰迁居上海，毛公鼎也一同转移，就此在叶家停留了很长一段时间。

沦为香炉的国宝

抗日战争爆发后，毛公鼎成了日本人搜寻的重要对象，叶恭绰偷偷把鼎埋在院内大条石下面后，匆匆赶往香港避难。然而，他在上海的小妾潘氏却因财产纠纷，将此事报告给了宪兵队。叶恭绰之侄叶公超被日本人抓起来严刑逼问，险些丧命，但这位爱国学者始终不肯吐露实情，最终宝鼎没有落入日本人手中。经过多方营救，叶公超终于得以释放，并在1941年密携毛公鼎奔赴香港，完好无损地将其奉还给叔父叶恭绰。

香港被日军攻占后，叶恭绰不得已又携带毛公鼎辗转返回上海，已到残年的他每天过着简朴的生活，却仍坚守着宝鼎。不久，他染上重病，经济困顿，万般无奈之下将毛公鼎典押银行，后为巨商陈永仁得悉，出资赎出。陈永仁为了换取政治资本，又把国宝送给了蒋介石的亲信戴笠。

然而，毛公鼎在戴笠手中，并没受到应有的尊重，反而遭受了更大的磨难。这位出身行伍的军统头领，对于古董向来没有研究，也就不十分重视，以至于稀世国宝竟在军统内部沦落成了特务们销毁文件的香炉。

戴笠死后，许多人都盯上了毛公鼎。当上海敌伪物资管理委员会派人清查戴笠财产时，发现清单上列出的毛公鼎始终都找不到，最后竟然在军统办公室中找到了宝鼎。原来，这么珍贵的国宝，就公

毛公鼎

毛公鼎为西周晚期宣王时期的器物。由作器人毛公而得名。鼎直耳，半球腹，足为矮短的兽蹄形，口沿饰环带状的重环纹。

然放在戴笠的办公室中，用来焚烧文件——千年的宝鼎竟然成了香炉，真是让人哭笑不得！

著名收藏家徐伯璞当时正在国民政府主管文博工作，获悉此事后，立刻呈文要求将宝鼎划归国家博物院收藏。但多次呈文都没有结果，情急之下，徐伯璞只好请教育部政务次长出马，一同面见行政院秘书翁文灏。感于他们的真切，政务院终于批准了呈文，下令让上海敌伪物资管理委员会将宝鼎拨给博物院。

得到批准的徐伯璞生怕中途生变，不敢迟疑，连夜从南京赶到了上海。上海敌伪物资管理委员会的主任郭泰祺与徐伯璞原是旧识，但这并没有使事情变得顺利一点。郭泰祺只是一味地敷衍，对于交鼎之事总是避而不谈。这可急坏了徐伯璞，无奈之下，他只好请时任上海市图书馆馆长的著名学者徐鸿宝出面斡旋。

在徐鸿宝的劝说下，郭泰祺终于同意让徐伯璞带走毛公鼎。徐伯璞代表教育部在领取书上签过字后，并没有立即运走毛公鼎，而是把鼎悄悄放在自己办公桌下，观察了20多天，确认没有什么威胁后，才通知中央博物院派人运走宝鼎。因为救宝有功，中央博物院还特意送给徐伯璞一份毛公鼎铭文拓片。

1946年，中央研究院和教育部为庆贺蒋介石60寿辰，联合举办了“文物还都展览”，毛公鼎也在展出之列，备受各界人士的重视。至此，从出土以来就在民间四处“流浪”的毛公鼎，终于打上了“国家所有”的烙印，得到了它应有的待遇。

1948年，解放战争胜利前夕，毛公鼎等国之重宝被运往台湾，收藏在台北市故宫博物院中，至今仍保存在该院青铜陈列室中。

最长的青铜器铭文

毛公鼎是西周晚期宣王时的一件重器，因制作者毛公而得名。鼎通高53.8厘米，重34.7千克，口径达47.9厘米；口沿上树着两只大耳朵，腹部又圆又深，下有三只兽蹄形的大足，有力地撑起了沉重的鼎身。整体造型浑厚而凝重，简洁而古朴的纹饰也不同于西周初期极端神秘的风格，相对增强了生活气息。

毛公鼎腹内铸有32行499个字的铭文，是现存青铜器铭文中最长的一篇。

这是一篇典型的西周册命铭文，但不拘泥于传统的册命体例。全文以“王若曰”开始，基本引述王的册命话语，分段处则以“王曰”隔开。

铭文分为5段，按照惯例，开篇先追述了西周国君文王、武王承天命推翻大邑商的伟大功业；然后开始感叹时局的不安定，体现了宣王时期诸侯力量发展、王室力量相对衰落的总体形势；接着叙述宣王任命毛公接替父辈的职位，管理邦国及王朝事务，让他拥有了宣布王命的大权；同时，宣王教导毛公要勤政爱民，勤勤恳恳地辅助自己治理天下；为了勉励毛公，宣王还赐给他兵器、车及命服等物。为了称颂和纪念宣王的恩德，同时也为了显示家族的荣耀，让后世子孙能够记住这件事情，毛公就让人制作了这件大鼎。

全铭文辞严密，精妙古奥，可以说是西周散文的代表作品，不仅洋洋洒洒地向人们展示了西周时期的册命制度，而且充分表达了周宣王励精图治的决心，对研究西周晚期政治历史有很高的参考价值。

自问世以来，毛公鼎铭文就为学界所重视，不断有人对其进行考释研究，《攈古录金文》《奇觚室吉金文存》《客斋集古录》《周金文存》《三代吉金文存》《两周金文辞大系图录考释》等均是研究毛公鼎铭文的著作。

在艺术上，毛公鼎铭文亦极具美学价值，表现了西周金文高贵典雅、浑厚圆润隽秀的风格，布局也比较规整，是金文书法的典范。清末著名书法家李瑞清说：“毛公鼎为周庙堂文字，其文则《尚书》也；学书不学毛公鼎，犹儒生不读《尚书》也。”在我国书法史上，毛公鼎铭文具有相当高的地位，是学书法者必读之帖。

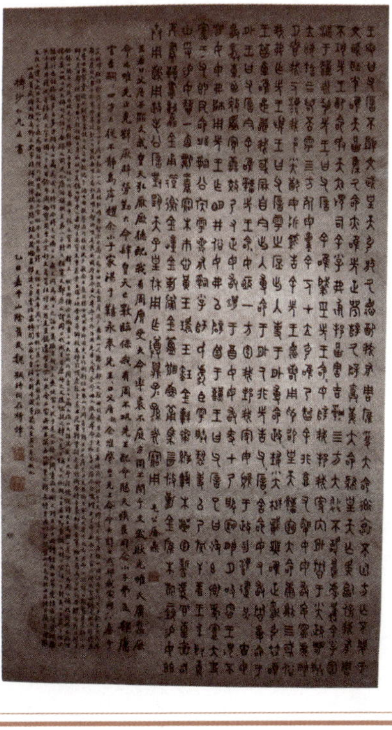

毛公鼎铭文（临摹）

毛公鼎铭文共32行499字，是现存最长的铭文。其内容是周王策命重臣毛公，要他忠心辅佐周王，以免遭丧国之祸。其铭文是成熟的西周金文，风格奇逸飞动，气象浑穆，笔意圆劲茂隽，结体方长。

睡虎地秦简

——完善的法典

- 年代：公元前3世纪
- 位置：湖北省云梦县睡虎地
- 发掘迄始：1975年

水渠边的大发现

“云梦”一词，经常在先秦古籍中看到，为地域名，其范围东到大别山麓，西至湖北西部山地，北接大洪山区，南临长江。这片地区曾经孕育过辉煌灿烂的古国，郧国人、楚国人都在此地留下了自己的印迹。可是，随着时间的推移，以前的辉煌逐渐成了废墟，“云梦”慢慢消失在了人们的视线中。

1975年冬天，湖北省云梦县跟随全国的形势，在大搞农田水利建设。11月傍晚，青年农民张泽栋与同伴一起收工回家途经火车站西北附近新挖的排水渠时，在一堆黄土中看到了一段青黑色的湿泥。高中毕业的张泽栋曾参加过本县一些汉墓的发掘，对考古知识稍微有些了解，认出这是保护墓葬的青膏泥。

疑惑的张泽栋赶紧望向排水渠里面，没想到，这一望，竟望出了大发现——就在深约3米的排水渠中，青黑色的泥土清晰地呈现出一个四方形状，一看就是人工做成的。张泽栋立即与同伴跳下去向下面挖，很快，厚厚的椁木露出了一角，毋庸置疑，这是挖到古墓了。张泽栋马上和同伴一起把发现古墓的消息报告给了县文化馆。

消息逐级上报，最后，消息传到了省里，省文物主管部门很快派博物馆专家陈振宇、陈恒树率领考古队赴云梦县进行考察。考古队到达当地后发现，就在大约300米长的地方，12座古墓都暴露在地表上，竟然没有被人盗掘，还真是万幸！

接下来，湖北省考古工作者在云梦县展开了大规模的发掘活动。开始，这个墓葬群仍以“大坟头”命名编号。后来，考古队偶然问起这里的地名，一位中年农民信口说出“睡虎地”三个字。这个名称虽然并不见于志籍，但是很动听，这批古墓就正式以“睡虎地”命名了。

12月26日，考古队正在清理11号墓，现场的人员都穿着胶鞋在泥地中走来走去。突然，一个人脚上沾着的东西引起了陈恒树的注意。那是一片小竹片，虽然不大，但很可能是件珍贵文物。陈恒树立刻大喊道：“别动！”吓得那位考古人员赶紧站在了那里。

陈恒树立刻拿起小竹片放在水中进行清理，发现上面竟然写有清晰的古字。这显然是一片珍贵的竹简，而且，墓中肯定不只这么一片，抱着这种想法，激动的考古队员们加快了工作速度。棺盖被打开后，在场的考古队员们都惊呆了，就在墓主人身边，竟然有8堆完好的竹简。经过整理，考古工作者总共清理出了1155枚秦代竹简。

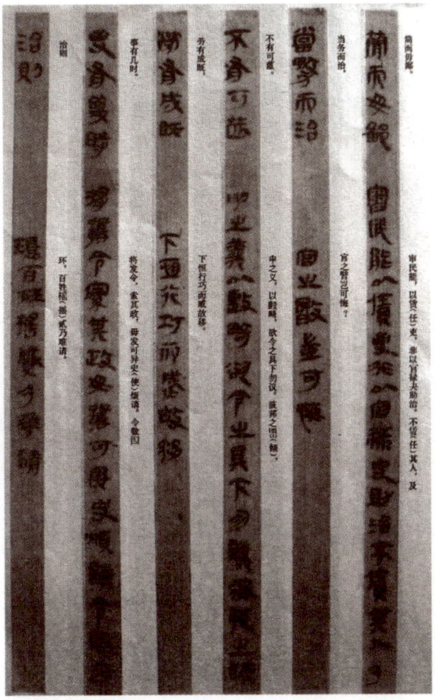

睡虎地秦简影印

这些竹简长23.1–27.8厘米，宽0.5–0.8厘米，内文为墨书秦篆，写于战国晚期及秦始皇时期，反映了篆书向隶书转变的情况。

在湖北云梦睡虎地发现大批竹简的消息传开后，在全国引起了轰动，各地报纸纷纷报道。睡虎地秦简的发现，后来还被列入中国20世纪百项考古大发现。

保存困难的竹简

睡虎地秦简是考古界首次发现的秦代竹简，以其数量的庞大、保存的完好、内容的重要，填补了秦代多项历史研究的文献空白。在考古过程时，为了最大限度地保存竹简上的文献资料，考古部门投入了大量的人力、物力、财力。

在当时发掘时，因为简中所穿的牛皮绳早已朽断，稍加移动就有可能散开，将会给整理研究造成极大的麻烦，所以考古队员们决定把东西搬到县文化馆中慢慢整理。

考古队员们小心翼翼地把墓主遗骸以及竹简原封不动地搬回了县文化

彩绘双龙纹尊

1978年云梦睡虎地47号墓出土。盖壁与器壁为薄木胎，卷制。由盖与器身套合而成，整器呈圆筒状。器内髹红漆，器表髹黑漆，并在黑漆地上用红、褐漆彩绘花纹。

馆，先拍下照片以做对照，然后才参照竹简上留下的印迹以及堆积的形状等开始了初步的整理，并为这些竹简编上号码，以备研究使用。同时，还迅速将消息上报给了国家文物局，请他们派专家过来指导清理工作。

其实，我们大家都知道，秦代的统治中心在陕西，为什么我们发现的竹简会在遥远的南方呢？而且，经过研究，这批竹简入土的时间应该是公元前217年，在两千多年的漫长岁月中，这批竹简怎么会保存得如此完好呢？

参与考古发掘的专家们认为，此人埋葬时，内棺外椁层层包裹，并用细腻黏稠的青膏泥密封，这样就隔绝了空气，使得竹简虽然历经了数千年，却基本没有氧化。同时，云梦泽的地下水位很高，这让睡虎地秦墓大多时候都泡在水中，有利于隔绝空气。这两大原因最终阻碍了竹简的氧化，从而有效地保存了睡虎地秦墓中的竹简；而在陕西地区，气候偏干却又不是特别干燥，不太适合竹简的保存，在那里没有发现过秦简。

然而，这些秦简出土后，又要怎样保护呢？这成了困扰考古学家的难题。竹简出土后一旦与空气接触，会很快氧化，如果宝贵的竹简因考古发掘反而受到了损害，将会是一件难堪而又痛心的事情。这个问题在湖北省得不到妥善的解决，湖北省文物部门只好再次求助于国家文物局。

1976年，国家文物局紧急下达命令，让湖北省尽快将竹简运往北京。这批珍贵的竹简到达北京后，专家们几经研究，最后决定对其实行脱水处理。

具体方法是：先将竹简泡在纯酒精中，酒精就会置换竹简中的水分，再放入乙醚，乙醚就会替代酒精，最终自己也会挥发掉。经过这种方法处理后的竹简虽然保存住了，但是，这种方法毕竟比较落后，真正行之有效的保存方法，还需要考古人员的进一步研究。

完备的秦代法典

在对睡虎地秦简进行科学保护的同时，秦简的文字整理工作也在紧张进行。国家文物局首先邀请著名学者李学勤等人前来释读，经过20多个日日夜夜的推敲，他们很快确定了这1155枚竹简的基本内容。

睡虎地秦简长20多厘米，宽为0.5—0.8厘米，1000多片竹简或单面或双面写满了墨书文字，大多是秦代民间流行的隶书，这些清晰秀丽的隶书还保存着原始篆体的痕迹，但同时在掠笔、点等方面已经显出了汉代隶书的笔法，比较清晰地体现了汉字从篆体到隶书的演化。

专家们在这批秦简中整理出了大约4万字，内容相当丰富。其中，《编年纪》主要记录了秦国的政治措施以及有名的战争；《日书》则记载了不同节气的活动，反映了秦代人们的风俗习惯；《为吏之道》则是一本秦代官员的行为标准；最为重要的则是《秦律十八种》《秦律杂抄》《封诊式》等一系列法律文书。

这批秦简中包含了20多种缜密细致的法律条文，最重要的是关于当时中国社会主要生产方式——农业的相关规定：要求官员们要时刻谨记将谷物抽穗的状况、旱涝灾害的具体面积等等，并要向上级部门一一奏报；农业税收当然也是备受关注。为了保护环境，秦法还具体规定了伐木、采集、捕猎的具体时间及行为的具体标准，比如不允许涸泽而渔或者捕捉幼小的禽兽等等，这在当时不能不算是个进步。

小篆

小篆也叫“秦篆”。秦朝时李斯受命用小篆统一文字。小篆形体偏长，匀圆齐整，由大篆衍变而成。睡虎地秦简上的文字即为小篆。

同时，秦代统一度量衡的规定也在其中得到了体现，政府还建立了严格的生产责任追究制度以及产品质量检验制度，且要求商人明码标价，体现了公平交易的原则。对于执法人员的查案手段也都有一定的限制，防止严刑之下出现冤案，也用严苛的刑法来惩罚官员的贪污受贿行为。

在这些法律条文中，不仅国家大事有规定，即使人民的普通生活，也有严格的限制。如平常人的穿戴、夫妻打架、揪人头发等，对这些情况的处理都有具体规定，界定它们的标准也非常详细。由此可见秦朝法网之严密，让人咋舌。

这些法典是我国至今为止所发现的最早、最完整的法典，它们不单单是了解秦国及秦朝法律的重要史料，更是研究秦代政治、经济、军事、文化的宝贵资料。

而起源于“睡虎地秦简”的简牍研究热，现已延伸到史学、法律、社会学、民俗学甚至会计学等领域，港台、日本和欧洲等国家和地区也有学者加入研究。睡虎地秦简，不仅是我们的国宝，更是世界学术界的重要瑰宝！

居延汉简

——命运多舛的简牍

- **年代：**公元前119年–前91年
- **位置：**内蒙古自治区额济纳旗和甘肃省金塔县
- **发掘迄始：**1930年

钢笔带来的大发现

19世纪末20世纪初，西方探险家们将目光频频投向中国大西北的茫茫荒漠，因为就是这片黄沙，曾经覆盖了闻名于世的西域古国，这里可以说是考古者心目中的天堂。

1926年，斯文·赫定在四次深入中国西域探险，并发现楼兰古城后，想再次进入西部探险和考察。觉醒了的中国学术界对此表示强烈反对，经过协商，斯文·赫定同意将采集品一律留在中国，同时由中方10余名学者和部分工作人员参与，组成“中瑞西北科学考察团”，共同对西域进行考察。次年，考察队开进居延古道，并在一处古堡中发现了几枚汉简，考古队员推测这里应该埋藏有众多的木简。但由于当时考察队的重点并不在于此，所以考察工作很快转入了其他地区。

居延本是古部落名，后来演变为地名。居延在汉朝时介于汉河西郡同匈奴之间，具有重要的军事防护意义，再加上这里土地肥沃，又濒临河流，容易灌溉，便成了汉朝驻兵屯田的好地方。西汉在这里设置了居延都尉等官职，征发士兵、囚徒，发给工具及种子，使这里成了天下闻名的屯田区。这种屯田虽然促进了西北农业的发展，却破坏了当地脆弱的生态环境，加速了西北的荒漠化，以致这里后来成了流沙瀚海。

1930年，考察团中年轻的瑞典考古学家贝格曼与中国考古人员再次来到居延。这次，他们的考古重点是古人生活的遗迹，所以居延地面上那些烽火台、小城堡、房屋等都成了他们的考察对象。

4月27日，考古队员们正在山顶一处烽火台上进行考察，贝格曼首先在附近发现了院墙的痕迹。就在他去测量那个长方形的墙体时，钢笔滑落到了地上，他不得不俯身去捡钢笔，却突然发现了一枚圆形方孔的铜钱。贝格曼认出，这是西汉时期流行的五铢钱。这让贝格曼很高兴，就在四周继续寻找，又在东面发现了一个青铜制作的箭头及另一枚五铢铜钱。

于是，第二天的挖掘工作就从东面开始。很快，考古队员们发现了一枚窄窄的木简，有文字的木简让他们都兴奋了起来，更加努力地四处搜寻。渐渐地，木简接二连三地从遗址中被找出来，有几块保存得还很完整。

细心的贝格曼没有放过任何一个可以藏东西的地方，即使老鼠洞也要探查清楚。果然，他们在老鼠洞中发现了丝绸碎片、残损的绳子及破碎木片。这种破碎木片带着明显的刀削痕迹，看起来很像是从木简上削下来的，大家都认为这是古人为了重复利用木简而将表面文字削下来的结果，喜爱收藏东西的老鼠则把它们带回了洞中，从而保存了下来。

居延汉简（片断）
简牍内容涉及政治、军事、日常生活等各个方面。

这次，考古队从破城子、大湾、地湾等古代居延烽火台遗址中，共发现了463包木简，不仅包括许多完整或残缺的简牍，还有一些类似于老鼠洞中发现的碎木片。贝格曼把这些木简碎片都收集起来，小片的系上标签，用银箔纸包好后放在金属烟盒中，大片的则编号排列。整理好后，统计出比较完整的汉简约有1万多枚，碎片则有将近4000枚。

这批简牍因为发现于居延地区，且大多是汉代的相关记录，因此被称为“居延汉简”。其丰富的内容具有极高的历史价值，不仅让中国考古学家大开眼界，也震惊了世界学术界，居延汉简也因此得以与敦煌莫高窟藏经洞、殷墟甲骨文、故宫明清档案并称为20世纪中国档案界“四大发现”。

无奈的“监守自盗”与长年“漂泊”

依照考察团最初签订的协议，凡是有文字的文物都不能带出国去，整理好的汉简最终被运回了北京，存放在北京大学的文科研究所中。为了便于研究，负责整理的专家们将简牍拍照后的复印版交到研究者手中，而将原简保护性地收藏起来。

正当学者们全心研究这批汉简时，中国形势进一步恶化。1937年，中日战争爆发，日军很快占领了北京城，居延汉简也被日本人控制了。

胡适
国学大师，一生的学术活动主要在史学、文学和哲学几个方面，主要著作有《中国哲学史大纲》（上）、《尝试集》、《白话文学史》（上）和《胡适文存》（四集）等。他在居延汉简的保护中起到重要作用。

当时任北京大学语言音律实验室助教的沈仲章深知这些简牍的重要价值，焦急万分的他不顾个人安危留在了北京城，想寻找时机将简牍转移到安全的地方。这个想法得到了当时也留在北京大学的一些人的支持。几个人一起研究后决定，先将国宝偷出来藏在隐秘的地方，然后再找机会转移。

之后，他们密切观察了日本人的换防规律，让沈仲章、周佑福以及工友老张趁着夜幕悄悄溜进存放汉简的库房，撬开窗户后用麻袋把简牍背出来。前后用了4个晚上，居延汉简被全部转移到了北长街的一个小庙内。

沈仲章本来要把这批简牍带到上海，但是丢失了居延汉简的日本人震惊之余，在城内展开了疯狂搜查，各交通要道都盘查严密，要把简牍运出去困难重重。最后，沈仲章借助一家后台较硬的瑞士商行，才成功地将这批简牍托运到了天津。

在天津，沈仲章又在徐森玉教授的帮助下联系上了香港大学校长蒋梦麟，决定把居延汉简转移到香港。经过一番辗转奔波，简牍终于被秘密地护送至香港，存放在香港大学图书馆中。

在香港陪伴居延汉简的沈仲章打算拍摄简牍的照片，然后编成图册出版发行，以方便各地学者研究。经过他的倾心准备，1941年，图册书稿终于完成。然而就在这个时候，日本偷袭珍珠港，太平洋战争爆发，处在英国管辖下的香港也受到了日军的轰炸。书稿在轰炸中被烧毁了，虽然居延汉简没有受到波及，但这也让他们感到香港并不安全，简牍需要另找一个更安全的地方。

幸运的是，就在香港沦陷前夕，傅斯年教授及时与时任驻美大使的胡适取得了联系，在胡适先生的努力下，居延汉简被搬出了香港大学，于1941年运往美国华盛顿，暂存于国会图书馆中，避免了被毁灭的厄运。

之后，居延汉简始终待在异国他乡，一直到抗战结束，胡适担任台湾中央研究院院长后，才找到机会与美国国会图书馆交涉，将这批稀世珍宝运回台湾中央研究院历史语言研究所，保存于考古馆二楼之上。至此，这批简牍终于结束了其长年的漂泊生涯。

3万余枚惊世汉简

居延汉简自1930年被发现后，就由劳榦、贺昌群、向达、马衡、余逊等先生分工合作，对汉简做了部分整理、考释工作。1936年，原西北科学考察团首先将劳榦、余逊二先生的部分考释，用晒蓝纸印刷成册出版，世称“晒蓝本”，所考释的汉简约占总数的三分之一，这是最早的居延汉简释文稿本。

而居延汉简全部图版，则迟至1957年才在台湾公布，即劳榦的《居延汉简·图版之部》，这是1万余枚居延汉简第一次公之于世。

远在台湾的居延汉简，成了大陆学者们心头割舍不下的惦念。值得安慰的是，进入20世纪70年代后，对居延地区再次进行的大规模考古发掘，使居延汉简很快又有了新的发现。

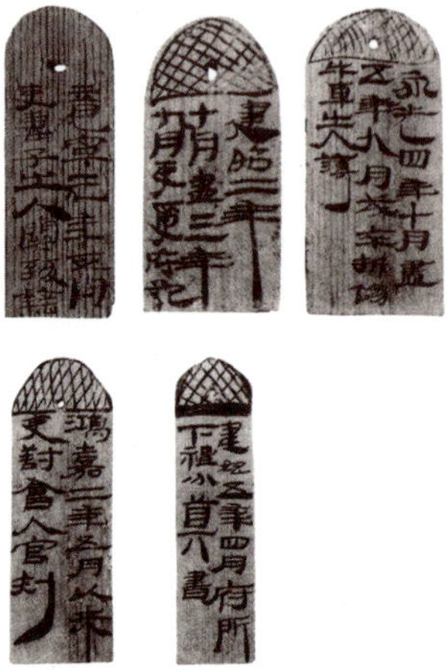

放居延纪年简

其释文为：永光四年十月尽五年九月戍卒折伤牛车出入薄；建昭二年十月尽三年九月吏受府记；竟宁元年正月吏妻子之入关致籍；建始五年四月府所下礼分算书；鸿嘉二年五月以来吏对会入官朿。

1972年至1976年间，考古队重点发掘了居延北部的甲渠侯官衙、甲渠塞第四燧以及南部的肩水金关遗址。就在这4500多平方米的土地上，他们发现了各式各样的简牍，有的还是正在使用的文书，有些则是堆储的档案，也有混合杂草预备做柴火的废简，还有当作垃圾四处乱扔的简片。

与半个世纪前居延汉简的发现相比，这次考察的范围更广，重点发掘的遗址皆严格按考古规范进行，每个考古挖掘点都画出探方，在文物出土的地点、层位、断代、编缀等方面都取得了系统资料。这不仅有利于对简牍的整理、研究，而且为再现汉代烽燧的面貌，提供了清晰和准确的资料。

这些汉简最显著的特点是多为大量成册的公文。据初步统计，成册者有340多个，其中完整者46册，欠完整者218册，残缺较甚者80余册。其中，在甲渠侯官衙面积不足6平方米的第22号房舍遗址内，所发现的近900枚木简，包含了从王莽天凤至建武初年间40余册完整或基本完整的公文册，因此，发掘者认为此舍应为当时的档案室，否则不会如此集中地保留这么多的公文册。

这次为期4年的集中考察，共发掘2万余枚汉简，是我国历来发现简牍最多的一次考古发掘，也因此被誉为“世界文化史上的一次大事”。为了区别于以前那批历经磨难的居延汉简，整理者将新出土的汉简称之为“居延新简”。

居延新简同以前发现的居延汉简合起来总共有3万多枚，这在全世界范围内也是极为罕见的！

居延汉简的珍贵价值

居延汉简的重要性不仅仅在于数目的巨大，更在于它广泛的内容。居延简牍主要是当时官方来往的文书以及保存的档案，还有一些历谱、药房等等，涵盖了当时社会的政治、经济、军事、科技、文化等各方面的情况，史料、文物价值极高。

简牍中关于政治方面的记载，印证了史书中关于汉代的养老制度、抚恤制度、吏治等情况的记载。《汉书》中记载了刘邦曾下诏，只要年满50岁，而且能够带领大家做好事的老人，每年10月要赐给酒肉。居延旧简为这一诏令提供了证据，汉简记载政府要送给那些老人30斤肉、2石酒，还要给以特别的礼遇。另外汉简还记载，如果官吏被匈奴杀掉后，其家人能得到3万钱的丧葬费。官吏俸禄发放时间及方法在汉简中也有反映，记载了用布等东西代替俸禄的具体发放方式。

当然，作为屯田区，这里出土的简牍大多是垦田的相关记录，简文涉及政府的屯田组织、农事管理组织、屯垦时的劳力、土地的耕种以及粮食的处理等，其中粮食的称量单位对于我们对汉代计量方法的理解有很大的帮助。

汉简中军事方面的相关记载则更加丰富，包括居延地区军事防御系统的组织，名目繁多的武器，各军事要塞的名称，戍卒的职责分类以及各地联合抵制匈奴进攻的条例规定等，反映了汉代不同时期的军事情况。同时，简牍中关于历书以及算法等问题的记载，也如实反映了当时的科技文化水平。

而木简上面自由率直的文字则褪去了隶书的严谨，显出了草书的散漫，已成为研究汉字演化的重要资料。

自从问世以来，居延汉简就受到了学者们的高度关注，研究者不计其数。但由于简牍的杂乱残损，还有许多的疑点没办法解释。这就促使更多考古学者投入到对居延汉简的研究中，相信不久的将来，居延汉简会为我们描绘出一个更加细致、全面的两汉概貌。

西夏黑水城遗址

黑水城孕育了秦汉时期辉煌的居延文明，曾出土2万多枚居延汉简和8000多件（册）西夏文献。

银雀山汉墓竹简

——兵家典籍的新证

- **年代**：公元前1世纪－公元1世纪
- **位置**：山东省临沂市
- **发掘迄始**：1972年

被忽视的汉墓“乱草”

山东临沂是一座历史悠久的古城，文明之前，这里就有先民的活动；三代之初，东夷族在这里繁衍生息；进入西周，辘辘车声中迎来赫赫有名的姜太公及鲁周公的直系后裔；春秋时期，圣人孔夫子在这里开馆授徒……历代先人在这里留下了累累印迹，为后世的考古工作提供了丰富资源。

1971年，临沂地区卫生局要在市区东南的银雀山修建办公大楼。1972年春天，建筑工人们在清理石头坑时，忽然发现了一个墓穴。要知道，银雀山一带到处都是各个朝代人们留下的坟墓，施工挖出墓穴是件特别平常的事情，因此，发现者并没有怎么注意它。但是，老私塾先生孟季华还是把这件事情报告到了县文化局文物组。

银雀山汉墓竹简（部分）

银雀山汉墓竹简是1972年4月在山东临沂银雀山一号和二号西汉墓出土的，内容包括《孙子兵法》《孙膑兵法》《六韬》等先秦古籍，还有西汉武帝元光元年（前134年）历谱等。

县文化局的刘心健、张鸣雪到银雀山一看，发现是临沂城周围很常见的中上等程度的汉墓，就没怎么注意。但既然挖开了，也应该做一下清理发掘。14日一早，刘心健和张鸣雪就带着其他人员来到了银雀山，在条件极其落后的情况下，展开了发掘工作。

打开棺椁后，发现里面渗满了水，考古队员们只好进行摸索式打捞。这个墓保存得还相当完好，从上方望去，层层堆叠了大量的陶器和漆木器。然而，因为年代久远，很多器物都比较脆弱，且相互纠缠在一起，很难清理，考古人员没法下水慢慢分离，只能从上面打捞。这成了此次发掘工作最大的困难，有些器物也因此受到了损伤，而混杂在其中的竹简因最初被看成乱草，更是遭到了一定程度的破坏。

在污泥中，他们最先发现的是文景时期的“半两”铜钱，这为此墓地年代的断定提供了有力的证据。刘心健赶快叮嘱他们再找找看还有没有这种铜钱，就在这时，水面上漂过来一块长约3寸的竹片，打捞人员顺手捞起来，递给了后面的刘心健。因为墓中常常出现一些破筐碎片，所以刘心健并未在意，随手把这片草叶子一样的竹片跟捞出来的那些乱草一起扔在了发掘出来的一堆器物中。

如果不是后来的机缘巧合，这片“草叶子”刚好碰上了省博物馆来的两名工作人员，恐怕它们将会永远默默无闻下去了。

“乱草”原来是珍贵竹简

“文革”后期，为了调查各地文物毁坏状况，保护一些处境极其危险的文物，中央下达指示，要求各省开展一次普遍的文物调查。山东省博物馆立刻将文物组的工作人员分成几个小组，下到山东各地做文物普查。

不久，考古学家吴九龙和文物组工作人员毕宝启风尘仆仆地赶到了临沂，在前往招待所的路上，正好经过银雀山汉墓的发掘现场。两人顾不上休息，就直接奔向了考古现场，后来发现这是一个不起眼的小墓，就准备告辞了。

这时，四处转悠的吴九龙忽然对一堆器物中的“乱草”产生了兴趣，越看越觉得这像是竹简，就随手拿出了两根，用蘸水的布仔细擦拭。当清理干净后，吴九龙大吃一惊，这上面竟然真的显出了黑色的字迹。吴九龙简直不敢相信，他睁大眼睛仔细观看，好不容易看出上面写的是“齐桓公问管

复原后的银雀山汉墓竹简（部分）

竹简出土前浸泡在烂泥污水中，朽坏残断情况十分严重，由中国大陆文物保护科学技术研究所、山东省博物馆等单位清洗整理。山东省博物馆、北京大学、中国科学院历史研究所等单位考释校订后，已逐步将全部4000多号整简和残简复原并出版。

子……”几个字。

惊喜万分的吴九龙回头喊道：“不得了了！是竹简，有字。”这一声惊喊，顿时震惊了全场，吃惊的人们全部围拢了过来，争着要看那枚有字的竹简。毕宝启突然想到，竹简不可能就这么两根，应该还有别的，赶紧提醒大家再去找找。吴九龙立刻来到自己抽出竹简的地方，这才发现这些“乱草”，竟然全都是长短不一的竹简残片。“乱草”华丽变身为珍贵竹简，让地面上的人都兴奋起来了。

现场负责的刘心健得知这一情况后，赶紧跑到墓室中把消息通知给了仍在到处摸东西的工作人员，让他们看看还有没有类似的竹简，自己也趴在泥水里搜寻起来。最终，在以后被定名为银雀山一号的汉墓中，共发现完整简、残简4942枚。

后来，在清理二号墓时，因为有了一号墓的经验，大家工作起来都小心翼翼，结果，在二号墓中又发现了32枚竹简，比一号墓竹简长60多厘米。

竹简外表看起来像一个竹片，但竹片里充满了水，而且竹简里的有机质全都腐朽了，所以很容易折断。最后，大家想了个办法，使用托板，把竹简完整地起出，进入室内后再仔细整理，因此银雀山二号墓出土的竹简基本上是完整的，为后来的研究工作提供了相对完善的资料。

轰动世界的兵法

考古人员对银雀山汉墓出土的全部竹简进行了简单的整理，竟然在竹简上发现了“孙子曰”等字样，这一发现让人们大吃一惊，难道他们发现了著名的孙子兵法吗？当地文物部门不敢迟疑，立刻派人带着样品到北京去寻找专家鉴定，并把事情报告了国家文物局。国家文物局的专家也震惊了，如果推测属实的话，银雀山竹简将有着无法估量的重要价值。

但是，当时这批竹简面临的最大问题却是如何保护。竹简刚出土时，临沂的文物工作者因为担心发掘出来的竹简在空气中散失水分后干裂腐坏，就将较长的竹简泡在盆中，零碎的则放在水缸中，将竹简简单保护了起来。竹简最初送到山东省博物馆时，曾留有一部分进行了脱水试验，遗憾的是试验失败，所有的竹简都损坏了。后来，采用了蒸馏水储存，即把竹简固定好后，装入注满蒸馏水的玻璃管，用蜡封好，以隔绝空气，但也只能暂保。

国家文物局得知临沂及山东都缺乏相应的保护技术及设施，竹简面临可能腐坏的情况时，当即指示山东文物部门，立刻把这批竹简送到中央来，方便保护和做研究。

接到中央的指示后，山东省博物馆立即让临沂方面把竹简送到了济南，又派吴九龙和修复专家杨正旗将全部竹简送往北京。

竹简运到北京后，受到了张政烺、启功等著名学者们的特别重视，国家文物局当即召集修复专家来修复这些损坏严重的竹简，并成立了“银雀山汉墓竹简整理小组”，招来各地著名学者进行研究。虽然条件仍然不够充分，但在专家学者们的不懈努力下，竹简的修复整理以及研究工作很快就取得了可喜的成就。

两年后，银雀山汉简的研究成果终于发布了出来。在将近5000枚竹简中，学者们整理出来了包括《孙子兵法》《孙膑兵法》《六韬》《尉缭子》《守法守令十三篇》等多部古书，其中一些还是早在汉代就已经失传的佚书。

这些古书大多属兵法著作，其中最重要的是《孙子兵法》与《孙膑兵法》。《孙子兵法》在国内乃至世界历来都有着重大的影响。因为历史记载太少，以前的史学家们曾经认为孙武和孙膑其实就是一个人，他们的兵书也是同一部兵书，甚至还有人认为孙膑及其书法根本就没有存在过，是后人在孙武的基础上衍生出来的。而在银雀山出现的失传千年的《孙膑兵法》，则充分证明了孙膑及其兵法著作的存在，而且《孙膑兵法》中许多内容都与《孙子兵法》有着前后承接的关系，对中国兵法的研究有着重要的意义。

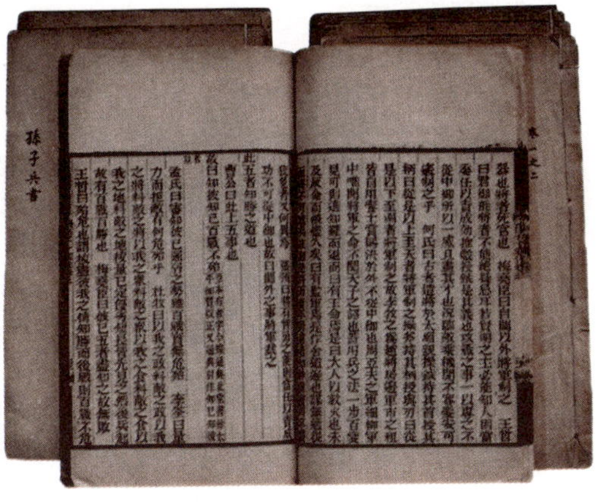

《孙子兵法》书影

《孙子兵法》被世界推崇为“兵学圣典”“世界古代第一兵书”和“东方兵家鼻祖”。汉墓竹简《孙子兵法》的发现，对研究该著作具有重大的科学价值。

银雀山两大孙家兵法书的出土，在世界上也引起了很大的

银雀山汉墓博物馆展出的汉简

轰动，被称为“新中国30年十大考古之一”。

同时，专家们还在竹简中整理研究出了《汉武帝元光元年历谱》，这是我国迄今为止发现的最早也是最完整的古代历谱，书中还附列了与农业生产紧密相关的时令节气等，反映了当时农业生产的一些状况。

这批竹简在国家文物局经过处理和研究后，留存了许多照片。后来，在周恩来总理的关怀下，这批竹简“乘”专列返回了山东，此后一直都藏在山东省博物馆中。

走马楼三国吴简

——刻在简牍上的地方史

- 年代：公元220－237年
- 位置：湖南省长沙市走马楼
- 发掘迄始：1996年

抢救古井的丰厚报酬

长沙是个处处有文化的历史名城，因此，这里的建筑工人经常会挖出各种各样的文物，往往成为考古工作的“先行者”，走马楼数量众多的简牍的发现也是缘于建筑工人的施工。

1996年11月，正是工程建设的火热期，五一广场走马楼街平和堂商厦的工地上一片忙碌。这里将建起一座外商投资的商厦，走马楼街50号也在施工范围内。

17日，工地附近一面墙壁不停地渗水，无处疏导的水积聚在路上，挡住了施工车辆穿行。工地的负责人突然想到了一个办法，决定在旁边挖一个蓄水池，让水先泄到那里去。说干就干，他立刻调过来一辆挖掘机，在附近挖了起来。挖了几下后，挖掘机突然出了故障，两个小时都没有修好，挖掘不得不停了下来。

很快就到了晚上8点，在这里搞发掘调查的考古人员路过工地。当他们巡视到挖了一半的蓄水池时，不由得大吃一惊，只见挖出的淤泥中，竟然露出了一些竹片，这不是竹简吗？大家赶紧仔细查看，在那些竹简上认出了嘉禾三年的记录，这可是三国时期孙吴大帝孙权的年号。继续考察，考古人员发现这是一口古井。这里不能再挖了，得赶紧让位给考古队进行抢救式发掘。

大家都知道，考古发掘一般分为课题式发掘和抢救式发掘两类，抢救式发掘就是当具有重大历史意义的遗迹因为某种原因而受到破坏时，为了保护剩余的文物而进行的发掘活动，是相当被动不利的发掘方式。在各国，由于文物倒卖利润丰厚，即使法律严苛，也挡不住盗墓者的贪婪之心，盗掘成了文物遗迹保护最大的威胁。在中国，因为经济实力不足、技术能力较低等不利因素，往往将古迹保护下来不轻易挖掘，这使得考古人员总要跟在盗墓者身后不停地进行抢救式的发掘。

现场立刻被保护起来，发掘活动也紧张有序地展开了。由于挖掘机的强大威力，井壁半边已经没有了，而且挖出的泥土也被当成建筑垃圾处理了。于是，一部分考古人员到建筑垃圾倾倒地去搜寻简牍，其他人则留在古井内发掘。

这口深约5.6米的古井底部有一个长0.93米、宽0.9米、高0.58米的方形木

走马楼三国吴简（片断）

井圈，四周还有木板做成的井壁，看起来这应该是一个专门储藏东西的仓井。在挖掘开始后，大家很快就惊讶于该井的丰富容量，这个井竟然像传说中的聚宝盆一样，怎么都清理不到底。

当然，聚宝盆只是传说，井最终还是被清理干净了，简牍全都被取了出来。初步估计，这口井大概出土了6万片简牍，其数量远远超出了以前中国西北发掘出的居延汉简，可说是座名副其实的地下档案库。

重要的孙吴文献

孙权像

孙权（公元182–252年），字仲谋，三国时吴国的建立者。

事实上，长沙市文物工作队在走马楼附近的考古发掘，早在1996年7月时就已经开始了，一直到11月，他们在这里一共发掘了60多口古井，出土了大批器具，而大批的简牍，则是在11月17日那天发掘的古井中出土的。多年来，考古人员在长沙发现了大批青铜器、铁器等文物，而发现这么多简牍还是第一次。

接到湖南文物主管部门的报告后，国家立即组织各方力量，重点进行竹简的清理保护以及研究工作。这些竹简在水中已经浸泡了1700多年，简身早已腐朽，经不起一丁点儿的不慎碰触，长沙地方的考古工作者还不太熟悉这么多简牍的整理与保护，面对这些宝贝，显得有些手足无措。

为此，中国文物研究所派出了专家亲往长沙指导工作。在专家的指导下，考古工作者们通力合作，不断尝试、观察、总结，最终熟练掌握了一套有效的清理方法：用玻璃或者其他东西托着宝贵的竹简，在不伤害竹简及简文的情况下，用细而软的小毛笔轻轻地扫除那些附着物，从而清理出完整的竹简来。

保护竹简也是一项艰巨的任务，他们最初采用的也是酒精脱水法，后来又在脱过水的竹简中，注入防止腐朽的气体等，力求使竹简能够在自然条件下长期地保存。

直至今日，走马楼出土的三国吴简方才清理完毕，清理出来的简牍约有14万片，远远超过了以往我国出土的所有简牍之和，是我国文献档案史上的又一次重大发现，被称为继殷商甲骨文、敦煌宝库文书、居延汉简、故宫明清档案之后“中国古代文献的第五次重大发现”。

大家都知道，东汉末年军阀割据混战，三国鼎立后也是征战连年。在战争中，许多资料都被丢弃焚毁，这为后人研究历史增添了许多困难。幸而有陈寿作《三国志》、裴松之为其作注，但其中对吴国的记述略显单薄。

走马楼地区出土的简牍，大大超过了《三国志·吴书》上的记载，补充了《三国志》及其注的缺失，为研究孙吴的历史提供了宝贵而又丰富的历史资料。随着考古工作者的努力，走马楼三国吴简释读工作将进一步开展，学术界对三国历史的研究也将会越来越深入，说不定我们还要因此改写已经出版的三国史书呢。

官方的档案文书

鉴于走马楼竹简的重要地位及其丰富的数量，湖南省建起了我国第一座也是唯一的一座简牍博物馆，主要对简牍进行整理、保护以及研究。在著名专家的指导下，馆长宋少华带着他的同事们在很短的时间里就清理好了走马楼简牍，并整理出版了部分资料。

从目前整理出来的资料中可以看出，这批竹简记载的事件多发生在黄龙元年（229年）到嘉禾六年（238年）间，也就是孙权掌管江东时代的鼎盛时期。这些长短不一、宽窄各异的简牍上，记载了当时吴国长沙郡下属各县的赋税、户籍、司法等情况，为研究江东孙吴政权的政治法律制度、职官变革、社会风俗、经济地理等具体状况提供了丰富的史料。

走马楼出土的竹简

考古专家将走马楼竹简分为5类。第1类是券书，在走马楼孙吴简牍中所占比例最大，主要分为佃户租田纳税和官府内部各机构之间钱币、米、器物往来两种文书；第2类则是记录当时官府审理案件的文书；第3类是长沙治下各属地的户口簿，主要记载了各户户主的姓名、年龄、身体状况等；第4类是当时上层人们交往时使用的名刺，相当于现在的名片，但多了问候对方的话；第5类则是账簿，包括地方官府征收的市场税、田税、关税以及发放给官员的俸禄、官员行政的花费等，其实就是当地政府的收入支出明细表。

经过对这些简牍内容以及形式的研究，专家们一致认为它们很可能是孙吴当地政府的文书档案，应该是战乱时期匆忙掩埋下去的，只是没有想到过了一千多年，才重新从幽暗的地下回到了人间。

这些史料的年代说明了公元229年以后，蜀军已经退出长沙，湖南地区已归吴所有，为史书所记载的孙吴杀关羽而逼退蜀军之事提供了新证。同时，资料中关于田租赋税、政府开支等的记载，也反映了当时严密的土地及赋税征收政策，是史学意义上最丰富也是最有价值的部分；官员们的签名及俸禄发放，也反映了当时东吴地方上的官制。

可以说，这些材料对三国孙吴的政治法律、职官沿革、地理风俗、社会经济等各种各样的情况都有所反映，内容之丰富令无数研究者心仪。

不仅如此，这些简牍的文字颇具隶书风味，又加带有楷书、行书、草书等特点，除具备艺术价值外，还有助于人们对汉字演变过程的进一步了解认识，是书法史研究的重要资料。

叩问神秘墓寝

KOUWEN SHENMI MUQIN

巍峨高耸的王陵，沉睡地下的古墓，是亡灵的安息之所。在这里，时间停止了，历史被尘封。后来者悄悄打开封闭已久的大门，探寻那些发生在遥远时空中的往事。

罗布泊小河墓地

——死亡沙漠的亡灵城

- **年代**：公元前2000年左右
- **位置**：新疆塔克拉玛干沙漠罗布泊
- **发掘迄始**：1934年

有一千口棺材的地方

新疆塔克拉玛干沙漠，这个早在450万年前就已存在的“死亡之海”，是一个死寂荒凉的世界。但是，通过一个多世纪的考古工作中，人们震惊地发现：这里，曾经有过极其辉煌的历史文化，沙漠腹地静默着诸多的曾经有过的繁荣。

在海上道路开通之前，古丝绸之路是地球几块大陆上人类文明交流的唯一通道，它途经塔克拉玛干的整个南端，“魔鬼三角区”罗布泊就位于其

塔克拉玛干沙漠

塔克拉玛干沙漠位于新疆维吾尔自治区南部，整个沙漠东西长1000余千米，南北宽400多千米，总面积337600平方千米。

要冲。古老的四大文明在塔克拉玛干碰撞出炫目的光芒，烛照了人类几千年的文明发展之途。塔克拉玛干的每一座古墓、每一个古城都完好地保存了东西方文明相遇时的惊喜。其中，就包括神秘的罗布泊“小河墓地”。

斯文·赫定

斯文·赫定（1865—1952年）是瑞典籍的世界著名探险家。他从16岁开始从事他终身无怨无悔的职业探险生涯，终身未婚。

人类学家摩尔根说：“塔里木河流域是世界文化的摇篮，世界文化的钥匙遗失在了塔克拉玛干，找到这把钥匙，世界文化的大门便打开了。”尽管这样，人们还是无法解读塔里木，发现楼兰的一百多年来，人们越深入就越感到难以找到那把打开千古之谜的“钥匙”。小河是一颗遗失在沙漠中的人类文明的珍贝，对于它的解读，或许能帮我们找到那把万能的“钥匙”。

1934年，瑞典考古学家贝格曼应斯文·赫定之邀，参加了由当时中国国民政府的“西北科学考察团”，到我国西北地区沿古丝绸之路进行勘查。罗布猎人奥尔德克闻讯赶来，他曾在1900年为斯文·赫定担任向导并发现了楼兰古城。时年72岁的他告诉斯文·赫定，十几年前，自己曾在雅丹布拉克和库姆河以南的荒漠里，发现了一个有一千口棺材的神秘沙丘。

斯文·赫定感到非常吃惊，他预感到这将是一项史无前例的发现，于是将寻找这个神秘沙丘的任务交给了贝格曼。

按奥尔德克的描述，墓地是在库姆河（孔雀河的一个支流）以南地区，但渡过库姆河之后，贝格曼发现，这里的原野布满了雅丹、沙丘和柽柳墩，就如一个巨大的迷魂阵。他们常常走了一上午却又转回出发时的原点。

两个月过去了，一次次搜寻都劳而无功，探险队的成员都已疲惫不堪。就连奥尔德克本人都开始动摇了，他怀疑古墓已让十几年间新形成的河湖水域给淹没了，或者是被某次强烈的黑风暴重新埋葬了。

1934年5月30日，贝格曼一行向更靠近罗布荒原西南的绿洲带挺进，开始作最后的尝试。他们沿库姆河南行不久，就遇到了一条流向东南方的宽20米、水流缓慢的无名小河，贝格曼便随意地叫它“小河”。谁料，它却从此成了罗布泊探险考古史上的一个关键词。

沿小河南行65千米后，仍无收获，他们便决定在小河边扎营休息。大家都默默地忙着安置营地，谁也没有注意周围的景物。奥尔德克却像是走进了梦境，迷迷糊糊地张望着，谛听着，他久久地凝望着远方，一言不发。突然，他指着远处的大山包大叫："那……就是它。"

夕阳的余晖中，"小河墓地"——"奥尔德克古墓群"，正与历尽艰难的队员们对视着。

"微笑的公主"的面世

就在小河河岸以东3—4千米处，一座浑圆的小山包突兀地立在平坦的荒漠上，就像古老的路标。奇怪的是，远远望去，山包的顶部似乎有一片密密的胡杨林，树木直立在那里，高达4—5米，而且株距很近，几乎一株挨一株。

小河墓地

小河墓地以其宏大的规模、奇特的葬制、数量众多的干尸、丰富的罗布泊早期文明遗迹而在国内具有独一无二的地位，在世界上也没有任何墓葬与之类似。

登上山丘，贝格曼被深深地震撼了：眼前的并不是胡杨林，而是被人为插在那里的巨大的棱形、卵圆形立木，足有200来根。历经岁月侵蚀，木桩的顶部已经裂开了，但依然屹立不倒，个别的柱子底部还残留着红色的涂料。另外，还有许多船桨形的纪念物，它们由一块完整的胡杨木凿成，桨面呈长方形。

整个山包是一个巨大的墓地，面积达2500多平方米，高达6—7米。墓地上，遍地都是木乃伊、骷髅、被肢解的躯体、厚毛织物碎片，还有两名男根突出的男性木雕像。最令贝格曼迷惑不解的是，地上布满了随时绊腿的巨大的胡杨木板，全都弯曲，呈船形，这些难以计数的散乱的船棺板覆盖了大约7米高的山包。它们到底是干什么用的呢？

贝格曼对墓地进行了发掘，然后他明白了，那些巨大的船形木板是棺木。以船形木板做棺木，这在世界考古史上尚属首例。在发掘的12座墓葬中，最令贝格曼难忘的是“微笑的公主”的“面世”。

这是唯一没有被扰动的一具棺木，由生牛皮紧紧包裹，没有钻进一粒沙尘。打开棺木，严密的裹尸布一碰就风化成粉末。揭开覆盖在面部的朽布，贝格曼不由得惊呆了。这是一具保存得相当完好的干尸，干尸身材娇小，身高仅5.2英尺。“高贵的衣着，中间分缝的黑色长发上戴着一顶装饰有红色带子的尖顶毡帽，双目微合，好像刚刚入睡一般，漂亮的鹰钩鼻、微张的薄唇与露出的牙齿，为后人留下一个永恒的微笑”。贝格曼将其称为“微笑的公主”，他认为这是“世界上保存最完好的木乃伊”，通过鉴定，她是印欧人种。

但是，“微笑的公主”在惊世一现后，就又沉入了沙漠。1935年，西北考察团的工作因为中国时局混乱而中止，新中国成立后，罗布泊又因为核试验而成为一块禁区，遥远的沙漠里的小河就这样进入了一个长久的冰冻期。贝格曼对这里梦牵魂绕，他多么希望能再回到这里，多么希望能进一步揭开这片墓地的秘密，但他永远不能如愿了。

1939年，贝格曼在斯德哥尔摩发表了《新疆考古研究》一书，仔细记录了他当年艰难的发现之旅，向西方世界介绍了他在中亚腹地的惊世发现，对小河流域考古调查及发掘工作进行了详细介绍。小河墓地宏大的规模、奇特的葬制及所蕴含的罗布泊早期文明的丰富信息，引起了学者们的广泛关注。

66年后的惊世再现

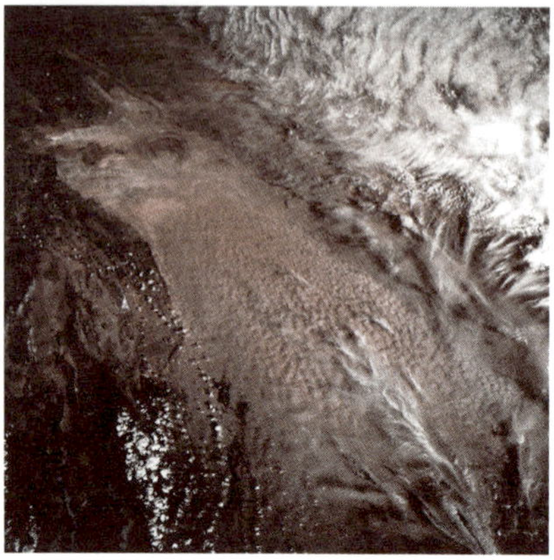

罗布泊

罗布泊曾是我国第二大内陆湖，因地处塔里木盆地东部的古"丝绸之路"要冲而闻名于世。但1972年后，绝大部分湖区都已干涸，成为一望无际的戈壁滩。

但是，1934年之后的66年间，再也没人能进入神秘的小河墓地。这个传说中由魔鬼守护着的一千口棺材的神秘地方，成为考古学家和探险家心中始终不能释怀的情结，它曾被世界考古学界认为是楼兰探险史、西域探险史上最神秘难解的古迹，也是世界上唯一的、至今未能被解释的墓葬形式。

中国学术界一直很少言及小河墓地。直到20世纪90年代末，贝格曼的《新疆考古研究》和《考古探险手记》等著作才由中国社会科学院杨镰研究员组织编译出版。从此，找到小河墓地，成为中国考古学家的夙愿。

2000年12月11日，寻找楼兰的考古专家、65岁的王炳华和一个摄制组共10人5头骆驼，开始了寻找小河墓地之途。他们踩着龟裂的盐碱地，在零下20多摄氏度的凛冽寒风中艰难地行走着。凭着卫星定位仪，他们不停地调整方向，并随时捕捉每一点有用的罗布泊的历史文化信息。

越往前走，生命的气息就越少，枯死并倾倒在地的粗大的胡杨、稀稀落落的红柳在慢慢减少，偶尔可见的兽迹也终于完全消失，周围的沙山越来越高大，沙山连绵起伏，每前进一步都异常艰难，但小河墓地却仍然未见踪影。

这已经是第四天了，队伍到达罗布泊孔雀河下游的故河滩。连绵起伏的沙丘无边无际，沙峰相对高度足有二三十米，每走一步都要退半步，所有人体力都已严重透支，馕和水已所剩无几，再往前走已经很难保证整个队伍安全走出沙漠。在最后的时刻，王炳华也动摇了。但是贝格曼笔下的神秘的墓地所传达的诱惑让他决定坚持下去："再坚持3个小时！"正是这可贵的3个小时的坚持，让小河墓地重新与世人见面了。

小河墓地位于罗布泊地区孔雀河南部支流小河东侧约4千米的荒漠之中，东距著名的楼兰故城175千米。在一片低矮的沙丘之中，它显得高耸、挺立、浑圆而巨大，顶部有彩绘的巨大木柱，精美的木栅栏，真人一样大的木雕人像，醒目的享堂（墓地的地面建筑）。墓地表面还层层叠叠散落着140多块弧形棺板，那几具没有被当年的“猎宝人”看上眼的木雕人像，不论男女，身上的彩绘早已剥落，却依然忠实地守候在墓地。虽然时间已流逝了66年，但小河墓地总的面貌并未发生大的变化，依然是20世纪30年代初呈现在人们面前的样子。

这是新中国考古学者在楼兰发现半个世纪后第一次到达这里。一个在沙漠中沉睡了近4000年的文明被现代人唤醒了。它的惊世再现被誉为中国考古工作者“迎接新世纪的最新发现”。

持久而全面的发掘

2002年底，由新疆文物考古研究所所长伊弟利斯·阿不都热苏勒研究员带领的考古工作者，对小河墓地进行了试掘。2003年10月，经国家文物局批准，小河墓地全面发掘项目正式启动。

墓地可分为南、北两个墓区，北边破坏严重，南部保存相对较好：这里墓葬可分5层，底层墓葬建构于原生沙丘上，这层墓葬形成之后，在其分布区的南北两侧各立一排整齐的木栅墙。南侧的木栅墙为墓地南边界墙；北木栅墙以北的区域，在木栅墙出现之后也开始布墓。

在墓地北端有一座木房式墓葬。当年，奥尔德克告诉贝格曼，他第一次踏上山头时，山顶上还有一座完好的木制房屋，墙壁涂有红色颜料，屋顶上包着牛皮，屋内堆满牛的骨骸和皮张。但这一切在贝格曼到来之前都被毁坏了。不过，从目前清理出的残迹及残留遗物，仍能见其规格不同一般。

整座墓葬由长方形墓室和梯形墓道组成：墓室面积7平方米左右，深约150厘米，由多棱形的粗木柱和宽平的木板构筑；墓道由侧放的木板、木柱围成，底部铺有碎泥块；墓道前耸立一根高近3米的木柱，上刻有8周凹槽纹。墓内不见人骨，仅在沙中发现了一节肱骨和胸骨，鉴定认为可能属于一名成年女性。

墓室内有很多残存遗物，有圆形石质权杖头1件、木雕人面像2件、带有金环的圆形铜镜1面、铃形铜器1件以及骨雕人面像、彩绘木牌、多节的木雕人面像等，这些在新疆考古史上均为首次发现。

而这次考古发掘中的最大发现，则是墓地最深处的4具被厚厚的泥土包裹

“微笑公主”

“微笑公主”是贝格曼最先发现并命名的罗布泊干尸，因为在一个被命名为小河的地方发现，因而又称“小河公主”。

的“泥棺材”。那是罗布泊的一个无风的早晨，一座船形棺木正在开启，所有的人都屏住了呼吸，紧绷在棺木上的牛皮断裂的声音沉闷而有力，像从幽深的海水里传出的某种震响。至今，伊弟利斯还清楚地记得：“那是世界上最好听的声音，那是历史从3800年前走来的脚步声！”

突然间，一个凝固而永恒的微笑从棺木中崭露出来，生动而具有感染力，以至于让看到的人都在内心产生了一种愉悦感。70年过去了，当又一位“小河公主”的神秘微笑再次在考古工作者手下浮现时，人们不禁想起了贝格曼发现的“微笑公主”——他的笔尖没有骗人！

4具泥棺中的主人很相像：头戴尖顶毡帽，身披毛织斗篷，戴着金耳环、毛线绳项链。她们安睡在像船一样的棺木中，楚楚动人的眼睫毛像一排幼松似的挺立着，上面蒙着一层细细的沙尘。她们是具有欧洲白种人特征的美人。

考古工作者通过4年的沙漠考古，至2005年底终于确定，这块“上千口棺材的坟墓”，实际共有墓葬约330个，完整保留下来并经过科学发掘的墓共有167座。考古人员采集了30多具古尸标本，出土了数以千计的珍贵文物，并发现了罕见的具有祭祀功能的泥壳木棺墓、墓地规格最高的木房式墓葬、成排布列的“木尸”墓等。

经过现代科学技术的测定，小河墓地的上限有可能早于公元前2000年，下限为公元前1800年。

夸张的生殖崇拜

小河墓地留给世人的第一个强烈的印象，就是墓地的沙山上密密麻麻矗立的多棱形、圆形、桨形的胡杨木桩。这些木桩大约有140多根，就像是在一个馒头上插满了筷子。它们大都是4米多高，相当粗壮，不知在哪段岁月的深处，也不知何人将它们都砍斫成了多棱柱，从7棱体到11棱体全有。一部分立木被雕成长卵形，粗大的木头的顶部被加工成了卵圆形，它们浑圆的线条和多棱柱形成一种对比，显示出一种不同寻常的意蕴。

这里的桨形胡杨木桩也颇耐人寻味。它们是一种极度夸张的桨形，宽度远远超过一般的桨，而且，上方通常被涂成黑色，下方是血红色，在下方红色的部位还刻画着数道横向的装饰纹。

为什么要把如此多的木桩立在沙丘上面？它们是做什么用的？它们有什么特殊的含义？当年，贝格曼让猜测的眼光沿着柱子一直向上，他认为立柱上面可能会有屋顶，并且在很久以前就被风吹离了。

然而正确的路径是要将目光向下，向着那沙子深处的坟墓。

69年后，当考古队向下挖掘的时候，推翻了屋顶的推测，关于立柱猜想的结论出乎意料又匪夷所思——所有的木柱都是死者拥有的纪念物。

当考古工作者手中的工具向下探寻时，墓地表面立柱森林的秘密展现了出来。露在沙丘表面的仅仅是立柱的一部分，它们的大部分都在沙土的深处。每一个粗大的立柱下面通常都有一具棺木。死者头部前方和脚后各有一根立柱，通常头部的立柱粗壮高大，脚部的立柱细小一些。

小河墓地遗址

从一个巨大的立柱向下，清开沙子，达到一米多深的时候，就会发现下一层的棺木，而更下一层棺木的立柱的顶端已经和上一层的棺木、立柱“犬牙交错”在一起。

研究者发现，立柱根据死者的性别不同而不同。男性死者的头部立柱是桨形的，大的高达2米、宽0.8米左右，其上涂黑，其下涂红。女性死者的头部是顶端被加工成卵圆形的立柱，高度一般1.3—1.5米左右，上部涂红，缠绕毛绳、固定草束。这种指向毫无例外。两种不同的立柱分明指向不同的象征物，有着不同的意义。

经过分析，考古专家认定，卵圆形立柱象征男根，桨形立柱象征女阴。

矗立在小河墓地中央的一根高大的、顶部呈尖锥状的立柱是属于一位年长的妇人的。这是目前发掘出的最大的一个“男根”，它高出地表187厘米，通体被涂成红色，上端线条浑圆，中段被雕成九棱形，立在老妇人棺木头部的位置。在她头部的立柱之间，还插着一根木柱，上面悬挂着一个巨大的牛角。考古工作者认为她是一位身份显赫的人物。老太太的尸体保存得非常完好，她的面庞看起来很瘦削，安详而满足地微闭着双眼。

“男根”与“女阴”一起以夸张的比例显示着它们的非同凡响，组成了小河墓地神秘而惊世骇俗的生殖崇拜文化景观。专家由此推断，小河墓地寄托着孔雀河下游远古居民对祖先虔诚的崇拜，是祈求部落人丁兴旺、希望获得强大生殖能力的神殿。

没有底的船棺

小河墓地的墓葬形式是非常奇怪而独特的，它也是世界考古史上唯一没有同例的、无法解释的墓葬形式。其中，就包括棺木的形状。

所有的棺木通体都是很鲜亮的红色，它们都没有底，像倒扣在岸上的木船，将死者罩在其中，隔绝了生与死的时空。两根胡杨树干被加工成一对比人体稍长一些的“括号”形，这是棺木的侧板，“括号”两头对接在一起，将挡板楔入“括号”状棺板两端的凹槽中固定，没有棺底，棺盖是10多块宽度依棺木弧形而截取的小挡板。活牛被当场宰杀，立即剥皮，整个棺木被新鲜的牛皮包裹。牛皮在干燥的过程中不断收缩，沙漠中干旱的气候会蒸发牛皮中所有的水分。最后牛皮紧紧地、严密地将棺木包裹，表面变得像盾牌一样坚固，棺盖——那些摆放上去不加固定的小挡板便因此非常牢固。

所以，当考古队员们揭开牛皮时，棺木在牛皮的保护下还新鲜如初，棺内甚至没有一颗沙粒进入，墓主人就安详地睡在像船一样的棺木中。原始但安全的设计使我们得以窥见他千年前入睡时的容颜。

木雕人面像

根据目前发掘的保存着原始状态的墓葬，专家分析推断出了当时墓葬的过程：首先是挖好沙坑，然后将包裹好的死者放在适当的位置，再依次拼合棺木，覆盖盖板，牛皮，继而在木棺前后栽竖木柱，最后在墓坑中填沙，继而堆沙。棺前象征“男根”和“女阴”的立木大部分被掩埋，棺木前端的高大木柱上端则露出当时的墓葬地表，成为明显的墓葬标志物。

此外，墓地还发现了少量特殊的泥壳木棺墓。这类墓葬结构上大同小异，均挖竖穴沙坑，坑中放置直板或弧形侧板的木棺。木棺上竖立木板，拼合成长方形的木板室。在木板室的头挡中部都凿出一孔，孔中由外向内塞一节短木楔。木板室中通常摆放高20余或50余厘米不等的木雕人像、插有长条形青石棒的裹皮角状器、木罐、草编篓、盘等。木板室口部盖草帘、搭绕草绳，然后抹泥。最后在泥壳木棺周围栽竖高约5米左右的多棱形木柱。

草编的美丽文明

小河的文明样式是另类的，和我们所熟稔的古代人类生活全然不同。小河墓地的发掘，显示青铜已经出现，但似乎并没有成为人们日常使用的工具或器皿，它可能是一种饰物，或者因某种象征意义而镶嵌在木制品上。这里没有陶器，更没有铁器，而草、木、皮、毛可能是当时人们生活的主要器具来源。

每个墓里必有一个草编的小篓。小篓编得很密实，它们有鼓腹形、圆柱状，有圆底、有尖底，形状各异，多用植物的茎秆、根茎纤维编织而成，每只小篓上都有提梁，提示着小篓始终提在小河人的手上。当年的人们巧妙地利用草的不同光泽和质地，编出了明暗相间的三角纹、阶梯纹，最为神奇的是，这些最易腐朽的草，却历经几千年而崭新如故，不得不令人惊叹。小

草篓

墓里的草篓究竟代表着什么，至今仍是一个未解之谜。

篓内通常都有麦粒、粟粒等干结的食物。小篓似乎在小河人的生活中扮演着非常重要的角色——应该是唯一盛食物的器皿。

另外，小河墓地还出土了很多木器，包括用红柳枝制作的冥弓，将红柳秆削尖插入芦苇秆制成的箭，红柳枝做的木别针，另外还有木梳、木祖生殖崇拜的象征物、木雕人面像等。

他们的衣服很简单，身上裹有毛织斗篷，腰衣也是羊毛织物。男性腰衣形似腰带，下端有饰穗；女性腰衣如短裙。小河人最具代表性的装束当属男女老幼头上戴的尖顶毡帽。帽子通常是本色羊毛的，白色的羊毛上缀着红色的线绳，帽子缀有鼬皮，有的鼬头还悬在帽子的前部，帽子上还绑有羽饰，羽毛用红色毛线绑在细木棍上，然后再插在帽子上。不同的是男性毡帽多高尖，而女性则多宽圆。此外，小河人通常穿短靴，多由牛皮或猞猁皮缝制而成，通常靴底毛朝外，其余部分毛朝里，用一根粗绳将靴子拴在脚踝上。

考古工作者在一些女性死者身上还发现了玉首饰，是用一根粗毛线绳穿过一块椭圆形淡黄色的蛇纹石玉珠系在右手腕处。随风飘舞的长羊毛穗饰，手臂上简单的玉珠，脖颈上粗毛线捻成的项圈，都透露着小河人一种朴素的美的追求。

小河墓地的发现，对认识罗布泊地区古代文明、居民种族成分、农业、畜牧业经营及毛纺织、毛毡、皮革等手工业曾经达到的水平，有着重大的历史意义。

墓葬中无尽的谜题

目前，小河墓地挖掘工作基本结束，但是关于它的研究，却只是开了个头。这艘承载着近4000年前人类文明信息的方舟，带给今天的我们无数的疑问。

墓葬为何要层层叠压？那些胡杨木柱有多棱形、圆形、船桨形，多棱的从7棱到11棱，这些形状、数字有什么深意？这些木柱被涂成红色，为什么？木柱上刻着的横向装饰纹又代表什么？

“小河”是人工运河还是自然河流？抑或是依据自然河道人工加工的？在墓地方圆10多千米以内，不见任何乔木，即便是死亡的胡杨的残根都没有，那墓地里大量的胡杨木是从哪里来的呢？小河人又是用什么样的工具将木柱加工成现在的形状的呢？

而最让世人迷惑的是，这是什么人的墓地，是属于哪些先民的埋葬形式？在墓地周边很大的范围内没有发现居民遗址，这是为什么？

在小河以东175千米的地方，是著名的楼兰遗址，它所代表的楼兰文明和小河一样同处于罗布沙漠的大地理环境中，但是楼兰文明的物质表达方式和小河完全不同，并且楼兰文明比小河晚1600年左右。

3800年前的塔里木盆地中，没有丝织品，亦不见陶器，一群头戴翎羽尖帽、高鼻深目的白种人生活在这里；而公元后的塔里木则是一个兼有农、牧、屯田、贸易的社会。公元前与公元后的塔里木，存在着一个文明大断裂，我们无法将它们连缀起来，而小河，就成了这大断裂中遗落的一颗珍珠。小河是不是楼兰文化的重要扩展，还是另属哪一个被历史遗忘的王朝？

这个独一无二的墓葬，被世界考古学界认为是中亚历史考古上沙埋文明中最难解的千古之谜。要准确地揭示小河墓葬的秘密，需要调动全国各学科的一流专家参与小河考古工作，包括考古、环境、人类学、植物学、动物学、原始宗教学等。因为，这是一项规模浩大的综合性工程。

小河墓地所表现出来的丰富文化内涵为国内外考古所罕见，对它的发掘和研究不仅是新疆史前时代的重大考古课题，还会对新疆周边广大区域的史前考古产生较大冲击和深远影响。在楼兰文明的解读过程中，它的作用是无可替代的，它的发现对罗布泊环境变迁与楼兰王国兴衰这个世界性热点课题的研究必将起到承前启后的作用。

小河墓地出土的成年女尸

干尸面部部分已经干裂，身上披着黄色的斗篷，脖子上挂着色彩鲜艳的粗毛线项链，耳朵上戴着金耳环，随葬品非常丰富。

晋侯墓地

——西周华丽的王族墓地

- 年代：约公元前11世纪－公元前9世纪
- 位置：山西省曲沃县
- 发掘迄始：1962年

盗贼打开的考古之门

山西南部地区是中华民族的发祥地之一，亦是中华文明的起源地之一，早期国家就活跃在这片厚土上，留下了许多不朽的传说，尧都平阳、舜都蒲坂、禹都安邑……

位于山西襄汾、翼城、曲沃的塔山，古称嵩山。山之北分布着著名的陶寺遗址，它是黄河中游地区以龙山文化陶寺类型为主的遗址。山之南，分布着面积近11平方千米的天马—曲村遗址。

天马—曲村遗址最早发现于1962年，第二年进行过小规模的试掘和钻探。自1979年起，北京大学考古系和山西省考古研究所联合组成了以邹衡教授为中心的考古队，进行了10余年的大规模考古发掘工作，发掘了数万平方米的居住遗址和近千座西周至战国时的晋国墓葬。

M1、M2异穴合葬墓

通过对M1和M2墓葬形制、陶鬲及玉器的研究来看，M1和M2是一代晋侯和夫人的异穴并列合葬墓，时代约在两周之际或稍晚。其中，M1的墓主人是一代晋侯，M2是晋侯夫人。

大量珍贵遗物及丰富遗迹不仅向世人展现了晋文化的风貌，同时也清楚地勾画出了晋文化由发生到兴盛到衰落的历史脉络。专家们判断，曲村—天马一带应是古晋国都城“故绛”之所在，但当时还没有发现明确的物证。

1992年初春，邹衡、徐天进二人为整理往年的发掘材料，编写《天马—曲村》发掘报告，驱车前往设在山西省曲沃县曲村镇的考古工作站。途经太原时，他们听说了一件事：就在1991年的腊月间，在天马—曲村遗址的北赵村，发生了大规模的盗掘事件。据说，盗掘者大都荷枪实弹，还经常用警车开道，挖出的许多“宝物”都是用拖拉机或者汽车拉走的。这个消息引起了他们的警觉。

他们迅速赶往盗掘现场后发现，虽然盗坑已经回填，但墓内的积炭遍地皆是，其间夹杂大量的绿色铜锈和铜器的小碎片。这些典型的特征说明，被盗之墓是一处大型的积炭墓葬。第二天，他们又在附近发现了新炸的盗洞，据说，为抢盗这座墓，前一晚还曾发生过枪战。想着每天都可能有大墓被盗掘，造成珍贵文物大量流失，几位考古专家为抢时间，在向当地政府及国家文物局汇报的同时，也直接向国务院办公室报告了盗墓事件和他们对墓葬的看法。

国家有关部门迅速作出反应，在经过一段时间的紧张筹备之后，成立了专门的考古队。1992年4月18日，晋侯墓地的首次发掘正式开始。

惊心动魄的持久发掘

考古工作者在清理被盗的两座古墓（编号M1和M2）时，惊奇地发现这是一对有着特别形制的异穴合葬墓，两座古墓均带有10余米长的斜坡墓道——这种古墓等级很高，但由于墓内文物的遗失，古墓的主人究竟是谁，一时无从得知。

不久，又有一组古墓被盗。考古工作者进行了抢救式发掘，而奇迹就在偶然间发生了。1993年初的一天，在发掘工作快要结束时，土层中忽然露出了一尊铜鼎。此时已近黄昏，考古工作者仔细抹去铜鼎上的泥土，几行隐隐约约的文字显露出来。经清理，其中有3个清晰的字迹赫然出现：晋侯苏！

晋侯苏即晋献侯，名姬籍，是晋国的第八任国君。久为考古、历史学界关注和企盼的晋侯墓终于现世，这一发现对于西周文化和晋国史研究具有里程碑的意义。考古现场的专家们不由得万分激动地拥抱在了一起！

与铜鼎一起出土的还有两件较小的编钟。早在1992年2月，上海博物馆的马承源先生就在香港的古肆行里，发现了一组残缺的编钟，共14件，他以800万元的价格将其赎回国。专家们发现，它们与在晋侯苏墓出土的编钟，正好为一套16件，上刻355字，完整记载了周厉王33年晋侯苏受命伐夙夷的全过程及周王对晋侯的奖赏。有学者认为，它可以说是半个世纪以来出土的最重要的铭文资料，因为可与《史记·晋世家》中的记载相对照，确定墓主身份乃至晋侯墓地性质，加上以后发现的其他未见于典籍的晋侯名字，对于西周晋侯系谱的真正建立有着重要意义。

从1992年至2000年，考古工作者们在天马—曲村遗址先后做过6次大规模的发掘工作，共发掘出9组19座晋侯及夫人的大型墓葬以及众多附葬的车马坑、祭祀坑等。据推断，这一地区的各类晋墓葬多达2万多座。

但墓地的挖掘过程对于考古人员来说却充满着艰辛：天寒地冻的日子里，考古队员们只能在墓坑里生起炉子，边烤火边发掘；暴雨倾盆的天气里，大大小小的塌方时刻威胁着队员们的生命；白天考古，晚上还要与开着车、举着枪、拿着报话机的盗墓者争斗……然而，对于考古人员而言，只要保护好这些晋侯墓就什么都值了。

悠悠文物诉说着的往事

北赵晋侯墓葬再现了晋侯从西周早期偏晚阶段延续至春秋初年排列有序的完整世系链环。大多数学者认定，晋侯墓地的9组晋侯与夫人墓是从西周早期偏晚的晋侯燮父到春秋早期的晋文侯仇。九世父子相继，这在西周时期各诸侯国中还是仅见。这些墓葬规模很大，许多件珍贵而又精美的文物重见天日。

首先是数百件青铜器，几乎涵盖了同期青铜器的全部器类，其中猪尊、兔尊、鼎形方盒、方座筒形器、裸人为足的盉等十分少见之器。青铜器铭文可以证经补史，晋侯墓地中有5位晋侯的名号，见诸史籍的只有晋献侯。

玉蟠龙

M2出土。长5厘米，宽4.3厘米。

63号晋侯墓随葬杨姞壶一对，有铭“杨姞作羞醴壶永宝用”九字。这是首次发掘出土的杨国铜器。在64号墓中，出土了一套共8枚楚公逆钟，在钲、鼓部有铸铭68字。这是在晋地出土的最早的楚器，是西周晚期晋楚关系的一个重要的考古学例证。随着对晋侯墓地青铜器的全面研究，诸如组合、纹饰、金相分析、原产地等，这批重要的文物将彰显出本来的面目和应有的价值。

另一类大量出土的是玉器，包括缀玉覆面、佩玉、葬玉、玩玉等。缀玉覆面几乎每墓皆有，五官及须发齐备；佩玉或为玉牌串珠佩饰，或为几十件大小不等的玉璜联系在一起的佩饰，还有颈饰，每组都是极尽巧思，华丽无比；葬玉多为玉圭、玉戈、玉璧，是标志墓主身份和地位的礼器；玩玉造型多样，仅63号墓就有玉人、玉鹰、玉龙人、玉鹿、玉伏牛、玉立牛、玉卧牛、玉马、玉螳螂、玉羊等，件件玲珑剔透，栩栩如生。

玉神人面饰

M1出土。高7厘米，宽4.5厘米。这件神秘的玉器可能是新石器时代的产物。

晋侯墓葬主人身份清楚，又出土了如此数量的玉器，不仅为周代不同级别的用玉制度研究提供了难得的资料，而且对玉料产地、制作工艺、造型艺术以及通过何种途径才能在西周时期晋侯墓地出现等课题的研究也意义重大，同时对晋文化、晋国史的研究也是一大贡献。

晋侯墓地中还出土有金器、漆器、陶器、骨器、石器等，特别是成组出现的编磬与编钟是晋国为礼乐文明之邦的真实写照。

1992年、1993年，晋侯墓地的发现连续两年在“中国十大考古发现”榜上有名。后来，这一发现又被列入“八五”期间全国十大考古新发现、中华人民共和国重大考古发现和中国20世纪考古大发现之一。有的学者甚至将其与上世纪初河南安阳殷墟甲骨文的出土相提并论，可见其学术价值非同一般。

2800年前的“装甲车”

位于北赵晋侯墓地的1号车马坑，是该墓地已发现的最大的车马坑。车马坑长21米，宽15米，分马坑和车坑两部分，马坑在东，车坑在西，两坑中间有生土隔梁。经辨认，殉葬马匹至少有105匹，马腿被相互绑在一起，有的马高昂着头，挣扎着穿越了2800多年时空。

文物部门对车马坑进行过两次清理。由于种种原因，在马坑清理完成后，车坑的发掘工作一度停滞。2006年2月，由山西省考古研究所和北京大学考古文博学院联合组成的考古队对曲沃北赵晋侯墓地1号车马坑的车坑进行了第三次发掘，确定该车马坑为晋献侯墓的陪葬车马坑，埋葬于公元前9世纪末，距今约有2800年。

目前，1号车马坑已经清理出40多辆车，估计总数约50—60辆，同时还发现了大量青铜兵器，如戈、矛、箭镞等。根据车厢形制不同，出土的车子大致分为车厢由内外双层栏杆型、单层栏杆型、后端无栏杆型、整体形态接近簸箕型四类。另还有一类车厢是由木板或藤条、芦苇一类的编织物构成。

在出土的车辆中，有六七辆由数层青铜铠甲片保护着的车。专家分析认为，这类车应为古代战车，铜甲片像铠甲一样整齐密集地编排在车的左、右和后栏上。此类车辆在国内极为罕见，是目前国内发现的保存最为完好的商周时期“装甲车”，充分反映了西周时期的军事行动在社会生活中的重要地位。

此外，引人赞赏的还有一种四周绘有精美漆画的装饰车，图案内容主题为凤鸟，其绘制之复杂和色彩之华美令人惊叹，其完好的保存状态也较为罕见。如此华丽的彩绘装饰车和象征了等级身份的青铜车，无不彰显着西周贵族生活的奢华。

这座车马坑，是目前中国发现的商周时期埋葬车辆最多、规模最大的车马坑，对研究古代陪葬车马礼制有着重要的意义：陪葬车马从商代开始，周朝更盛，车马坑规模的大小与墓主人的尊贵程度有关。透过现有发现可以看出，周王对晋侯苏相当器重，晋国在西周时期的国力也可略见一斑！

羊舌村再现国君墓

据文献记载，有晋以来，共历630余年，起于叔虞封唐，止于静公，共有36代晋侯、晋公。而在曲村—天马遗址，却仅发现9代晋侯陵寝，其余27代晋国诸君却不知归葬何处。经专家考证，其余墓葬当在曲村—天马遗址周边的晋始封地范围之内，但一直没有考古实证。

2003年，正值人心惶惶的非典期间，曲沃县公安局却在羊舌村滏河南侧的岭地上发现了盗掘古墓的迹象。盗墓贼掘出的几堆呈花土状的黄土，正是通常见到的墓葬填土。在花土中夹杂有木炭，盗洞周围还散见有铜鱼——有木炭说明墓葬椁室有积炭，铜鱼则说明椁室

玉兔

M2出土。高2厘米，长3厘米。

装饰讲究。这些现象表明，这里是一处古墓地，并且墓葬级别很高。

经过一番筹备，2006年8月，山西省考古研究所羊舌考古队进入工地，羊舌大墓的考古工作进入程序。很快，又一处晋国国君及夫人的异穴并列合葬墓现世了，这是山西目前发现的最大的西周墓葬，被编为1号墓和2号墓。

金带饰
M1出土。长11厘米，最宽为5厘米。

墓地有大规模的祭祀遗迹。目前已经发现和清理出了近250座祭祀坑，坑深数十厘米到两米不等。坑与坑之间关系复杂，可以认定是多次祭祀的结果。坑内有许多牺牲，从种属、齿龄上可辨认的牺牲有人、牛、马、羊、狗等，其中人牲10个，其余以马牲为多。在众多的牺牲中，以人牲最为令人惊心动魄，有蹲着的，有俯身的，有侧身的，都是被处死后扔进去的，当年的惨烈似乎就在眼前。

那么，这两处墓地与北赵晋侯墓地之间是什么关系呢？北赵晋侯墓地位于羊舌晋侯墓地的西北方向，有意思的是，北赵晋侯墓地的墓向是北偏东，羊舌晋侯墓地的墓向改为北偏西，方向正对着前者，而且两处墓葬的形制相同，这说明两者之间有千丝万缕的联系。可以认为，羊舌晋侯墓地是北赵晋侯墓地的继续。

经专家反复论证，确认该墓为晋国历史上的著名国君——晋文侯和夫人的异穴并列合葬墓。

被毁古墓见证的历史

在对羊舌村两座墓的墓室进行发掘后，人们发现这两座墓葬均被盗过。破坏者采用大开挖的形式，从墓口挖到墓底。墓口上部盗洞面积占到墓室的一半还多，但没有破坏墓壁。

椁室内的情况比较复杂，1号墓椁室内的棺材毁坏，墓主人的头骨弃置在椁室的西南角，墓主人上身的玉组佩被盗扰，下半身的玉组佩保存完好，被盗扰的大玉戈、玉璜、组佩和覆面零碎构件等被毁坏后随意抛洒在棺椁间，在棺椁间还残存有石磬、陶鬲等，但没有见到铜礼器的踪影。2号墓椁室

兽目交连纹匜
出土于曲沃羊舌晋侯墓地，通高16厘米，长30厘米。

内的棺或椁板材被移位弃置，整体被翻腾多次，只在盗扰的土中见到一些零星玉件。

1号墓的情况表明，盗掘发生时椁室还没塌陷，墓中随葬的铜礼器可能还保存完好，盗掘者将棺椁间的青铜礼器尽数搬走，但对玉器兴趣不大，毁坏后随意弃置。

考古队员推测，这不是普通的盗掘。因为盗掘不需要采用大开挖的方式，况且盗掘者以盗取随葬品为目的，断无扔下金玉之器不取之理，所以这可能是一种有意识的毁墓行为。而且地层的年代表明，盗扰的时间不晚于汉代。专家认为，这种毁墓行为应与复仇有关。

据历史记载，晋文侯之后嫡系晋侯有昭侯、孝侯、鄂侯、哀侯、小子侯和晋侯缗，这一时期是晋国历史上有名的嫡庶之争时期，分封于曲沃的庶系与嫡系正宗展开了争夺政权的斗争，内战长达67年，最终庶系夺取政权。联系这段历史背景，或许可以推测羊舌墓地被毁与家族复仇有关——这是曲沃庶系一支在夺取政权以后，对嫡系一支的报复。

另外，据《尚书》记载，晋文侯的夫人是晋姜。如果1号墓是晋文侯之墓，那么2号墓就可能是晋姜之墓。历史上曾经有著名的晋姜鼎传世——最早见于史册的是北宋吕大临的《考古图》，现在器已佚，仅有铭文传世。

按照常例，传世青铜礼器多是出自墓葬，宗庙礼器传下来的几乎没有。羊舌1号墓和2号墓的被盗毁，正好可以注解晋姜鼎的传世。晋姜鼎所以能在北宋以前现世，很可能就是出自墓内。羊舌2号墓被盗的时间大约在汉以前，如果2号墓是晋姜墓的话，晋姜鼎被盗出并传世也符合常情。反之，晋姜鼎的传世也验证了考古专家对发掘迹象的判断。

不可小觑的殓葬之美

晋文侯及其夫人的墓葬尽管遭到盗毁，但劫余之物仍丝毫不亚于以往发掘出土的晋侯遗物，足以让我们领略两位墓主人生前的荣华。考古工作者们在此地发掘了大量的金器、玉器、铜器、陶器等陪葬品，玉器件件制作精美、大气，有些玉器系商代或更早时期的珍贵物品。

大玉戈和大玉璧是权力和地位的象征，这样的玉器只有在高级别的贵族墓葬中才能见到，在北赵晋侯墓地的晋侯墓中多有出土。在羊舌晋侯墓中，大玉戈和玉璧出土于墓主人棺内，分置墓主人身上和身下，有七八件之多，异常精美。

玉璜组佩是西周时期玉器殓葬的特色，古人不仅相信玉德，比德与玉，生前佩玉，同时相信玉可以使人不朽，所以死后以玉殓葬。两座墓内出土的结构复杂且精美的玉器，昭示着墓主人生前尊贵的地位。

金带饰出土于墓主人的腰部，是腰带上的装饰，出土时璨亮如新，写实的龙的艺术造型和成熟的铸造工艺，让人叹为观止。

玉神面像是同时出土的一件珍贵的随葬品，玉质洁白，整体造型具有“臣”字眼、大獠牙、“隐地凸起”的阳纹、勾转镂空等特征，均是新石器时代晚期中原龙山文化的风格。专家推测，这件艺术品在被雕琢成品后，可能被赋予了很深的宗教意义，此后一千多年几经辗转，最后到了这位墓主人手中，并陪他永眠地下，直到二千余年后的今天再次惊现于世间。

羊舌晋侯墓地是目前为止同时期、同规格的墓地中保存最完整、排列最清楚，而且也是随葬品最丰富的一处墓地。目前，该墓地的田野考古工作尚未结束，我们期待着随时都可能发生的新的惊喜。

三门峡虢国墓地

——假途伐虢的史诗

- **年代：**公元前8世纪－前655年
- **位置：**河南省三门峡市上村岭
- **发掘迄始：**1956年

黄河第一坝下的太子墓

地处河南西部黄河之滨的三门峡市，位于洛阳、长安两大文明古都之间，自古以来便是交通咽喉要道，乃兵家必争之地。丰厚的文化积淀，独特的山川地貌，勤劳的祖先人民，使这里逐渐成为悠久历史的积存地。虽然在半个世纪前，此地还是一片田园风光，但在20世纪60年代后，一个特殊的机缘却使得这里高楼林立，城市拔地而起。

1955年，正值新中国处于大建设之时，国务院作出一项重大决定，在三门峡建立起一座治理母亲河的雄伟大坝，也就是万里黄河第一坝——三门峡水利枢纽工程。

这项大工程牵动方方面面，也引来了考古专家们的关注。三门峡的地面下到底埋藏了多少文明古迹，谁都说不清楚，如果淹没在大水之下，那就成了无法弥补的重大失误。因此，中国科学院和文化部联合组成了“黄河水库考古工作队”，请来著名的考古学家夏鼐，对三门峡库区展开了一场大规模的考古调查。

1956年冬，考古工作队进驻了严寒封锁着的三门峡谷地，在黄沙漫卷、遮天蔽日的恶劣环境下，沿着陕县到会兴镇一带，展开了旷日持久的田野普探工作。这支上百人的考古队伍，每隔1米1个探工，一线排开，浩浩荡荡向前推进。然而，大规模钻探的结果，却发现这一带的古墓绝大部分被盗，几乎是无一幸免。

后来，考古工作队来到了现在的三门峡市上村岭湖滨火车站一带，就在这里，他们发现了一处贵族墓，当时编号为M1052。这座墓压在一条古车道下，由于年代久远，地层下陷，路两旁的庄稼常年遮挡着路面，因此侥幸保留了下来。这座墓坑长5.8米、深13.3米，墓主人的骸骨虽然有一棺重椁保

三门峡大坝

三门峡大坝于1957年开工建设，1960年建成，是我国在黄河干流上兴建的第一座大型水利枢纽工程，被誉为“万里黄河第一坝”。

护，却早已腐化成了碎渣。幸运的是，棺椁中放置的石戈、青铜器皿、铜钟、车马器、兵器、玉珏、石璧等物品，都保存得相当完好。

在这些出土的器物中，包含了主要由7鼎、6簋、6鬲组成的青铜礼器。西周时期的礼制规定，天子9鼎8簋、诸侯7鼎6簋。这就说明，这个墓中安歇的亡灵，就算不是一国之君，其级别也不会差到哪儿去。果不其然，考古工作者们很快在外椁室中发现了一件铜戈，上面铸有“虢大子元徒戈”的字样。考古工作队由此分析，这个墓是虢国太子之墓。

玉鹦鹉

通高3.3厘米，身长8.4厘米，厚0.4厘米。正背两面纹样相同，以阴刻线勾勒出玉鹦鹉各部位，做工精细，线条流畅。

虢国，原是西周时期分封在陕西地区的重要姬姓诸侯国，开国国君是周文王的弟弟、周武王的亲叔叔。西周晚期，由于匈奴不断侵扰，虢国被迫从原封地东迁到三门峡一带，定都于上阳。它辉煌时，车骑驰骋于漠北草原、江淮流域、中原大地，风云为之变色，山河也被震撼；衰败时，骄奢淫逸、迷信鬼神。

公元前655年，虢国被北方的劲敌晋国用计一举攻灭。而“假虞灭国、唇亡齿寒”不仅是其亡国的遗训，也成为著名的“三十六计”中的第二十四计“假途伐虢”。

在三门峡这块古老的土地上，虢国留下了大量的历史沉淀，但同样也留下了许多未解之谜，再加上文献中过于简略的记载，使得它的真实情况犹如雾中之花，始终看不清晰。而这次虢国太子墓的发现，无疑使虢国的轮廓日渐清晰起来……

千古难觅的虢国公墓

1957年，考古工作者们在M1052号墓的周围进行了更大规模的发掘。在5.6万平方米的范围内，共发现了234座墓葬，全部都是竖穴土坑墓，按墓底计算，墓坑最大的长5.42米，宽3.37米；最小的长1.92米，宽0.85米。墓底距地表最深的达到了15.2米，最浅的为1.25米。墓中的葬具及人骨大部分都已经腐化了。

考古工作队还发掘出了3座车马坑和1座马坑。其中编号为M1727的车马坑位于墓地东南方向，规格低于虢太子陪葬车马坑，墓主人的身份应是大夫一级。坑底南北长15.1米，东西宽3.82米，深4.1米，内有5辆车10匹马。这5辆车从北向南排成一队，每辆车下压着2匹马，独辕双轮，辕头朝北，在第三、第五辆车里还葬有狗。车子是木结构，髹有黑、红相间的漆，木车虽已腐朽，但是髹漆残片仍清晰可辨。考古工作者采用一种特殊的手段，将这些车痕剥剔后，完整地保存了下来。后来，这座车马坑在郭沫若的建议下，保存了下来，后来建成三门峡虢国车马坑文物陈列馆，公开对外开放。

在这些墓葬中，共出土各类器物9179件，包括青铜礼器181件，有14件上面带有铭文；玉石器1200件（组）。令考古工作者们欣喜不已的是，这些随葬器物器型类似、年代相当、范围集中：棺内多放置玦和串饰一类装饰品；棺椁盖上多放置石戈；棺椁间多放置食器、兵器、车马器、陶珠、石贝和铜鱼等；棺外的二层台上多放置陶器。根据这些情况，考古工作者推断这些墓地属同一个诸侯国。

整个墓地排列有序，礼制严格，似有规划和安排，应属公墓。其埋葬时间是西周晚期到春秋早期，也就是公元前9世纪初至公元前7世纪中叶晋灭虢（公元前655年）止。经过论证，黄河考古工作队认定，尽管未找到高级贵族墓葬区，但这个墓地就是千古难觅的虢国墓地。

这次虢国公墓的发现，最大的意义就是确认了虢国墓地的位置，并为两周之际的考古及研究工作提供了丰富的资料，为破解虢国之谜提供了契机，对研究虢国历史及西周春秋时期的政治、经济、军事、科学和文化有着重要意义。

然而，让考古工作者们始料未及的是，他们的发现远不是虢国墓地的全部，更重要、更震惊世人的虢国墓地高级贵族墓葬区及其地下文物宝藏就近在咫尺，却“逃过”了他们的搜索。

逃脱盗墓魔爪的1号墓

转眼30多年过去了，随着三门峡市的建设发展，原来发掘的墓地附近已建起高楼，湖滨火车站就坐落在墓地的中央。当时，墓地向东、向南、向西三面经过普探已找到边界。而未经勘探的墓地北端，因靠近黄河谷地边缘，坡陡沟深，位置偏僻，土地还未被征用，仍为当地农民的零散耕地。

1989年，三门峡市湖滨区会兴乡会兴村为了改善村民的居住条件，在未事先通告文物部门的情况下，擅自将这片土地规划为居民宅基地。而正因为当时的疏忽，导致很多国宝至今也不知流于何处——历史又一次留下了遗憾！

有些村民在建房过程中，发现了大量古代墓葬。重大的秘密因此泄露，但伴随而来的却是贪婪和犯罪。在短短时间内，这里院墙林立，与外界严密隔绝，那些贪得无厌的人们开始秘密盗掘古墓，掀起了走私文物的狂潮。为了尽快遏制猖獗的盗墓活动，三门峡公安部门组织精兵强将，将其作为大案要案进行侦破。

1989年12月31日，两名刑警在进行现场勘查时，发现一幢新盖的两层小楼附近有一个深约10米的坑洞，挖痕新鲜，符合盗墓特征。他们冒着凛冽的寒风，在洞口潜伏了3个通宵，才将前来盗墓的孪生兄弟杜新中、杜新康抓获。

1990年春节过后，由于墓地保卫力量减弱，盗墓分子于2月15日凌晨再次乘虚而入，悄悄挖开了杜氏兄弟未挖到底的那个已被填的盗洞，幸好被及时发现，罪犯未能继续入洞盗挖。

鉴于虢国墓地北区发生的疯狂盗墓行为，河南省文物局决定由省文物考古研究所和三门峡市文物工作队联合对上村岭墓地进行抢救式发掘。考古队到达现场后，面对10余座被盗大墓，经讨论认为，那个曾先后两次遭盗挖的盗洞较深，可能是一座大型墓葬，且距路边近，安全系数相对较低，应作为此次发掘的第一座墓。这座大墓就是后来震惊中外考古界的M2001大墓，简称1号墓。

3月5日，1号墓发掘工作正式开始。该墓葬为一南北向的竖穴土坑墓，长5米多，宽3米多，盗洞在墓穴的南部偏东，距墓口南1.5米处。墓穴四壁平整光洁，自上而下涂抹着一层淡绿色的颜料，不知是装饰还是葬俗。像这样考究的墓穴，在我国以往同期墓葬中绝无仅有。

考古队继续下挖发现，整个墓穴口小底大，成覆斗状，四周土墙直

玉鸽

长7.5厘米，高3.9厘米，厚0.5厘米。青白色，大部分受沁呈白色。片雕。昂首，曲爪，宽尾。眼、颈部各有一洞。

立，如悬崖绝壁，越向深处发掘，危险性越大。于是，工作人员不得不将墓壁上部向外扩挖成三级台级，通过降低高度，来减轻坑壁的压力，使发掘工作顺利进行。但为了最大限度地保证发掘资料的完整性，墓穴最下部留有6米多的墓壁没有向外扩挖，全部用木板和木杠支撑起来，一时间，墓穴内木板林立，顶梁纵横。

发掘到9米多深时，沿墓壁四周先后出现了活土二层台，是在椁室周围形成的土台。椁室为木结构，顶部盖板已全部向下坍塌，室内已陷满填土。后来经过探测，大家不由一阵后怕，盗洞再向下延伸30厘米就将进入文物层。

经过艰难的清理，考古人员在墓中发现了大量的随葬文物，沉睡在地下深处2000多年的稀世珍宝终于重见天日了。

玉器满目的木棺

1号墓的木棺分内、外两重，棺外有棺罩，但已腐朽无存，只留下了棺罩架。棺罩架为长方形，用两根长顺木和六根短横木组装而成，在榫卯接合处均用薄铜皮包裹。外棺周围有许多散乱的铜铃、铜鱼、陶珠和石贝等小件物品，都属棺罩上的饰物，可见棺罩的制作非常奢华。

棺木已腐朽，但从朽木灰末可以看出，外棺四周壁板均向外倾斜，外表髹以红漆，里面髹以黑漆。在外棺周围有规律地排列着12个铜环，东、西两侧各4个，南、北两端各2个。这些棺环供装饰或下葬时所用。外棺盖上放着许多玉器，有玉圭、玉戈、玉柄形器、玉钺等。棺盖中部放置大型玉戈一件，长为37厘米。

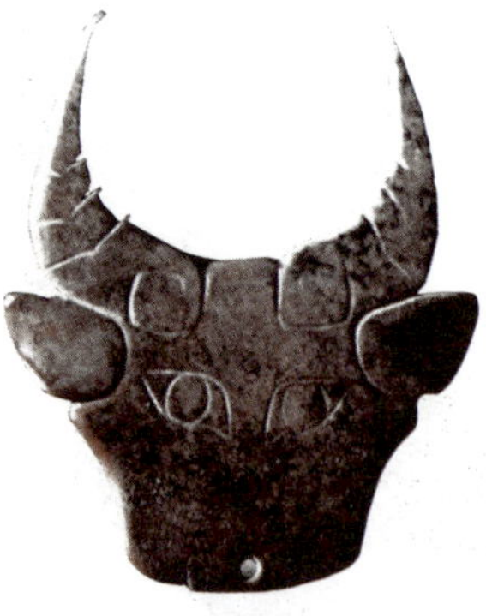

牛首形玉佩

高11厘米，宽9厘米，厚0.6厘米。器呈片状，双牛角弯曲对称，角根宽扁，上端尖状，双角竖立，“臣”字形目，腮部两侧外鼓，嘴端有一圆孔。

内棺置于外棺之中略偏东侧，内外间隙20—30厘米，四周壁板也向外倾斜，表面髹以黑漆。棺底长220厘米，宽82厘米。盖板是用数块南北向顺置的木板拼成，上铺有一层丝织物。数十件大小玉器布满盖板，有玉圭、玉璧、玉琮、玉虎、玉鹿、玉狗、玉鱼、玉龟、玉牛、玉马等，有少数玉器因盖板拼缝裂开而掉入夹缝内。

为便于工作和文物的安全，考古队决定把内棺搬回室内进行清理。4月20日，在负责吊运的技术人员的指挥下，木棺顺利地停放在汽车上。它标志着该墓的室外发掘工作已顺利完成。

1号墓木棺取出后，存放在三门峡市考古工作队的车库内，中国社会科学院考古研究所著名研究员白荣金先生受聘到三门峡对木棺进行清理。白荣金，中国社会科学院考古研究所著名研究员。他是我国田野考古界为数不多的专家之一，国内一些重大的考古发现都与他有着密切的联系。他曾参加满城汉墓的发掘，亲自提取和修复了墓主人中山靖王刘胜夫妇的金缕玉衣；也曾参加马王堆汉墓的发掘，并成功地剥离下墓主人身上20多层的丝绸衣衫。

白金荣的到来最大程度上保证了棺木清理工作的顺利开展。

揭去内棺盖板后，最先看到的是一层厚似毛毡的物质，呈黄褐色，已腐朽炭化，墓主人的尸体就裹在里面。在墓主人腹部位置的厚毛毡上有一幅用鼻形和獠牙形等小件玉器组成的类似大象面孔的图案。外层里面是3－8厘米厚的丝织物，以红、黄二色为主，约有几十层，仍有弹性。墓主人的骨骼已腐朽，入葬时贴身覆盖和佩带的玉器密密麻麻，有些已混杂在一起，眼花缭乱，让人无从下手。

面对如此复杂的现象，有丰富工作经验的白先生非常沉着。他一边清理，一边记录，并用科学的方法去观察、分析、判断每件、每组器物之间的关系和规律，从中找出关键问题，一一给予解决。其中最成功的收获是顺利提取、复原由玉器、玛瑙穿成的多璜组玉佩饰和缀玉面罩。缀玉面罩又称缀玉冥目。冥目是覆盖在墓主人面部的方巾，五官形玉片缀缝其上。此次清理的这套缀玉面罩是两周时期最完整的一套；7件大小不同的玉璜和双排玛瑙串成的项饰，色泽瑰丽，晶莹润泽，是西周时期考古中极为罕见的艺术珍品。

清理后，工作人员发现墓主人面部覆玉，口中含玉，胸部放着大型玉戈，肩部上下放有玉环，骨盆两侧置有玉璧，手中握有圆柱状玉，脚下踩有长条形玉片，连脚趾缝内也都分别夹有玉，在腰部还有一组由12件金器组成的制作精美的金腰带饰。可谓华丽异常，气度非凡。

经统计，该墓共出土文物5293件（颗），以质地分为铜、金、铁、石、玉等19大类，其中铜器和玉器占90%以上。青铜器为7鼎、6簋、8鬲组合，并均有“虢季乍（作）”的铭文；967件（颗）玉器依用途分为礼玉、佩玉、敛玉、棺饰等。考古人员认定该墓埋葬于西周晚期，墓主人虢季是虢国的一代国君。后经专家判定，这位虢季就是西周宣王时期王室卿士、著名政治家虢文公。

更胜一筹的9号墓

三门峡虢国博物馆

三门峡虢国博物馆共有各种贵族墓葬142座。其中，大中型墓葬19座，车马坑12座，其他种类的祭祀坑50余座。

M2009墓，简称9号墓，是继M2001虢季墓之后，三门峡虢国墓地北区发现的又一座虢国国君墓，是从1990年9月17日开始发掘的。

9号墓墓形结构及方向都与1号墓相同，但规模比1号墓大，墓口南北长5.6米，东西宽4.4米；墓底南北长6米，东西宽4.62—4.92米；墓深距现地表19.3米，是虢国墓地已发掘墓葬中形制最大的一座。墓穴上部也是向外扩挖成阶梯形，下部四周墓壁全用木料支撑，经过两个多月的发掘，于12月7日才出现了二层台。

9号墓的葬具也均已腐朽，其结构形式与1号墓基本相同，其内棺也是在白荣金先生的指导下整体吊运回市文物工作队后进行清理的。由于墓穴太深，起取部分还包括有外棺，体积庞大而笨重，于是工作队找来了一辆起重40吨的大吊车，才顺利地完成了吊运工作。

棺盖一揭，棺内墓主身上的第一层玉器就展现在了人们的面前。每件玉器的正面、侧面或背面都有不同的穿孔，并多在背面遗有丝织物的纹理印迹，可知这些玉器都是缝缀或串联在以丝织物为衬底的布上。墓主的尸体也是被裹在似毛毡一样的物质内，头、足和腰部分别用布条捆绑。人架骨骼除头骨破碎外，其他都完好无损。墓主颈部也挂有玉组佩饰，贴身上下摆放的玉器与1号墓基本相同。

墓内玉器十分精美，集两周玉器之大观，是继殷墟妇好墓出土玉器之后最引人注目的一批商周玉器，为其他地区所罕见。从玉材看，绝大部分为优质的新疆和田玉；从制作水平看，形神兼备，多为精绝之作，绝大部分出自虢国国君治下的玉工之手，部分来自周王室的制玉作坊；从时代上看，有属于距今四五千年的新石器时代红山文化的圆雕猪龙，有商王武丁、帝乙、帝辛时期的玉器，也有西周早、中、晚期及春秋早期的玉器。

在这些玉器中，最为栩栩如生的当属各种动物玉佩，如神秘的玉龙、玉凤，凶猛咆哮的玉虎、玉狗，展翅欲飞的玉鹰、玉鸟，活泼可爱的玉鹿、玉兔，自由游弋的玉鱼，温驯小憩的卧牛等，北温带常见的动物物种几乎全部囊括；最为珍贵的是由10件玉片组成的遣策，上面有用毛笔书写的“南仲”字样，南仲是西周宣王时的王室重臣，他当时能来参加葬礼，可知墓主人生前重要的社会地位。

北京考古研究所的著名人类学专家潘其凤先生受邀对墓主人骨架进行鉴定。他认为死者属男性，身高168.25厘米，年龄在45-50岁之间。墓中出土的文物也十分丰富，据粗略统计，随葬的礼乐器均为双套，总数有100多件，有的器物还带有“虢仲”字样的铭文。

从出土器物及墓葬形制分析，工作人员认定9号墓是西周晚期的虢国国君虢仲墓。从虢国在这一时期的历史作用看，这是一座地位仅次于周天子的高级贵族墓。

庞大的贵族墓葬区

虢国墓地的惊世发现，很快引发了学术界、考古界的虢国文化研究热。而依托虢仲、虢季两个国君墓建成的虢国博物馆，更是与浙江余姚的河姆渡博物馆和四川广汉的三星堆博物馆一起，成为驰名中外的中国三大遗址博物馆。

在虢季墓原址上建立起的虢国博物馆，不仅保留了当初的发掘现场，包括复原后的虢季墓和两座车马坑遗址，还有虢国墓地出土的部分文物。

在1990-1999年虢国墓地第二次大规模田野考古中，工作人员共发掘出了墓葬18座，其中有国君墓2座，国君夫人墓1座，太子墓1座，其余均为身份各不相同的贵族墓。此外，还有车马坑4座，马坑2座。

虢国墓出土的编钟（修复后）

在虢季墓东侧有一个长47.6米、宽3.7—

4.16米的大型车马坑，专门为虢季陪葬之用。考古工作者从坑内共清理出13辆车、64匹马和6只狗。这些真车真马按行军行列摆放，在我国已发掘的同时期墓葬中极为罕见，成为我国发现最早、最大的地下车马军阵。

从这些墓葬中，还出土各类文物2万余件，其中青铜器1万余件，玉器2000余件（组），有许多堪称稀世国宝。以上这些发现均无可置疑地说明，虢国墓地北区就是虢国高级贵族墓葬区。

因此，虢国墓地20世纪90年代大规模的钻探与发掘，最为重要的意义就是：找到高级贵族墓葬区，明确了虢国墓地的准确范围；两座国君墓的发掘，知道了整个墓葬的分布排列是依墓主人的身份高低，以界沟为界分区埋葬的，界沟以北为国君及同宗族的高级贵族埋葬区，界沟以南为其他贵族埋葬区；墓地内不同身份的墓葬共处共存，可知虢国墓地是一处从国君到一般庶民埋葬在一起的邦国公墓。这个墓地墓葬排列有序，是典型的聚族而葬的例子，使我们对西周的葬制有了更新的认识。

从50年代到90年代，在40多年的虢国墓地考古过程中，共发现墓葬总数近700座，总面积达32.45万平方米。保存完好且出土如此丰富的大批考古资料，是其他任何已发现的邦国墓地都无法企及的。

中华瑰宝，光照千秋

1990年4月18日下午8时，考古工作者正在1号墓的墓室东南角原盗洞下面清理一堆车马器时，突然发现了一把剑，这把剑就是玉茎铜芯铁剑，后来被誉为“中华第一剑”。该剑出土时，插在精心缝制的牛皮鞘内，因为长时间受压，已断为两截，残长34.1厘米。整个剑分为剑柄、剑身两部分，由铁、铜、玉三种材料锻造而成。由和田青玉制成的玉柄，玉质细腻、光洁，前端圆弧状内收，末端呈正方形，在玉柄之内的铜芯与柳叶状的铁剑身相连处还镶嵌有条状的绿松石片。

1990年秋，时任三门峡市文化局局长的何松林乘火车拿着这把剑去北京科技大学化验。专家们化验后一锤定音：这把剑为人工冶铁制品，是我国截至目前所发现的时代最早的一件人工冶铁制品，将我国的人工冶铁史提前了一个多世纪。

与此同时，9号墓中还出土了4件铁刃铜器：2件兵器，分别为铜内铁援戈和铜铁叶矛；2件工具，分别为铜銎铁锛和铜柄铁削。经鉴定，1件为人工冶铁，3件为陨铁制品。

在西周晚期墓葬中，同时出土数件铁刃铜器实属罕见。而人工冶铁制品与陨铁制品共出，对于中国考古学和冶金史更是非常重要和难得的实物证据。

虢国墓出土的陶鬲

玉茎铜芯铁剑及铁刃铜器的出土，说明此时人们并未将人工冶铁作为制作兵器的唯一来源。在世界其他文明古国如美索不达米亚、埃及、阿纳托利亚等也有同类发现，陨铁与人工冶铁同时使用数百年以上是世界各地区文明古国的共性，中国为世界文明古国之一理应如此，只是以前尚缺实证，而这4件铁刃铜器的出土，无疑提供了极有说服力的实物证据。

在虢国墓地，还出土了3套编钟。一套出自1号墓，共8件，最大的1件重达30千克，上有铭文48个字，经古乐专家测试，音韵清脆准确，为我国西周晚期墓葬发掘中唯一完整的一套。

9号墓出土了2套编钟，一套为8件甬钟；一套为8件钮钟，为虢仲自作器，且自铭为“宝铃钟”。其中，铭文最长有60多字，从内容可知，墓主人虢仲生前曾辅佐周天子治理天下，管理臣民，并“受天子禄”，其地位、权势与富有明显高于1990年发掘的1号墓主人虢季。这是目前我国考古发掘出土的年代最早的两套编钟。

另外，9号墓出土的4件铜盉均铸有“虢仲作虢妃宝盨，子子孙孙永宝用”铭文。它们器形大，保存完好，是目前我国同类器中最大的青铜盉。

在9号墓的外棺盖上，还置有一件保存较好、形似裙子的衣服。经国家纺织部门鉴定，该衣服属毛织品，是我国目前发现最早的毛料服装，也是我国同时期考古中仅见的。

1991年1月7日，在上村岭虢国墓地考古重大发现新闻发布会上，中国历史博物馆馆长俞伟超先生盛赞曰：“惊人的考古发现，灿烂的古代文明。”时任国家文物局局长的张德勤，更是在展出虢国墓地出土文物的大厅内流连忘返，当场挥笔题词：“中华瑰宝，光照千秋。”

中山国王陵

——鲜虞人的神秘王陵

- 年代：公元前5世纪
- 位置：河北省平山县三汲乡
- 发掘迄始：1974年

整修农田引发的考古

1974冬，河北省平山县三汲乡的农民大规模地平整农田，这引起了当地文物管理部门的注意。因为就在这片田地上，屹立着许多高大的土丘，而这些土丘并不是自然形成的，村民们称其为陵台，考古人员认为它们是古代大型墓葬形成的封土堆。农民们在这些土丘上取土平地，必然会对这些古墓造成破坏。

为了抢救这些墓葬，文物主管部门立刻派遣考古队员到这里进行考察。抵达当地的考古人员对现场进行清理勘察后，对结果感到迷惑不解，因为之前人们一度认为这里只是汉代的墓葬，而发现的古物却带有明显战国时期的特征。这引起了考古人员的疑问：这些巨大土丘中到底埋藏着什么秘密？

就在这时，一名乡干部告诉队长陈应祺，30多年前当地有位老人在整地时曾经挖出过一块河光石，上面刻着神秘的字迹。古文字专家李学勤翻译了这些“天书”，认为它们是战国时期的文字，内容是“监罟有臣公乘得守丘其旧将曼敢谒后俶贤者”，实际上是公乘德和旧将曼两个守墓者所做的自我介绍，告诉后人他们在这里为国王捕鱼，看守园囿与陵墓。

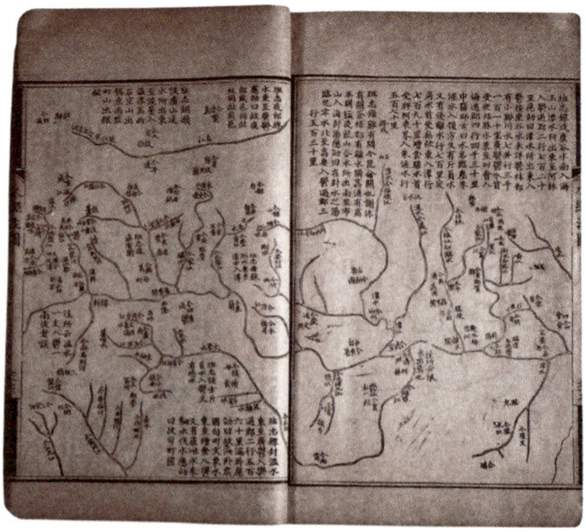

《水经注》书影

《水经注》是北魏时（公元6世纪）郦道元所著，是我国第一部以记载河道水系为主的综合性地理著作。

守丘刻石是迄今发现的石家庄地区最早有文字记载的历史，上面的文字证明这个区域曾经是战国时期一个王家园陵的所在，那么，这里究竟是哪个王家的园陵呢？会不会是文献中提到过的神秘中山国？

中山国是春秋战国时代由鲜虞人建立的一个小国，曾几度为他国所灭，后被迫躲入太行深山，直到公元前381年桓公带子民杀出深山，才复兴了中山国，并迁都灵寿。之后，中山国日益强盛，不仅一度和战国七雄比肩，而且创造了独具特色、辉煌灿烂的文化。但是，悠悠岁月模糊了它，就连史学家也对它争论不休，难以揭开它神秘的面纱。

考古队在墓群附近做了大规模的田野调查，陆续发现了居住地遗址，以及炼铜、炼铁、铸造钱币、制造石器和玉器、烧制陶器等手工业作坊遗址。而且，这些遗址间隔并不远，往往是一处连着一处，十分符合一个城市区域划分的格局——一个古代城市的轮廓隐约浮现了！

与此同时，考古队还发现了古代城墙的夯土地基。经过发掘，这个地基东西宽约4千米，南北长为4.5千米，是一个依山傍水的战国古城。就在城中，人们找到了一座小山，联系到郦道元在《水经注》中提及的中山国的奇怪风俗“中山俗以山在邑中”，那么这里很可能就是战国时期中山国的地盘了，附近庞大的王陵群则说明这里也许就是国都灵寿。

庞大的陪葬坑群

为了更详细地了解遗址及古墓的性质，队员们决定对墓群展开发掘工作。1号大墓在这群古墓中体积最为庞大，因此成了考古队的工作重点。

1号大墓仅地上封土就有15米高，底部东西长92米、南北为110米。封土堆从上到下构成三级台阶，中间一级还残存着地面建筑遗迹。这个建筑叫作“飨堂”，在古代丧葬制度中属于国王陵墓的重要组成部分。虽然它早已坍塌，但考察发现，它共由一层飨堂、两层回廊组成，气势恢弘，显示出墓中主人尊贵的身份。经钻探发现，这个墓是“中”字形墓道，有南北墓道，中间有一个墓室，按礼制应属于国王级别的陵墓。

在1号墓附近，考古工作者首先发现了6个陪葬坑、2个车马坑及1个杂殉坑。这些陪葬坑都带有明显的盗掘痕迹，幸运的是，在里面还是发现了丰富的文物。

在2号陪葬坑中，陪葬人头部都朝向主墓，可能是主墓中人的妻妾。墓葬中出土的黑陶器皿是中山国的专用陪葬物，造型稳重端庄，由于烧制前采用

十五连盏灯

通高82.9厘米，座径26厘米，重13.8千克。由灯座和七节灯架组成，全灯仿佛一棵茂盛的大树，树干周围伸出7节树枝，这些树枝托起15盏灯盘。

反复压磨的特殊工艺，烧成的花纹部分又黑又亮，而底衬部分却黑而不亮，典雅透出娴静，令人赞叹。

陪葬坑中还出土了大量珍贵玉器，如项链、玉佩、玉梳以及玉制的小玩具。其中的玉人与中原人的形象迥然不同，女俑梳着牛角形发髻，身穿圆领窄袖方格纹长袍，显然是鲜虞人的形象，这在以往的考古发掘和文字资料里还从未发现过。

陪葬坑中最引人注目的是葬船坑，这在我国古代北方墓葬中很难见到。平面呈“凸”字形的船坑分为南北二室，北部地面上残留着精美的图画，应该是彩绘主船留下的印迹，南部则并列放置了3条大船，现在仅留下了篷杆上的铜帽、帷幕上的铜吊环、旌旗杆上装饰的错银铜铃等铜部件。在陪葬船只附近，还挖出了一条沟作为船只出行的河道，似乎墓主人的灵魂还可以随时乘着这些船只，顺着开挖的河道向远方航行。在河北附近这种地理环境下，船只对这些马背上的先民来说，有什么重要意义呢？这成了专家学者们解不开的谜团。

2个车马坑形制相同，均长约33米、宽为3.7米，被木板隔成了两部分，南部放置墓主人生前使用的战马，北部放置战车，战车有2马或4马共拉两种形式。车上有大量的铜剑、铜戈、铜箭等兵器，显示了中山国人高超的铸铜技术以及墓主人对军事的强烈爱好。

1974年冬天，1号古墓的陪葬墓、殉葬坑都发掘完毕了，面对如此规模的大墓葬，考古学家们基本上已经肯定，这里是君主级别的墓葬群。随后，有针对性的进一步发掘开始了。

一脚踩出的宝库

为了取得更好的发掘效果，谨慎的考古人员并没有径直打开1号主墓，而是选择了从外观上看起来比较小的6号墓进行挖掘。这个相对小点儿的坟墓有着长达90米的墓道，而且盗掘严重，适合进行迅速的保护性清理。

1975年冬，对6号墓的发掘工作正式开始。打开6号墓后，带着希望的考古队员们失望了，虽然呈“中”字形的大墓从形式上证明了这是一座王陵，但是王陵的主墓室早已被盗掘一空，盗墓者什么都没留给后来的发掘人员。

就在大家垂头丧气之时，意外突然发生了。考古队雇来挖土的民工不小心歪了一下，一脚踩出了一个大窟窿，疑惑的考古队员们上去查看，并对它进行了清理。

奇迹出现了，就在这个大窟窿附近，还有一个洞，这两个与主墓毫不相连的大窟窿中贮藏了丰富的、没有受过惊扰的珍贵文物——这里是王陵的陪葬宝库。而这种主墓两边附带不相连的陪葬仓库的墓室结构，在考古队发掘过的古代墓葬中从来没有出现过，如果不是民工无意中的一脚，恐怕这些陪葬品将会永远被埋于地下。不过，也正是因为中山王陵这种奇怪的格局，才为2000多年后的发掘者留下了众多珍贵的文物。

在6号墓主墓室东西两侧的陪葬仓库中，考古队员清理出了几百件文物，其中有神秘的“山”字形青铜器、铜鼎以及日用的铜灯等。

造型独特的“山”字形青铜器，在同时代的其他国家相关文物中都没有出土过，是中山国独有的特殊器物。学者们认为这是中山国特有的祭祀礼器。在连年战火中，这个国家曾多次遇到灭国之灾，多灾多难的人们总是躲进深山中休养生息，受到了大山的庇佑而延续了下来，感于大山对他们的恩德，中山国民们就铸造了这种特别的礼器来表达自己对大山的崇拜。

不仅如此，中山王陵中还出现了“九鼎”。作为天子权威地位象征的九鼎在这里出现，不仅说明了此陵墓主人至高无上的地位，同时也表明周人的

中山国王陵享堂复原图

文化已经在长期交往中渗入了中山国人的生活。

在陵墓出土的铜器中，最精美的莫过于银首人俑铜灯，执灯的男子风度翩翩、自然潇洒，其优美的造型、精湛的工艺，无不显示了中山国人高度发达的文化技艺水平。

积蓄两年的大墓发掘

青铜“山”字形器

中山国王陵出土的器物，高119厘米。据考古学家推测，此器物很有可能为建筑构件。

两年后，掌握了丰富经验的考古工作者终于把注意力对准了1号主墓。期待已久的挖掘工作终于要开始了，那座汇聚无数目光的大墓会给人们带来什么样的惊喜呢？在挖掘之前，考古队员们首先做了一下勘探，发现其结构基本类似于6号墓，但是在主墓室的东北方，还有另外一个宝库。

然而，就在勘探中，高大的封土堆北侧狰狞的盗洞也露出了面孔，看到盗洞，考古队员们内心不禁一沉，立刻为主墓中的文物担心起来。

果然，主墓中的椁室打开以后，除了棺木上的几个大吊环以及一些破碎文物外，空空如也。不仅如此，那些盗墓人在拿走宝物之后，还在大墓中放了一把火，把墓室烧得面目全非。经过考古学家的分析，这起盗墓案与墓葬发生在同一时代，是战国时期先人们的“作品”，这正符合了班固在《汉书·地理志》中对赵、中山国人“丈夫相聚游戏，悲歌慷慨，起则椎剽掘冢”的描述。

不过，在考古人员的细心清理下，还是从墓中发掘了一些珍贵文物。在墓坑角落的一块石头下，考古人员发现了一块珍贵的铜板。这块铜板在战国盗墓人燃起的大火中烧得面目全非，然而扭曲的铜板表面，金银线镶成的图案还清晰可见。经过对注解文字的释读，专家们肯定这是一幅中山王国王陵设计图，应该是专司为国君建立陵寝的部门官员们的作品。它是我国保存下来的最早的建筑平面图，是块真正的无价之宝，对研究我国古代建筑发展有着重要的意义。

在1号大墓东边的宝库中，考古工作者也发现了许多精品：错银双翼神兽塑造了风神“飞廉”活灵活现的形象；错金银四龙四凤方案座造型活泼，突破了商周以来青铜器动物造型的沉闷刻板；错金银虎噬鹿屏风底座将老虎的凶猛与鹿的弱小鲜明地表现了出来。

墓中文物最值得一提的是十五连盏铜灯：在猛虎托起的灯座上，树形主干伸出的枝杈交错托起了十五盏灯盘，树枝上铸有游动的夔龙、展开歌喉的小鸟、顽皮的小猴，树下还有两个逗弄群猴的人。具有如此丰富内容的连枝铜灯，在整个繁荣的青铜时代都很少见到。

考古人员又带着希望打开了探测出来的东北库，结果里面竟然是空的，看起来并没有摆放过器物。而当时的工匠们修筑这么一个空库，到底有什么用？这已成为一个谜。

接着，西边的宝库也被打开了，里面出土了更多的文物。考古人员在东西两库中共发掘出19000多件铜器、玉器等珍贵文物。如此丰富的文物，为我们深入了解鼎盛时期的中山国提供了最为有力的保证。

青铜酒壶上的历史

事实上，考古最重要的工作并不是发掘，而是整理保护并研究那些文物。当考古人员整理从中山王陵中发掘出来的文物时，那个在地下已埋藏了两千多年的密封古酒，竟然挥发出了浓郁的酒香。

这些古酒就藏在从1号墓中发掘出来的一些青铜酒壶之中，当技术人员费力地打开生锈的铜壶后，封闭千年的浓香一下子冲了出来。在这些酒壶中主要储存了两种香味的酒，一种带有苹果香味，另一种则有一股奶酸味。经过发酵工业研究所鉴定，这些含有乙醇的酒，应该是粮食或者奶经过加工酿造的，但究竟用了什么原料，还没有定论。

然而，对考古人员来说，最为珍贵的则是这些酒壶以及其他铜器上的铭文。这些青铜铭文所用的大多都是汉字，工整规矩的篆书文字笔画流畅，不仅是研究战国时期文字艺术的珍贵资料，而且也是了解中山国的重要史料。

这些青铜器中，最为著名的是一件高63厘米、重28千克的大酒壶。考古人员在这个巨大的铜方壶上发现了长达450字的铭

错金银双翼神兽

通长40厘米，高24厘米，重11.45千克。神兽四肢弓曲，利爪怒张，前胸宽阔而低伏，圆颈挺立，昂首向左做咆哮状。两肋生翼，凶猛有力，身上云纹千变万化。

文，上面刻着1号墓的主人、中山国历史上最伟大的君王“错”的名字，还提到了在错之前，中山国的4位先王：文公、武公、桓公和成公，前面发掘的6号墓就是成公的坟墓。

铭文的主要内容记叙了中山王错在位时发生的一件大事情：公元前314年，齐借口燕国君位继承的不合理，大举入侵，就在燕国面临危机时，错背弃了同燕国结下的盟誓，出兵攻占了燕国几百里的土地。

在1号墓中，考古人员也发现了9只更为精美的青铜鼎，就在最大的铜鼎及一件青铜圆壶上，错的这件功业又一次受到了称赞。然而，就在攻燕胜利后的第二年，中山王错得病驾崩，这些青铜器就作为冥器埋入了他的陵寝中。

公元前296年，倡导胡服骑射的赵武灵王率领强大起来的赵国铁骑杀奔过来，曾经辉煌过的中山国再次灭亡，太后也就是错的夫人被赵人流放了。鲜虞人建立的中山国就这样消失在了历史长河中，而这次发掘出来的青铜器，则又将这段历史告诉了后人，让神秘的中山国再次走入了我们的视线。

曾侯乙墓

——重闻悠悠编钟声

- **年代：**公元前433年前后
- **位置：**湖北省随州市
- **发掘迄始：**1978年

险遭炮轰的古墓

湖北随州，位于湖北省中北部，地处长江流域和淮河流域的交汇地带，也是江汉平原与中原大地之间的过渡丘陵带。这里土地肥沃，物产丰饶，有着悠久深博的历史文化渊源。

在随州市西北约3000米的地方，有一个名为擂鼓墩的大土冢。由擂鼓墩再往东南约1000米的㵐水河畔、五陵尽端，突起两个高出河滩平地约20余米的大土包，两土包相距100余米，当地百姓称东边的为东团坡，意为东边的圆形土包，西边的即为西团坡。这一带依山傍水，从土包上居高环览，视野十分开阔，自然环境良好，符合古代陵墓择地的基本要素。

1977年9月，中国人民解放军某部雷达修理所为了扩建营房，在擂鼓墩的丘陵地带实施修建工程。由于坚硬难破的红砂岩阻碍了施工，他们就先用炸药将其炸碎，然后再用推土机推平。奇妙的事情就在这个时候发生了，施工人员突然发现在红砂岩的下面出现了一层褐色的软土。爱好考古的指战员敏锐地意识到，这里可能埋藏着“大宝贝”，便迅速向上级作了汇报。不料，事情却一波三折。

县里派来的从事文化工作的同志查看现场后，因为缺乏考古意识而未给予足够的重视，施工继续进行。1978年春，施工人员开始用爆破的方法施工，大量不规则的多边形青石板出现了。1月30日，修理所再次将这一特殊情况上报，县文化馆里派来的一位同志再次查看现场后得出结论：不是古墓，没关系。

2月21日，又一奇怪的现象出现了：推土机推去褐色土层后，工地出现了一些麻灰色的碎石块，继而又挖出了一块石板。“石板是人工加工！此处必为古墓无疑！”修理所所长郑国贤深感事态严重，立即下令停工，并再次向上级作了汇报。

当原湖北省博物馆馆长谭维四教授赶到现场时，不由得惊出了一身冷汗。回忆起当时的情形，老人依然激动不已：“那可真是千钧一发呀！当时刚进行过爆破施工，工地上一片狼藉，最深的炮眼距椁盖板只有80厘米！如果不是这群基层军官执着的精神，古墓恐怕就随着炮弹灰飞烟灭了。”

曾侯乙墓遗址外景

墓坑开凿于红砾岩中，为多边形竖穴墓。南北16.5米，东西21米。内置木椁，椁外填充木炭及青膏泥，其上为夯土。椁内分为东、中、北、西四室。

经过初步勘探，那片“褐土”是个面积达220平方米，比长沙马王堆汉墓还大6倍的“超级古墓”！这一判断让发掘队一时热血沸腾。次日，急切地想了解地下奥秘的钻探技工们起了个大早，热火朝天地干了起来。

打响擂鼓墩“攻坚战”

铜尊缶

铜尊缶是曾侯乙墓出土的酒器，缶盖上有4个耳，与缶身4个小环相对应。

然而，最让人们担心的盗墓事件还是发生了。1978年3月31日，发掘队发现，在古墓南北两坑相交偏西处，有一个人为挖开的直径为0.8米的洞——此墓显然曾遭盗扰。一片惊叹之声随之而起。很快，“宝藏既已被盗，还有什么发掘价值”的质疑声四起。

在随后召开的一次会议上，达成了这样的共识：盗洞规模小，属于早期的一种民间小型盗窃（事后，从盗贼留在洞口的物品分析，盗墓时间约在墓主下葬后300年左右的战国至秦汉时），不可能把文物全部盗走；考古不是“挖坟取宝”，还有比金银珠宝更重要的文物；按照政策，如此大规模的墓坑也是要发掘的。因此，发掘工作得以继续进行。

整个发掘过程是艰难、细致、繁杂而令人兴奋的，这就像是打一场攻坚战，需要有大量财力、人力、物力的支持。经过多方筹备，1978年5月上旬，发掘工作正式开始。在铲除掉坚硬的地表皮和深厚的五花土后，一种柔软而具有黏性的泥土出现了，它的名字叫青膏泥，有着很好的密封作用，能部分地隔绝空气，保护有机物。

夜晚，考古队把电灯拉到工地上，工地被照得如同白昼。所有考古人员一律上阵，人多力量大，有人发现青膏泥细腻、黏性大，就用脚将其踩实，然后像划豆腐一样，划一块卷起来一块，大大加快了发掘速度。青膏泥的下面还铺着重达6万千克的木炭。大墓的椁盖板上，木炭厚10厘米左右，木椁四周也都填有木炭，仅顶上取出来的就多达31300多千克。

在湖南长沙马王堆出土的西汉墓葬中，也曾经发现同样的青膏泥和木炭，有人猜测，正是靠了它们的防护，才使得墓主人经过了两千多年的岁月仍保持躯体不朽，成为世界上保存最好的湿尸。

等到墓室的椁板全部显露出来时，考古人员发现那个盗洞穿过木炭层并在椁盖上留下了一个不足0.5米的洞口。墓内文物究竟保存如何，揪紧了人们的心。

起吊墓室椁盖板的难度，是考古队员们所始料不及的。47块椁盖板均由60厘米见方的梓木做成，最长的达10.6米，重约4吨。专家调来了黄河10吨大吊车上场应战，几经周折才得以成功。

但是，椁盖板揭开后，人们并没有见到期待中的文物和满是宝藏的地宫，而是一幅惨景——在深达3米的浑水里，露出了4个椁室，横七竖八地漂浮着10具彩绘棺木。

积水中的奢华寝宫

当椁室内的水被抽干，淤泥被清净，各室的文物分布情况才逐渐清晰起来。这个墓的总面积达220平方米，深13米。整个墓穴呈现出不规则的多边形，这在以对称为美的中国古代墓葬中并不多见。更让人不可思议的是，13米深的墓穴直上直下，找不到任何阶梯的痕迹。

整个墓葬用巨型的椁板分割出四个空间，按照方位，它们被称为东室、北室、西室和中室。

朝着太阳升起方向的东室，是墓主人安息的场所。8具少女的彩绘棺和1具狗棺陪伴着正中的彩绘大棺。主棺的规模令人吃惊，它长3.2米，宽2.1米，高2.19米，总重达4吨左右。

主棺共有两层，即外棺和内棺。外棺的装饰并不华丽，但设计得十分周到。外棺一侧的下方开了一个门洞，有人猜测，这也许是为了让主人的灵魂能够自由出入。内棺则无比精美，内外涂满了朱红的漆，两侧各画有一个窗

内棺

内棺除棺顶部分丝绸已腐烂外，其他部分均保存较好。

户。在窗户的周围，布满了繁复而神秘的装饰画，既像人，又像动物，专家推测，它们其实是守护墓主人的神兽。

棺材出土时，旁边还站着一个青铜动物。它长着鹿一样美丽的角，却有鹤的长颈和翅膀。在古代中国，鹤和鹿都是吉祥的动物，神仙经常乘坐仙鹤飞翔。也许，这个鹿角立鹤就是准备驮着主人升天的神鸟。

根据骸骨可以知道墓主人的身高大约1.63米。由于头骨保存比较完好，人们复原了墓主人的头像。这是一个相貌平平、身材矮小的男人，可是他的墓穴如此豪华，说明他曾经拥有至高的权势和无穷的财富，他的人生一定有着非凡的经历。

南北长为4.25米，各室中面积最小的北室是兵器库，戈、矛、戟、殳、弓、箭、盾、甲等各种兵器应有尽有，还有兵车、战马所用的部件、佩饰，多达5000余件。殳是古代五兵器之一，但从未见实物，成为古代兵器史上一直没解决的疑案。而这件在墓穴北室自铭为“殳”的兵器，终于使千古之谜迎“殳”而解。从大量兵器的发掘可知楚地尚武风气之盛。

最先浮出水面的那几具棺材，原本是放在墓葬西室的。考古人员发现，里面的尸骨都是女性，一共有13具。加上东室墓主人身边的8具，墓中共有21具女性尸骨。据推测，她们的年龄都在20岁左右，最大的也不过26岁，最小的只有13岁。专家认为，她们是墓主人生前的嫔妃或宫女，做了墓主的殉葬品。

然而，最让人叹为观止的，还是墓葬的中室。

恢弘的音乐圣殿

楚地“信巫鬼，重淫祀”，巫师在祭祀的时候，必有歌舞。歌即巫音，巫音“庄严肃穆、诡谲幽暗”，是楚国严谨规范的宫廷音乐，对楚国的政治、军事、生活及各个方面都有着极大的影响。流传至今的沮水巫音，就是楚人留下的宝贵文化遗产。沮水巫音，因流传于沮水一带而得名，它是古楚国巫音一脉相承的遗韵，依然保持着严谨规范的形式和奇丽诡奇的风格。

随着发掘的深入，中室——这座埋藏千年的音乐圣殿，逐渐展现在人们的面前。墓内大量乐器的出土，证明了楚地巫音的兴盛。

首先映入眼帘的是编钟。65个青铜制造的精美编钟整齐地挂在钟架上，仿佛刚刚被埋入地下。钟架呈曲尺形，全长10.79米，高2.67米，重5吨有余。

铜木结构，木质横梁上饰彩绘花纹，两端都刻有浮雕或透雕的青铜套，起装饰和加固作用。

在这套65枚编钟中，有镈钟、甬钟和钮钟3种。镈钟仅有1枚，高92.5厘米，重134.8千克；甬钟45枚，分五组居于钟架的中、下层，中层音色嘹亮，下层形大体重，音色深沉浑厚，最大的一枚高153.4厘米、重203.6千克；钮钟19枚，分三组挂于钟架上层，音色清脆，最小的一枚高20.4厘米，仅重2.4千克。

编钟正面的钲间部位均刻“曾侯乙乍时”（曾侯乙作）的字样。也就是说，这套编钟是属于“曾侯乙”的。由此我们得知，古墓的主人叫乙，是诸侯国“曾”的国君。曾国即随国，是周初分封的姬姓诸侯国之一，西周早期建国，战国中后期亡于楚，有着近700年的历史。在早期发展阶段，曾国一度颇为强盛，“汉东之国随为大”。但春秋中期以后，随着楚国的崛起，曾国逐渐沦为楚国的附庸。据考证，曾侯乙的死亡年代在公元前433年到公元前400年之间。

曾侯乙墓出土的兵器
曾侯乙墓出土的兵器多种多样，除了戈、箭、殳等，还有许多形制奇异的兵器，反映出当时楚地军事力量的雄厚。

随着中室清理工作的完成，考古工作人员还在编钟附近发现了一大批乐器，有编磬、建鼓、瑟、笙、箫等共125件，这基本具备了一个大型乐队所用的所有乐器。

面对着琳琅满目的各色礼器、乐器，我们不得不感叹曾侯乙生前生活的奢华。

不朽的乐律绝响

在曾侯乙墓的每件编钟上（镈钟除外），均刻有关于编钟的编号、记事、标音、律名关系的错金铭文，加上钟架笋梁（横梁）和编悬配件上的铭文、磬铭文、磬盒铭文总字数3775字，绝大多数是错金文字。钟铭文字体纤秀，运笔细匀流畅，字体随钟体大小而变化，布局精致。编磬亦有约800字的铭文，包括记事、编号、标音和乐律关系等内容。

这些铭文实际上就是一部中国古代乐理专著，全面反映了公元前5世纪中国在乐律学上所达到的领先水平，是研究先秦乐律的重要资料。它们的发掘与研究，使中国音乐史上许多长期争论的问题得以解释。编钟铭文上约有2/3的乐律术语不见于其他现已发现的乐律学著作上，所以，编钟铭文又被专家学者称为“一部珍贵的音乐理论论著”“一部不朽的古代乐律学典籍”，称得上是古老的音乐教科书。

气势磅礴、雄伟壮观的64件编钟，每件都能发出两个乐音，全套编钟音质纯正、音色优美、音域宽广，能旋宫转调，演奏各种采用和声、复调以及转调手法的乐曲。整套编钟的音阶结构，居然与现代国际通用的C大调七声音阶音列相同，音域从大字一组A到小字四组C，其总音域达到五个八度，比现代钢琴仅两端各少一个八度。

这套编钟是目前中国出土乐器中规模最大、质量最佳、完整性最好、音律协奏性最高的精品，被誉为“世界奇观中独一无二的珍宝”“古代世界的第八奇迹”。据现代学者推测，这套编钟演奏时应由3位乐工执丁字形木槌，分别敲击中层三组编钟奏出乐曲的主旋律，另有两名乐工执大木棒撞击下层的低音甬钟，作为和声。

1979年，中国历史博物馆大厅，贝多芬第九交响乐《欢乐颂》的优美旋律响起了，它时而清脆明亮，时而深沉浑厚，让人不禁深深陶醉其中。这既不是钢琴的弹奏，也不是提琴的弦响，更不是铜管的鸣号。这旋律发自有两千多年历史的巨型青铜打击乐器——曾侯乙编钟。

近年来，随着曾侯乙编钟（复制品）在世界各地的巡回演出，它已蜚声海内外了。世界著名音乐家梅纽因说：“世人只知道古希腊的音乐艺术是

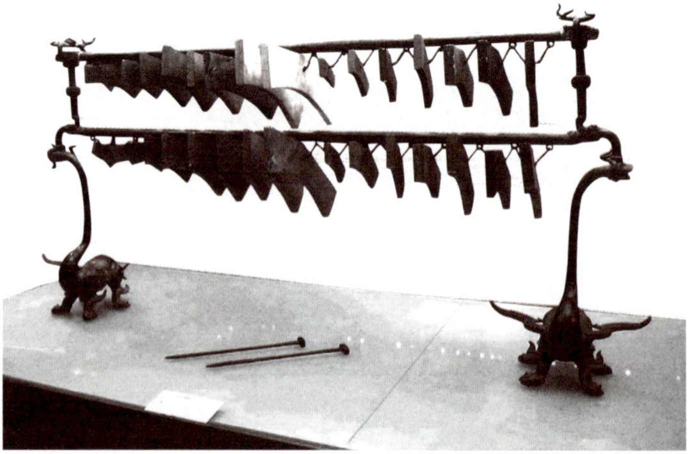

编磬
高109厘米，梁长215厘米。

曾侯乙墓出土的编钟
曾侯乙墓出土的编钟是我国现存最大、保存最完整的一套大型编钟。该编钟音域宽广，音色优美，音质纯正。现在仍可用此钟演奏出各种中外名曲。

那个时代的高峰，但是今天，我们再也听不见古希腊的乐器能有什么样的声音了，只有中国的这一套编钟，还能把2400多年以前的乐音，再现在我们的面前。”

美国圣迭戈加州大学物理学教授程贞一博士也表示，这套编钟包含了精确的声学、音律学、冶金技术和精密铸造技艺等多方面的科技知识，是世界科技史上不可多得的“科技活书”。

此前，有些专家认为我国的音乐成熟于秦汉时代，更有甚者认为是自古希腊传入的舶来品。实践证明：早在春秋战国时期，我国音乐就已发展到了相当成熟的阶段。在7声音阶、5个8度音、12个半音以及旋宫转调的表现手法上，早已形成理论并已付诸实践。

曾侯乙编钟的出土，为现代人揭开了先秦乐律光彩夺目的一页，改写了传统乐律学，改写了世界音乐史。

被“孤立”的镈钟

在65件曾侯乙编钟里，独有镈钟被“孤立”了出来，自成一体。为何这样说呢？这从镈钟的铭文上就可以看出。

镈钟镇部镌刻有31字的铭文，大意为：楚惠王五十六年（公元前433年），楚王熊章从西阳回来，专门为曾侯乙做了这件钟，送到西阳，让曾侯永世享用。这与其他编钟上的错金铭文内容完全不同，丝毫没有涉及乐律的文字。迥异的风格说明此钟与曾侯乙编钟无关，原本就不是一套的，可能是下葬时曾侯乙临时加进去的。

镈钟悬挂在巨大的曲尺形钟架最下层中间的位置。经研究发现，它把下层最大的一件编钟挤掉了。它被悬挂在如此显眼的位置，显然是为了表示对楚国的尊重，而楚国给曾国送如此厚重的礼品，说明曾楚两国的关系非同一般。

那么，强大的楚国为什么会给曾侯送上如此一份大礼呢?

原来楚昭王曾经受过曾国的恩惠，事情要从公元前506年（即楚昭王十年）说起。公元前506年，吴王阖闾率兵攻破了楚国的都城——郢。楚昭王仓皇出逃，逃到云梦泽时，被吴兵射伤。楚昭王只好就近到郧国避难，郧国国君的弟弟却要杀他。楚昭王只得逃往随国寻求保护，才得到了保护。这就是历史上有名的“楚昭王奔随”。而楚昭王的儿子即镈钟铭文上的楚惠王熊章，为了报答随国的救父之恩，将这件精美的镈钟送给了曾侯乙，以表曾楚两国世代友好之愿。

一件精美镈钟，一段尘封的历史，一份真挚的友情，斯人已去，唯留钟磬音。

精美的青铜器

在曾侯乙这个巨大的古墓里，一共出土了1.5万余件随葬品，除了乐器、兵器和礼器外，还有许多生活用品，其中仅青铜器具就有10吨重。其数量之多、器形之大、铸造之精、纹饰之美、保存之完整，在历来出土的青铜器群中实不多见。

联禁铜壶

壶为敞口，厚方唇，长颈，圆鼓腹，圈足。壶颈两侧各有一攀附拱屈的龙形耳。器身饰蟠螭纹和内填蟠螭纹的蕉叶纹等。两壶内壁均铸有“曾侯乙作持用终”铭文。

这批青铜器的材料主要为铜、锡、铅合金体，铜占80%左右。工匠们很好地掌握了合金的特点和各种原料的配比，把三者结合起来，制造出了既精美又实用的器皿。从曾侯乙墓出土的大量青铜器来看，工匠们采用熔模法制器，熔模法（失蜡法）工艺，是先将易熔化的黄蜡制成蜡模，然后用泥浆多次浇淋，并涂上耐火材料使之硬化，做成铸型，再经烘烧使黄蜡熔化流出，形成模腔，最后浇铸铜液成器。这把中国使用熔模工艺的时间从汉代提前到了春秋中晚期。他们还采用了圆雕、浮雕、镂空、铸造、打磨等方法，使青铜器更加精美。

其中，一件名为尊盘的青铜器再次震惊了中外学者。这件尊盘由千百条小龙舌盘绕组成，它们是镂空的，呈浮游状，彼此交错。令人难以置信的是，这件工艺复杂令人眼花缭乱的青铜器物，竟然是2400年前的古人一次性铸造出来的！真是令人惊叹！

铜冰鉴

铜冰鉴是曾侯乙墓青铜器中的代表器物，集中反映出曾侯乙墓青铜器新颖、奇特、精美的特征。

与曾侯乙编钟相伴而出的一套编磬，是古编磬中的杰出代表。青铜鎏金的磬架高1.09米、宽2.15米，呈单面变层结构。一对集龙首、鹤颈、鸟身、鳖足为一体的怪兽铜立柱，咬合着两根铜杆，杆底等距焊铸铜环，以挂磬钩。三十二石磬次序悬挂，相映成趣。

怪兽形台座

高67厘米，重25千克。该器形集龙首、鹤颈、鸟身、鳖足为一体，引颈长鸣，鼓目吐舌。周身饰圆涡纹、乳钉纹，蟠龙纹，由错金线条勾勒。

还有一件铜冰鉴，为战国时期器物，是曾侯乙墓青铜器中的代表器物，集中表现了曾侯乙墓青铜器新颖、奇特、精美的特征。它的四足是四只动感很强、稳健有力的龙首兽身的怪兽。四个龙头向外伸张，兽身则以后肢蹬地作匍匐状。整个兽形看起来好像正在努力向上支撑铜冰鉴的全部重量。鉴身为方形，其四面、四角一共有8个龙耳，作拱曲攀附状。这些龙的尾部都有小龙缠绕，还有两朵五瓣的小花点缀其上。

此冰鉴是一件双层的器皿，方鉴内套有一方壶。夏季，鉴、壶壁之间装冰，壶内装酒，可使酒凉。可以说，铜冰鉴是迄今为止世界上发现的最早的“制冷设备”，具有极高的历史价值。构思精巧、实用性与艺术性高度统一的青铜冰鉴，也是迄今为止发现的部分采用失蜡法铸造的较早的青铜器典范作品。

巧夺天工的手工制品

除了青铜器外，曾侯乙墓还出土了大量漆器、金器等其他造型精美的手工制品。

曾侯乙墓出土的纹饰华丽、器体较大、制作古朴的漆器，是迄今发现的先秦墓葬中最多、最好的。当时，楚国西部有很多漆树林，漆原料极其丰富，加之南方湿润的环境易疏松陶质器皿、锈蚀铜器，故楚人除将漆器作为礼器外，还广泛用于生产、生活、丧葬等。

其中，最令人叹为观止的是出土于东室的一只衣箱。它的周身都是彩绘图案，箱盖图案最为丰富多彩，有的绘传说“后羿弋射”图，有的绘神话“夸父追日”图，或绘简单几何纹和龙形兽形纹样。最为珍贵的是，箱盖上绘有二十八宿名称和青龙白虎抽象图案的衣箱，描绘的是公元前433年五月初三黄昏时的天象。这是我国迄今所发现的二十八宿全部名称的最早文字记录，把我国二十八宿全部名称的可靠记载提前到了战国初期，对研究古代天文学具有非常重要的价值。

而在曾侯乙木雕鸳鸯盒上的编钟乐舞图案，采用红、白、黑色，给人以古朴、典雅之美感。图案内容反映了古代先民的社会生活、图腾崇拜、审美趣味等，有着极高的艺术价值和考古价值。

迄今为止，考古发现的春秋战国时期的金银器极少，但曾侯乙墓却出土了数量可观的金器。有一些为墓主生前实用之器，如腰间的4个皇带钩，皆为黄金铸成，制作精美，在灯光下闪闪发光，令人爱不释手。经检测，其含金量在90%以上。同时还发现了一件金制酒器，这件酒器带盖、方唇直口，浅腹平底矮足，双环耳，名“盏”，是迄今出土的先秦金器中最大、最重的一件，重约2150克。

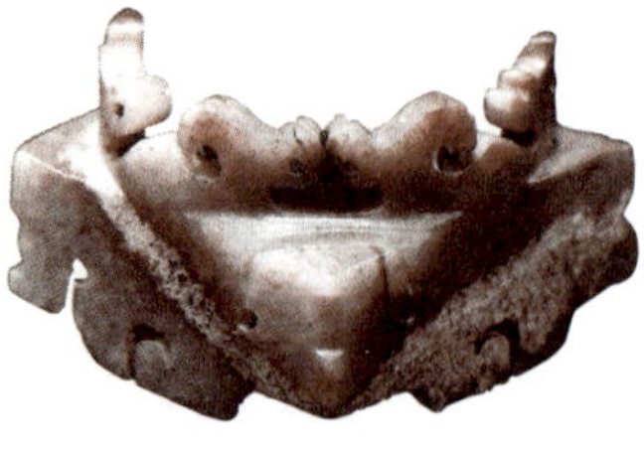

曾侯乙墓出土的玉器

曾侯乙墓中出土的玉器雕琢于战国早期，工艺精美，纹饰繁缛，其有重要历史价值。

在陪葬的500多件玉饰品中，最吸引人眼球的是置于墓主人口中的玉器。墓主口中含了21件玉雕动物，有玉牛、玉羊、玉鱼等。尽管这些器物小如豆，却都刻画出细如发丝的线条，特征明显，比例协调，栩栩如生。另外还有两件龙凤玉挂，可自由卷折，布局严谨，造型美观，为玉挂中的精品。

曾侯乙墓还首次出土了16股粗弦线、丝麻

交织物、单层锦织物和锁绣，反映了先秦时期纺织技术的高超，是中国古代纺织史上的突破。

曾侯乙墓出土的众多文物，造型优美，纹饰瑰丽，无论铜塑、雕刻还是绘画，都造型生动，令人叫绝，堪称我国美术史上的奇葩。

江陵楚墓

——卧薪尝胆空留剑

- **年代**：约2400多年前
- **位置**：湖北省江陵县
- **发掘迄始**：20世纪60年代初

踏破铁鞋觅古迹

“朝辞白帝彩云间，千里江陵一日还”，这是中外华人无人不晓的名句，唐朝诗仙李白的一首《早发白帝城》，让湖北江陵美名远扬。

据历史文献记载，江陵是楚国都城郢的所在地。自公元前689年楚文王始都郢，至公元前278年秦将白起拔郢，总共有20个楚王在此立国称霸，历时400余年。楚国疆域东至江浙沿海，西至今重庆市，北至黄河，南至湖南南部甚至两广，在中华民族五千年的文明史上谱写出了辉煌壮阔的一章。楚都郢也因此成为当时南方最繁华的都市，因在纪山之南，后人习惯称之为纪南城。

20世纪40年代以来，一些不法之徒从长沙楚墓中盗掘了大量精美的漆木器，使世人震惊。50年代初，政府派出考古队，对长沙楚墓进行了发掘。但直到60年代初，除在湖北大冶和松滋发现过零星的小型楚墓外，在号称楚国中心的江陵，却从未发现过楚墓或楚文物。这是为什么？是文献中记载的楚都在江陵错了吗，还是暂时没找到呢？

50年代后期，考古工作者在江陵城北5千米处发现了纪南城。土筑的城垣还残在，周长有15千米，并有东周遗物。虽然当时人们知道的仅仅只有城垣而已，但至少确定了方向：要到江陵探索楚文化，首要的目标就是纪南城。

正当考古工作者们忙于勘测之时，在江陵县城西门外的太晖观，有人因修渠发现了楚墓。考古人员立刻前往现场，清理了遭到破坏的4座残楚墓，出土了一些陶器、漆木器、兵器。根据已发现楚墓的情况来看，在渠道两旁肯定还有楚墓。果然，经钻探，工作者们又探出了百余座楚墓。自此，江陵楚文化的考古探寻和发掘工作从1961年冬正式展开了。

1963年春，人们在纪南城西南角外约2千米处修渠时，又发现了30多座楚墓，出土了许多铜器、漆器、陶器，丰富了江陵楚墓的内涵。

接着，江陵又要在纪南城外的南边修一条“纪南渠”，渠线南距荆州城3千米，其东经过郢城的北垣外。也就是说，这条渠道要穿过这三座古城之间的极重要地段。这引起了考古工作者的高度重视。

不出所料，几乎到处都有楚国遗物，在纪南城至郢城之间6000多米的渠线范围内，遗物、遗迹更是丰富，尤其是正对纪南城的南垣处，渠线上的遗物、遗迹相连成片，没有间断。由这些遗物、遗迹，可以大体窥视纪南城当年的繁华景象。

突破性的重大发掘

1965年10月初，江陵望山村因连续两年发生干旱，遭遇“水荒”，政府决定从荆门漳河修建一条水渠引水灌溉。按照规定，文物部门对水渠工程经过地进行了初步勘探，很快就发现土的颜色出现了黄、紫、褐的混合色，这可能就是下葬后混合土回填形成的“五花土”。时任考古队队长的谭维四教授立刻赶到现场，得出结论：在这一带，有大中型墓葬25座，小型墓葬至少有30座。而之前考古队发掘的不过是一些小型楚墓，至此，楚墓发掘工作终于取得重大突破。为了稳妥起见，考古队决定先发掘中型墓中偏小者，待积累一定经验以后，再去发掘大型墓。

越王勾践剑
该剑1965年冬出土于湖北江陵望山一号楚墓内棺中，位于墓主人的左侧，出土时插在髹漆的木质剑鞘内。

首先发掘的是沙冢1号墓。此墓原有封土，但已遭到破坏，只余一个不规则的圆包形。逐层挖开以后，可以看到墓坑呈长方形，墓口东西长9.9米、南北宽7.8米，在东部正中建有一条长6.1米的斜坡墓道，四壁有三级台阶逐级内收至墓底。墓底东西长4.3米、南北宽2.26米，至墓口深5.68米。而此前发掘的墓，最大的墓口不过与此墓的墓底相若，足见大小相差之悬殊。

墓内椁室以厚木板架构，东西长4.2米、南北宽2.34米、高1.7米。墓内有两重（层）棺，内棺内的人骨架虽较好，但却没有头颅。经鉴定是一名中年男性，加上随葬品中有不少兵器，所以他很可能是一位中级将领，战死在疆场连头颅都没有找到。这一方面反映了“楚人尚武”的精神，另一方面也反映了战国时期战争的残酷。

考古队发现，此墓早年曾被盗，头箱的铜器被盗一空，但其他各室未被盗扰，仍出土了车马器、兵器、漆木器、陶器、玉器和丝织品等共140余件，其中以漆木器最为精彩，特别值得一提的是一件精工雕刻的漆木箭囊。

箭囊呈上大下小的扁盒状，面板上透雕了一幅由鸟、龙、凤组成的极精彩的图案：当中一鸟头朝下、尾朝上作俯冲状；两侧分别有一龙在下作反首回顾状，两龙之耳抵住鸟的肩部，两龙之颈夹住鸟的头，两龙之前爪又被鸟的尖喙啄住；龙上各站立一凤，凤爪紧紧扣住龙的鼻尖，凤尾与龙尾相连，凤喙与胸顶住鸟之双翅。上框上还浮雕有小蛇等动物。图案以黑漆为地，以红彩描绘凤、鸟的羽毛纹和龙、蛇的鳞甲纹，色泽艳丽夺目，生机勃勃。一件箭囊尚被雕制得如此精细，由此可见当时木制手工业的兴盛。

吴王夫差青铜矛
青铜铸造，其状如矛，长29.5厘米，两面脊部均有凹槽，凹槽基部有铺首装饰，铺首有孔可系绦，銎部中空，器身遍饰精美的几何形花纹，上篆错金铭文八字：“吴王夫差自乍（作）甬（用）”。

横空出世的越王勾践剑

沙冢1号墓发掘完毕之后，考古队开始着手发掘后来闻名于世的望山1号墓。此墓不仅规模大，而且保存较好。墓的封土虽早被破坏，在墓坑上部也发现了盗洞，但椁室未经盗扰，棺椁与文物都保存完好。这在有封土的墓中是很少见的。

年末的江陵，雪雨纷飞，而荆州以北地区地下水位又较高，使墓坑积水较多，加之土质情况不良，坑壁极易崩塌。考古队员们克服一切困难，终于顺利展开了发掘工作。经测量，墓口东西长16米、南北宽13.5米，墓坑东边有长斜坡墓道，四周有5级台阶。墓底东西长6.5米、南北宽4.2米，自坑口至墓底深8.4米。

在地下6米多深处，可以见到长方形的木椁，木椁东西长6.14米、南北宽4.08米、高2.28米。打开主棺，考古工作者在墓主人的左手边，发现了一柄装在黑色漆木箱鞘内的青铜剑，剑首朝上，剑身插于黑漆鞘内，显然是墓主珍爱的随身佩带之物。

“里面有一把剑！”考古队员拔剑出鞘，只见此剑寒光逼目，毫无锈蚀，刃薄锋利。谭维四按捺不住内心的激动，试其锋芒，稍一用力，便将21层白纸划破。谭维四意识到——这柄青铜剑必将震撼世界！

此剑通长55.6厘米，剑身长47.2厘米，宽4.6厘米，剑茎长8.4厘米，剑格宽5厘米，重857.4克。剑的前锋内敛，呈两度弧曲状；两侧有血槽。剑身满饰黑色菱形几何暗花纹，剑格正面和反面还分别用蓝色琉璃和绿松石镶嵌成美丽的纹饰；剑首向外形翻卷作圆箍，内铸有极其精细的11道同心圆圈；剑柄为圆柱体，“缑”（缠绕于柄的丝绳）保存完好，柄上刻有三道戒箍。

这把锋利无比、精美绝伦的青铜剑，工艺精良，并非当时楚国铸造技术所能成就。那么，到底系何人所持有？在剑身的一面近格处有两行鸟篆铭文，共8个字。这种古文字史称“鸟虫书”，是篆书的变体，常有像虫像鸟之笔，或构成该字本身的笔画，或以之为装饰，类似今之艺术字，释读颇难。经过在现场参加发掘的历史学家方壮猷等考古工作者的释读，初步释读出剑铭中的6个字为“越王”“自乍（作）用剑”。照此推理，此剑必为越王所有。

越国为春秋战国之际的一个诸侯国，从允常于公元前510年开始称王起，经勾践、鹿郢、不寿、朱勾……至无疆于公元前334年被楚所灭止，先后有9个越王。此剑到底为哪一个越王“自作”呢？

经过进一步研究，专家认定剑上的铭文为“越王勾践，自作用剑”。原来，它就是深藏了2400余年的越王勾践剑！越王勾践“卧薪尝胆”的故事，不知激励了多少身处逆境的人，勾践也成为了中华子民心目中百折不挠的楷模。如今，勾践的佩剑出土了，整个中国都为之兴奋了！

越王勾践剑的不解之谜

越王勾践剑的出土固然令考古学家们兴奋，但有些问题却令他们百思不得其解。

第一，当时的越国领土在今浙江，地处长江下游的越国国君之剑，何以在远隔千里之外的长江中游的楚国墓地中出现呢？

有人从这座楚墓中出土的竹简、墓葬形制、随葬器物与其他墓葬的同类器物分析比较，认为墓主应是生活在楚威王或早些时候。根据史书和竹简所记，楚越之间的关系在楚威王之前是很密切的，楚昭王曾娶越王勾践之女为妃，而勾践将他珍贵的青铜宝剑作为嫁女之器而流入楚国，也并不是没有可能的。而据研究发现，墓主与楚王的关系非常密切，楚王为了表示他的宠幸，将名贵的越王勾践剑赐葬，也是很有可能的。当然这只是猜测，真实的原因还有待于进一步的考古发掘才能得知。

楚国富贵服饰

楚墓出土，为战国中期服饰实物。

还有一个困扰学者们的问题，就是这柄古剑在地下埋藏了2000多年，为什么还没有生锈，依然寒光四射、锋利无比呢？

为解开这个千古之谜，1977年12月，来自全国各地的学者们在复旦大学齐聚一堂，采用质子X荧光非真空分析法对越王勾践剑进行了科学检测，得出了剑身青铜合金分配比的准确数据表。

数据显示，越王勾践剑主要是由铜、锡以及少量的铝、铁、镍、硫组成的青铜合金。因剑的各个部位作用不同，铜和锡的比例也不一样：剑脊含铜较多，可使剑具有较好的韧性，不易折断；剑刃部含锡高，硬度大，可使剑变得非常锋利，其剑刃的精磨技艺水平可同现代在精密磨床上生产出的产品相媲美。

而锡是一种抗锈能力很强的金属，因此青铜剑的抗蚀防锈本领要比铁器好得多。不过更主要的，还在于剑身的黑色菱形花纹是经过硫化处理的，硫化铜可以防止锈蚀，保持花纹的艳丽。这就是现代金属处理中所谓的表面钝化处理，但楚国人早在2000多年前就已经熟练使用这一处理工艺了！

此外，越王勾践剑出土时紧插于黑漆木制剑鞘内，剑与剑鞘吻合得十分紧密，又处于含氧量甚少的中性土层中，与外界基本隔绝，这也是它没有生锈的重要原因。

显然，这把越王勾践剑，无论从外形研制，还是质料搭配，都是我国青铜短兵器中罕见的珍品，堪称“天下第一剑”！

探寻望山1号墓的主人

在望山1号墓的出土的文物中，还有一件精致的彩绘漆木雕鸟兽座屏。座屏由底座、上置方框、方框内透雕各种动物组成。底座两端着地，中部悬空，在悬空部位又浮雕一些动物与上部方框内的动物相连。整个座屏高15厘米、总宽51.8厘米，屏厚3厘米、着地处座厚12厘米。

整个座屏共透雕和浮雕了55个动物，有凤、鸟、鹿各4只，蛙2只，小蛇15条和大蟒26条。这些动物，互相争斗，又互为依存。制作者把它们有机地结合在一起，使之柔和协调，堪称一件完美的工艺品。古代匠师丰富的想象力和创造力，不能不令人叹服。

可惜的是，这个座屏在出土时，雕屏基本散架，如何恢复成了难题。赶到发掘现场的著名文保专家胡继高灵机一动，“就地取材”——从一名长发女孩头上“借”来几根头发，用头发代丝线，最终将雕屏松散的部件一一扎牢整理好。这才使我们今天得以看到这件完整的国宝。

在墓主的头部左侧放置了一件带钩，这引起了考古队极大的关注。带钩是古人腰间革带的“皮带扣”，一般都出现在死者的腰部。而这件迄今为止发现的最大的先秦时代的一件错金银龙凤铁带钩，却出现在了死者头部，到底是实用的，还是仅仅作为墓主地位的标志而放于墓中的呢？因此，摸清墓主的身份，显得格外紧迫！

彩绘漆木雕鸟兽座屏

彩绘漆木雕鸟兽座屏是楚地雕塑艺术的珍品。座屏两端着地，中部悬空。主体是由55只形态各异的凤、鸟、鹿、蛇、蛙啄咬搏斗、交织盘绕的造像构成。

墓中还出土了一些竹简。从竹简的内容来看，主要是卜筮记录，记载卜筮的时间、工具、所问事项与卜筮的结果以及墓主为求福去疾的许多祭祷措施。其内容可分三个方面：一是关于墓主出入侍王的；二是关于墓主仕进的；三是关于疾病吉凶的。从简文看，墓主患有胃病，不能饮食，还有足骨病、头疼病、胸腔疾病等。

通观这些简文，“邵固”这一名字共出现了14处，其中1处直接刻有“为邵固祷”。昭固为这座墓的墓主，应该是毫无疑问的。简文中还记载了墓主祭祀柬大王（楚简王）、圣王（楚声王）和楚悼王等先王的事情，通过分析可得知邵固是楚悼王之曾孙，是楚国王族成员。

也就是说，这是一座战国中期的楚国贵族墓。邵固生前系楚王侍者，地位较高。而那件铁带钩并非日常系束带之用的，它被视为珍宝而放于墓主头侧，应是为了表现墓主人的高级身份。

墓中还出土了66件兵器，有剑、戈、矛、殳和镞5种。其中除两件C形铜戈为明器（即冥器）外，其余都是实用兵器。

纪南考古大会战

不久，“文化大革命”的爆发打乱了江陵楚国墓地的发掘计划，使得工作一度停止，直到20世纪70年代初期才恢复，一场考古大会战就此在纪南城内外打响。

1972年，考古工作者们在纪南城南垣中部发掘了南水门木构建筑基址，这在我国属首例。而水门，本来就是楚都独有的。

1973年至1975年，在纪南城内的凤凰山，考古工作者发现和发掘了一批重要的秦汉墓，出土了有秦纪年的漆器，还有数批汉文景时期的竹简。这批墓地的发掘告诉人们，纪南城的下限应为公元前278年，即秦将白起拔郢之年。也就是说，自白起攻破楚都郢后，郢就被彻底地摧毁了，城内变成了埋葬人的地方。

1975年至1976年，考古工作者在纪南城内又发现了宫殿区及宫殿区的城垣及城壕：发掘了一座大型宫殿、一座城门即西垣北门，此是陆门。与发掘的南水门一样，西垣北门亦是一门三道，使人们了解了当时城门的建制。

1978年，一座沉睡了2300多年的大型战国楚墓——天星观1号楚墓被发现。它位于江陵县观音挡公社五山大队境内，东临长湖，西距纪南城约30千米。

楚纪南故城遗址石碑

这座墓原封土底径60多米，高7.1米；原墓口长41.2米、宽37.2米。墓坑设15级台阶，南边有长斜坡墓道。墓底长13.1米，宽10.6米，从墓口至墓底深12.2米。显然，这是一座庞大的楚墓，也是湖北迄今为止发掘的最大的楚墓。

墓内木椁长8.2米、宽7.5米、高3.16米，分7室，当中为主（棺）室，内置三重（层）套棺。7室中，除北室外，均被严重盗扰，铜礼器都被盗走。然墓室仍残存有陶器、漆木器、车马器、兵器、竹简等2400余件。竹简有70余支，4500余字，内容为遣策和卜筮记录。从简文可知墓主为邸君潘，其下葬年代在公元前361—前340年。这对研究楚国的封君制度、封君葬制以及潘氏家族的历史都很有意义，也有利于帮助人们了解楚国高级贵族的墓葬。

按战国时期的风俗，夫妻墓葬并排，相隔距离30米左右。既然1号墓的主人为潘，那么其夫人的墓葬又在哪里呢？2000年2月，潘君夫人墓——天星观2号墓从湖底现身了。原来，过去它一直被天星村的长湖所掩盖，这次在湖水骤退后完全暴露了出来，荆州市组织考古人员从2月12日开始冒雨进行抢救式发掘。

天星观2号墓墓室朝南，椁室长5.72米，宽4.46米，分为5室。考古人员先后从中清理出青铜礼器、乐器、漆木器等200多件文物，绝大多数保存完好。其中形态生动的浮雕凤鸟豆、猪形酒具盒、龙形银带钩等，均系国内首次出土的文物。

包山2号墓的发掘

1986年11月，荆（门）–沙（市）铁路建设开工在即，湖北省荆沙铁路考古队为配合施工，先行勘测。考古工作战绩卓著：在南距纪南城约16千米的一座名叫包山大冢的土岗上，共发掘墓葬9座，除3号墓和7、8号墓为西汉墓外，均为战国楚墓。

其中，包山2号墓封土保存较好，规模较大，但比天星观 1 号墓小。其封土底径54米、高5.8米；墓口长34.4米、宽31.9米；坑壁有14级台阶，东边有长斜坡墓道；墓底长7.8米、宽6.85米，墓坑深12.5米。

墓内椁长6.32米、宽6.24米、高3.1米，分东、南、西、北、中5室，中室置4层套棺。在东室、南室和北室中，共出土竹简448枚，其中有文字的计178枚，总字数12472字。这是新中国成立后发现的字数最多、保存较好的一批楚文字资料。从简文可知，此墓下葬于公元前316年，墓主为左尹邵。左尹相当于后代的副宰相之类的官。

这批竹简文字异形、简省、增繁等情况较为突出，反映了楚文字的特点。竹简的文字内容可分为卜筮祭祷记录、司法文书、遣策等几类，涉及当时的政治、经济、法律等许多方面的内容：首次披露了楚国司法程序及诸多案例；根据简文的历法材料，可研究出楚国官方历法；卜筮祭祷简，不仅提供了当时卜筮祭祷简的完整体例以及卜和筮所用的材料、贞人的地位和贞问时限、用卜和用筮的作用，而且提供了楚人先祖等信息；遣策对随葬器物分类记叙，多数能与实物对应，据此可知楚器的实际称名、命名原则和用策制度等等。这些都可直接补先秦文献之不足，并可以解决部分疑难字的释读，为历史学、考古学和古文学的研究提供了宝贵的资料。

目前，在纪南的考古工作已取得阶段性胜利。在纪南城及其周围，累计已发现5000多座楚墓，已发掘3000多座，出土了大量珍贵的精美文物，大大丰富了楚文化的内涵。

但是，江陵楚墓的发掘和研究还存在一些问题，如江陵楚文化的渊源何在？为什么江陵多战国墓而少春秋早中期墓，尤其是迄今未见类别较高的春秋早中期墓？楚王墓又在哪里？这些都有待于考古工作者们的进一步探索。

纪南故城出土的虎座鸟架鼓

秦始皇陵

——千军万马守王陵

- **年代**：公元前210年左右
- **位置**：陕西省西安市临潼区
- **发掘迄始**：1974年

一镢头敲醒沉睡千年的军团

陕西省西安市临潼区晏寨乡西杨村原本是一个名不见经传的北方小农村，这里都是面朝黄土背朝天向土地讨生活的农民。

1974年初，这里发生了严重的春旱。为了解决缺水危机，队里决定打井抗旱。大伙觉得对着骊山的那个峪口挺不错，因为下雨的山水都是顺着峪口往下流，这里肯定能打出水来。

3月29日，村民开始动工。一切都是那么平常，毫无预兆。突然，随着村民抡起的镢头落地，传来了一声沉闷的“咔嚓”声。大家感到奇怪，以为是挖到了瓦盆、瓦罐之类的东西。他们小心翼翼地扒开土层，发现了一个形象怪异的彩色陶质人头，只见他头上长角（实际上是发髻），嘴唇紧闭，双目圆睁。再往下挖，渐渐地露出了他的脖子，之后便是身子、胳膊、腿、铜兵器、砖头等。

村民以为挖到了“瓦神爷”，一时人心惶惶。因为这里的村民祖辈相传地底深处有“瓦神爷”，他深居地下，行踪诡秘，从不轻易

秦始皇像

公元前221年，秦始皇灭六国，统一中国，建立中国历史上第一个中央集权制的封建王朝，被尊为“千古一帝”。

露面，然而谁一旦遇见，便会遭遇不幸。有的老年妇女还偷偷到井边烧香叩头，祈求“神爷”不要降罪参加打井的亲人。

其实，早在这次发现以前，陶俑已经多次传递了他们存在的信息。20世纪30、40和60年代，西杨村附近先后出土了4个跪坐俑，只是没有得到人们足够的重视。

而这次发现陶俑的消息，很快传到了晏寨公社水保员房树民的耳朵里，凭着自己简单的文物知识，他意识到这一定是什么重要古物。于是，他让村民们立即停止打井，并将此事向县文化馆作了报告。事情得到了陕西省和中央的高度重视，有关部门立即派来了考古工作者，展开了钻探和发掘工作。

当地表层被掘开时，惊心动魄的奇迹出现了：在5米多深的深坑内，站满了身披铠甲、手持兵器的威武健壮的武士俑和拖拉木制马车的陶马俑。

原来这里是中国第一个封建皇帝——秦始皇陵园中的一处大型从葬坑。村民的一镢头，让在地下沉睡了2000多年的秦国军团苏醒了。从此，这片冷寂的西北田野热闹了起来。

中国最大的皇帝陵园

秦始皇嬴政，公元前246年13岁时即立为秦王，22岁加冕亲政。作为中国历史上杰出的政治家，他自公元前236年至公元前221年的15年中，率领秦国

骊山秦始皇陵

秦始皇陵是中国历史上第一个皇帝陵园。其规模之大、陪葬品之多居历代帝王陵之首，是中国最大的皇帝陵。

先后灭掉了韩、赵、魏、楚、燕、齐六个诸侯国，彻底结束了战国群雄割据的历史，在血与火中建立了中国历史上第一个统一的、多民族的、中央集权制的封建王朝——秦王朝。

这位骄横跋扈、叱咤风云的旷世君主，不仅为后人留下了千秋伟业，还留下了一座神秘莫测的皇家陵园。据史书记载，秦始皇即位的第二年，就开始修建陵园，到公元前208年完工，共历时39年。丞相李斯为陵墓的设计者，大将军章邯为监工，共征集了72万人力，修陵人数最多时近80万，几乎相当于修建胡夫金字塔人数的8倍。

如果记载属实，那么，秦始皇陵不仅是中国历史上第一个皇帝陵园，而且，更以其巨大的规模、丰富的陪葬物居历代帝王陵之首。

据考古学家探测，秦始皇陵墓位于今西安东郊10余千米的临潼区境内的骊山北麓以东的一段山岭处，南依骊山的层峦叠嶂之中，北临似银蛇横卧的渭水之滨。高大的封冢在巍巍峰峦环抱之中与骊山浑然一体，庄严肃穆，尽显皇家园陵气派。

秦始皇为何将骊山作为修建皇陵的宝地？这其中自有缘由。

骊山山势高峻，树木苍翠，远远望去像一匹黑色的野马，因古人称黑马为“骊”，所以此山被称作骊山。相传，秦始皇生前在骊山与神女相遇，游览当中欲戏神女，神女盛怒之下，朝他脸上唾了一口，秦始皇很快就长了一

秦始皇陵外景

秦始皇陵土冢高43米，底边周长1700余米，筑有内外两重夯土城垣，象征都城的皇城和宫城。

身的烂疮。虽然这是一个神话故事，但隐约可以看出秦始皇与骊山的缘分。他将墓地选在骊山之旁，这种“依山环水”的造陵观念，也对后世建陵产生了深远的影响。

整座陵墓规模宏大，气势雄伟。现已探明，陵园总面积为56.25平方千米。陵上封土原高约115米，历经风雨侵蚀有所降低，但现仍高达76米。陵园按照秦始皇死后照样享受荣华富贵的原则，仿照秦国都城咸阳的布局建造，大体呈回字形，园内有内外两重城垣，内城周长3840米，外城周长6210米。内外城郭有高约8—10米的城墙，今尚残留遗址。

陵墓四周还建有400多个墓葬和陪葬坑，主要陪葬坑有铜车马坑、珍禽异兽坑、马厩坑以及令世界为之惊叹的兵马俑坑，历年来已出了5万多件重要历史文物。

气势磅礴的兵马俑坑

西杨村村民发现的兵马俑坑，位于陵园东侧1500米处。自它发现之日起，就带给人们诸多惊喜。整座俑坑坐西向东，布局合理，结构奇特。在深5米左右的坑底，每3米就架起一道东西向的承重墙，兵马俑排在墙间空当的过洞中。

这座俑坑可以说是世界最大的地下军事博物馆，共分为四处，一处是空的，其他三坑呈品字形排列。

最早发现的1号俑坑东西长230米，南北宽62米，深约5米，总面积达14260平方米。坑中现已发掘出武士俑500余件，战车6乘，驾车马24匹，还有青铜剑、吴钩、矛、箭、弩机、铜戟等实战用的青铜兵器和铁器。

俑坑东端有210个与人等高的陶武士俑，排成三列横队，每列70人，其中除3个领队身着铠甲外，其余均穿短裙，腿扎裹腿，线履系带，免盔束发，挽弓挎箭，手执弩机，似待命出发的前锋部队。其后，是6000个铠甲俑组成的主体部队，个个手执3米左右的长矛、戈、戟等长兵器，同35乘驷马战车间隔在11条东西向的过洞里，排成38路纵队。南北两侧和两端各有一列武士俑，似为卫队，以防侧尾受袭。这支队伍阵容齐整，装备完善，威风凛凛，气壮山河，是秦始皇当年浩荡大军的艺术再现，具有强烈的艺术感染力。

2号坑位于1号坑的东北侧，东西长96米，南北宽84米，总面积约为6000平方米，东西两端各有4个斜坡门道，北边有2个斜坡门道，俑坑坐西面东，正门在东。据初步推算，2号坑有陶俑、陶马1300多件，战车80余辆，青铜兵器数万件，其中将军俑、鞍马俑、跪姿射俑均为首次发现。

坑内建筑与1号坑相同，但布阵更为复杂，兵种更为齐全，是由4个单元内的4个不同兵种构成的一个曲尺形军阵，是3个坑中最为壮观的军阵。

3号坑在一号坑西端25米处，面积约为520平方米，呈凹字形。门前有一乘战车，内有武士俑68个。从3号坑的布局看，似为总指挥部，统帅左、右、中三军，但并未完工。

从出土兵器的刻记年号看，兵马俑陪葬坑是秦始皇统一中国前后修建的，反映了秦王朝兵强马壮、叱咤风云的气势。后秦二世继续大修阿房宫和驰道，赋税徭役更为繁重，引起农民大起义。因此，3号坑的修建中途中断，还有个4号坑，未及放兵马俑，就匆匆填死了，从此沉寂千年。

难解的俑坑建造之谜

伴随着兵马俑坑的不断发掘，人们不由得产生疑惑：秦始皇为什么要不遗余力地修建这么浩大的地下军阵呢?

据说，秦始皇曾降旨李斯，征集4000对童男童女为他殉葬。李斯一时为难了：建造陵墓、修筑长城，已是劳民伤财、怨声载道，再征童男童女，不是逼民造反吗?思前想后，他上书秦始皇，提议不如以陶人陶马殉葬……

然而，传说终归传说，并没有确凿的历史依据。也许我们可以从秦始皇本人的性格中找到答案。这位一统天下的大帝，既然相信自己会灵魂不死，也必信那些被他消灭的东方六国贵族同样灵魂不死。他担心有朝一日他们会来报仇，就准备了这样一支地下御林军。这大概也就是俑坑要设在陵东门以

秦始皇兵马俑博物馆外景
秦始皇兵马俑是1974年发现的，随后在这里建了一个规模宏大的博物馆，于1979年10月1日开放。

外和兵马俑要面向东方的原因吧。

但是，随着研究的深入，近来有学者提出，秦兵马俑的主人根本就不是秦始皇。疑问主要来自四个方面。

秦始皇兵马俑坑全景

秦始皇兵马俑坑是秦始皇陵的陪葬坑，也是世界最大的地下军事博物馆。最早发现的是1号俑坑，呈长方形，东西长230米，南北宽62米，深约5米，总面积14260平方米，四面有斜坡门道，左右两侧又各有一个兵马俑坑，现称2号坑和3号坑。

一是关于军阵。在1、2号坑里，共发掘出战车、指挥车、佐车和驯乘车等130多辆。它们和步兵、骑兵编组成阵，攻防结合,车步协同，威力无比。也就是说，车战是这支部队的基本作战方式。但是，史籍中记载，秦始皇主要使用步兵、骑兵作战，而不是车战。那么，这根本就不是秦始皇时期的军阵，秦始皇也就不是兵马俑的主人了。

二是关于武士。单看一号坑中的武士俑着装，其最前端横列三排共204件，除三个将军俑外，其余均身穿战袍，腿扎行縢，足蹬浅履，精梳着各种头髻，没有一个人戴攻坚作战的头盔，没有一个人着护身铠甲。秦始皇那南征北战的大军，怎么可能是这副模样呢?

三是关于武器。众所周知，秦始皇一统天下后，为销毁各国贵族的武器，就下令将天下兵器统统没收，浇铸成钟座和12个各重24万斤的大铜人。凡收藏兵器者，罪不容诛。然而，在兵马俑坑中竟出土了大批的矛、戟等杀伤力强大的长柄武器，还有弓攀手使用的劲弓、成束的铜箭头等违禁武器，这又做何解释?

四是关于服饰的颜色。秦国大一统后，规定衣服、旗、节旗等一律着黑色。可是俑坑中的武士俑的衣服却五颜六色，使人大惑不解。这不仅违反了秦始皇的法令，还破坏了他的风水，他能答应吗?

经过对俑坑中出土铜锥的年代顺序的详细考证，对武士俑身上铭文的研究，有学者认定，这些兵马俑属于秦昭王之母秦宣太后。她本是楚国人，后嫁到秦国，专权41年。这些兵马俑是她的仪仗队，是护送她的亡灵回老家的。

然而，俑坑出土的兵器比秦宣太后晚50年，而且，她的葬地与兵马俑坑的方向正好相反。这些都否定了坑主是秦宣太后的推断。是秦始皇耶？非秦始皇耶？这可真是个问题。

制陶史上的创举

秦始皇陵兵马俑（近像）

秦陵兵马俑的出土，不但显示了秦始皇威震四海、统一六国的雄伟军容，更为展示了我国古代劳动人民极高的制陶技艺。

整座秦陵兵马俑都是以现实生活为题材塑造的，艺术手法细腻、明快，具有鲜明的个性和强烈的时代特征，是中国古代制陶史上的一个创举，不仅为中华民族灿烂的古老文化增添光彩，改变了人们对东方雕塑艺术的看法，也为世界艺术史增加了光辉的一页。

这些陶俑不仅形体高大，数量众多，而且形态逼真、栩栩如生。工匠们通过陶俑体形与姿势的区别，通过面部表情的细微变化，恰如其分地展现了各种士兵俑、不同身份军吏俑的不同神态与气质。指挥员的沉毅、冷峻、多谋，战士的威武、刚烈、淳朴、豪爽，每个细节都刻画得逼真入微，在陶俑神态的刻画上更是取得了相当高的艺术成就，兵俑有的虎目圆睁，有的凝目若思，有的英武剽悍，有的雄姿英发……

陶俑的烧制同样取得了重大的技术突破。秦俑陶胎薄厚不一，薄的不足2.5厘米，厚者多达5厘米；俑的轻重也很悬殊，轻者不到110千克，重者接近300千克；就一件陶俑来说，各部位的厚度也有区别，薄的地方不到3厘米，厚的部位多达10余厘米。加之陶马、陶俑体腔又是空心，如果火候不足，就会出现陶质疏松，色泽不一的现象；如果火候偏高，又会出现裂纹、变形，甚至爆裂。然而，已出土的千件陶俑、陶马没有发现一件裂纹，陶片夹生层的现象也较少见，陶质疏松的陶俑仅发现屈指可数的几例；大部分陶俑质体坚硬，色泽一致，尤其像陶马前腿部位的硬度和重量类似于石头，足以表明秦代那些无名的烧陶工匠在掌握火候方面具有相当高的技术水平和丰富的实践经验。

经研究，秦俑制作与烧制首先是采用了空心砖的原理。在空心的情况下，砖壁厚度减到2—3厘米。同时炉中的热气可以从砖中心通过，使砖的上下、内外均可接触到一定的程度，从而大大提高了砖的受热面，借以弥补了炉温低的缺陷。在陶胎较厚的部位工匠还采取了钻空、挖沟槽，或做成空心、夹层等方法，尽量使各部位易于烧结，达到陶色一致。

为了防止变形与爆裂，陶俑、陶马身上一般均留有一个或两个10—12厘米的圆孔。烧成之后，身上的圆孔又以同样大的陶饼封堵。同时，由于多数俑头是烧成之后安装的，所以其颈部本身就是一个大的透气孔。这种科学的方法可以使陶俑、陶马内壁产生的气体成功逸出，以防止气体受热膨胀，引起陶器爆裂。

8000个兵马俑全部质体坚硬，陶色大体一致，烧成温度基本接近，这实在是一项浩大而繁复的工程。在中国制陶史上，唯有秦代烧制出了如此成功的陶俑、陶马，以后再也不曾见到，真可谓是“空前绝后”的杰作。

1978年，法国总理希拉克参观秦始皇兵马俑时感慨地说：“世界上原有七大奇迹，秦俑的发现，可以说是第八大奇迹了。”从此，“世界第八大奇迹”的美誉远播海内外，成了秦始皇兵马俑的代名词。

俑坑中的科技之最

举世闻名的兵马俑坑还先后出土了数万件青铜兵器，其中有长兵器、短兵器、远射兵器和礼兵器四大类。这批兵器不仅数量多、种类全，而且在铸

秦始皇陵中的骑兵与战马

从俑坑中出土的兵马俑可以看出，当时秦军已经采用车、步、骑混合编队，鞍马俑以持弓为主，戴小帽，穿紧腰窄袖袍，披短甲，足蹬短皮靴，装束便于骑射。

秦始皇陵出土的青铜戈

1974年在陕西临潼秦始皇陵的秦俑陪葬坑中，出土了大批的兵器，有秦弓、镞、矛、戈、钺、吴钩等，可说是2200多年前秦代军队武器装备的再现。

造工艺方面达到了相当高的水平，在中国兵器考古史上非常罕见。

青铜兵器之中，最引人注目的是十几柄青铜剑。这些剑埋在潮湿的俑坑里，历经2000多年，却依然没有生锈，且十分锋利，一次居然就能划透19张纸。经过科学测定，发现该剑由铜、铅、锡三种金属构成，且比例掌握得恰到好处，使得此剑坚硬锋利而富有韧性，与越王勾践剑相比毫不逊色。另经测试发现，剑表面还有一层10—15微米的含铬化合物氧化层，表明秦是采用铬盐来进行氧化技术处理的。

2200年前我国就发明了化学镀铬技术，并首先在兵器上取得成功。后来，随着青铜兵器退出战争舞台，青铜兵器表面防锈处理的先进技术也随之失传了。尽管由于秦剑的出土，表明秦代曾使用过这一技术，但它究竟采用什么样的化学方法在兵器上镀铬至今还是一个谜。

在秦兵马俑坑中，还发现了数百件弩机。弩机由带“郭”的主件、悬刀（扳机）、牙、栓等部件组成，这些部件加工精度很高，误差在1毫米以下，如果某一个部件坏了，可以马上取来新部件换上，因为这些部件都是按照同一标准加工生产的标准件。它们是我国迄今发现的最早的标准化部件。

而铜镞的生产分为4种，同类型铜镞三个面的轮廓线误差不大于0.15毫米。镞头锋刃采用流线型三锥空间曲线，放大24倍后与当代生产的手枪弹头轮廓线竟奇迹般重合。可见，秦代兵器生产型号、式样已规范化、系列化、标准化，印证了文献中记载的秦代“为器同物者；其大小、短长、广亦必等”之意。

事实上，从兵器型制、尺寸大小到每一道工序的加工；从兵器的题记，甚至到兵器木柄彩绘的先后工序，秦代都有严格的规定，违犯者甚至会受到法律的制裁。

“标准化”技术其实是现代工业的产物，但在2200多年前，我国秦代兵器标准化就已取得了如此惊人的成就，真是让人叹为观止！1982年，英国标准化专家及学者看到这批兵器后赞不绝口，并公认标准化起源于中国。

稀世珍宝铜车马

1980年12月，考古工作者在秦始皇陵西侧20米处一个7米深的坑里，又发掘出土了两乘大型彩绘铜车马。当时，铜车马用一个木椁一前一后纵向装着。出土时，因木椁腐朽，土层塌陷，两辆铜车都破损严重。经考古人员精心整理，这一秦代青铜工艺的杰作终于重新展现在世人面前。

1号铜车马为双轮、单辕结构，前驾四马，名为立车，又叫戎车、高车，在皇帝的车队中用以开导、警戒和征伐，相当于现代贵宾车队中的开道车。车马通长2.25米，高1.52米。车舆前面与两侧各有车栏，后面留门以备人上下。车上装备有铜弩、铜镞、铜盾等。车上立一圆盖伞，铜御官俑立于伞下。

2号铜车马是四马鞍车（即坐乘的车），古称安车，又叫辒辌车。它显得更为豪华，通长3.17米，通高1.062米。车舆上有穹隆形的椭圆篷盖，车厢分前后两部分，左、右、前三面各有一窗，后有门，门窗可灵活启闭，前室为驭手所居，内跽坐一御官俑，后室为主人所居。

两辆铜车马主体皆为青铜所铸，一些零部件及饰品为金银所铸。铜车马通体彩绘，所用颜料均为用胶调和的矿物颜料，利用胶的浓度塑造出立体线条。车、马和俑的大小约相当于真车、真马、真人的二分之一，完全仿实物精心制作，真实地再现了秦始皇车驾的风采。

秦始皇陵出土的1号彩绘青铜车马

这具铜车马出土于秦始皇陵西侧，其大小约为真车、真马、真人的二分之一。车马的系驾革皮挽具齐全，装饰华丽。这具铜车马较为轻巧灵便，车舆上又配备了弩、矢、盾等多种兵器，应是车队的前导车。

秦陵铜车马的铸造工艺，是古代任何青铜器制作无法比拟的。如2号铜车马的3462件零部件全部是一次铸造成形。特别是1、2号车的伞盖，厚度仅0.1—0.4厘米，面积分别为1.12平方米和2.3平方米，以浑铸法一次铸出，即使在今天也非易事。最让人惊叹的是，铜马颈下悬挂的穗状璎珞和左骖马头上的穗状纛均由一根根细如发丝的铜丝构成，铜丝直径仅有0.05厘米。用放大镜观察，发现所有的铜丝粗细均匀，铜丝表面没有锻打痕迹，究竟是用拔丝法制成，还是采用其他什么工艺制成的，至今还是一个谜。

而铜俑、铜马的造型艺术更是独具匠心，是青铜冶铸史上的创举。如1号车御官俑那刚毅、自信、威风凛凛的形象，与2号车御官俑小心谨慎、恭敬中略带几分得意的形象截然不同，充分塑造了不同人物的个性特征，深刻地揭示了驭手的情感、灵魂及精神风貌。铜马的塑造也是形神兼备，生机勃勃。八匹马昂首挺胸，造型逼真、比例准确，可谓是青铜器的精品。特别值得一提的是，右骖马额头上有一铜球系穗状璎珞，古称为“纛”，这种皇帝车驾上特有的标志在考古史上是首次发现。

铜车马在金属焊接技术及连接工艺方面，也取得了重大突破。两辆铜车马共由7000多个零部件组成，一般活动零件，如引绳、辔绳等部件，广泛采用了子母扣儿连接、活铰连接、铰链连接、销钉连接、弯钉连接、锥度配合连接等多种连接工艺；其他固定部件的连接，则采用了铸焊法、镶嵌加纤焊法和红套法等，均达到了非常高的工艺水平。至今，铜车马上的各种链条仍转动灵活，门、窗开闭自如，牵动辕衡仍能载舆行驶。

秦陵出土的铜车马是我国现已出土的年代最早、驾具最全、级别最高、制作最精的青铜器珍品，也是世界考古史上发现的最大青铜器，被誉为中国古代的“青铜之冠”。它的出土，为研究秦代冶金技术、工艺造型等提供了极为珍贵的实物资料。

谜团重重的幽深地宫

地宫是秦始皇陵墓建筑最核心的部分，是放置秦始皇棺椁和随葬器物的地方。考古专家用遥感和物探方法进行探测后，确认地宫就在秦陵园封土堆下。多年来，考古界虽然围绕着秦陵及其陪葬坑进行了大量的勘测与发掘，但因为时机仍不成熟，所以地宫的发掘始终未正式立项，这让人们产生了更多的期待。

秦始皇陵出土的2号彩绘铜车马

2号铜马车叫安车，因乘坐这种车辆安稳舒适而得名。车厢顶部有穹窿状的椭圆形车盖，车厢内空间宽敞，可任人坐卧。

关于秦始皇陵地宫的建造及相关情况，最早的历史文献是《史记·秦始皇本纪》中的记录，大意为：陵墓一直挖到地下的泉水，用铜加固基座，上面放着棺材，堆满了奇珍异宝……墓室里还注满水银，象征江河湖海；墓顶镶着夜明珠，象征日月星辰；墓里用鱼油燃灯，以求长明不灭。

但是，这些记述属实吗？地宫里究竟是怎样一副情形？几十年来，考古专家们依靠现代科技手段，努力寻找着能揭开秦陵地宫之谜的种种蛛丝马迹。

第一需要明确的是地宫的深度问题。秦陵地宫的深度，曾引起过华裔物理学家丁肇中先生的兴趣。他利用现代高科技，与陈明等三位科学家研究撰文，推测秦陵地宫深度为500—1500米。现在看来，这一推测近乎天方夜谭。假定地宫挖至1000米，它超过了陵墓位置与北侧渭河之间的落差。那样，不仅地宫里的水难以排出，甚至会造成渭河之水倒灌秦陵地宫的危险。但他的研究，却首开了利用现代科技手段探索秦始皇陵奥秘的先河。最新考古勘探资料表明，地宫东西长260米，南北长160米，总面积41600平方米，相当于5个国际足球场那么大。但是否真是如此，尚有待于考古勘探进一步验证。

第二个谜团就是地宫建造了几道墓门。据《史记》记载："大事毕，已藏，闭中羡，下外羡门，尽闭工匠藏，无复出者。"意思是说，秦始皇入葬时，秦二世胡亥为了殉葬和防止泄密，将几千名嫔妃宫女和参与工程的能工巧匠都活埋在了墓道中。这里既涉及有"中羡门"，又有"外羡门"，内羡门不言自明，也就是说，地宫共有三道门。

值得注意的是，在记载中，"中羡门"用的是"闭"字，"外羡门"用的是"下"字。这说明中羡门是可以开合的活动门，外羡门则是由上向下放

跪射俑

跪射俑出土于兵马俑2号坑。2号坑为一个多兵种的曲尺形军阵，分阵心和阵表两部分，阵心即由跪射俑组成。

置的，可能是横向镶嵌在两壁的夹槽中，是一道无法开启的大石门。内羡门可能与中羡门相似。三道羡门很可能在一条直线上。

第三，陵墓中究竟有没有水银。地质学家们在秦陵地表采样、反复测试发现，封土土壤样品中果然出现了“汞（水银）异常”。而附近其他地方的土壤样品却没有显示“汞异常”。由此，科学家们认为，《史记》中关于秦陵中埋藏大量汞的记载是可靠的。

第四，秦始皇的棺材是由什么材料制成的？有学者根据《史记》中“下铜而致椁”这句模糊记录，认为秦始皇使用的是铜棺。但《史记》《汉书》同时也明文记载：“冶铜锢其内，漆涂其外。”“披以珠玉，饰以翡翠。”“棺椁之丽，不可胜原。”铜棺或石棺肯定不用土漆来涂抹。所以，棺椁恐怕只能是木质的。

第五，关于地宫究竟有没有空间的问题。目前的考古勘探表明，地宫为竖穴式，墓内可能有大型木椁。一般竖穴木椁墓的墓道及木椁上部都会以夯土密封，少有空间。然而，秦陵的设计者之一李斯却说：“凿之不入，烧之不燃，叩之空空，如下无状。”如果记载无误，就说明地宫是有外壳的，且有较大的空间。但由于考古勘探尚未深入到地宫的主要部位，所以地宫内部究竟是虚是实目前还是个谜。

第六，关于地宫的防盗设施。据《史记》记载，墓室内的要道机关装着带有利箭的弓弩，盗墓的人一靠近就会被射死。如果记载属实，这将是中国古代最早的自动“防盗器”。秦代曾生产过连发三箭的弓弩，而安放在地宫中的暗弩应当是一套当外界物体碰到时便会自动发射的弓弩。这不由得让人们产生疑问：2200多年前的秦代，真的能生产如此高科技的自动发射器吗？

还有一个悬念，就是秦始皇的遗体是否完好。长沙马王堆汉墓的“女尸”震惊了中外（后面章节有介绍），因此，有人推测秦始皇的遗体也会完好地保存下来。如单从遗体保护技术而言，这是有可能的。但最大的问题是，秦始皇是死在出巡途中的，且当时正值酷暑时节。据记载，秦始皇死后，赵高、胡亥阴谋篡位，为防走漏“风声”，秘不发丧，“尸体”未运多远，便发出了熏人的腥味。直到两个多月后，尸骨才运回咸阳发丧。此时，恐怕再先进的技术也无能为力了。据此推测，秦始皇遗体保存完好的可能性很小。

地宫是否安然无恙

秦陵地宫虽然迷雾重重，但随着我国考古研究工作的深入以及高科技探测技术的实际运用，相信终有一天能揭开它神秘的面纱。但目前还有一个至关重要的问题亟待解决，那就是时至今日，秦陵地宫是否依然安在？

《史记》《汉书》都有记载，秦末项羽率军攻入秦都后，将秦始皇陵墓打开，令30万大军日夜不停地把里面的东西送出来，竟整整用了30日。后来，一些盗贼乘机把棺椁取出，化铸成铜。再后来，牧羊人一把火把整个宫殿烧为灰烬。数十万人耗时几十年的浩大工程就这样被彻底毁掉了。

据某些古籍记载，后来在民间发现了本属于秦陵陪葬品的东西。如《三辅故事》记载，在项羽等人挖掘秦陵的过程中，突然有一只金雁从墓中飞出，一直朝南而行。几百年后的三国时期，一位名叫张善的日南太守得到一只金雁，上面的文字让他立即判断此物出自秦始皇陵。传说当时有会飞的金雁，这是有可能的。因为在春秋时期，著名工匠鲁班已经能制造会飞的木雁，并且直飞到宋国的城上。几百年后，秦国的工匠能制造出会飞的金雁，这也是可信的。

而在《史记》和《汉书》中都记载了“黄金为凫雁”这件事，意思是墓内有用黄金制作的“凫雁”。因此，近年来有学者指出，这虽然是个传说故事，但说明秦始皇陵内的文物曾经流失于外，并且远达云南以南。这不禁让人为秦陵地宫的命运捏了一把汗。

然而，专家们通过近年来的考古发现，认定地宫还安然地沉睡在地下。

考古人员对地宫周围的汞含量进行了勘测，在地宫表面检测出的大片强汞区，成为秦陵地宫尚未

搏击俑

搏击俑出土于2号坑，站在跪射俑前，抬起手臂，就像在练习武术，准备与对手进行搏击。

被盗的有力证据——如果秦始皇陵有通往地宫的盗洞，汞早已从盗洞挥发掉。

其次，《史记》中明确记载了地宫中有防盗的“机弩矢”，并且能做到“有所穿近者辄射之”，如果秦陵被盗，必然有盗墓者被机弩所伤，但历史文献和民间传说都从未提及这一情况。

再有，近十年来，陕西省秦俑考古队在秦始皇陵封土周围进行了细致的钻探工作，找到了若干个通往地宫的甬道，发现甬道中的五花土并没有人为扰动的痕迹。

最为重要的是，在利用现代技术对地宫进行勘探的过程中，研究人员发现在封土堆下的墓室周围，存在着一圈很厚的细夯土墙，即所谓的宫墙。经验证，宫墙东西长约168米，南北宽141米，南墙宽16米，北墙宽22米，相当精致和坚固。在土墙内侧，研究人员又发现了一道石质宫墙。根据探测，发现墓室内没有进水，而且整个墓室也没有坍塌。如此坚固的宫墙，不是盗墓贼轻易能够突破的。

1978年4月，美国国家地理杂志在主要位置以近10页的篇幅刊登了介绍中国秦始皇陵的系列文章。文中提到，如果能破解秦始皇陵地宫的秘密，那将是有史以来最大的考古发现！如果有朝一日秦始皇陵被发掘，那么，所有关于秦始皇陵的一切谜底也都将大白于天下！我们期待着这一天早日到来。

南越王墓

——岭南异乡人

- **年代：**约公元前110年前
- **位置：**广州市区北部
- **发掘迄始：**1983年

象岗上的大洞

横亘在广州市区北部的象岗是越秀山最西端的一座小山，因远看似一只卧象而得名。元、明时期，这里是有名的游乐胜地，“象岭樵歌”曾为明代

西汉南越王博物馆
博物馆的陈列展出较全面地反映了2000多年前南越国时期岭南地区社会政治、军事、经济、文化等的情况，为秦汉时期岭南地区的研究提供了生动翔实的资料。

羊城八景之一。

1983年，广东一家单位计划将象岗平整后，建造4幢高层公寓楼。6月9日，伴随着推土机的轰鸣声，几十名民工正在“噼里啪啦”地凿石刨土。当海拔49.71米的小山包被凿掉17米时，有民工突然发现自己的镐头下出现了不同寻常的变化：那风化得有些零碎的花岗岩石块不见了，取而代之的是一块又一块整齐排列的砂岩石板。民工们撬开石板，发现下面竟是一个硕大的洞穴。

一时争论四起，有人说，这是70年代林彪部队修的一个防空洞，用来预防苏联发射到中国的原子弹在广州爆炸；也有人说，这是日军侵华时，在这个山包中秘密修建的一座军火库，下面匿藏着的必是成捆的炸药和炸弹……

事情很快引起了基建科长邓钦友的注意。曾和很多考古人员有过接触的他不动声色地围着摇晃的大石板转了两圈，蓦然意识到这很可能是一座古墓，于是立即与市文管会考古队和省政府办公厅等部门取得了联系。

省文管会的考古队队长黄淼章等人急忙赶到现场。他拿出手电，透过石板，隐约看到洞穴底似乎堆放着青铜器。这让他意识到可能挖到汉代大墓了，便马上打电话找到了广州博物馆馆长、著名考古学家麦英豪。

约20分钟后，麦英豪赶来，在进行了一番仔细的勘定后，见多识广的他也不由得心跳加速、异常激动。因为，仅从墓室的形制、规模以及随葬的器物就可以判定，这将是岭南考古史上一个前所未有的新发现，将为岭南考古史增添光辉灿烂的新篇章。

深夜的初次探墓

然而，当惊喜还未散去，考古工作者们就又发现了一件让人直冒冷汗的事情：从最宽的石缝向内看去，第一道厚重的石门上有一条大大的开口；第二道石门是紧闭的，但门上的铜铺首只剩了一个——难道掩埋得如此深邃的陵墓已经被盗过了吗？

为了解开疑问，进一步摸清墓室的情况，大家决定先派人入墓探察一下。经研究，这个任务落在了黄淼章身上，一来因为他是考古队长，二来他也是队中身材最瘦小的一位，能从仅宽30厘米的缝隙中钻进去。

晚上10点钟，人们从墓室的石板缝中伸下了一根长长的竹竿，黄淼章沿着竹竿慢慢滑进墓中，一股腐朽而又潮湿的气味顿时迎面袭来。他小心地选好落脚的地方，抬头一望，不由得惊呆了：墓室的石墙和墓顶都绘有云纹图形，分别由红、黑两种颜料绘制，生动鲜活，清新亮丽，笔触如行云流水，潇洒自如，使那彩绘的云朵看上去犹如被旋风卷起，狂飙裹挟，形成了一种奔腾、飘逸、凌空飞旋的浩瀚气势。

黄淼章看得直发愣，半晌方回过神来，察觉到自己原来是在墓的前室，东西两边还各有一个耳室。那时，黄淼章并没有意识到，这座墓竟然是岭南

南越王赵眜墓外景

南越王赵眜墓位于广州解放北路的象岗山上。赵眜是西汉初年南越国第二代王、第一代王赵佗的孙子。他的墓就是著名的“南越王墓”。

地区规模最大、出土文物最丰富、全国发现年代最早的彩画石室墓。

而后，黄淼章又小心翼翼地继续自己的发现之旅，一个奇妙的世界逐渐展现在他的眼前：斑驳的大铜壶、成排的编钟、硕大的铜鼎、瑰丽的玉璧……简直遍地都是宝物！他先前悬着的心在转瞬间被巨大的喜悦填满了，古墓完好，没有被盗！

很快，黄淼章就探清了墓室的大概情况，他小心地从东耳室钟架下面取了一个铜钟，从前室拿了个玉璧，再从西耳室过道口取了一个陶罐的盖子，并一一记清位置。然后深吸了一口气，顺着竹竿重返“人间”了。

赵佗像

赵佗原是秦朝著名将领，后成为南越国第一代王，公元前203年至前137年在位，号称“南越武帝”。

当晚，广州市考古队办公室内灯火通明，十几个人围着从象岗古墓中取出的3件文物和墓室草图反复察看。巨大的墓室、彩绘的壁画、无穷的宝物……无不使在场者瞠目结舌，惊愕不已！

大家都很清楚，如此巨大的墓葬和奇特珍贵的文物在广州考古队成立30多年来是首次发现，那成套的编钟说明墓主的身份非王即侯，而碧绿的大玉璧又分明是瑞玉之首。这一切都在向人们暗示，一个匿藏2000多年的历史人物就要走出阴暗幽深的地宫，向世人讲述他那愉快或忧伤的往事了。

那么，这个重要的神秘人物，会不会就是30多年来让考古工作者魂牵梦萦的南越王赵佗？

千古难觅的赵佗墓

南越国是秦朝灭亡后，由南海郡尉赵佗于公元前203年在岭南地区建立的割据政权，国都位于番禺（今中国广州市内），疆域大致包括今广东、广西两省区的大部分地区，福建、海南、贵州、云南的一小部分地区和越南的北部。

南越国第一代君王赵佗，祖籍河北镇定（今保定）。赵佗原为秦国将领，参加过秦朝统一岭南的战争。秦朝在岭南设置郡县后，赵佗任南海郡龙

墓主组玉佩
由32件玉、金、煤精和玻璃等不同质料饰件组成，长60厘米，覆盖在组玉璧上。

州县令。秦末南海郡郡尉任嚣病死，赵佗接任郡尉。后来，陈胜、吴广起义爆发，乘“天下大乱”之机，赵佗并桂林郡、象郡，席卷岭南之地，建立南越国。

南越国是岭南地区的第一个封建制国家，来自中原地区的统治者，为岭南带来了先进的政治制度和生产技术，保证了秦末乱世岭南社会秩序的稳定；而其，“和辑百越”政策的推行，促进了汉族和南越国各个民族之间的相互融合，使汉文化和汉字得以传入岭南，改变了岭南落后的文化状况。

根据《史记》和《汉书》记载，南越国共存在93年，历经5代君主，武王赵佗、文王赵胡、明王赵婴齐、哀王赵兴、靖王赵建德。开国君主赵佗是一位长寿之君，他在位执政67年，整个南越王国93年历史，他独占了2/3还多。他对于岭南地区的历史、社会发展产生了极为重大的影响，成为叱咤岭南的风云人物。

公元前196年和公元前179年，南越国曾先后两次臣属于西汉，成为西汉的“外臣”。公元前112年，南越国末代君主赵建德与西汉发生战争，公元前111年，兵败于汉武帝的南征大军。

埋葬隐秘、聚藏珍宝的南越王墓一直受到后世之人的觊觎，第一个便是三国吴主孙权。226年，孙权“闻佗墓多以异宝为殉”，就命交州治中从事吴瑜带兵到番禺，在城北越秀山一带寻找佗墓，但“凿山破石，费时损力，卒无所获”。而之后，历朝历代皆有盗墓者寻找赵佗墓，但全部一无所获。赵佗墓到底在何处，至今是一个谜。

前室中会动的木车

象岗古墓的发现引起广东省文物局的高度重视，他们一面采取有效措施对古墓进行保护，一面向中央请示发掘。在等待批示之时，考古队员们开始着手清理墓道，为正式发掘做准备。

探察发现，此墓分前后两部分，前部有3室，前室和东、西耳室；后部有4室，正中是主棺室和后藏室，两侧为东、西侧室。整个墓由500多块红砂岩石砌筑，墓底铺有木板。

1983年8月25日，古墓的考古发掘工作正式开始。在用起重机吊走填石、清走填土之后，考古队员发现，因为石头和泥土的压力，前室的门已被顶开。前室顶部及四壁均有彩绘云纹图案，装饰富丽，似是仿墓主生前的宴乐厅堂而制。

在墓室东侧，考古人员发现了一殉葬人的棺具遗痕，棺具早已腐烂如泥，仅见一片板灰残痕。在板灰痕上，有一方铜质印章，阴刻篆文："景巷令印"。考古人员推断，这方印应是殉葬者生前佩戴的实物。"景巷令"即"永巷令"，汉代设此官职，以宫中宦者充任，专掌皇后、太子家事。因此，这位殉葬者生前当是南越国王室的永巷令。

在墓室西侧，可见木车模型的残痕，车的铜铁构件散落了一地，几乎占了墓室5/6的面积——本来不大的木制模型车，散落的部件竟占据了如此之大的空间，这明显违背常规的纷乱布局引起了考古人员的注意。

显然，这具模型车在死者入葬后曾经大面积地移动过，这个异常现象使问题变得复杂起来：墓中的随葬品应在关闭墓门之前就全部放入了，也就是说放殉葬品在前，关闭墓门在后。既然墓门已闭，盗墓贼又始终未进入墓室之内，这具木制车又何以会大范围地移动呢？是木车自身的原因，还是人为的原因？

木车模型在安置后自己移动的可能性微乎其微，唯一可能造成这种局面的当是墓室中的那个殉葬人，不过从遗留的灰痕看，这个殉葬人是在死亡之后由棺具盛装安置于墓室之中的。人为的原因也排除了，那么，这木车移动过的事实又做何解释？难道这阴间真的有鬼魂？

经过一番仔细观察，考古人员终于发现了木车移动的秘密。原来，这个墓室中曾多次渗入地下水，尽管每次地下水积聚的深浅程度不同，但从墓室四周的石壁上仍能隐约分辨出地下水侵入后残存的遗痕。而从散落的铜铁车部件来看，虽然所占范围很大，但一些主要构件都位于同一条线上，且木车的横木饰在前（南），伞盖饰倒落在后（北），这均与木车的各部位置相符。由此可以推断，这具木车模型在被积水托起后，曾往后（北）漂移过，待年久日深木车腐朽后，那些铜铁构件就随之四散掉落了。

金钩扣玉龙

金钩扣玉龙出土于墓主的右肩上，整体由一条青玉雕刻的玉龙和一个金质的虎头带钩组合而成，形成一幅猛虎噬咬巨龙、龙争虎斗的生动图景。

东耳室里的青铜器

考古人员清理完前室后，又进入了东耳室。一眼看去，东耳室就像是放置宴乐用具的处所，铜器、铁器、陶器、玉石器、金银器、漆木器、象牙骨器、动物遗骸等一应俱全。而最让发掘人员激动和兴奋的，当是室内那琳琅满目的铜乐器和铜容器。

在这些青铜器物中，形体最大也最为显眼的是一套铜提筒。从形制上看，这是古代岭南人用来盛酒的器物。提筒共有3件，均保存完好，形状大致相同，按大小顺序相套在一起。最大的提筒，通体像人们平时见到的圆桶，只是头部比圆桶还要大，外绘有形纹图案，通高50厘米，口径46.5厘米，筒壁口部厚0.2厘米，底部圈足部分厚达0.35米。

三个提筒中绘有船纹的提筒引起了考古人员的高度关注。该提筒高40.7厘米，其上绘有4组船纹，船上绘有扬起的风帆、戴羽冠的武士、裸体的俘虏、满载的战利品以及古代越族部落象征权力的铜鼓等，船的周围以及船底还绘有海龟、海鱼和海鸟，反映的是一只大型古越人船队在战争结束后胜利凯旋的场景。这是目前考古发现的规模最大、最为完备的海船图形，对“海上丝绸之路”的研究具有相当重要的意义。

总之，这套铜提筒为研究岭南冶金史和当时的社会状况提供了极其珍贵的史料。

室内还有两套虽历2000多年的岁月侵蚀，却依然散发着独特魅力的铜编钟。

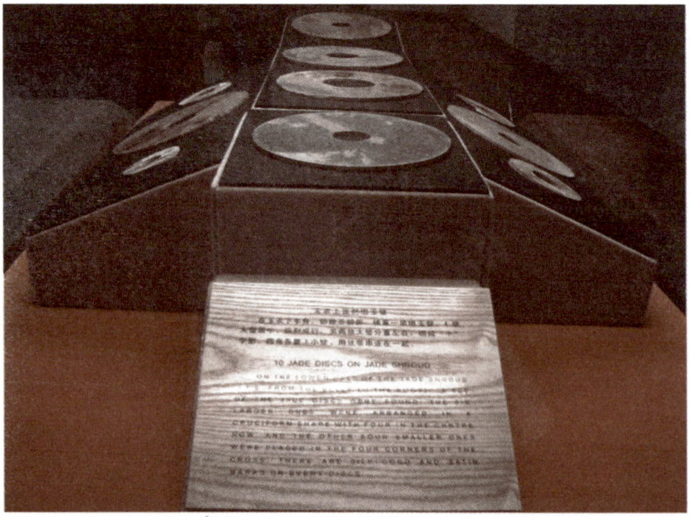

玉衣上的组玉璧

玉衣下身有一串组玉璧，4块大璧居中，纵列成行，另两块大璧分置左右，组成“十”字形。四角各一小璧，用丝带串连。

编钟一整套共14件，从小到大依次排列在北墙壁下方，并整齐地悬挂于木制横梁上。从外形上看，14件编钟形制相同，大者通高24.2厘米，小者通高11.4厘米，均保存完好，通体泛着青绿色的幽光。

与编钟相连的是一套5件的甬钟，从小到大依次摆放在东侧地面上，只是未见横梁木架。每件甬钟形制相同，最大的通高49厘米，最小的通高38厘米，外表都有丝绢包裹的痕迹，表明入葬前曾被包装过。

考古人员在清理时，对编钟轻轻叩击，钟体发出了庄重、清新、典雅的声音。由此可见，南越国的制铜技术及礼乐发展水平不容置疑。

“蕃禺”铜鼎

南越王墓出土地汉式铜鼎共18件，其中4件器身有“蕃禺”或“蕃”字的铭文。这件“蕃禺”汉式铜鼎扁圆腹，圆底，矮蹄足。鼎盖刻有“蕃禺、少内”等字。

岭南重宝“铜虎节”

当东耳室的器物清理到一半时，对西耳室的发掘也紧锣密鼓地开始了。西耳室放有青铜礼器，各种铜、陶生活用具、兵器、甲青、铁工具、车马帷帐、金银珠宝、象牙、漆木器及丝织品、五色药石与砚石丸墨等等，数量达四五百件，是全墓储藏器物最多、最丰富的一个库藏室。

在一堆陶器的后方散落着3件大号铜鼎，有一件器形高大，整体形状与其他鼎迥异。经测量，此鼎通耳高42厘米、口径31.5厘米、腹径35厘米、腹深17.5厘米。其形状为敛口，深圆腹，圆底，长方形附耳，高蹄足，子口缺盖，腹上有一圈凸棱，蹄足上部为高浮雕羊首形，衬以卷云地纹，蹄足为13棱柱体。鼎的表面留有丝绢、竹筒残片，应是事先用丝绢将鼎包好，然后放在竹筒内入葬的。后研究，这件形体特别的高足鼎是整个墓葬出土的各类鼎中唯一的一件楚式铜鼎，应是战国时期由楚地辗转流入南越国。

发掘中，令考古队员特别感兴趣的是，在库藏室发现了完整实用的铜杵、铁杵和铜臼共2套捣药工具，旁有成堆的辰砂、铅粒、硫黄等五色药石，还有中草药、药丸等。五色药石又称为“五石散”，传说服之能延年益寿。看来，象岗墓主不忘长生不老，竟将生前服食的五色药石也带入了墓中。

考古人员在室内还发现了铜勺、铜链、铜铐炉、铜镜等青铜器物。值得一提的是，在西耳室中部南墙根下出土的一件铜虎节是整个岭南地区唯一的一件重宝。

这件铜虎节出土时，通体裹有丝绢，与银片、染金瑟柄等器物堆放在一起。从外形看，全器铸成一只蹲踞状老虎，器长19厘米、最高11.6厘米、最厚1.2厘米。其状为目大张，露齿，弓腰，尾卷成“8”字形，姿态生动威猛。虎节正面有错金铭文“王命二车徒”字样，另镶有27片弯叶形金箔作虎斑纹，背面无文字，但上贴33片金箔。虎眼、虎耳均以细金片勾勒，头部金箔多达10片。

龙凤纹重环玉佩

龙凤纹重环玉珮是一件装饰玉，出土于墓主右眼位置，由青白玉雕成。整个玉佩分为内外两圈，内圈透雕一条游龙，外圈透雕一只凤鸟。凤鸟回眸凝望游龙，龙凤似在喃喃细语，妙韵天成。

整个器型虽为一扁平铜板制成，但其头与足的转折部位及脸部皱纹等均用粗线条勾勒，层次分明，纹路清晰。尤其虎的毛斑铸成弯叶形浅凹槽，上贴金箔片，致使虎的周身斑斓生辉，威势大增，在增添了通体立体感的同时，又顿使此虎虎虎生威，观之不由令人叫绝。

麦英豪根据《史记·南越列传》记载的武王赵佗“攻长沙边邑”推断，虎节极有可能是赵佗攻占了楚国旧时所获，他死后传给了子孙后代，后来成为随葬品。此外，也不能排除战国时楚国的势力已逾越岭南的可能。

墓主的庐山真面目

从古墓发现之日起，虽然已发掘了100多个日日夜夜，但“墓主到底是谁”却一直是萦绕在众人心中的一个谜。他们将眼睛一起投向了安葬棺木的后室。和前室不同，后室的门一点裂缝都没有，怎么做才能以最小代价进入呢？从正门进？没钥匙。揭顶？墓室可能会坍塌。挖地道？大件文物又运不出来。

经过一番深思熟虑，专家们决定“开中门”。先挖了一条通入墓室的狭窄小坑道，让一名队员慢慢爬进去，从里面拆除了门槛，又在门下挖小洞，计划用千斤顶将墓门移位，但石门纹丝不动。后来，考古队员们采用下降法将门下面的土挖去，由于石门的上轴处已经断裂，石门就慢慢滑入下面的坑里。

甫入墓室，阴风袭来，考古队员们不由得寒战连连。墓主的安葬在墓室后部中央，用一棺一椁盛殓。

将主室顶脱落的泥土清理掉之后，露出了腐朽的棺木残痕，一幅惊人的景象呈现在考古队员面前：墓主身穿丝缕玉衣，腰间佩10把嵌缠金玉的铁宝剑，最长的一把剑长1.46米，为目前所见汉墓中最长的铁剑。墓主头部置精巧的金钩玉饰，下枕丝囊珍珠枕头。在墓主周围，还发现不少精美的玉雕，皆可堪称汉玉珍品。

在墓主身上还发现了一枚玉印，上面工工整整地篆刻有“赵眛”两字。但在《史记》《汉书》上都查不到赵眛之名，墓主的身份似乎被蒙上了一层面纱。当时，虽然考古队员都相信墓主很可能就是南越王之一，但根据记载，南越后二主赵兴、赵建德均死于战乱之中，只有前面三主赵佗、赵胡、赵婴齐才能给自己建造巨大的陵墓。三者当中，谁为其一呢?

紧接着，考古队员又发现一枚极为考究的帝印，这是我国考古发掘中首次发现的帝印。有考古工作者认为，赵眛就是《史记》中不见记载的赵佗之子，但大多数考古队员认为赵眛不应是赵佗之子。因为史书中明确记载赵佗寿逾百岁，佗子早死，故传位给其孙赵胡。如果该王陵埋葬的是赵佗之子，那南越国应该有6位君主。而《史记》成书年代和南越国年代相差无几，不可能出现漏掉一代南越王的重大疏忽，所以赵眛不会是赵佗之子。但如果是赵佗之孙，为何墓主私印是“赵眛”，而不是史书中的赵胡呢?

9月22日下午5时左右，一个戏剧性的高潮出现了。在墓主的胸腹间，发现了一件金黄色闪闪发光的物品，考古队员细心地把旁边的朱红残漆等剔开，并轻轻拂去附着的泥尘，一条栩栩如生的金色小龙立在一个四方台上，金光闪闪。“啊！一枚龙钮金印！”一位队员禁不住内心的激动喊了出来。

金印在考古发掘中极为罕见，特别是龙钮金印在全国汉墓中还没有发现过。可以预见，这枚龙钮金印将是象岗汉墓中价值连城的文物，更是解决墓主身份、揭开墓主之谜的关键!

文帝行玺

方形龙钮金印，通高1.8厘米，边长3.1厘米，重148.5克，含金量98%，印面呈田字格状，阴刻“文帝行玺”4字，小篆体，书体工整，刚健有力。

翻转金印，“文帝行玺”四个刚劲有力的小篆映入眼帘。一个古老重大的历史悬案就此解决了！象岗墓墓主就是南越文帝！赵眛就是《史记》中记载汉朝赐谥的南越文王——第一代南越王赵佗的孙子。至于《史记》中写成“赵胡”，专家认为，也许是司马迁的档案有误，也许是后人抄错了。

独一无二的丝缕玉衣

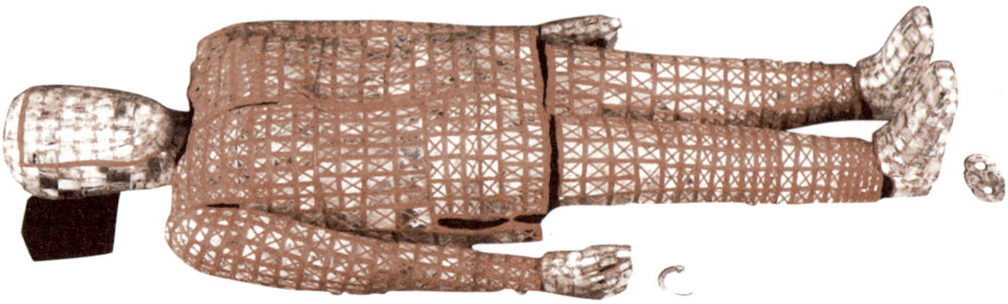

南越王墓丝缕玉衣
南越王墓丝缕玉衣全长1.73米，共用了2291片玉片，是用丝缕和麻布粘贴编缀而成的。和金缕玉衣相比，丝缕玉衣的玉片玉质欠佳，色泽混杂，形状多为长方形和方形。

墓主身上所穿的丝缕玉衣是本次考古发现的最有价值的文物之一。经修整复原得知，玉衣由头套、衣身、两袖筒、两手套、两裤筒和两只鞋所组成，全长173厘米，共用玉片2291片。玉衣外貌如同人体形状一样，其中头套有鼻无耳，由头罩、面罩两部分扣合而成；上衣分前、后两片，为外襟式；左、右袖呈筒形，上粗下细，体扁而弯，上口朝向内侧开；两手套基本对称，结构如手形，做握拳状；两裤筒互不相连，呈上粗下细的筒形；两只鞋的上口前高后低，以便穿入。

整套服装设计大方合体，足见制作之独具匠心。

整件玉衣的玉片，其形状和大小皆根据人体各部位的不同形状而设计，基本以长方形、方形玉片为主，特殊部位则采用梯形、三角形和多边形等玉片。头罩、手套和鞋所用的玉片加工都较细致，厚薄均匀，两面光滑润泽，边角上都有穿孔，以便丝线穿缀，里面再用丝绢衬贴加固；而躯干部位所用玉片，厚薄不一，无孔，平排并列粘贴在麻布衬里上，表面用窄的朱丝带作对角粘贴，组成菱形网格状的地纹，四边再以宽带粘贴成纵横方格，显得非常规整艳丽。同时，各个部位的边缘处都以丝织物缝合包边，做工细致，令人叹为观止。这套丝缕玉衣是迄今为止世界上唯一的一套丝缕玉衣，它反映了玉衣发展过程的早期特点，又反映了南越文化的特色，是考古史、纺织史、玉发展史上不可多得的实物研究资料。

南越王墓文物之最

最后，考古工作者们又清理了后藏室和东、西侧室。后藏室储放着膳食

大玉璧

墓主的棺椁中出土了37块玉璧，这是最大的一块，直径有33.4厘米，堪称璧王。

用具和珍宝。东侧室为姬妾葬所，西侧室为从死的园丁厨役之室。纵观全墓的构筑格局以及随葬品陈置，可以认定，墓室都是仿照墓主生前居室的前朝（堂）后寝（室）的布局设计的。

经统计，在南越王墓中，共出土了随葬品1000多件，包括铜器500多件，玉器240多件，铁器246件，另有金器、银器、陶器一批。在这些文物中，除丝缕玉衣、龙钮金印等价值连城的宝物外，还有很多为国内首见。

在出土的玉器中，很多都是造型独特、做工精美、独一无二的珍品。如出土于墓主棺室头箱中的一件铜框玉盖杯，在考古发掘中系首次发现。它做工精细，反映了当时高超的制玉水平。

还有一大一小两件印花铜板模，是现已发现的世界上最早的彩色套印织物的工具，在纺织工业史上有重要的地位。还有一件器形硕大、结构奇巧的屏风，是我国考古首次发现的最早、最大的实用漆木屏风。这里还出土了现已发现的中国最早的一批海外舶来品：银盒和金花泡，在造型、文饰和制造工艺上具有西亚金银器的特点；象牙，为非洲象牙；铜熏炉和乳香，皆来自东南亚。这是两千多年前广州作为中国古代“海上丝绸之路”起点的重要物证。

玉犀牛角杯

由一整块青白玉雕成，中间凿空成犀牛角的形状。南越匠人运用各种工艺方法在器身上巧妙布局各层纹饰，再通过细致的打磨，使玉角杯透出温和恬润的光泽。

南越王墓出土了蓝色透明平板玻璃，其成分以氧化铅和氧化钡为主，铅、钡含量分别高达33%和12%，属于中国铅钡玻璃系统。这是迄今我国考古发现的最早的平板玻璃，对研究中国古代玻璃制造业的发展有重要意义。

一面直径为41厘米的绘画铜镜直径41厘米，画面为4个贵妇人看两人斗剑的图案，是目前国内考古发现的最大的一面西汉绘画铜镜，其绘画风格与长沙马王堆汉墓的帛画相似，可见南越文化中有着楚文化的深刻烙印。

南越王墓这座具有2100多年历史的帝王墓葬，保存之完好、出土文物类别之丰富、文物工艺之精美无不让人震惊。这是新中国成立以来两汉考古的一个里程碑，是继秦始皇兵马俑、满城汉墓、马王堆汉墓之后的中国考古发现的又一高峰。

南越王墓的发现开辟了一个新的时代，即岭南开发史、建设史、南越国史和岭南城市考古研究的新时代。这种研究将会有许多更新的发现，它将可能揭开一个边缘社会尘封的面纱。

马王堆汉墓

——千年不腐的女尸

- **年代：**约公元前196年－公元前168年
- **位置：**湖南长沙马王堆
- **发掘迄始：**1972年

会喷“鬼火”的洞穴

湖南长沙，一座历史悠久、依山傍水的文化名城。在市东郊的五里碑附近，有两座大小相当的土冢，顶部皆呈圆形。它们相距23米，东西相望、一地相连。据当地人称，下面埋的是一个姓马的王侯，所以，这里一直被叫作“马王堆”。也有传说称，这里埋着古代长沙王的生母……

1971年末，在中央“深挖洞，广积粮”的号召下，解放军某部的医院开始在马王堆挖掘防空洞。雄心勃勃的地下工程一开始便受到了“古人”的“干预”，东边的巷道掘进不到10米，便遭遇严重塌方，无法继续施工。施工人员找来铁棒四处探查，突然间，从铁棒穿透的小洞里冒出一股呛人的气流。

不了解文物知识的工人们一时不知所措，就蹲在洞口边抽烟边观察。然而，意想不到的事情发生了：洞口的气体遇到火，轰一下就烧了起来。大火泛着幽蓝色的光，像极了传说中的鬼火。有人连忙浇水灭火，但泼上去的水却被强大的气体压力反喷回来。就这样，“鬼火”一直烧了三天三夜，一时间人心惶惶。

马王堆汉墓博物馆外景

马王堆汉墓博物馆位于湖南省烈士陵园西侧，这里陈列着从马王堆汉墓出土的文物以及2100年前的西汉女尸。

几天后，得到消息的考古专家匆匆赶到，事情的原委才逐渐明朗起来。经专家实地探察，初步确定被挖的地下是一座古墓，而且是一座火坑墓。何谓火坑墓？所谓火坑墓也就是墓室中有机物质腐蚀所产生的沼气，因为墓葬密闭得好，而聚集在墓室里，见火就着。通常凡是属于这种“火坑墓”，随葬品甚至尸体都会保存得相当完好，由这点可以得出，这座古墓尚未被盗扰过。

当时的国家文物局负责人王冶秋在得知这一情况后，立即批示湖南省组织人员对古墓进行发掘。

地下宝库的女主人

经过一系列的准备，1972年1月16日，考古队开始正式发掘位于东边的编号为1的古墓，而位于西边的2号墓暂且不动。

封土被挖开后，斜坡墓道和四级台阶的长方形墓穴露了出来。在发掘过程中，考古工作者发现了盗洞，但此墓最初有沼气冒出，即证明了盗墓贼并未深入此墓。果然，在接近白膏泥层时，盗洞就消失了，这让考古工作者们舒了一口气。

墓穴被打开后，人们发现，填满墓底和椁室的白膏泥竟达1米多厚，颜色白中带青，像糯米糍粑一样又软又黏。在白膏泥下面，铺着厚厚的木炭，足有5000多千克，装了整整四卡车。木炭被取完后，露出了一口长近7米，宽

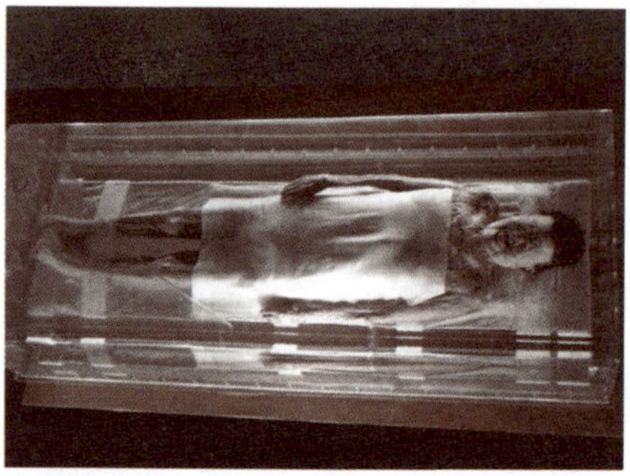

马王堆女尸

女尸能够不腐主要有如下原因：得当的防腐措施；当时的环境非常干燥，有利于保存；棺木密封很好，和外界空气隔绝，避免了细菌对尸体的侵蚀；马王堆墓一直没有被盗。地质条件加上人为因素，使得辛追的尸体奇迹般保存下来。

5米，高近3米的大棺椁。棺椁上铺着几十张竹席，刚出土时，竹席颜色嫩黄，光亮如新，但仅十几分钟，竹席就变成了黑色的朽物。

4月17日上午10时，在考古经验丰富的专家到达现场后，考古发掘人员下到墓穴内揭椁开棺。等到两层椁板都被揭去时，眼前的景象让考古人员大吃一惊——这里俨然是一个地下宝库！

这是一个结构呈“井”字形的椁室，中间是光亮如新、刻画各种纹饰和图画的棺木，棺木的四边是4个巨大的边箱，边箱里塞满了数以千计的奇珍异宝，这些宝物在阳光照耀下灿烂生辉。

墓室椁内的头箱里的摆设更是奇特：两侧摆着古代贵族常用的色彩鲜艳的漆屏风、漆几、绣花枕头和两个在汉代称为漆奁的化妆盒，盒子里装的是唇膏、胭脂、扑粉等化妆品。另一个外观基本相似的单层奁盒里，除了装有5个小圆盒外，还放置有小铜镜和镜擦子、镊、木梳、木篦等物，这些无疑都是梳妆用具。

就在这个普通的化妆盒内藏有一枚角质印章，上面赫然印着“妾辛追”三个字。原来，沉睡在墓中的是一个叫辛追的女人！

“千呼万唤始出来”

清理完头箱，考古工作者的注意力集中到了位于井椁中央的那个巨大的内棺。因为那才是古墓的核心，里边应匿藏着这座千年古墓的最大秘密。

揭开外棺，呈现在人们面前的还是一层棺木，它的每一面都用漆涂画了极其美丽的黑地彩绘。紧接着，第三层木棺又露了出来。这是一副朱地彩棺，先用鲜红的朱漆为地，然后以青绿、赤褐、藕荷、黄、白等较明快亮丽的颜色彩绘出行云流水般的图画。

挖掘至此，大家都吸了一口气。按照史料中的“天子之棺四重，诸公三重，诸侯两重，大夫一重，士不重”这一说法，墓主当是诸公一级的人物了！

然而，第三层木棺打开，里面竟还有一具木棺！想不到墓中的女人竟有如此煊赫的地位，按照规制，她的地位已可与天子并驾齐驱了！从木棺的形状和外表的装饰看，这应是最后一层了。

内棺的外表用橘红和青黑二色羽毛贴成了菱形图案，盖板上则平铺着一幅大型的“T”字形彩绘帛画，采用单线平涂的技法绘成，线条流畅，笔工细致。尽管有些地方模糊不清，但从清晰处可见到，帛画在色彩处理上使用了朱砂、石青、石绿等矿物颜料，对比鲜明强烈，色彩绚丽灿烂，堪称中国古代帛画艺术绝响。

现场的考古人员惊喜地说：“即使这个墓什么也没有挖出来，仅是这一幅画就足够了，这可是无价之宝啊！”

内棺的打开颇费了一些时间，从4月27日凌晨4点直到第二天下午4点，经过无数次失败，棺盖才终于被打开。谁知盖板刚一掀起，就有一股难闻的酸臭味冲了出来。但发掘者却喜上眉梢，因为这种臭味就是一种报喜的信号，它意味着墓主的尸体很可能尚未完全腐朽。

棺盖完全揭去后，只见棺内装着约有半棺的茶色液体。在这神秘的棺液之中，浸泡着一堆外表被捆成长条的丝织品，看来，墓主的尸体应该就在其中了。由于棺中液体太多，现场清理极其困难。经专家建议，决定将内三层木棺整体取出，运往博物馆再行清理。

马王堆汉墓的发掘也留下了许多令人追悔莫及的遗憾。当时考古所带去的胶卷，因为过期而致使拍出的照片全部报废，虽然过后又补拍了一些，但是当时发掘的真实情况再也补拍不到了；大量的粮食和瓜果，出土时仍保持了其原来状态，当考古人员端着一盘莲藕兴冲冲上到地面，让人去拿相机拍照的几分钟，莲藕就化成了一摊水；辛追棺中的神秘液体，在提出了两瓶后，竟被工作人员随手倒掉了，那极有可能就是遗体不腐的秘密！

马王堆出土的帛画

这幅帛画全长205厘米，为T字形，画面完整清晰。自上而下分段描绘了天上、人间和地下的景象。

惊现千古娇容

1972年4月29日上午10时，技术修复专家白荣金等人来到博物馆停放木棺的楼内大厅，开始对辛追的尸体进行清理。尸体外包裹着的丝绸足足有19层，随着最后一层丝绸的揭开，历史性的一刻到来了！

当女尸一丝不挂地展现在众人面前时，所有人都倒吸了一口气。只见女尸外形完整，面色如生，面容清晰可辨，全身皮肤柔软光滑，呈淡黄色，还很湿润，看上去如同刚刚死去。其伸展的双手各握一只绣花小香囊，内盛香草。

考古人员用手指在她的脑门、胸部以及胳膊等部位按下去再放开，凹下去的肌肉和皮肤很快又弹起来恢复原状；掀动四肢，各关节可自由弯曲。更令人惊奇的是，女尸眼睑的睫毛清晰可辨，左耳薄薄的鼓膜完好无损，就连脚趾的指纹和皮肤的毛孔也清晰可见。

辛追夫人复原像

马王堆女尸名叫辛追，是西汉长沙国丞相利苍的夫人，死时约50岁，身高约1.58米。图为她30多岁时的容貌复原像。

后来，人们为了保护她的内脏器官，决定向其体内注射酒精与福尔马林混合液。当混合液慢慢地注入尸身之后，尸体的脉管随即鼓起，然后逐渐延伸、扩散，几乎和给现代人注射没有什么区别。

经解剖发现，女尸的内脏器官保存完好，胶原纤维还保持着原有的弹性，细如发丝的肺部迷走神经历历可数，血管里尚有凝固的血块，血型为A型。据病理检查，她生前患有多种疾病，如冠心病、动脉粥样硬化、多发性胆石症，在其直肠和肝脏内还发现了鞭虫卵、蛲虫卵、血吸虫卵。在她的食管、肠胃内，发现有138粒甜瓜子，可知她死于瓜熟季节，据病症推断，可能由胆绞痛引起冠心病发作致死，去世时年约50岁。

千年女尸的发现，在世界考古学史上产生了深远的影响。它是一具特殊类型的尸体，既不同于木乃伊，又不同于尸蜡和泥炭鞣尸，这是防腐学上的奇迹。那么，古人是采用何种办法，使尸体保存得如此完好呢？30年多来，学者们从未放弃寻找答案的努力。经过分析、研究，人们推测出了尸体不腐的几个原因。

首先是近似真空的墓室条件。墓室筑在地表16米以下，上面还有高20多米的大封土堆，所以室内不透气，不渗水，封闭极严。尸体又殓入多达6层的厚木板涂漆棺椁之中，棺椁四周采用黏性和致密性很强的白膏泥、吸湿性很强的木炭填实。这层层“关卡”，使水与空气无处侵入，从而造成一种与外界隔绝的独特环境，真空或接近真空。

其次，就是人们在棺椁中发现的那些茶色液体。这种液体无疑具有防腐作用，是入葬时特意注入的，可以杀死尸体和随葬品附带的细菌。在我国古代的药物书中就有关于防腐剂的记载。但是，这种茶色液体究竟是由哪些物质所构成，至今还是个谜。

再次，密封的墓室还能形成恒温和相对稳定的湿度，使整个墓室处于一个稳定的环境之中。当初发掘时，墓室里有强气流溢出，这说明墓室内的大气压高于外界。据研究，这种沼气积聚达到饱和时能杀死细菌，而高压也同样可使细菌无法生存。

除此以外，人们还分析了诸多方面的原因，说起来也都不无道理。也许，女尸千年不朽根本就是多方面因素综合作用的结果。

中国最早的“神曲”

当1号墓的整理工作还在进行之时，考古学家们又在它的南边发现了一个塌方的小洞，里面也冒出了奇怪的气体。经过钻探，证明这是一个隐匿的墓室！专家们把它标记为马王堆3号墓，并对其进行了发掘。

随着挖掘工作的进行，人们发现墓室的一角缺失了1米长的密封白膏泥段，一打开椁室，就发现里面已经严重渗水。与1号墓的椁室相比，3号墓的椁室规格略小，四周也装有陪葬物。令人惊讶的是，内棺上也有一幅彩绘帛画，同盖在辛追内棺上的帛画一样，也是“T”字形。

辛追内棺上的帛画上部宽92厘米，下部宽47.7厘米，全长205厘米，是我国已知画面最大、保存最完整、艺术性最强的彩绘帛画。3号墓的帛画与辛追墓帛画尺寸、形制都相近。两幅帛画均属于旌幡一类的东西，出殡时放在行列前面，落葬后覆在棺上。

这两幅帛画描绘的都是死后升天图。图画自上而下分成三个部分，分别描绘了地府、人间、天上的情景。在构图上，众多的人物、禽兽、器物处理

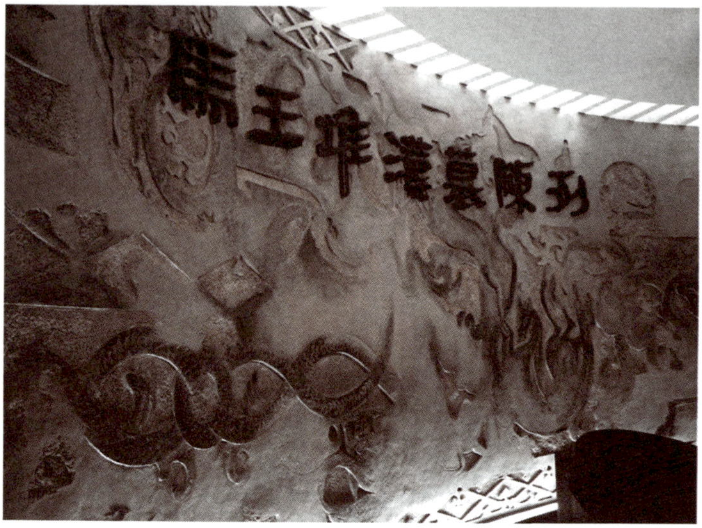

马王堆汉墓陈列馆

马王堆汉墓陈列馆位于湖南省博物馆，陈列的是西汉初期长沙国丞相利仓之妻辛追墓内出土的物品，距今约2000多年。

得有条不紊，如通过昂首的蛟龙、迎候的司阍，将地下、天界联系在一起，渲染出了升天的气氛；墓主的形象位于画的中央，显示出主人的高贵身份，使画的中心更为突出。

由于两个墓的墓主身份不同，人间部分的墓主形象也不相同：1号墓墓主是一位衣饰华贵的老妇人，她拄着拐杖，身后侍有3个婢女，前面是两个作拱手跪迎状的男子，一穿红袍，一穿青袍，应是天国使者，前来导引墓主人升天。3号墓画的是一个佩剑的男子，其前后有9个侍人，显示其地位高于1号墓主，他走在一个被怪兽托举的桥上，神态安逸从容。

两幅帛画内容鲜明，人物生动，极具人间气息，亦充满了绚丽的神话色彩。而且，画的线条流畅挺拔，设色庄重典雅，展示了西汉绘画的卓越水平。

在汉代人心目中，死亡是人生中的一个重要时刻，意味着从人世到达天境，所以葬礼是比新生还要隆重的典礼——在众人的陪送下，经幡在前，它指引着灵魂，离开纷扰的人间，升入天界，得到永远的安息！而在现代人眼中，担负引魂升天任务的旌幡变成了气质高尚的帛画，强烈无比的宗教热情化成了无羁想象的艺术，马王堆帛画获得了它前所未有的全新内涵，成为一个时代的标志。所以，它们被誉为2000多年前的中国“神曲”的图画版本。

然而，令人可惜的是，打开3号墓内棺，里面只剩下了一堆骨头。经科学检测，墓主人是一个30岁左右的男人。他很可就是帛画上的男子！

古籍的盛大集合——帛书

考古人员对3号墓进行了更为仔细的发掘。从大量陪葬品来看，墓主人生前是个博学之人。因为就在墓室东边的一个箱子内，考古人员发现了一个长方形的漆盒，里面装满了丝帛品，有的叠成长方形，有的则卷在木条上。初看过去，大家都以为只是丝织品，谁知细看之下，上面竟然密密麻麻地写满了字，这是与竹简并称的珍贵文字资料——帛书！帛书也叫缯书，顾名思义，就是写在绢帛上的文字，其历史可以追溯到春秋时期，然而现在我们所能看到最早的帛书，出于湖南长沙子弹库楚墓，其上有900多奇诡难懂的文字，以及一些神怪形象，属战国时期的手迹。

因为丝绸太难保存，这些帛书破损十分严重。大多都从折叠的地方断裂成了几段，相互叠压的则因日久而粘在了一起，给清理工作带来了不小的难度。经过艰难的整理，专家们发现，这些帛书共有28件，包括《老子》《太平清领书》《战国策》《黄帝内经》等我国古代著名典籍。这无疑是中国考古史上古文献的一次重大发现。

这些典籍大部分写在宽48厘米的整幅帛上，少部分书写在宽24厘米的半幅帛上，长度则是按所记书稿长短剪裁。书稿还经过简单的装裱处理，卷头有青绢护首，可以说是中国卷画装裱的起源。

随着考古技术的发展以及学术研究的兴盛，这些帛书的释读整理工作逐渐深入，专家们解读出了大约12万字，并将这些典籍按时间分为两类：一类大概抄写于秦末汉初，字体接近篆书，也没有避汉高祖刘邦之名讳；另一类则为汉初抄本，字体多为隶书，只避刘邦之讳。

马王堆汉墓女主人棺木

马王堆女尸的大棺木是用楸木做的，过了2000多年依然保存完好，没有腐烂。

帛书中抄写的古籍大多没有题

目，专家们在拟定题目后，编成了6册，分为《老子》甲乙本，《周易》及佚书，春秋类佚书，《战国纵横家书》，古代医书类，天文星占、地图、《相马经》等佚书。其中，除《周易》和《老子》两书有今本传世外，绝大多数是古佚书，最值得一提的是天文星占和地图。

长达144行的天文星占记录了从秦始皇元年一直到汉文帝三年之间水、木、金、火、土五星在天空中的位置及运行轨道、围绕太阳公转的周期。其中，记录了土星公转的周期为30年，同现代天文学上得出的科学数据相差无几。更让人惊叹的是，在一种根据云、气、星等自然状况占卜吉凶的佚书插图里，不仅有彗星的头尾，还画出了肉眼不容易看到的彗核，让人们不得不佩服古人出色的天文学知识及观察能力。

帛书中总共有3幅古地图：《城邑和园寝图》，主要绘出了墓主家族墓地所在及当时长沙城的状况；《地形图》，是汉初长沙国南部及南越王赵佗占据地区的地形图，向今人描述了古代广西全州、灌阳以东，湖南新田、广东连县以西广大南部地区的地势，该图还用统一的图例表明了当时的居民点、道路、河流、山脉等分布状况；《驻军图》，由黑、红、青三色绘制，只有长沙自己的军队部署，只能用来防守，不能用来交战。

这3幅地图绘制得相当精确，其绘制技术及所标示的位置与现代地图大体近似，不仅是我国，也是世界上现存最早、科学水平相当高的实用性的彩色地图，为我国地图史的研究提供了重要资料。这些地图曾先后在美国、日本、波兰等国展出，被誉为“惊人的发现”。

马王堆汉墓帛书抄录的丰富古籍，不仅扩充了先秦两汉古书的内容，还为整理、校订传世古书提供了资料，也从很大程度上证明了古书的可信度，对古典文献学的发展有着相当重要的意义。

2号墓的墓主原来是他

由于有了1号墓和3号墓的丰富成果，2号墓的继续挖掘得到了中央的支持。1973年12月18日，考古工作者开始对2号墓进行正式发掘。

2号墓在1号墓的正西方，墓土冢高大，独占一丘（1号墓和3号墓是共占一丘的），专家们当时对此墓满怀期待。但是，当推土机将墓地表面的封土铲去时，人们发现，2号墓的墓坑竟然是圆形的。根据以往经验，汉代墓葬的墓坑基本都是方形的，这让考古学家们有些失望了。

马王堆汉墓女主人朱地彩绘棺

朱地彩绘棺是1号墓四层套棺中的第二层棺。有2.3米长，0.92米宽，0.89米高。

2号墓的墓室被打开了，里面果然非常简陋，而且整个墓室已经坍塌了，除了淤泥和积水，什么也看不到！

时值长沙的寒冬之季，季节变换常易引发塌方，为了避免遗漏任何一点遗物，考古人员冒着严寒将淤泥全部挖出来运到室内，对淤泥进行了彻底的清理。在清理过程中，考古人员发现，由于墓室的白膏泥数量少，又不密封，再加上数次被盗，所以棺椁已倒塌，根据尚存的椁板推测，此墓有一椁三棺。

墓中随葬品以漆器为多，约200件，但部分已残破，重要文物有铜鼎、错金弩机等，还有三枚印章！就是这三枚印章，解答了长久以来萦绕在人们心头的疑问——埋在这里的，究竟是谁？

三枚印章中，一枚玉印刻有“利仓”的字样，两枚铜印刻有“长沙丞相、轪侯之印”的字样，这表明2号墓主人正是辛追的丈夫，属于轪侯家族，名叫利苍。

根据文献记载，利仓是一个武将，当年随刘邦征战。辛追早年与丈夫一起过着颠沛流离的军营生活，20岁左右就生了孩子，不到30岁，丈夫就去世了。由于利仓死于非命，下葬时很匆忙，加之当时家族并不富裕，因此下葬时没有什么陪葬，墓葬的规制也很简陋。

丈夫死后，辛追倾注了大量的心血，抚养儿子成人，但不幸的是，儿子也早早就死了。辛追墓中的随葬品的清单说明，当时轪侯家的家产非常大，仅家奴就有一千多，完全靠辛追一手打理。

辛追前半生颠沛流离，后半生孤独无依，病魔缠身，但却过着锦衣玉食的豪华生活，所以辛追提前对墓葬进行了精心安排。也正是她的这种精心安排，使今天的我们能得以亲眼看见西汉贵族家庭的奢华，这是我们的幸运！

考古学上的奇迹

马王堆汉墓出土的藏宝箱

1974年，马王堆三座汉墓的发掘工作全部结束。墓中共出土了3000多件珍贵文物，包括衣物、食品、药材、漆器、彩俑、乐器、兵器、陶器、印章、帛书等珍品，绝大多数保存完好。这些文物具有极高的艺术性和实用性，价值极为珍贵。

墓中出土的漆器共约500件，主要有鼎、匕、盒、壶、钫、卮、耳杯、盘、奁、案、几和屏风等。其中1号墓184件，3号墓316件。这是我国考古发现的漆器中数量最多、保存最好的一批，制作精致，纹饰华丽，光泽如新。例如1号墓的彩绘漆棺，色泽如新，绘流云则漫卷自如，绘动物和神怪则形神兼备，活灵活现，具有很高的艺术水平。

该墓还出土了1400多件纺织品和衣物，其中有绢、绮、罗、纱、锦等，具有年代早、数量大、品种多、保存好的特点，被称为“令人惊叹的西汉丝绸宝库”，极大地丰富了中国古代纺织技术的史料。其中，最能反映汉代纺织技术发展状况的是素纱和绒圈锦。

两件素纱单衣，衣长1.28米，两袖伸直近2米，而重量仅有49克，长袍式的单衣折叠起来一只手就能尽握，穿着起来，“薄如蝉衣，轻若烟雾”，其织造技巧之高超，可谓天工巧夺，反映了西汉时期缫纺技术的发达。

用作衣物缘饰的绒圈锦，纹样具有立体效果，需要双经轴机构的复杂提花机制织，这证明绒类织物是中国最早发明创造的，从而否定了过去认为绒类织物唐代以后才有或从国外传入的说法。而印花敷彩纱的发现，表明西汉在印染工艺方面达到了很高的水平。

马王堆汉墓还出土了许多烹饪技术资料，其中有迄今最早的一批竹简菜单，记录了103种名贵菜品和炖、焖、煨、烧、炒、熘、煎、熏、腊等9类烹调方法，是当今许多湘菜名肴及其烹调技术的渊源，极大地丰富了中华饮食文化。

长沙马王堆汉墓的发掘，震惊了全世界。它极大地丰富了有关汉代考古的知识，墓中出土的许多东西都能和原有历史文献互相参证，为研究西汉的社会、经济文化等提供了可靠的物证，对中国考古学产生了深远的影响。

完好无损的古尸，成组成套的古器物，内容罕见的帛书、竹木简，这三者能有其一，已是考古的重要发现，如今马王堆汉墓三者兼有，在中国考古史上可以说是独一无二。所以，马王堆汉墓的发现被誉为“20世纪中国与世界最重大的考古发现之一”。

西汉帝陵及附葬陵

——阳陵安刘附列侯

- **年代**：公元前195年－公元3年
- **位置**：陕西省西安市附近
- **发掘迄始**：1971年

阳陵侧畔的亡魂

“江南的才子山东的将，咸阳原上埋皇上。”这个在陕西咸阳当地广为流传的歌谣，一语道破了位于咸阳市内的咸阳原的最大特点——皇家陵园密布。

咸阳原地势高亢，黄土深厚，北依九嵕，南临渭水，就像一条巨龙伏卧在关中平原中部，是历代帝王入土为安的风水宝地。放眼咸阳原，周、秦、汉、前秦、北周、唐等历代帝王陵墓及数百座陪葬墓，林林总总，像一座庞大的天然皇陵博物馆，神秘而沉默地陈列在人们的面前，等待着人们去深入其中，去发现，去欣赏。

汉高祖像

刘邦在楚汉之争中战胜项羽，建立汉朝。他与民休息，轻徭薄赋，以清净无为的黄老之术治国，取得了良好的效果。

千年以来，咸阳原上一直伫立着两个硕大的大土堆。附近的村民都知道，他们繁衍生息的地方是2000多年前一位中国皇帝的陵墓区——阳陵，而两个土堆下面埋葬的，是汉景帝和他的皇后。

汉景帝，西汉的第四代皇帝刘启（公元前188年—公元前141年），是汉高祖刘邦的孙子。在他执政的17年间，社会经济得到长足发展，出现了历史上著名的“文景之治”。

这位励精图治的帝王非常重视自己死后陵寝的打造。公元前153年，为汉景帝与其皇后王氏修建陵墓的工程开始，主要劳动力是从全国各地征来的刑徒。陵墓修建直至王皇后下葬（公元前126年）为止，修建时间长达27年。

时光荏苒，两千年已过。陵园内原有的殿宇建筑基本无存，许多陪葬墓的封土也已经在农田改造时被平整殆尽，只余下两个“大土堆”似乎在昭示着它们曾经有过的辉煌。

1971年初的隆冬季节，在“大土堆”的侧畔，红旗飘扬，人声鼎沸。当时的红旗公社正组织社员修筑水库。忽然，有人惊呼挖出了骷髅，好奇的人们呼啦一下聚拢过来，呈现在人们面前的是一具已经有些腐朽的人骨架。几个年轻人又在旁边刨了刨，结果又挖出了几具骨架，有的脖颈或脚腕上还套有粗笨的刑具……

陕西省博物馆派考古学家杜葆仁等前往调查。据当地村民反映，新中国成立前就发现过这种戴刑具的骨架，新中国成立后村民农耕时，偶然也有刑具被犁铧带出，但这些并未引起人们的重视。杜葆仁根据现场调查的情况，决定对其进行抢救式考古发掘。

高祖长陵

高祖长陵坐落在陕西咸阳市窑店乡北的咸阳原上，居高临下，威武壮观，充分显示了封建帝王高高在上的威严。

此次发掘，共清理墓葬29座，出土骨架35具。进一步探测发现，这处墓地实际范围大约有8万平方米，埋葬尸骨在1万具以上。原来，这个特殊的墓地里，埋葬的就是当年修建阳陵时因受尽折磨而死或因不堪凌辱反抗而被处死的囚徒。

这次阳陵刑徒墓葬的发现，徐徐拉开了整个西汉帝陵考古发掘的帷幕。

西汉帝陵初探

西汉是中国封建时代的第一个鼎盛期，“汉民族”的称谓就是由这个王朝而来，而且，封建社会的各种典章制度的完善、确立和巩固基本上也都完成于西汉，其中也包括丧葬制度。

阳陵模型图

阳陵是汉景帝刘启及其皇后王氏同茔异穴的合葬陵园，位于今陕西省咸阳市渭城区正阳镇张家湾、后沟村北的咸阳原上。陵园平面呈不规则葫芦形，东西长近6千米，南北宽1至3千米，面积约12平方千米。

西汉皇帝在大肆修建长安皇宫苑囿的同时，也在大肆修建自己的陵墓。先后在位的11位皇帝，都是在即位一年后，立即修建陵园的，所耗资财达全国税收的1/3。除文帝刘恒的霸陵、宣帝刘询的杜陵在西安郊区外，其他9个帝王陵墓均在咸阳市北塬上。其分布顺序自东向西依次为景帝刘启阳陵、高祖刘邦长陵、惠帝刘盈安陵、哀帝刘欣义陵、元帝刘奭渭陵、平帝刘衎康陵、成帝刘骜延陵、昭帝刘弗陵平陵和武帝刘彻茂陵。

西汉帝陵分布形式，是依据汉代昭穆制度而来。西汉11个皇帝的昭穆序列为：高、景、昭、宣、成为昭位；惠、文、武、元、哀、平为穆位。依古礼，葬区中间为祖位，然后左昭右穆依次排开。由于惠帝、文帝都是刘邦之子，均属穆位，惠帝已葬于高祖长陵之右，文帝就只能另辟陵区。宣帝为昭帝堂孙，按辈分，昭帝以下应为其子、侄一辈为帝者入葬。而宣帝却是“孙”辈，与昭帝昭穆序列相同，祖孙一体，亦不能进入同一陵区。

西汉继承了秦代陵寝制度并有所发展。陵园呈方形，只有一重城，陵墓居陵园中央，坐西朝东。据《汉旧仪》及《皇览》等书记载，西汉帝陵一般

阳陵出土的陶瓶

占地7顷，墓冢高12丈。地下墓室深13丈，墓室为方形，通向地面有4门，4门设置联剑、伏弩等暗器，以防盗掘。死者口含蝉形玉石，身着金缕玉衣，纳于贵重的梓木棺（称为梓宫）中。梓宫外随葬车、马、丝绸、金银、玉石、珠宝、米谷、兵器、货泉、器皿等。然后四周堆垒层层上好的黄心柏木，木头皆向梓宫，即所谓“黄肠题凑”。

文献的这种记载，已有不少被考古发掘所证实。考古工作者曾对汉太上皇陵及宣帝杜陵进行钻探，发现其陵墓各有四条墓道，每条墓道正居每面中央；还曾对高祖长陵、景帝阳陵、昭帝平陵、元帝渭陵等陵园进行测量，发现其平面均为正方形，门阙在四面墙垣正中。

由此可知，西汉帝陵的基本模式为：墓冢呈复斗形，上小下大，沉稳注重，一派肃穆景象；地下墓室四方中央各有一门，称羡门；4门通往地面有4条道路，称羡道；4条羡道又向墓冢四周延伸出4条道路，直通四周围墙正中的司马门，门外有巍峨的双阙。

西汉帝陵规模宏大，建筑布局严谨，随葬品丰富，是封建时代墓葬制度的最高形式。对西汉帝陵的勘探与发掘，能使我们对西汉历史有更全面、更深刻的认识。

阳陵的大规模发掘

从发现阳陵囚徒墓的70年代初到80年代末，经过断断续续近20年、两代考古学家的不懈努力，阳陵的大体布局逐渐明晰起来，但遗憾的是，并没有什么令人惊喜的大发现。阳陵真正大规模的发掘，一直在等待着更为合适的契机。

1990年春，陕西省政府决定修建机场高速公路，勘定的路线就从阳陵陵区通过。陕西省考古研究所为配合修路工程，组成了汉陵考古队开赴阳陵陵区。从此，长达10年之久的考古发掘工程开始了。

以原陕西省考古研究所秦汉研究室主任王学理为队长的汉陵考古队被首先派到工地上，进行初步的考古钻探。就在选定的高速公路的路基下面，考古队果然发现了一些地下坑穴。而这些地下坑穴规模十分庞大，在最初探明的两个区域里，一共有48座，令人惊叹不已。考古学家判断，它们属于阳陵区的从葬坑。

后来，他们又发现了几座建筑遗址，除出土了大批着衣式彩绘陶俑（即裸体俑）外，还发现了数量众多的车马器、铜质或铁质的兵器、农具、手工工具、量器以及大量的彩绘陶器和漆器等珍贵的西汉文物。阳陵以其宏大的规模和丰富的文物遗存而轰动一时。

1995年底，新的阳陵考古队对阳陵南区第10号从葬坑进行了局部发掘。10号坑为长条形，全长120米，宽近4米。

当考古队员依次清理完上部堆积，将从葬坑棚木层整个揭去之后，未被盗洞破坏的部分露出了大批排列密集但却整洁有序的彩绘俑头，仿佛一支久已潜于水底的水军忽然浮出水面，其场景震人心魄。

经过考古工作者一系列艰苦细致的工作，一尊尊陶俑“脱泥而出”。根据陶俑身上的遗迹来看，当时的陶俑应有木制的双臂，并戴帽着衣，擐甲拥盾，执戟佩剑，一副军士装扮。

经研究发现，这些汉俑在制作时，是先塑造人体的躯干和头部，再装上可以活动的木制胳臂，然后再穿上衣服。由于年代久远，衣物腐朽脱落，木臂成灰，就变成了缺臂的裸体彩俑，但其色彩多鲜艳如初。

这些陶俑虽然形体较小，高60多厘米，仅及真人的1/3，但其整个造型比例适度，刻画细致，工艺精湛。尤其是陶俑的面部表情丰富，颇具个性，是古代雕塑艺术中的杰作。

近年来，此类形式的陶俑在汉惠帝安陵、武帝茂陵、宣帝杜陵、汉长安故城等地多有发现，

阳陵出土的马车

但在其他级别较低的汉墓中却很少见。这说明在当时，这种陶躯木臂、赋彩着衣的陶俑可能是专为皇室随葬的级别较高的陪葬品。一般的贵族大臣未经皇帝特赐，是不得使用此类陶俑的，他们只能陪葬带陶塑服饰的彩绘俑。

从葬坑中的动物俑可与裸体俑媲美，各种动物被塑捏得活灵活现，如陶猪的娇憨、狗的机灵、羊的温驯、公鸡的自鸣得意、母鸡的闲散，都被表现得入木三分。

惊现阳陵陪葬墓园

就在阳陵陵园的考古工作取得丰硕成果的同时，考古队通过细致深入的工作，又在阳陵东侧发现了规模巨大、数量众多、界沟完整、排列有序的陪葬墓园群。

1997年，西安经济技术开发区要在汉阳陵东侧开发泾河工业园区。按照惯例，开发这个工业园区应该经省文物局批准。但当时汉阳陵的保护区只包括帝陵封土、后陵封土和个别陪葬墓，而阳陵的大部分都不在保护区内。到考古队知道时，许多企业已经购置了大片土地，事不宜迟，焦南峰队长立刻组织人手，抢在他们基本建设前进行考古钻探。钻探的结果令人相当地兴奋——这里有大量的墓葬。

汉武帝像

汉武帝刘彻（公元前156年–公元前87年）是汉朝的第五代皇帝。他的雄才大略、文治武功使汉朝成为当时世界上最强大的国家，他也因此成为中国历史上最伟大的皇帝之一。

在发现墓葬的同时，考古人员发现个别墓葬周围有沟。这些沟是用来干什么用的呢？焦南峰队长立即组织钻探的工人顺着这个沟来钻探，结果又发现了几十条东西向的沟和数量更多的南北向的沟。这些沟纵横交错，会组成一个一个矩形的区间，每一个区间内都有一座大型墓葬和若干座中小型墓葬。最后，考古专家们认定，每个矩形的区间都是一座陪葬墓园。

整个墓园区，西起帝陵东侧约1100米处，东到咸阳原边，总面积约3.5平方千米。墓园内有数量不等的墓葬和陪葬坑，目前已发掘的汉墓有280座，共出土各类文物5000余件。这些陪葬墓园排列整齐、南北对称，在西汉帝陵研究上尚属首次发现。

据历史记载，西汉皇帝从高祖刘邦开始，各陵都安置了很多陪葬墓，被称为“陪陵”，形成了规模宏大的陪葬墓地。这是西汉帝陵不同于历代帝陵的一大特点。

霍去病墓
霍去病（公元前140–前117），一生四次领兵出击匈奴，均大获全胜而回，歼灭匈奴11万多人，降服匈奴4万余众，开河西、酒泉之地，解除了匈奴对汉王朝的威胁。

这些陪葬者大都是当时的朝廷重臣和皇亲国戚，墓地大多由皇帝所赐，各自建有陵园、园邑和祠堂。陪葬者地位越高，离帝陵越近，封土也越高大。据记载，汉高祖长陵的陪葬墓群在陵园东部，诸如萧何、曹参、张良等一些跟随刘邦南征北战的文臣武将、贵戚，死后多陪葬在长陵。唐朝诗人刘彦谦《长陵诗》曰：“长陵高阙此安刘，附葬累累尽列侯。”

汉武帝陵茂陵的陪葬墓今尚存12座，其中便有西汉著名将领霍去病的墓。为了纪念这位国家功臣和传奇式的青年将军，汉武帝要求把霍墓修筑成像他战斗过的祁连山那样。现存的伏虎、卧牛、怪兽吃羊、野猪、蟾、巨人搏熊等大型石雕，隐杂在山形墓上，创造出富有祁连山特征的典型环境，使整个陵墓成为一座颇能激发起对英雄的崇敬和联想的丰碑。

西汉有些皇帝还按帝陵规格修建其父或其母之墓，如汉太上皇陵、薄太后南陵、钩邑夫人云陵以及宣帝父母史皇孙和王夫人的陵墓等。这些陵墓或在皇室帝陵陵区附近，或在陵区之外的京畿之地。

逐渐清晰的阳陵全貌

在勘探阳陵陪葬墓园的同时，考古队又开始着手钻探帝陵，并决定首先探出帝陵的4条墓道，以确定帝陵的方向，因为它牵涉到帝陵的制度及整体布局。

但在探测的时候，专家们又开始发愁：修建阳陵时的地面和现在的地面

马踏匈奴

西汉时期中国雕塑艺术的成就，突出表现在大型纪念性石刻和园林的装饰性雕刻上，“马踏匈奴”就是一组非常具有代表性的大型石雕作品。雕塑中，战马高大、雄健，以胜利者的姿态伫立着，有一种神圣不可侵犯的气势；而另一个象征匈奴的手持弓箭的武士则仰面朝天，被无情地踏在马蹄下，显得那样渺小、丑陋，蜷缩着身体进行垂死挣扎。

高差在6米左右，墓上封土也有29米高，而主要探索工具洛阳铲却只有3米多长。尽管专家们采用了GPS卫星定位系统和全息影像等多种探测方法，但却没有取得较大进展。

就在此时，有人突发奇想：不妨把两个探铲接起来试试！两根探铲接起来一试，还是不行！又在上面接了一根探铲，有近10米的长度，这回终于探到了墓道的所在。阳陵东、西、北、南4条墓道的陆续发现，解决了西汉帝陵研究的一个重要问题——证实了西汉帝陵形制为“亞”字形。

与此同时，考古队围绕帝陵继续钻探，又发现了81个从葬坑和4条排水渠。为了解已发现的从葬坑形制及内涵，1998年7月至10月，考古队对13号从葬坑东端22米处进行了试掘，发现了大量文物，主要是陶塑动物和陪葬器物。1999年2月，考古队又发掘了11至21号从葬坑，发现了数量不等的印章，有管理皇宫饮食的导官及宗正、宦者丞，还有管理纺织的东织令。因此，考古专家推测，一个坑就代表着一个或者几个官僚机构。

而在南区从葬坑出土的印章，全代表着军队，联系当时军制，专家们认为这里代表着西汉时的南军，并推测北区从葬坑代表北军。军队分布在帝陵南北两侧的帝陵建设，是西汉时期帝王“视死如生”的一个具体表现，也从侧面反映了景帝时期社会经济的进一步繁荣。

随着考古钻探发掘的不断深入，阳陵的神秘面纱终于被撩开一角：陵园西与长陵相接，东至咸阳原下的泾河谷地，东西长约6千米，南北最宽处约3千米，实际占地面积约13平方千米左右。

阳陵主要由帝、后陵陵园，南、北区从葬坑，刑徒墓地，陵庙等礼制建筑，妃嫔及大臣陪葬墓区，阳陵邑等几大部分组成。整个陵园以帝陵为中心，四角拱卫，南北对称，东西相连，布局规整，结构严谨，显示了唯我独尊的皇家意识和严格的等级观念。有人因此推断：汉阳陵完全是模拟西汉长安城设计建造的。

情况不明的武帝茂陵地宫

伴随着阳陵考古的不断推进，西汉其他帝陵的考古工作也在有序地进行着。事实上，西汉帝陵的系统考察始于20世纪60年代。而后，考古专家在七八十年代陆续对长陵陪葬墓、茂陵陪葬墓、杜陵陵园及从葬坑等遗存进行过发掘。

1970年发掘的长陵附近杨家湾汉墓及陪葬坑，规模巨大，结构复杂，在西汉帝陵陪葬墓中很有代表性，墓主可能是周勃、周亚夫父子。墓中出土了3000多件彩绘兵马俑，为后人提供了研究汉代军制、战阵、武器装备等情况的宝贵资料。

1981年发掘的茂陵陪葬墓从葬坑出土了230多件“阳信家”用物，以铜器居多，鎏金铜马和鎏金银铜节熏炉是西汉青铜器中的精品，反映了当时高超的金属冶铸技术。

1982年至1985年，中国社会科学院考古研究所开展了对汉宣帝的杜陵和孝庄王皇后陵的陵墓、陵园、寝园及杜陵的陵庙、陵邑、陪葬坑和陪葬墓的考古勘察，并对帝陵陵园东门和北门遗址、寝园的寝殿遗址、1号和4号陪葬坑进行了考古发掘，使我们对汉代帝王陵墓的陵区以及礼制建筑的布局、形制有了更加清楚的认识，推进了汉代帝陵的研究。

目前，除了文献记载甚少的文帝刘恒霸陵至今还未发现地面陵园遗迹外，其他9座帝陵的基本布局、陪葬坑情况已经大致调查清楚。但西汉帝陵内的构筑及埋藏情况因为尚未发掘，所以还不清

汉武帝茂陵

茂陵是西汉武帝刘彻的陵墓，位于西安市西北40千米的兴平县城东北南位乡茂陵村。四周有李夫人、卫青、霍去病、霍光、金日磾等人的墓葬。它是汉代帝王陵墓中规模最大、修造时间最长、陪葬品最丰富的一座。

鎏金马

1981年5月出土于汉武帝茂陵东面约1.5千米处的豆马村北。骏马铸像体长76厘米，通高62厘米，重26千克。造型精美绝伦，沉静自然，却又蕴含着阳刚之美，有一种内在的动静相宜的韵味。

楚，而最让考古学家们挂心的是汉武帝刘彻的茂陵。

在汉代帝陵中，无论是建筑的雄伟，还是墓室中物品的丰富，茂陵都是首屈一指的。据历史记载，刘彻在位54年，营建茂陵就长达53年。他下葬时，由于累年装进的金银珍玩太多，墓中已很难再塞进去随葬品了。

但是，这也招来了严重的盗墓之祸。刘彻驾崩后4年，墓室中的玉箱、玉杖就被人盗出，在长安街上出售。西汉末年，赤眉军入长安，茂陵被掘开，数以千万计的义军搬运连日，但“陵中物不能减半”。到西晋时，“犹有朽帛委积，珠玉未尽”。唐末黄巢起义入长安，茂陵的大量珍宝再次散落四方。

今茂陵周围出土的“铜漏壶”“犀牛樽”“鎏金马”等珍贵文物，很可能是当年地宫所藏。所以，茂陵富丽堂皇的地下玄宫大概只剩下一具腐骨了！但一切疑问，都只能等到帝陵地宫被打开的那一天，才能有答案。

满城汉墓

——金缕玉衣殓王侯

- **年代：**公元前113年—公元前104年
- **位置：**河北省满城县
- **发掘迄始：**1968年

一炮炸出来的古墓

满城是河北省中部的一个县，在距该县城西北1.5千米的地方，矗立着一座海拔236米、外形像把太师椅的山丘，山丘有一个奇怪的名字——陵山。在陵山的附近，还有两个名为“守陵”的村庄，据村民们讲，他们的祖先都是守陵的。

可是，究竟是给谁守陵呢？陵又在哪里呢？很长时间以来，谁也说不清楚。直到1968年，当地驻军的一次爆破才解开了这个谜。

当时，正值“备战、备荒、为人民”的革命岁月。解放军某部奉命开赴陵山，要在这里进行一项秘密的国防施工。其中，有一处防空洞地点就选在距陵山山顶30米左右的地方。

施工需要放炮开山。5月23日下午3时，机电12班的战士们在一个朝东的地带找到了理想的炮口。打完炮眼，装上炸药，点燃导火索后，“轰隆”一声，炮响了。但是，这次爆破却没有像以往那样崩下石头来。这是怎么回事？班长命令一个战士爬上去看个究竟。

这位战士还没走出几步，就感到双脚失去了支撑，身体一个趔趄就随着刚刚崩起的碎土石向下沉去，没等他反应过来，整个人已经掉进了一个漆黑的山洞。山洞中伸手不见五指，寒风阵阵，还有一股十分古怪而强烈的气味扑鼻而来，让他不由得毛骨悚然。他定了定神，急忙朝透着微弱光亮的地方爬去。不一会儿，班长带着几名战士也爬进了洞里。

借着手电筒的亮光，他们发现地上散落着许多凌乱而腐朽的木料，还有数不清的造型奇特而古怪的铁器、陶器和青铜器等。好奇心促使他们顺着洞穴往里面走去，没想到越往里走空间越大，散放在地上的大大小小、样式古老的器皿也越来越多。一个老兵禁不住呼道：“我们可能挖到古墓了！”经验丰富的班长也回过神来：“对，这肯定是一座古墓，我们必须立即向上级报告。”

于是，他们选了4件器物后就爬出了山洞，又将洞口重新封堵，细心的班长还留下两名战士作为隐蔽哨，对洞口实行严密的监视和保护。

部队领导接到报告后，立即停止施工，并向上级请示。由于当时“文化大革命”闹得很凶，地方政权陷于瘫痪。因此，他们没有通报当地政府，而是直接向河北省政府和北京军区做了汇报。

满城汉墓石碑

初步勘察的惊人发现

满城汉墓遗址

满城汉墓位于满城县西南1.5千米的陵山北峰东坡的山腰上，开凿于山岩中，是西汉中山靖王刘胜及其妻窦绾的墓葬。

专家们对战士们带回的4件文物进行研究后发现，其中一件青铜器上刻有“中山内府”字样，这使他们意识到了事情的重大性。因为“中山”指的是中山国，在中国的历史上曾经出现过两个中山国，一个是春秋战国时期的鲜虞中山国，另一个是西汉时期的中山国，无论是哪一个中山国，这都将是一次重大的考古发现。

河北省有关部门一面秘密派组织考古专家前往现场探查，一面向中央有关部门拍发加急电报进行汇报。因为在“文化大革命”时期，任何的细小疏漏都将会引出意想不到的政治灾难，所以河北省有关领导不能不谨慎对待。

周恩来总理接到报告后，当即作出批示：不管是什么文物，部队一定要保护好，不能损坏和丢失。同时，他还命郭沫若负责古墓的勘探和发掘工作。根据指示，北京军区也立即派专人前往调查，一个由部队首长、河北省文物等相关部门人士参与的调查组被派往满城。

进入墓洞后，专家们都不禁惊呆了：墓室是一个修在岩洞里的瓦顶木结构建筑，属于凿崖而建的巨大墓穴。墓洞凿成后，又在不同的洞室分别修建木构瓦房或石板房，从而构成一座豪华的地下宫殿。这是一座典型的崖墓，即墓室是依山开凿的巨大洞穴。汉朝皇帝死后往往用夯土的形式，把陵墓筑成巨大的坟丘，这种墓葬形式叫作土坑墓。西汉的11个皇帝中，只有汉文帝的霸陵是崖墓，而霸陵至今没有发掘，所以，满城汉墓是人们第一次看到的崖墓的墓室结构。据推算，在岩石中开凿如此巨大的墓室，即使用现代化的施工方法，也要100个人耗费一年的时间才能完成。无论此墓是哪个年代的中山国，开凿这样的墓室，最少也要万人以上用数十年的时间才能完成。可见工程之浩大。

专家们首先走进的是长达30米的南耳室，这里除了摆放着几辆战车和供国王乘坐的安车外，还有十几具陪葬马匹的骨头，而所有马匹的身上都配有金光闪闪的马具。有专家拾起马具来仔细查看后，惊喜地说：“从工艺上看，可能是汉代的器物，这简直是无价之宝！”

人们又兴奋地走进了北耳室，顿时一股诱人的陈年酒香扑鼻而来，地上摆放着约有数百件大酒缸和彩绘酒壶以及许多石磨盘和陶罐等器物，可确认这里应该是一个大酒房。陶制酒缸表面有许多很小的石钟乳，而这种钟乳石的形成时间应该在千年以上，也就是说这座古墓至少有1000年以上的历史。

在高达7米的中间大厅里，人们看到了琳琅满目的青铜器、漆器和医疗器具，特别是地面上一根长约2寸的金针，熠熠生辉，工艺十分精巧。

通过细致的察看，专家们还发现了在中室西南处有一个尚未打开的后室。

随着勘查清理工作的逐步深入，墓室的整体形制渐渐清晰。全墓长51.7米，最宽处37.5米，最高处6.8米，体积2700立方米，共分墓道、甬道、南耳室、北耳室、中室和后室等6部分。如果俯瞰整座墓室，犹如一个“古”字，其布局就像是一座宫殿。

后来，考古工作者把这座墓室命名为满城汉墓1号墓。

了解完基本情况后，专家们又连夜赶回石家庄向军区报告，并积极筹措发掘工作。

军事警戒下的神秘发掘

1968年6月27日，由中国科学院考古研究所、河北省文物考古所和北京军区工程兵某部联合组成的考古工作队进驻满城县的陵山“军事禁区”。为了保密并防止文物损坏丢失，发掘工作没雇用一个民工，也没有通知保定市和满城县政府。

一进入古墓，大家就感觉到一阵阵阴冷，一股湿腐之气扑面而来，头顶上也不时地滴落下冰冷的水滴。队员们沿着墓

中山靖王墓

中山靖王刘胜墓长51.7米，宽37.5米，高6.8米，由墓道、车马房、库房、前堂、后室等几个部分组成。

刘胜墓出土的鎏金铁匕首

道小心翼翼地前行，不仅是为了防范不可预知的危险，还担心碰坏满地皆是的古董文物。

墓穴越来越深，且空间越来越大，突然，队员们被一片闪动的亮光所吸引，走近跟前仔细观看，竟是一堆摆放得有些凌乱的金银器皿。虽然摆放凌乱，但其数量品种之多，令人眼花缭乱，而精湛巧妙的工艺，更是让人叹为观止。

从北边墓室出来，考古人员顺着整个墓葬的中心甬道向西进入了一个大厅。大厅东西长15米，南北12米，近7米高的穹隆让人感觉置身于天空之下。

从大量的朽木和瓦砾判断，大厅原来建有瓦顶木结构的房屋，但已经朽烂倒塌。考古人员从朽木中发现了数量众多的铜质构件。考古专家白荣金对这些铜构件作了认真的研究，确认这是古代帷帐的构件，并复原出了挂有这些铜质构件的古代帷帐。

在清理地面器物时，考古人员发现了大量古钱币，它们属于公元前2世纪前后西汉王朝的“五铢钱”。而在一些铜器上，人们还发现了刻有“中山府”“中山内府”“中山宦者”字样的铭文。从钱币和铜器上的铭文看，墓主人应该是西汉中山国的一位诸侯王。当初，西汉王朝为了依靠宗族血亲关系巩固统治，大封同姓宗室到各地为诸侯王，最多时境内的诸侯王国多达20多个，这其中即有封于中山故地的中山国。中山国位于太行山东麓，大致包括今易水以南、滹沱河以北的地区，都城设在卢奴（今河北定州市）。

但是，中山国作为诸侯国存在了150多年，共有10位王执政。墓主究竟会是哪一位呢？

考古工作者终于发现了能证明这位中山王身份的器物——一件颈部刻有“中山内府铜钫一，卅四年”字样的青铜酒器。据研究，汉武帝以前，中国的帝王没有年号，在位的时间只以数计。也就是说，“卅四”是在位的年数，而在中山国10位王中，只有第一代王刘胜在位时间超过了30年，有42年之久。因此，专家确定这座墓室的主人就是中山国第一代王刘胜。刘胜是西汉景帝刘启之子，汉武帝刘彻的异母兄长。他在景帝前元三年（公元前154年）被封为中山王，死于武帝元鼎四年（公元前113年），统治中山国整42年。

现在找到刘胜的棺椁成了工作的重点。队员们穿过大厅后，终于在最里面的石壁上找到了一堵石门，但这堵石门不仅被黏土牢牢封死，外表还伪装成黛青色石壁，如果不仔细分辨，根本看不出这是一道门。考古队员们认为，这堵石门后极有可能就是存放刘胜棺椁的古墓核心之地——后室。

金缕玉衣话传奇

1968年7月12日，被封得死死的后室石门终于被打开。

开启后室石门颇费了一番工夫，原来两扇大石门不仅用黏土封得严丝合缝，中间还用铁水浇筑，很难开启。专家们通过细致勘察，终于发现上门楣与石洞间有一个极不起眼的细小缝隙，凿开后，果然露出一个仅能容纳一人进出的长三角形小洞。发掘人员进洞后，先是将顶住石门的巨大条石撤掉，但石门依然纹丝不动，原来石门上还有一道暗栓，轻叩暗栓，石门应声而开。先人的智谋可窥一斑。

就在石门被打开的那一瞬间，室内闪射出了万道金光。队员们全被惊呆了，一阵短暂的寂静过后，大家再也抑制不住内心的兴奋、惊喜和激动，发出了由衷的赞叹声和欢呼声。因为他们看出来了，这是一座还没有被盗掘过的古墓。

后室是一个用石板搭建起来的石屋，南边还有一个侧室。北侧有一张巨大的汉白玉石棺，离地面只有一两寸，上面放了一件衣服样的东西，四周放了很多兵器、铜器和玉器等。衣服上面是一层厚厚的污泥，已经看不出什么颜色。专家们擦拭后，发现衣服竟然是玉片做的。于是，大家加快了清理工作，就这样，一件用金丝和无数闪亮的青玉片连缀而成的类似铠甲状的葬服

金缕玉衣

到目前为止，全国共发现玉衣20余件，中山靖王刘胜及其妻窦绾墓中出土的两件金缕玉衣是其中年代最早、做工最精美的。

熊足铜鼎

1968年满城中山靖王刘胜墓出土。通高18.1厘米，口径17.2厘米，腹径19.6厘米。鼎身作子口微敛，圆底，三熊足，熊作蹲立状。

展现在了人们的眼前。

玉在中国已有近万年的历史。到了汉代，人们不仅把玉作为财富和权力的象征，还坚信以玉可以护身，可以使尸体不腐烂。汉代的君王以及贵族死后不光口含宝珠，下枕玉璧，还用玉片和金丝连缀而成的葬服从头包到脚，这就是人们所说的“金缕玉衣”，史书中也叫“金缕玉柙”。

此种葬制源于战国末期，一直延续到东汉末年，直到魏文帝曹丕时才下令禁止使用。在汉代史书中，玉衣出现的次数最为频繁，但在考古中从未发现过实物。传说中的金缕玉衣就这样从天而降，使在场的考古专家们不由得激动万分。

经复原，这件玉衣全长1.88米，共用玉片2498片，金丝1100克。玉片四角均有穿孔，全部用金丝线编缀而成，技艺精巧，造型大方。在研究玉衣的过程中，考古工作者发现，玉衣由5大部分组成，每一部分都可以彼此分离。在玉衣的制作过程中，难度最大的，要数玉衣的手套部分，它也是玉衣中最为精巧的部分。其所用的金丝一般长4至5厘米，最细的金丝直径只有0.08毫米，只相当于一根头发丝的细度。据说，西汉时代制作一套这样的玉衣，即使一名非常熟练的玉工也要花上十年的时间。

在清理玉衣周围的随葬品时，发现玉衣的东侧有60多个金豆，这令考古工作者颇为疑惑。后来，据郭沫若判断，这大概是代表刘胜活了60多岁，金豆是用来代表年龄的。

眷眷之情，生死已相隔

在1号墓发掘基本完成之后，有一个问题让考古专家们迷惑不解：后室只有已腐烂的棺椁，金缕玉衣也是空的。刘胜的尸骨在哪里呢？

1968年7月22日，郭沫若来到陵山。他的到来，为解决问题提供了新的方向：可能1号墓原本就是一座埋葬殉葬品的仓库，所以没有尸骨。如果按照这个思路去思考，那么墓室下面或者周围肯定还有一座或者几座大墓，墓主也许就埋在里面。

这就引发了在1号墓周围搜寻大墓的工作。考古队先是在墓内进行了深层次的发掘，但直到挖到原始地层也没有发现墓穴，于是考古队转到了墓室的周围进行搜索。果然，8月13日，在1号墓北面的山坡上，考古队发现了一座大墓。这就是满城2号墓的发现始末。

为了使发掘工作事半功倍，考古专家们对2号墓的所在地进行了细致的踏勘，终于在距离第一座汉墓墓道口平行向北120米处一片被人工翻动过的乱石堆中发现了一个缺口，这应该就是墓道所在，发掘便从这里开始。

考古队首先开凿出了一条南北向的深沟，然后开始清除深沟里的黄土层。之后，深沟里露出了明显带有人工痕迹的碎石层。挖掘继续向西推进，当天下午4点钟，考古队挖掘出了封堵岩洞门口的卧砖，进入墓室的门由此打开。

2号墓规模巨大，气势宏伟，开凿工艺超过1号墓，墓室结构与1号墓大体相同，可以明显看出是在吸取1号墓的经验上开凿而成的。然而，让人大出所料的是，2号墓出土的许多物品都是女性用品，陪葬武器很少，种种迹象都表明这里埋葬的应该是一位女性。

9月16日，在2号墓后室的一个锡制的盒子里，考古人员发现了一枚铜印：方形、中间有孔，正面有“窦绾”两字，背面是“君须”两个字。看来，此墓的主人名为窦绾。她又是谁呢？一座精巧的铜宫灯为人们解开了此谜。

这座铜宫灯作宫女跪坐持灯状，通体鎏金，可分为头部、身躯、右臂、灯座、灯盘和灯罩等6个部分，各部分分别铸造，然后组合成整体。灯盘可转动，灯罩可以开合，因而能够随意调整灯光照射的

长信宫灯

出土于河北满城中山靖王刘胜之妻窦绾墓中。灯体通高48厘米，设计十分巧妙，宫女一手似在挡风，实为虹管，用以吸收油烟。长信宫灯被认为是我国古代制灯工艺的巅峰之作，堪称“中华第一灯”。

方向和亮度。宫女的右臂和身躯中空，烛火的烟炱可通过右臂进入体内，从而保持室内的清洁。铜宫灯设计巧妙合理，宫女造型生动逼真，其艺术水平之高，在汉代铜灯中是首屈一指的。美国前国务卿基辛格见到此铜宫灯后曾惊叹：那时候的中国人就有了环保意识！

铜宫灯上刻有铭文9处，共65字，其中有“长信尚浴，今内者卧”的字样。据史籍记载，“长信”指的是长信宫。汉文帝时期，长信宫的主人是汉文帝的皇后窦漪，也就是中山靖王刘胜的祖母。后来考古工作者给这件铜灯定名为“长信宫灯”。

由此，专家推断，2号墓的主人是刘胜的妻子，即中山国的王后。而长信宫灯就是窦太后送给窦绾的陪嫁品。后室偏向南侧，是因为窦绾希望自己的长眠之处能与丈夫靠得更近一些。

眷眷之情，生死亦不能隔；眷眷之情，生死又已相隔。

解开刘胜尸身下落之谜

就在考古工作者为墓主人身份的确定而欢欣鼓舞时，另一件更让人惊喜的事情在工作队中迅速传开——2号墓中又发现了一件金缕玉衣。

出土的这件玉衣比刘胜墓出土的玉衣略微小些，全长1.72米，由2160片玉片用金丝编缀而成，所用金丝重约700克。玉衣胸部由丝织物编结而成，由于年代久远，织物早已腐烂，又受玉璧及棺椁朽木灰所叠压，部分玉片已经散乱，清理这一部分自然要更加细心。

在清理的过程中，考古人员发现玉衣内有死者的颈脊椎骨、4条肋骨和盆骨以及牙齿的珐琅外壳，看来2号墓的主人是穿着玉衣入葬的。这更加重了人们的疑问：为什么1号墓里没有刘胜的尸骨呢？

专家们试着打开刘胜的玉衣后，发现里面有一些枣泥灰样的东西和一些牙齿，他们推断刘胜的尸骨就在玉衣里面，只不过已经腐烂成灰。而金缕玉衣被发现之初，由于后室房顶坍塌而将玉衣压成了扁平状，所以人们才没有发现成形的尸体骨骼。

错金朱雀弦环杯

原来，刘胜死后因地位显赫被厚葬，随葬品非常丰富，而动物的残骸和大量的酒增加了墓室中的有机物含量，使尸体极容易腐烂。另外，洞中潮湿的环境也加速了这一过程。昂贵的玉衣、华美的玉器，都没有使王爷和王后的尸骨永存。在死亡面前，生命不朽不过是一个精神的追求。

经过20多天的辛苦努力，2号墓的发掘工作在1968年9月17日全部完成。至此，历时111天的满城汉墓发掘工作也宣告结束。

非凡的考古成就

两座满城汉墓共出土文物10633件，其中精品文物4000多件，有铜器、铁器、金银器、玉器、漆器、陶器、丝织品和大型真车马、小型偶车马及五铢钱等。其种类之丰富、制作之精美，令人叹为观止，被列为“三大汉代文物考古成就之一”。

错金博山炉

错金博山炉为西汉青铜熏炉，1968年河北满城中山靖王刘胜墓出土。通高26厘米，因采用错金装饰工艺而得名。

除了金缕玉衣、长信宫灯外，墓中还出土了一件价值连城的宝物——错金博山炉（博山乃古代神话中的仙山）。这座错金博山炉出自1号墓。工匠们在炉盘上部和炉盖铸出高低起伏、挺拔峻峭的山峦，象征陆地和群山。炉盖上就山势镂孔，有神兽出没，虎豹奔走，机灵的小猴或是蹲在高处或是骑在兽背上嬉戏玩耍，猎人则在山中巡猎，一幅原生态的自然山景跃然炉上。炉座则透雕成三条蛟龙腾出波涛翻滚的海面状，以龙头擎托炉盘，在山、海之间饰龙纹，蕴涵着龙为沟通天、地、人三界的通天神兽的时代观念。整座炉造型美观，制作精巧，工艺之精湛，举世罕见。

在1号墓中室的中间位置，考古工作者们还清理出了十几盏造型各异的铜灯，其中一盏铜灯吸引了专家的目光：灯的底座是个匈奴人的形象，根据铜灯上的铭文，可知这灯名为“当户灯”。据历史记载，“当户”是当时匈奴的一种官职名称。此灯制作于汉朝和匈奴之间矛盾异常尖锐的时期，用匈奴

鸟篆文铜壶

通体用金银丝嵌错出鸟篆文吉祥语和动物纹带。口、肩、腹部各有微凸的宽带纹一周，上错怪兽和云雷纹。

人当作灯的底座，表达了汉人对匈奴人的一种蔑视。

两座墓中出土的文物创造了多项全国之最：4枚金针、5枚银针、“医工盆”以及小型银漏斗、铜药匙、药量、铜质外科手术刀等，组成了迄今发掘出土的质地最好、时代最早、保存最完整的一整套西汉时期医疗器具；计时器铜漏壶，是迄今出土的年代最早的古代天文学器物；一个由石磨和大型铜漏斗组成的铜石复合磨，是我国至今所见体积最大、时代最早、设计科学、构思奇妙的铜石复合粮食加工工具；500多件兵器中，有我国最早采用刃部淬火新工艺的铁剑，而刘胜的铁铠甲也是迄今考古发掘中所见到的保存最完整的西汉铁甲；一件玻璃盘和两件玻璃耳杯，是迄今考古发现最早的国产玻璃容器……

满城汉墓的发现，为我们展示了西汉时期诸侯王的墓葬结构和埋葬制度；墓中出土的大量珍贵的历史文物，在一定程度上反映了当时社会财富的积累和生产力的发展水平，为研究我国汉代冶炼、铸造、漆器、纺织等手工业和工艺美术等方面的发展情况，提供了重要的实物资料，其重要价值不可估量。

雷台汉墓

——惊现马踏飞燕

- 年代：约186－219年
- 位置：甘肃省武威市城北
- 发掘迄始：1969年

雷台下的“金库”

在中国甘肃武威市城北1000米处，有一座长106米、宽60米、高8.5米的土台建筑。据历史记载，此台为东晋十六国时前凉国王张茂所筑，后来，明天顺年间有人在台上重修了雷祖观，即古代祭雷神的地方，“雷台”因此得名。

和众多辉煌的历史遗迹相比，雷台原本并不显眼。但一个偶然的发现，却使它名扬海内外。

1969年，中国正值“文化大革命”“深挖洞、广积粮”的非常时期。9月10日，武威地区金羊乡新鲜大队的村民们开始在雷台的南面挖掘备战防空洞。9月22日这天，不同寻常的事情发生了，村民们在渐渐延伸的昏暗的地道中挖到了一处坚硬的砖墙，不由得一阵疑惑。

他们刨掉墙砖，一个硕大的洞穴露了出来。钻进幽暗阴冷的洞穴，村民们惊异地看到，在积满尘垢的砖铺的地面上，竟然铺着一层厚厚的铜钱，还有许多奇怪的车、马和数不清的锅碗瓢盆。所有东西上面都有一层厚厚的绿锈，拿在手里沉甸甸的。由于缺乏考古常识，村民们在混乱中把很多铜车马装进麻袋，运出洞口，放进了村里的库房，准备等忙完了这阵子就拿去卖了给村里买些马匹。

消息不胫而走。10月初，武威文化馆的职工党寿山无意间获悉了这个信息，他敏感地意识到村民们可能是挖到古墓了，连忙骑着自行车赶到了金羊乡。

在村民的帮助下，党寿山进入了这个神秘的地下世界：这是一处由条形

雷台汉墓外景

雷台汉墓属全国重点文物保护单位，位于甘肃省武威市北关中路雷台公园内，是1969年由当地农民在雷台老槐树下发现的，是一处东汉晚期的大型砖石墓葬，因出土了珍贵文物、中国旅游标志“马踏飞燕”而闻名。

砖砌就的多室相通的大型古墓，全长约40米，面积约60平方米。古墓分前、中、后三室及配以左右耳室三处，墓门向东，呈正东西方向。斜坡土圹墓道两侧墙壁上有用朱红绘成的花卉图案数组，笔法简练粗犷。砖砌部分有墓门、甬道、前室附左右耳室、中室附右耳室和后室。墓门及墓室墙壁均以青砖和涂黑色砖组成各种菱形图案，以红、黑色线纹作为壁饰，前后室和中室墓顶为覆斗式，以墨线勾边，并用红、黄、灰、白等色绘成莲花藻井图案。

党寿山对文物进行了清点和登记，把它们转移到了当地的文庙中暂时保管，然后向上级做了报告。不久，甘肃省博物馆派专人来武威进行了考察，并带走了两件样品，之后省里就下发文件，调走了雷台出土的全部文物，将它们收藏在甘肃省博物馆。

雄伟壮观的仪仗队

据统计，墓中共出土了金、银、铜、铁、玉、石、陶器等各类文物共计231件，其中有三颗铸有“将军”字样的银印，还有铺地铜钱467555枚。

尤为可贵的是，文物中有一个雄伟壮观的仪仗队，包括38匹马，1头牛，14辆车，手执矛、戟、钺等兵器武士俑17件和奴婢牵马俑29件，共计99件青铜器物。

雷台车马仪仗队

雷台汉墓出土的车马仪仗队非常壮观，铜俑手持矛、戟、钺，身跨体肥膘壮的战马，神情专注，表情严肃，战马则昂首嘶鸣，似要奔腾飞跃，十分逼真。

由于出土时队阵顺序已乱，只能按照史料记载来重排车马队。队伍的最前方是一匹与众不同的马，紧跟着的是17匹马和骑士，分三行。骑士们威风凛凛，庄严肃穆，左手执辔，右手举兵器，跨坐马鞍上作待命出发状。

威武的骑兵后面是车队，所有的车辆和真的一样，一些车的后门还可以开启。车队的正中是1辆前导用斧车，稍后是4辆豪华的轺车。车上有执辔驾车的“御奴”，还有两个头梳双髻，身着长袍，随时听候主人吩咐的“从婢”。车前站着8个人，从穿着上看，四文四武，他们的背上刻有“张家的奴仆”的文字。马颈上也都刻有铭文“守张掖长张君”“左骑千人张掖长”等，以标志主人的身份。

车队后面是由5匹马组成的一个队形：中间1匹马体形彪悍，威风凛凛，应当是主人的坐骑；其他4匹前后并列，护卫着主骑，是主人贴身卫士的坐骑。队伍的后面还有一辆负责运输工作的牛车。

这套生动雄伟的铜车马仪仗队，纵横驰骋千年来到我们身边，将古代“车辚辚，马萧萧”的出行场面逼真地再现在我们面前。其造型之丰富，其工艺之精湛，无不令人惊叹。

考古专家在对雷台古墓及其出土文物进行了细致的研究之后，认定此墓属于东汉，是迄今为止在河西发现的最大的东汉墓葬。他们盛赞雷台汉墓“一座蕴藏丰富的地下宝库”。

绝世珍宝“马踏飞燕”

雷台汉墓出土的真正的国之瑰宝，还要数仪仗队最前面的那匹领头马，即铜奔马或“马踏飞燕”。它具有极高的艺术、科学和历史价值，是一件非常罕见的艺术杰作，可与秦代铜车马相媲美。

这匹马通高34.5厘米，长45厘米，通体青铜铸造，呈发绿古铜色，气韵生动，矫健剽悍，无拘无束；昂首扬尾，张口嘶鸣，三足腾空，右后足巧妙地轻踏在一只飞鸟的背上；飞鸟眼似鹰，体形似燕，展翅回首，注目惊视。

作品巧妙刻画了奔马超越飞鸟的那一刹那间的情景。马的两条前腿一前一后有力地

马踏飞燕

奔马身高34.5厘米，身长45厘米，宽13厘米，形象矫健俊美，别具风姿。艺术家巧妙地用闪电般的刹那将一只凌云飞驰、骁勇矫健的天马表现得淋漓尽致，体现出汉代奋发向上、豪迈进取的精神。

雷台公园

雷台公园位于武威市北关中路，主要标志为站立在高柱上的“马踏飞燕”。

跨越在飞鸟之前，左后腿直挺，右蹄轻轻触及鸟背，使飞鸟回首惊望，自叹不如。通过与飞鸟的对比，将一匹凌云飞驰、骁勇矫健的天马表现得淋漓尽致，其表现手法与唐代诗人李白《天马歌》中“回头笑紫燕”一句，可以说是不谋而合。

尤其令人叹服的，是铜奔马设计和制造完全符合科学原理。

设计师以娴熟精深的技巧，把奔马所具有的力量和速度融合成充沛流动的气韵，并浑然一体地贯注在昂扬的马首、流线型的身躯和4条刚劲的马腿上。虽然它全身的着力点集中于一足，却完全符合力学平衡的原理，在三维空间达到了“形神兼备、气韵生动、形妙而有壮气”的完美境界。

在这件作品中，设计师很好地解决了支撑点、重心、平衡、抗阻力等科技问题。首先，要塑造出立体的奔马形象，至少必须有二三条腿腾空。但马的躯体庞大，腿却细长，一条腿能站稳吗？设计师用一只展开双翅、有着长宽尾巴的飞鸟作为马蹄的支撑点，使马蹄的着地面积一下子增大了很多倍，确保了马能站立不倒。同时，飞鸟位于奔马腹下前部，马蹄在鸟背上，恰是奔马的重心所在，增加了马的稳定系数。而马的前右腿和后左腿分别向前后伸直，另外两条腿则同时向下腹中心收缩，以保持躯体平衡。而马的躯体溜圆，可减轻风的阻力，给人以飞速奔跑的感觉。

设计师赋予奔马以旺盛的生命力，体现了大汉王朝奋发向上、豪迈进取的精神。

铜奔马不但传神，而且造型写实。按古代相马经中所述的良马的标准尺度来衡量铜奔马，几乎无一处不合尺度，故有人认为它不仅是杰出的艺术品，而且是相马的标准参照工具。

1971年，郭沫若陪同外宾访问兰州，在参观博物馆时见到这件青铜奔马，被其强大的艺术魅力打动，立刻为其命名“马踏飞燕”，并当场挥毫泼墨，写下了“四海盛赞铜奔马，人人争说金缕衣”的豪迈诗句。

郭沫若一眼认定，铜奔马所踩的这只鸟是燕子，因此为铜奔马取名为“马踏飞燕”。但也有人说这只鸟的尾巴几乎是方形的，不像燕子，倒更像乌鸦；也有人说它是传说中的神鸟“龙雀”；还有人则认为这是鹰。近年来，又有人提出它是一只燕隼。具体这只鸟到底是什么已经不重要，重要的是，它和奔马共同创造了中国奔马铜铸艺术上的绝世辉煌。

1973年，当时的外交部部长陈毅安排铜奔马与一批国宝级文物一起，赴世界各地巡回展览，发动了一场“文物外交”。在美、英、法、日、意等国家展出期间，观众如潮，将铜奔马誉为“绝世珍宝”“天才的中国马”。从此，铜奔马名扬世界。

1984年，“马踏飞燕”被定为中国旅游的标志。据说，近年来已有国外专家提出建议，要将它列为世界旅游标志。

经久不息的天马文化热

铜奔马自出土以来，有关它的称谓、制作者等，一直是史学界争论的焦点，吸引了大批专家学者加入到铜奔马的探究当中来，从而形成了经久不息的“天马文化热”。

首先是关于奔马原形的问题。有人说它是传说中的神马，根本不可能在现实中存在。但更多的人认为这匹马来源于现实。那么，它又是什么品种的马呢？

它的体形与中原马匹截然不同，躯干结实、头小腿长，这些特征都说明它不是中原马。

雷台仪仗车

中国的养马技术在西汉年间因为得到了最高统治者的支持，产生了质的飞跃。雄才大略的汉武帝最大的爱好就是养马，在他的心目中，大宛马就像传说中的神马一样，所以称其为“天马”。那么，它是不是大宛马呢？

但是，铜奔马还存在蒙古马的一些特性，如肌肉厚实，身体也略显粗壮，因此它也不是纯种的大宛马。

畜牧专家从马的奔跑姿态上得到了新的启发。一般的马是前后同向腾空，而此马同一侧的两条腿同时朝着一个方向腾起。这种奔跑的姿势叫作“对侧步”，这是当年汉武帝引进的大宛马和中原的蒙古马杂交后，形成的具有独特风格的中国马的步伐。所以，他们认为这件铜奔马正是这种中国马的真实写照。

那么，这座铜奔马的制作者，即雷台汉墓的主人又是谁呢？文物上的铭文说其是“守张掖长张君”“左骑千人张掖长”，没有名字，所以人们只知道他属于武威的张姓豪族，可能担任过驻守武威的将军。

从1989年起，年轻学者董洪在“铜奔马的制作者”这个问题上取得了重大突破。据他考证，铜奔马的制作者是张江，生于公元前1年，东汉冀州人，擅长铸造马式，在西北边陲久负盛名。他原来姓析名宰，汉明帝赐名张江，封南阳析侯，拜破羌将军、武威太守，兼摄左骑将军、张掖县长。公元60年，张江受封太守后，为报明帝知遇之恩，开始铸造铜马作为贡品。

当时汉人多崇尚《易经》，张江也对其有深入的研究，并将这些研究成果运用到了铜奔马的制作上。他仿照易象太极图，以河西马独特的对侧步为姿势，定“乾”；以凉州产燕隼为原型，秦时飞廉（风神）为姿态，定“坤”；将太极图中的白鱼演变为白色燕隼，黑色演变为青色铜奔马，确定中心意旨，喻“乾坤轮回，小弱胜强”，启示明帝效汉高祖，重振雄风，打垮匈奴与羌敌。

当此铜奔马送到京城洛阳时，明帝十分喜爱，特迎置于平乐观，史称“凉州贡马”。不幸的是，此铜马后为董卓攻陷京城时所毁，后人惋惜不及。不想原来张江铸了两套，一套进奉，一套自留欣赏，死后私置其墓穴中。今日出土，成为光照千秋的国宝，这也是后人之福，不然我们何以能瞻仰汉代宝马的风姿呢。

阿斯塔那墓地

——木乃伊博物馆

- 年代：3世纪中叶－8世纪末
- 位置：新疆维吾尔自治区吐鲁番市
- 发掘迄始：1912年

吐鲁番的古墓群

学术大师季羡林曾经说过，在全人类历史上，影响深远，历史悠久的文化体系只有四个：中国、印度、伊斯兰和希腊罗马西欧文化体系。而丝绸之路使这四大文化体系得以在中国新疆汇流，这也是它们唯一的交汇点。而吐鲁番，恰好就处在四大文明体系汇流的十字路口。丝绸之路进入新疆后，分成南、北、中三道，但无论哪一条，都要经过吐鲁番。

吐鲁番古称姑师，是古丝绸之路上的重镇，位于新疆维吾尔自治区中部。吐鲁番的人们基本上都居住在依山傍水的低洼处或者山沟里，依赖着坎儿井的哺育繁衍生息。而在地势较高或视野开阔的空地上，遍布的是古城遗址和废墟，已发现的文化遗址有178处，例如交河古城和高昌古城。

高昌古城

高昌古城位于吐鲁番市东45千米处火焰山南麓的木头沟河三角洲，是古丝绸之路的必经之地和重要门户。

在距离吐鲁番市区约40千米的火焰山之南、高昌古城之北约2千米的地方，密密麻麻地分布着数千座古冢，覆盖了东西长约5千米、南北宽约2千米、占地约10平方千米的范围。这里就是国家重点文物保护区“阿斯塔那－哈拉和卓古墓群”，简称“阿斯塔那古墓群”。

“阿斯塔那”与“哈拉和卓”分别是与墓地相邻的两个村庄之名。“阿斯塔那”是维吾尔语的音译，意为首府，因村庄位于高昌回鹘王国的古城附近而得名，汉语叫“三堡”；“哈拉和卓”相传是古代维吾尔的一位大将的名字，为了表示纪念，就用他的名字作为村名，汉语叫“二堡”。

阿斯塔那古墓群是高昌古国的公共墓地。墓地上有用天然砾石隔开的界限，畛域分明。远远望去，不由得让人心生寒意。

斯坦因的大发现

千百年来，阿斯塔那墓地遭遇了无数次的盗掘。而真正大规模的发掘，始自于20世纪初。1912年3月，日本大谷探险队的桔瑞超和吉川小一郎对阿斯塔那古墓地进行了发掘，第一次在这里发现了干尸。半年后，吉川小一郎又独自在这里进行了两次发掘，先后将10具干尸运回日本。随后，俄国人科兹洛夫、德国人勒科克等人也在这里进行了规模较大的发掘，收获颇丰。

1914年11月，英籍匈牙利考古学家奥莱尔·斯坦因踏足吐鲁番这片奇特

阿斯塔那古墓群遗址

阿斯塔那古墓群位于吐鲁番市东南约40千米处，距高昌古城遗址约2千米，是世界著名古墓地之一。古墓群占地10平方千米，埋葬着从西晋初年到唐代中期高昌古城及附近的居民，具有极高的考古价值。

的土地，在这里展开了考古调查。1915年1月，他的工作目标全部集中到阿斯塔那古墓群。虽然他知道这里曾被发掘过，但当他发现戈壁滩上的墓葬数量众多时，还是坚信在这里会有可观的发现。他把阿斯塔那古墓群划分为10个墓区，前后搜寻了34座墓穴。

斯坦因雇用的民工很快挖开了几座古墓，千年前的实物实景奇迹般地呈现在了面前。最令人震撼的是，每一座墓室都陈列着几具干尸：一对夫妻或一夫二妇。尸体一般都置于一个土台上，可以想象，当初人们挖掘坟墓时，就为死者留下了一个安息的土台。也有尸体躺在木板搭成的尸床上，还有尸体躺在木棺中，但这类木棺很简单，且许多木棺已不存，可能是被盗墓者搬去当柴烧了。

许多尸体还非常完整，可以看出，死者是按照他们临死前的姿态被安葬的。所有的尸体已“木乃伊化”，有的用毡或丝绸包裹，有的身穿各种服装，也有的赤身裸体。缠裹尸体的丝绸产于中国，也有属于波斯风格的锦缎、刺绣，其中拜占庭式图案可能是为了适应西方市场而设计的。

干尸脸上多覆盖着带有花枝图案的圆形丝绸物，这是一种普遍存在于各墓穴中的现象，斯坦因称其为“覆面”。覆面一般用锦缎裁成或用小块丝绸缝缀在一起，大部分都有大型珍珠和圆形画像和图案，画像主要有野猪头、长翅膀的千里马、怒目而视的狮子和骑马射箭的骑士。此外，干尸脸上还有金属“眼罩”。它们固定在一块织物上，银质的较多，也有用薄木片制成的。

尽管阿斯塔那墓地先前已遭到盗墓人的侵扰，但斯坦因还是发现了许多有价值的物品和首饰。他在一些死者口中找到了钱币，这主要是中国的铜钱和萨珊王朝时代的银币，但也有一些非常罕见的金币，其中的一枚竟然是拜占庭王国查士丁尼皇帝的勋章。另外，他还得到了许多彩漆或编织得非常精巧的盒子，其中存着女人的化妆品。

在阿斯塔那古墓墓室的墙壁上，常绘有一些艺术水准很高的壁画，这是墓穴中最有价值的艺术品。最使斯坦因惊喜的是，他在一些墓室顶上发现了绢质的“伏羲女娲图”，还有几幅残破的但艺术性很高的绢画仕女图，一幅“宴饮图”，一幅“乐舞图”，都具有很高的艺术价值。

等到斯坦因从古墓的地穴中爬出来，已是吐鲁番艳阳高照的二月天了。他打点这几个月来收获的文物，共141箱，有文书、古籍、艺术品以及丝绸、陶瓷制品等等，外加一个男性干尸的头颅。他用45匹骆驼将这批文物运到了印度。后来，这些文物又被运往伦敦，收藏在伦敦博物馆和大英图书馆中。

宏伟的地下博物馆

在《亚洲腹地》和《西域考古记》等著作中，斯坦因详细记述了他在阿斯塔那古墓群的发掘情况，这和他带回的文物一起，在世界考古界掀起了轩然大波，也引起了中国学者的深切关注。

1930年，中国学者黄文弼来到阿斯塔那古墓地进行考古调查，收集了一些文物。1959年以来，新疆维吾尔自治区博物馆和新疆社会科学院考古研究所联合先后对阿斯塔那古墓地群进行了13次抢救性的发掘。

阿斯塔那古墓葬形制十分简单，为斜坡墓道洞室墓。古墓平面形状如“甲”字。墓室前方是一条十几米长的斜坡墓道，在许多墓的入口处都有砖形墓志铭，上面记载着死者的姓名、生卒时间，有的还记述其官号及仕途情况。在女性墓志铭上，往往还有赞扬她持家才能及其他美德的文字。如阿斯塔那古墓群中一位姓贾的妇人的墓志铭是这样写的：“上天所赋予她的生命是有限的，因为正如白驹过隙一样，不会拖延；正如闪电一样，不会留驻。岁月到了它的末端，生命也消耗尽净，翡翠树干枯了。她永远离开了这些时日，永远冲破了这人间的苦难之网。”这段华美的墓志铭写于667年，它给人们一种错觉，似乎一切都没有逝去，死亡在这里没有绝对的权威，它不但不能阻断时间的流逝，反而塑造了永恒。

墓道尽头连着死者安息的墓室。墓室一般高2米以上，4米见方大小，墓室顶为平顶或穹隆形。死者多安放在墓室后部的土台或简易木床上。葬具使用木棺的不多，这与当地木材缺乏有关。在随葬物品方面死者四周或陈放模拟的亭台楼阁、车马仪、琴、棋、笔、墨，或陈放葡萄、瓜果、饺子、面饼等食品，供死者在阴间驱使或享用。这些东西都保存完好，如唐代水饺形状与今无异，里面的馅也完好如初。而正如斯坦因发现的那样，有的墓室后壁还绘有人物、鸟禽、花卉、山水等图画，形象逼真，线条流畅。

阿斯塔那古墓群前面的女娲和伏羲塑像

考古工作者们发现，这里盛行家族

葬制，并以一个家族的习俗来营造自己的墓地。在墓地外面，处处可见井然有序、界线分明的茔院。茔院内是一个父系大家族的墓园，按照祖、父、子、孙辈分大小，依次进行排列，非常正规。一般是夫妻合葬，少数一男与二女或三女合葬，也有单人葬。

阿斯塔那古墓墓道
阿斯塔那古墓形制为斜坡墓道洞室墓。古墓平面形状如“甲”字。墓室前方是一条十几米长的斜坡墓道，墓道尽头连着墓室。

阿斯塔那古墓群所葬一般是平民，也有高级官员，只是尚未发现高昌国王的墓葬。从民族成分上看，多为汉族人，也有车师、匈奴、氐、鲜卑、高车、昭武九姓等少数民族。这说明当时高昌王国是一个以汉族为主体的多民族国家。

几十年来，考古工作者们在这里共清理了456座墓葬。出土了各种保存完好的文物1万多件，包括数百具木乃伊和大量的文书、壁画、陶器、木器、钱币，各种墓俑、墓表、墓志等，以及许多丝、棉毛织物。阿斯塔那古墓群因其丰富的文物和文化内涵，被誉为“地下历史博物馆”。

永远的木乃伊

在吐鲁番博物馆的陈列厅里有这样一位特殊的“老人”：身高1.68米，脸型瘦削，头发部分缠成发髻，部分散披项肩，皮肉收缩，肚腹低陷，周身呈土黄色。

他就是高昌王国名将张雄的木乃伊。张雄（583—633），字太欢，祖籍河南南阳，世居高昌，出生在高昌王国一个贵族家庭。生前是高昌王国宫廷侍卫军的首脑人物，任侍郎、殿中将军，死时年近57岁。学者们根据干尸推断，张雄生前身高1.72—1.73米，体重68—73千克。北京自然博物馆复原的张雄像，手捻胡须，略显沉思地望着远方，形态逼真，栩栩如生，再现了其当年运筹帷幄、安详泰然的神态。与张雄的木乃伊同时出土的还有他的妻子和儿子张怀寂以及其他身份各异、民族不同的数百具木乃伊干尸。其数量之多，在我国尚属首例，在世界考古史上也是一个奇迹！

阿斯塔那墓葬壁画

阿斯塔那墓葬壁画精致独特，具有浓郁的唐代新疆民间风格。

在阿斯塔那古墓地发掘的近500多座墓穴中，80%的尸体没有腐烂，形成了干尸。干尸大多完整无损，有的连眼睫毛和眼缝中显露的黑白眼珠都历历可见，足可与埃及木乃伊相媲美。

这些数以百计的千年古尸，是研究历史上新疆居民的种族、民族特征的珍贵人体标本，受到了考古学、体质人类学、历史学、民族学、民俗学、宗教学等多学科学者们的高度关注。如他们的服饰、发式等，都蕴含着十分丰富的历史文化信息；检测他们的头发，可了解当时的环境、饮食和人们疾病健康状况。

斯坦因从阿斯塔那带回去的那个男性干尸的头颅，他认为可能是一个匈奴人。英国的体质人类学专家基思对之进行了分析后，结论是他是蒙古人种的成员，但在许多细节上又不同于典型的汉人或蒙古人的头颅，有些趋向于欧洲人或高加索人种。这是因为新疆自古以来就是一个多民族共同生活居住的地方，也是东西方人种的交错地带。

那么，这些古尸又是何以保存得如此完好呢？一直以来，这都是关注度最高的一个问题。学者们从多角度作出了回答。

首先是吐鲁番盆地特殊的地理环境。这里低于海平面156米，是我国陆地最低的地方。盆地阳光辐射强烈，四周又有群山环绕，热量难以散发，造成盆地内部高温，全年高于35℃的炎热日在100天以上，高于40℃的酷热日超过40天，有记录的最高温度达到了49.6℃，地表温度达到82.3℃。所以吐鲁番有“火洲”之称。

另外，盆地降水量极少而蒸发量却很大，每年只有16毫米的降水，但却要蒸发掉3000毫米。阿斯塔那古墓群的墓穴多是在夹有戈壁石的黄土层中掏挖而成，其所在地区更是干燥，那里的地下水位距离地面20多米，而墓室一般在地下3至5米之间。由于这里地势高敞，又是高温加干旱，墓穴周围是土质疏松透气性强的风蚀流沙地层，整个墓穴就像是一个天然的“干燥箱”，尸体得以快速脱水而干枯。墓穴内的天然无菌环境，使干尸得以长存，同时也保存了大量文物，很多绘画、泥俑、珠宝、丝织物等都色彩鲜丽如新，保存十分完好。

阿斯塔那古墓里葬有汉、车师、突厥、匈奴、鲜卑、高车、回鹘等10多个民族，这完整保存下来的干尸就是一部世界民族演变史。

如今，除已经发掘的墓葬以及少量被盗掘的墓葬外，这里的其余墓葬均未经考古发掘。在这片广漠的戈壁下面，还静卧着数千具干尸。所以，考古专家们正在设想在此建造一所世界上规模最大的干尸博物馆。

神秘的伏羲女娲图

中国古代有视死如生的葬制，连远在边疆的高昌也不例外。阿斯塔那古墓的死者均按照一定的礼仪过着一种有秩序的生活：他们头枕“鸡鸣枕”，“覆面”遮脸，眼盖冥布，双手握木。他们的居所绘着精美绝伦的壁画，还有大量的绘画作品在其周围相伴。

考古专家们从墓室中发现的绘画有壁画、版画、纸画、绢画、麻布画等多种形式，内容可分为人物画、花鸟画和天文图。

墓葬壁画从多方面反映了当时的社会生活面貌，如高昌郡时期的哈拉和卓第98号墓的壁画，画面分成5组9个方框格，中心是墓主人一男一女拱手跪坐，身后两名侍女站立，还有多人在劳作，有的执盆，有的推磨，有的牵牛执鞭，画上有高轮牛车和鞍马，有田地和葡萄园，这是地主庄园生活的真实写照。

绢画以仕女为题材的，画的是她们下棋玩耍的情景。

而最为神奇的是高昌王国时期的古墓墓顶上所挂的大幅人首蛇身伏羲女娲绢画。在画中，传说中教导人们从事农牧的伏羲和教导人们婚姻礼法的女娲皆为人面蛇身，他们一手各执矩和规，一手互相搂抱，双目平静而含情地对视着。他们腰以下的蛇身呈双螺旋状紧紧地缠绕在一起。他们似乎是飘荡在浩渺太空中，头顶是放

伏羲女娲图

图中的伏羲和女娲均为人首蛇身，蛇尾交缠，头上绘日，尾间绘月，周围绘满星辰。

光的太阳，尾部是众星环绕的弯月，身边是形态各异的星辰。

在阿斯塔那夫妻合葬的墓里，男女主人的头顶几乎都有这幅神秘的伏羲女娲图，区别只是富有的人绘制得精美，贫穷的人绘制得比较粗糙。而让人不解的是，高昌时期的人为什么把人类的先祖理解成是人面蛇身？为什么是双螺旋结构？它为什么会和今天的科学家们所发现的生物的基本遗传物质脱氧核糖核酸的双螺旋结构有惊人的暗合？古代的神话竟然被现代的科学所印证！难道它所要表达的就是生命的遗传基因？

这些问题引起了世人的高度关注，但伏羲女娲图的深邃含义到现在也没有一个确定的解释，此图也因此被称为“中国的斯芬克司”之谜。1983年，在联合国教科文组织的《国际社会科学》杂志试刊中，首页的插图就选用了这张神秘的图像。

弥足珍贵的文书

阿斯塔那墓地群出土了大量珍贵的文书。经学者们多年精心整理，共整理出2700多种文书。墓中所出最早的有纪年的文字资料是西晋泰始九年（273年）的契约木简，最晚的是唐大历十三年（778年）的文书，说明这片墓地里，埋藏并保留了3到8世纪的全部历史，距今约1700多年。

其中，晋十六国时期高昌郡的文书100多件，约占全部文书的5%；割据的高昌王朝时期的文书700多件，约占全部文书的30%；其余为唐代文书，约1700多件。按文书形式分，有契约，包括租佃、买卖、雇佣、借贷等；籍账，包括手实、计账、户籍、受田账、欠田账、退田账、差科簿、定户账等；官府文书，包括符沾状，审理案件的辩词和录案，授官授勋告身，行旅的过所和公验、收发文簿、收支账历等；另外还有私人信札、经籍写本、随葬衣物等。

现已发现的文书，绝大部分是用汉文书写的，另外还有粟特文等少数民族的语言。

这些文书的内容，涉及政治、经济、军事、思想、文化等各个方面。它们大到典章制度、重大历史事件和历史人物的活动，小到纯属私人生活的琐事，无所不包。例如考古学家就在其中翻检出了唐代诗人岑参往来交河的一本马料账以及唐天宝十二年至十四年吐鲁番各驿站的马料出入账本。这些为研究3—8世纪的历史，提供了第一手的材料，而其中高昌郡时代和曲氏高昌王朝的文书，填补了本地区历史记载的空白。

如今，这批文书已被编成《吐鲁番出土文书》，分10册由文物出版社出版了。它们的面世，在国际上引起了极大的反响，并因此形成了一门显学——吐鲁番学。但关于吐鲁番出土文书的研究才刚刚开始，任重而道远。

阿斯塔那古墓出土的联珠大鹿纹锦的纹样

阿斯塔那墓地的发现和发掘，为研究西晋至唐代高昌城居民的经济、文化、民俗等方面的发展、演变，提供了重要的实物资料。这些西汉到唐代的一千多年的文物，几乎是中国封建历史最繁盛时期的文化博览，更重要的是，天然的条件使得那些在中原大地已消失的文物在这里还完整地保存着。

西夏王陵

——东方的金字塔

- 年代：1038－1277年
- 位置：宁夏回族自治区银川市
- 发掘迄始：1972年

贺兰山下的土冢

巍峨的贺兰山，位于宁夏平原与阿拉善高原之间，峰峦迭起，蜿蜒不绝。它南北绵亘500余里，最高峰海拔3556米，就像一道天然屏障，挡住了腾格里的风沙，是保卫富庶的宁夏平原的“卫士”。远远望去，山体就像是一匹奔腾的骏马，所以蒙古人称其为“贺兰山”，即蒙语“骏马”的音译。

贺兰山脚下，有一片荒芜的沙野。沙野上奇迹般地伫立着上百个或圆或方的黄土堆，当地人传说它们都是西夏国王李元昊的坟墓——“昊王坟”。明代曾有朱秋炅作《古冢谣》：“贺兰山下古冢稠，高下有如浮水沤，道逢古老向我告，云是昔年王与侯。”不管传说是否真实，神秘的土堆就这样袒露在大地上，在很长时间里都被人忽略了！

1972年6月，兰州军区某部战士在贺兰山挖掘工程地基的时候，意外地挖出了几个破碎的陶罐，还有一些形状较为规则的方砖，方砖的上面竟刻有一行行的方块文字！战士们谁也看不懂，便上报了部队首长。首长立刻命令战士们停止工程挖掘，并迅速与宁夏博物馆取得了联系。

当宁夏博物馆考古工作队队长钟侃带人火速赶到现场，看到那一块块残碑上的文字时，他震惊了，它们竟然是早已消失的西夏文！

770多年前，西北大地上耸立着一个由党项族建立的少数民族王国——“大夏”，因其位于同一时期的宋、辽两国之西，历史上称之为“西夏”。其疆域包括今宁夏和甘肃大部、内蒙古西部、陕西北部、青海东部、新疆东部及蒙古国南部的广大地区，最鼎盛时期面积约83万平方千米。前期与北宋、辽平分秋色，中后期与南宋、金鼎足而立，可谓“三分天下居其一，雄

力士像碑座

踞西北两百年”。

13世纪时，成吉思汗开始对外扩张和掳掠，22年间先后6次伐夏。1227年，成吉思汗包围夏都兴庆府达半年。经过一番血雨腥风，蒙古大军集中兵力攻下了兴庆府，四处抢掠、大肆屠杀，铁骑所到之处，白骨蔽野。雄踞塞上的西夏王朝灭亡了，就连党项族也在历史的长河中悄然隐去了。

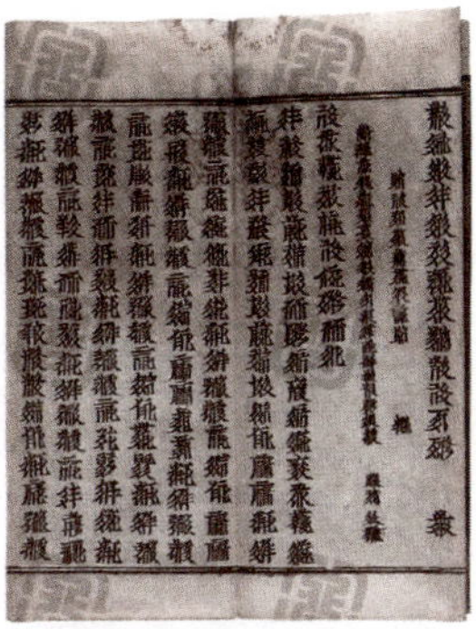

西夏文佛经

西夏文是西夏景宗李元昊于1036年命大臣野利仁荣创制的，共5000余字，形体方整，笔画繁冗，结构仿汉字，但又有其特点。

由于西夏典籍、文书被蒙古军付之一炬，加之元朝也没有为西夏编修专史，西夏文化从此消失，在史学上留下了一段空白，为后人留下了数不清的难解之谜，被称为“丝绸之路上消失的神秘王国”。但是，后世的研究者们并没有因为史籍中的空白而放弃对它的追寻。人们从那些废弃的建筑、出土文物和残缺的经卷中寻找着这个古老王朝的踪迹。

所以，此次发现可谓石破天惊。很快，宁夏考古工作队又寻找到了1775块刻有西夏文字的残碑片。经过精心拼对，一个由16个字组成的残碑揭开了这片陵墓群神秘的面纱——这片陵墓群就是西夏王朝的陵园。沉睡了700多年的王陵被唤醒了，它是西夏王朝留给世人的最大一处遗存。

在摸索中发掘

在此后的30年间，宁夏文物考古工作者对西夏王陵做了多次的调查、测绘和发掘。由于它规模大、范围广、陵墓多、情况复杂，西夏陵的考古工作时断时续，至今未能完全结束。

经过调查确定，西夏陵区东起西干渠，西抵贺兰山，南至银巴公路，北达泉齐沟，是一个由东北向西南倾斜的狭长地带，东西宽5千米，南北长约11千米，总面积50多平方千米，是中国现存规模最大、地面遗迹保存最完整的帝王陵园之一，与北京的明十三陵、河南巩义市宋陵相当。随着地势的起伏，陵区坐落着9座帝陵和200余座陪葬墓。专家证实，还有一些尚未发现的和由于贺兰山山洪等自然因素而消失的陵墓并不在少数，因此其真实数量甚为可观。

陵园建造于11世纪初至13世纪初，近千年来人为的破坏和自然的侵蚀，陵园已成为废墟，惟其布局尚可辨认。诸陵平面布局基本相似，面积都在10万平方米以上，每座陵园大体坐北朝南，呈南北长方形，陵园从南至北依次为：阙台、碑亭、月城、内城、外城、角台。内城中有献殿、鱼脊状墓道封土、陵台。在精确的坐标图上，人们还惊奇地发现，9座帝王陵组成了一个北斗星图案，陪葬墓也都是按星象布局排列！

宁夏考古工作者共清理出1座帝王陵、4座陪葬墓、14座碑亭、1个献殿遗址及部分建筑遗址、窑址。其中最重要的是3号陵，它是9座西夏王陵中占地最大、保存最完好的一座，考古专家认定其埋葬的是西夏的开国皇帝李元昊。2000年4月至2001年10月，考古工作者对西夏王陵3号陵共清理发掘面积32000平方米，出土了14万件的瓦当和200件建筑装饰品。

3号陵的发掘取得了重大突破，陵园所有地面建筑形制、布局、结构和风格首次基本清楚地呈现在世人面前：陵园由陵台、献殿、月城、两座门阙陵台及四座角台等组成，整座陵园建筑形制是以塔为中心而进行布局的。内城东墙为夯土墙，表面涂抹了几厘米厚的草秸泥，并用细泥红墙皮外表装修；城门角阙、东南角阙和东北角阙分别由3个、5个和7个相连的圆形莲花底座的夯土台基组成，台基外层以青砖包砌，台基上面为一种实心的，用砖瓦、脊

西夏王陵

西夏王陵位于宁夏回族自治区银川市西约30千米的贺兰山东麓，是西夏王朝的皇家陵寝，占地53平方千米，是中国现存规模最大、地面遗址最完好的帝王陵园之一。

西夏文残碑

此块残碑为西夏陵出土的形体较大、字数较多的一块西夏文碑。砂岩雕凿，阴刻楷书，碑文笔画匀称，笔力遒劲厚重，是不可多得的西夏书法珍品。

兽等建筑装饰构件垒砌成高低错落的7座塔式建筑，并带有木制装饰品。

3号陵的发掘改变了以前人们对西夏陵园形制的许多看法，对西夏丧葬习俗也有了更深的了解。大量文物古迹以其丰厚的历史文化沉淀和重大的文物价值，集中反映了西夏历史文化特点，这实在是一个西夏文化的博大宝库。

神奇的东方金字塔

西夏王陵作为中国现存规模最大、地面遗迹保存最完整的帝王陵园之一，其独特的陵塔有“东方金字塔”的美誉。9座王陵每一座都是一座独立完整的建筑群体，它位于陵城西北隅、墓室的正后方，坐北朝南，呈纵长方形，庄严肃穆，高大雄伟。是西夏陵园中重要而又特殊的建筑，为中原地区陵墓所未见，能反映出西夏贵族某种特殊的葬俗。

陵台高大突兀，横空出世，是陵区内最吸引人的景物。经过考察和初步的发掘发现，分布在陵区南北的9座陵台皆为黄土夯筑。仔细观察，可看出其为八角形，有的五层，有的七层，一般高十几米，其中1、2号陵陵台，高达23米，直径26米，有九层，可见其地位之尊。

在对3号陵园发掘前，专家都认为“东方金字塔”建筑为实心夯土台、八角锥形，上部层层内收呈七级。而发掘后，他们发现陵塔不是八角形的，而是圆形塔基，大体直径有34米左右，塔基上面是七层还是五层现在无法确定，将来通过测量后才可见分晓。

在清理墙基周围堆积时，考古工作者没有发现有登临顶端的任何形状的阶梯、踏步，角阙附近也仅发现大量的砖瓦及脊兽残片，而未发现明显的方木支撑结构。由此专家们认定角阙之上应为一种实心的，用砖瓦、脊兽垒砌的高低错落的塔式建筑，而绝非可以拾级而上的亭台楼阁。此次还出土了一些铜铃，估计应为佛塔角端悬挂的装饰物，这种在陵园中修建佛塔式象征性建筑与西夏尊崇佛教有直接关系。

联系3号陵塔檐上厚厚的瓦砾层，6号陵陵台四周发现的包砖、赭红泥墙皮和残瓦、套兽等说明，现在看似土圪垯的陵台，原来是用砖包砌，外涂红泥，出檐覆瓦，檐角饰以套兽，顶为八角攒尖式的宏伟壮丽的建筑。

西夏陵不仅陵台高耸，诸多建筑台基犹存，墙基高高隆起，砖瓦建筑构件残块，俯拾皆是，很像是破坏不久的现场，特别是部分夯土神墙，历经800年的风雨飘零、地震破坏，仍然屹立在那里，实在不易。

独特的宝物

30多年过去了，就目前发掘的情况看，西夏王陵的陵寝墓室均是人为掏制的土洞墓穴，无一砖石结构，但出土文物丰富，包括鎏金铜牛、人像碑座、琉璃鸱吻、迦陵频伽、雕龙栏柱、竹雕石马、西夏文残碑、汉文残碑等一批珍贵文物和金银器、珠饰、铜器、甲片、门钉泡、铜铃、铁器、瓷器等残件，此外还有矛、剑、高足碗、瓶以及西夏钱币、宋朝货币、丝织品等大批文物，为研究西夏历史、政治、经济、文化、建筑、宗教及帝王宫廷生活和文化交流提供了极为宝贵的实物资料。

2000年4月30日，考古队员在3号陵园发现了一尊造型完整的人面鸟身的“鸟人”。经专家认定，这是《阿弥陀佛经》中记载的“迦陵频伽”。之前，中国考古界对“迦陵频伽”是“久闻其名，未见其形”。“迦陵频伽”是梵语的音译，汉语意译为妙音鸟，相传它是喜马拉雅山上的一种鸟，能发出妙音，后来被佛教引为“极乐世界”之鸟，并被神化成了人身鸟形的形状。

长尾琉璃四足兽

该四足兽陶胎出土于西夏王陵，为戗脊装饰物。头部呈狮首形，顶部为分杈式犄角，张口露齿，四蹄作奔跑状。背部脊柱凸起，长尾上翘，腹部下连脊瓦。釉层浓厚，色泽饱满。

这次发现的频伽是分模制作、模制成形的。整个器型为人头鸟身，其双掌合一置于胸前，两手腕各饰一镯，腹部

迦陵频伽（建筑构件）
迦陵频伽在佛教中具有崇高的地位，相传它生活在雪山中，能发出美妙的声音，被佛教信徒神化为极乐世界的神鸟。

呈蚕节状，两肋和尾部各刻一窄槽，用以插装翅膀和尾翼，腹部以下连接一方形空心基座。翅膀和尾巴单独制成，翅膀大体呈椭圆形，正面印刻羽翅花纹；尾成弓背条状，形似鱼。

出土的频伽分大小两种，大的为灰陶质，通高0.44米左右，头戴四角高冠，面相丰满圆润，细眉弯曲，尖鼻，小口，鸟身前倾，作振翅欲飞状。空心基座正面饰对卷云纹，两侧贴塑鸟腿饰。小的为红陶质，通高为0.39米，头戴五角花冠，冠面饰连珠，莲花纹，发髻高耸，额发贴于冠沿下，呈“U”形束卷。面相丰腴而稍长，双眉弯如新月，凤眼微合下视，眉宇间有“白毫”装饰，神态恬静，空心基座两侧印刻鸟腿、爪。

迦陵频伽头面部的雕刻比较细腻，达到了相当的艺术水准。考古界专家认为，“迦陵频伽”可与古埃及金字塔前神秘的狮身人面像和古希腊的残臂维纳斯媲美。

此外，西夏王陵还出土了一尊鎏金铜牛。这尊已被国家定为一级文物的鎏金铜牛身长1.2米，体重188千克，通体鎏金，造型生动、形象逼真，在国内属首次发现。

1990年冬，在贺兰山北段的山沟里，一座历经沧桑的千年古塔被炸倒在了盗宝罪犯的脚下。废墟下，一套用西夏文印制的九卷本佛经《吉祥遍至口合本续》和其他几件有价值的西夏文物被拂去历史的尘埃，展现在考古工作者的面前。《吉祥遍至口合本续》文中不该出现的倒字和边缘不齐、线条不正等现象引起了考古专家的注意，因为这是雕版印刷品不可能出现的错误。这一发现为活字印刷最早出现在中国找到了确凿的证据。

西夏王陵的发掘成果，使我们不仅对西夏的陵园制度有了直观的了解，同时透过它对西夏的社会经济、物质文化也有了进一步的了解，对研究多民族共同发展的中国文化史具有重要意义。

鎏金铜牛
该牛重188千克，是西夏步入农耕经济社会的见证。

明定陵

——艰苦条件下的大发掘

- 年代：1584－1590年
- 位置：北京市昌平区
- 发掘迄始：1956年

十三陵试掘的突破口

在北京西北郊昌平区天寿山山麓下的十三陵内，安眠着明代的十三个帝王以及他们的皇后。这座规模庞大的皇家陵园，让考古学家向往不已。

1955年，在北京市副市长吴晗的主持下，一份发掘明长陵也就是明成祖朱棣陵墓的申请报告送到了周总理手中。消息传开，虽然夏鼐、郑振铎等人竭力劝阻，但是长期以来存有此心愿的吴晗仍然坚持了自己的意见，并取得了郭沫若、邓拓等人的支持。在学者们的争论中，周总理决定：同意发掘。从此，中国考古事业掀开了新的一页。

明十三陵石牌坊

该石牌坊位于十三陵神道（即长陵神道）的最南端，是明世宗朱厚熜为旌表朱氏祖先的丰功伟绩而建立的。该建筑形体高大、雕刻精细，各部位比例谐调适度，是我国石牌坊艺术中的杰作。

定陵博物馆

定陵博物馆为遗址性博物馆，位于北京昌平区大峪山脚下。馆藏文物全部是定陵地宫的出土文物。

12月，长陵发掘委员会成立，文化部文物局、中国科学院考古研究所、北京市文物调查研究组抽调人员，组成了一支考古工作队，时任考古研究所副所长的著名考古学家夏鼐承担了发掘的指导工作。

为了能够研究出一个比较妥当的发掘方案，夏鼐派学生赵其昌立刻到长陵做实地考察。然而，赵其昌在长陵宝城、宝顶考察了两天，却没有什么大的收获。鉴于发掘的困难，发掘委员会决定先试掘一下，以减小发掘失败后的不利影响。

为了找到最好的挖掘突破口，赵其昌研究了很多资料，可是，浩如烟海的史料并没有给他更多的提示——地宫资料都属于机密中的机密，根本就没有记载。夏鼐等人研究后，认为明定陵营建年代比较晚，可以试掘看看，如果发掘失败，也比较容易修复，最后，就将试掘的地点定在了明定陵。

史料记载，定陵内安葬的是明朝第十三代皇帝神宗朱翊钧以及他的两个皇后：孝端、孝靖。因为朱翊钧在位时的年号是万历，所以又被称为万历皇帝。定陵兴建于万历十二年至十八年（1584—1590年）。

赵其昌来到定陵后，在宝城外侧仔细辨认外罗城城墙的遗址，当年高大宽厚的外罗城已经没有了，只有高达7米的一段内罗城墙孤立在荒草之中。就在赵其昌苦苦寻找，筋疲力尽之时，奇迹出现了。就在3米多高的城墙上，竟然有一个直径大约半米的圆洞，这很有可能就是定陵的突破口。

激动不已的赵其昌连忙爬上高高的洞口向里面探望，洞里面似乎有道门券，隐隐露出砖砌的痕迹，赵其昌立即将情况报告给了夏鼐。

紧锣密鼓的发掘活动

正等待消息的夏鼐接到电话后，立刻带着几个年轻的考古工作者驱车赶到了定陵，新中国又一次重大考古发掘开始了。

夏鼐认真观察了赵其昌发现的那个洞，敲过洞中露出的砖石后，沉思了片刻，告诉大家，这里可能是一个后来砌成的门券的上缘。

这时候，赵其昌突然想起，万历年轻时就已开始为自己修建陵墓，历时6年完成，而直到30年后，他才用到了这耗资巨大的陵墓。既然完成时没有下葬，那么下葬的时候一定会挖开地宫的，难道这里会是万历皇帝棺椁灵柩进入的地方？这个想法得到了夏鼐和吴晗的认同。

1956年5月18日，考古队正式进驻了定陵。考古研究所专门负责带工发掘及整修文物工作的白万玉也来到了这里，协助赵其昌进行考古发掘活动，考古队员们的士气大受鼓舞。

在进驻那天下午，考古队就在定陵宝城内侧与城砖塌陷处相对应的地方测量好了位置，做好了标记，为第二天开挖深沟做好了准备。

第二天一大早，赵其昌、白万玉就带着考古队进入了定陵发掘区。赵其

定陵地宫

定陵地宫是目前十三陵唯一被发掘的地宫，也是中华人民共和国成立后第一座有计划发掘的帝王陵墓。

昌拿着相机，拍下了发掘前的第一张照片，然后白万玉一声开工号令，我国历史上第一次以研究为目的而主动组织的考古发掘就这么开始了。

几乎每挖出一筐土，白万玉等人都要仔细地研究一下，以通过观察土质的变化来确定挖掘的进展程度。等挖了3米宽、1米深后，宝城内侧竟露出了一块有字迹的石条，赵其昌连忙赶过去看，只见石条上粗浅地雕刻了3个字，竟然是“隧道门”。

定陵出土的凤冠

定陵地宫共出土各类文物3000多件，其中凤冠与金冠、夜明珠、明三彩并称为定陵四宝。

经过推测，赵其昌和白万玉都认为，这应该是修建工匠为了在皇帝死后能够立即找到下葬的隧道偷偷留下的。一般修好地宫后，需要用土封存，但如果因时间太长记忆不清而找不到隧道，耽误了葬期，就会为工匠招来杀头大祸，因此他们才暗地里在这留下了标记。那么，这里一定就是通往地宫的隧道了。

大约十几天后，考古人员果然发现了一道宽8米的砖砌胡同。随着发掘的深入，石隧道及护卫地宫的金刚墙都显现了出来，而在雄伟高大的金刚墙后面，就是大家盼望已久的地宫了。

进入神秘的地宫

在坚实的金刚墙中，有一个“圭”字形的隐藏门，隐藏门之后就是进入定陵地宫的大门。可就在要打开金刚墙之时，一些关于地宫的传闻影响了参加考古发掘的队员们。

对于坟墓，本来就有许多神秘的传说，更何况是帝王的陵寝。有关定陵的传闻也很多：有人说在定陵中有条河，想过去的人必须得出生时间相符合，否则一定会沉下去；有人说地宫中布满了暗箭飞刀，进入者十有八九活不了；还有人说进去的人会遭天谴……种种传说使得考古队员谁都不敢上去拆砖。

无奈之下，队长赵其昌当先跳上了梯子，拆下了金刚墙的第一块砖。

明神宗朱翊钧像

明神宗（1563–1620年）朱翊钧，在位48年，是明朝在位时间最长的皇帝。早期依靠大学士张居正处理政务，社会经济发展较好，亲政后有一段时间勤于政务，后因和文官集团的矛盾而罢朝。

什么恐怖的事情也没发生，只不过因为封闭时间太长，坟墓中到处都是发霉变质物品发出的气味儿，在拆掉砖后，对流过空气也就好了。

等到金刚墙拆得差不多了，又是赵其昌一马当先进入了地宫。通过漆黑幽静的通道，他们很快来到了地宫大门前。大门由两块巨大的汉白玉石雕刻而成，其内有一块顶门的大石条，称为“自来石”，它应该是靠在门后凿出的槽内，等到所有人走出来，关闭石门时，就会随着石门的关闭慢慢移动，最后滑到两扇门的中央，将石门顶死，这样要想从外部推开石门就成了一件非常困难的事情。然而，这种困难事情的解决却出乎意料地容易：将顶部带有弯钩的“拐钉钥匙”插入门缝中，套住石条后顺着槽慢慢推开，这时再推开石门就易如反掌了。在用“拐钉钥匙”打开封闭的地宫大门后，考古人员推开了厚重的石门，动人心魄的声音在墓道中不断回响。

地宫前殿也就是墓道，实际上是一间由石条砌成的长方形大厅，顶部为封券，整座殿显得高大辉煌。考古队员们穿过大约20米长的前殿，通过第二道门，进入了深邃幽暗的中殿，发现里面并排向东放置着三座汉白玉供案，前设“五供”及“万年灯”，盛放灯油的缸是明代嘉靖年间制的青花瓷器珍品。

令考古队员们大为不解的是，中殿两侧的配殿中只有棺床，而没有任何棺木及物品。这让他们十分震惊，还以为地宫早已被盗，棺椁也被人偷走了。但是，考古人员发现这里根本没有棺木放置的痕迹，而且地宫封闭也很完好，那么，万历皇帝跟他的皇后们到底去了哪里呢？

不甘心的考古队员们沿着中殿继续往里走，就在地宫深处，他们又发现了一处石门。考古队员们小心翼翼地进入大门后，赫然看见3个硕大的朱红色棺椁静静地平躺在棺床上，这自然就是一帝两后的棺木了。

巡视过整个地宫，大家这才清楚，原来定陵的建筑模仿的是紫禁城，它以三座大殿为中心，有东西两宫为辅翼，而这座后殿，也就是皇帝皇后所谓的寝宫了，怪不得考古队员在东西配殿内没有找到帝后的棺木。

世所罕见的丰富陪葬品

万历皇帝和两位皇后的棺椁被发现时，已出现了不同程度的腐烂。委员会考虑到孝靖皇后早死，并且因不受万历宠爱而没有得到很好的安葬，骸骨及随葬品可能损害最大，便指导考古队最先打开了她的棺木。

在孝靖皇后棺木中，考古队员们发现了带有经文的织锦以及金、银、玉等随葬品。而最为珍贵的则是两件精美的衣服，绣有百子图的黄缎夹袄夹裤保存完好，栩栩如生的画面让每个人都深受震撼。

接下来登场的是孝端皇后，身穿绣龙裙和黄缎裤的皇后身边也放满了殉葬的衣服、金器以及漆盒，头上插满了昂贵华丽的金钗玉簪，上面镶着无价之宝猫眼石与祖母绿。

在经过精心细致的准备后，万历皇帝的棺椁直到半年后才被打开，这实际上是中国第一个、也是迄今为止唯一一个被考古学家打开的皇帝棺椁。

考古人员对棺椁内的文物进行了逐层清理，棺椁内陪葬品的丰富程度令人惊讶。在宽、高都达到1.8米、长达3.9米的巨大棺板上，放着木质的仪仗幡旗等殉葬品，而楠木梓宫上则盖着黄丝铭旗，上写“大行皇帝梓宫”。

打开后的梓宫中塞满了奇珍异宝，包括79锭带字迹的金锭及平常为万历帝煎药的金质药罐。其中，最令考古者惊叹的一顶堪称绝顶珍品的翼善

定陵无字碑

该碑位于定陵陵门广场前，是万历皇帝的功德碑。其高大的碑身上空无一字，故俗称无字碑。

万历皇帝金冠

万历皇帝金冠通体用极细的金丝编结而成，上嵌二龙戏珠造型。编制技艺精巧，反映出明代杰出的工艺水平。

金冠，整个金冠需要用150根细如发丝的金线，经过非常复杂的工艺才能制作完成。

考古人员一直清理到第11层，才找到了万历皇帝的尸体，尸体已全部腐烂，只留下了一个干枯的骨架。掀开皇帝身上的层层袍服，缂丝十二团龙十二章衮服龙袍这一绝世奇珍露出了其炫目的容颜。而在万历皇帝尸骨之下，密密麻麻地排列着的、多达69卷的织锦精品，更是震惊了在场以及后来见过的所有人，充分反映了明代纺织技术的发达。

事实上，定陵中出土最多的就是明朝的丝织品，在此之前，还从没有发现过这样大量的古代丝织品，而这些专为宫廷织造的衣物，每一件都堪称精品，在出土时依然色彩艳丽。

定陵中还发现了4顶皇后戴的龙凤冠，皆由黄金、翡翠、珍珠和宝石编织而成，其中一顶镶嵌着3500颗珍珠和各色宝石195块，制作工艺最为精湛，世所罕见。

遗憾的是，定陵被发掘后适逢“文革”，本应受到重视的定陵及定陵文物遭逢了巨大的浩劫。定陵考古发掘报告一直到20年后才完成发表；发掘出来的丝织品很多都霉变了；巨大的棺椁被破了四旧；更让人痛心的是，万历皇帝及两位皇后的骸骨被当成地主头子焚烧一空……

历史早已走过了那段不堪回首的时期，定陵的研究还在深入，我们的学术研究正在反思中向前发展。

开启绝世宝库

KAIQI JUESHI BAOKU

是谁匆匆离开，遗留下满窟宝物，让它们在寂静中等待？千年之后，尘封的大门豁然开启，历尽了沧桑的它们，终又见蓝天、白云、阳光，它们未曾改变，改变的是人间。

三星堆祭祀坑

——青铜器的宝库

- 年代：约4800－2800年前
- 位置：四川省广汉市西马牧河畔
- 发掘迄始：1929年

月亮湾里的美玉

四川省广汉市南兴镇，地处沱江冲积扇之上。在镇北8千米处，有一条宽达几十米的著名古河道——沱江的支流湔江，当地人俗称其为“马牧河”。

河的南岸，原本有三座高大突兀的黄土堆。传说玉皇大帝曾往下界撒下了三把黄土，恰好就落在了马牧河畔，三座黄土堆突兀在那里，远远望去，犹如一条直线上分布的三颗金星，因此被称为三星堆。而在与三星堆隔河相望的北岸，有一高出地面、两头尖、中间弯如月牙儿似的弯曲地段，人们形象地称其为“月亮湾”。

三星堆博物馆
三星堆遗址是迄今在西南地区发现的规模最大、时间跨度最长、文化内涵最丰富的古文化遗址，被称为20世纪人类最伟大的考古发现之一。三星堆博物馆位于三星堆遗址东北角，1997年10月建成开放。

1929年早春的一天，阳光明媚。一大早，世居月亮湾的农民燕青宝就在自家的菜地里忙活开了，他想在地畔掏个坑，安放水车。突然，随着锄头落地，传来了“嘣”的一声闷响，木质的锄头柄就断为两截了。燕青宝揉揉被震得发麻的虎口，好奇地扒开泥土，看到了一块硕大的石板。“奇怪，这里怎么会有石板呢？”他感到疑惑，索性将石板撬了起来。谁知，下面是一个大坑，坑里堆满了五彩斑斓的玉器和石器。

三星堆铜人头像

从人种学角度来说，此形象不像蒙古人种，反而更像欧洲或西亚的白色人种。此类铜人头像在三星堆发现很多，更增添了三星堆的神秘性。

半天才回过神来的燕青宝急忙用石板重新盖好土坑，回家将他的发现告诉了父亲燕道诚。当晚，夜深人静时，他们再次进了菜地，挖出了坑里的所有的东西。经过清点，共有璧、璋、琮、圭、圈、钏、珠、斧、刀及玉石半成品等400多件。在坑底的一个用石板盖着的小石槽里，他们还发现了5个玉琮。

转眼4年过去了，4年里，燕氏父子挖到的古玉卖的卖，送人的送人，逐渐在当地古董市场上流动了起来，于是广汉月亮湾挖出了珍宝的消息在古董商中间传开了，大家纷纷前来寻宝。

1931年春，事情引起了正在广汉做传教士的英国牧师董宜笃的注意，他专程来见燕道诚，并得到了几件玉石器，随后便将玉石器送交给了华西大学博物馆。当时的博物馆馆长是美国人葛维汉，他看到玉石器后，预感到月亮湾一带一定是一处重要的古文化遗址。

1933年冬，以葛维汉和当时华西大学的教授林名均率领的考古工作队来到了月亮湾。在燕道诚的指引下，他们在先前发现玉石器的水沟一带展开了大规模的发掘。至1934年春天，考古工作者们在长12米的探沟内，发现了大量的玉器、石器以及陶器残片，共计600余件。

但是，月亮湾究竟是哪朝哪代的遗址呢？这些东西的主人又是些什么人呢？为了解开这些谜题，林名均教授做了大量的工作，最后他想起了一个人——旅居日本的郭沫若。

郭沫若收到林教授寄去的照片和说明后，回了一封信。他认为这些玉器应该与古蜀国有关。也就是说，这里有可能就是古蜀国的遗址。考古专家们兴奋不已，很快又在三星堆附近展开了更广泛的调查。可惜的是，他们的工作被1937年爆发的抗日战争打断了。

一波三折的发掘

三星堆青铜尊

尊是商周时期重要的礼器。三星堆遗址出土了许多青铜尊，其形制和中原地区的铜尊差别不大，但其功用如何，不得而知。

1953年，新中国建立后，为配合宝成铁路的建设，考古学家们再次来到了月亮湾进行考古调查，继续十几年前的勘探。根据采集到的大量石器和陶器标本，他们初步确定这里有可能是西周时期的古遗址。后来经过更大范围的细心勘探，考古专家们惊讶地发现，与月亮湾隔河相望的三星堆附近分布着更加重要的古代文化遗存。

但是，由于种种原因，三星堆遗址的大规模发掘始终没有提上议事日程。随着发展经济的需要，20世纪70年代，三星堆和月亮湾一带搭建起了大型的砖瓦工厂，致使大片的古文化遗址遭到破坏，这可急坏了广汉文化馆的文物干部敖天照。

在敖天照的四处奔走下，1980年5月，四川省考古队对三星堆遗址开始了面积为1200平方米的抢救性发掘。一年多以来，考古工作者在这里发现了距今4000—3000年的房屋基址18座、墓葬4座、灰坑3个，出土了数百件陶器、石器、玉器文物和数万片的陶片标本。

尽管这次发掘并没有发现精美的玉器，却是一次真正科学的发掘，其成果引起了学术界的重视。因此，两年后，国家文物局批准了三星堆专款专项考古发掘。

1986年，三星堆遗址的发掘工作有了突破性进展。这一年，四川省考古所在陈德安、陈显丹的带领下，对三星堆进行了大规模发掘。他们对被砖瓦场破坏殆尽的三星堆进行了大面积发掘，发掘总面积达到1300多平方米，共发现9座房基、101个灰坑、10万多块陶片和500余件铜、陶、玉、石、漆器，其中10件鸟头陶勺柄制作十分精美。这些出土文物，既有与中原文化相似的部分，又有明显的地方文化风格，而其浓郁的地方风格正是探索早期蜀文化的重要线索。

在三星堆发掘的陶器中，最有特色的东西是高柄豆和三脚镬。高柄豆高约50厘米，是古蜀人用来进食的容器，因此可推测古蜀人用餐时不用桌子，而是跪坐于高柄豆前，从顶端的碗状容器内取食。而脚长约20厘米的三脚镬的功能则类似今天的四川火锅，古蜀人可以在三脚镬下生火，煮熟食物。由此可知，古蜀人早在几千年前就已经开始跪着吃火锅了，看来今天的四川人爱吃火锅不是没有来由的。

考古发掘在临近夏天的时候暂告一段落，大部分考古队员撤回成都休整。而奇迹的降临总是毫无预兆的，考古队离开了，三星堆遗址考古发掘的历史性时刻却来了。

1986年7月18日，砖厂工人在三星堆遗址附近挖出了一件精美的玉璋。当日，考古队重新回到了发掘现场，展开了对此地的抢救性发掘。

珠光宝气的祭祀坑

19日凌晨2点30分，发掘现场灯火通明。考古队长陈德安蹲伏在地上，耐心地用竹签挑动浮土。那副样子，仿佛在他手下的不是什么文物，而是一个怕受伤害的婴儿。突然，土中露出了一件黄色的东西，在灯光的照耀下闪烁着金色的光泽。他耐住性子，继续工作，随着黄色物体越来越大，上面的花纹逐渐清晰。首先映入眼帘的是一尾雕刻逼真的鱼，接着人们又发现了一只振翅欲飞的小鸟。这弯弯曲曲的黄色物体竟长达一米多，考古人员称其为“金腰带”。

等这件金腰带完全露出地面时，考古专家们惊奇地发现，它上面还刻有一个王者之像。这让考古专家们意识到，他们的脚下，即将诞生一个震惊世界的重大发现。于是，考古队当机立断，请求政府派军警保护现场。果然，发现金腰带的消息一经传出，三星堆再次成为世人关注的焦点。

经过勘探发掘，这是一个口大底小的长方形器物埋葬坑，位于三星堆土堆南侧100米左右，考古队为其命名为1号坑。经过考古队员们七天七夜的奋战，工作取得了重大的突破。除金腰带外，又出土了大量的玉器、象牙、青铜器及其他金器，共有400多件。

青铜纵目面具

青铜纵目面具为三星堆“六大国宝”之一，宽1.38米，高0.645米，眼睛呈柱状向外凸。一对雕有纹饰的耳朵向两侧充分展开，造型雄奇，为世界上年代最早、形体最大的青铜面具。

前喜未退，后喜又来。1986年8月14日傍晚，在距离1号坑30米的地方，砖厂工人又挖到了一个埋藏着宝藏的土坑，考古者迅即赶到。

考工队将此坑定名为2号坑，该坑位于1号坑东南，是一个坑壁稍微有些倾斜的长方竖穴。经过两个星期的准备工作，8月27日下午，考古队开始了对2号坑的发掘。

在队员不知疲倦的奋战下，一具具神奇的青铜面具，一件件晶莹剔透的玉器，闪闪发光的金鱼、金叶，离开了它们沉睡的泥土，发出熠熠的光辉。从这个坑里，共出土了439件青铜器，131件玉石器，此外还有骨、象牙等器物。奇怪的是，这些器物或被损毁过、或被火烧过，坑内还有许多牛、羊、蚌壳以及人的骨渣。从烧得发白的骨渣情况来看，这些动物经过了放血的过程。因此，考古专家们判定，这两座坑都是埋葬祭祀品的祭祀坑。

考古工作者根据地层学和考古类型学，很快推断出1号坑和2号坑的年代，分别为公元前14世纪和公元前11世纪左右。

风格独特的青铜器

1986年发掘的这两座祭祀坑，是三星堆遗址的代表。坑内出土的文物大多带有象征意义，被赋予了较多的神秘色彩。尤其引人注目的是一件件形态各异、制作精致的青铜器。按照造型的不同，可以将这些青铜器划分为青铜人像、青铜人头像、青铜人面像、青铜兽面像、青铜树、象征太阳的圆形铜器以及众多的青铜铸造的飞禽走兽。

三星堆青铜鸟形器

青铜铸成，用抽象的图案刻画了神鹰的形象。此神鹰应该是古代三星堆人崇拜的偶象。

三星堆文化特征之一就是尊崇太阳，这一特征直接表现在青铜器物上。在2号祭祀坑中，有一种类似车轮的圆形铜器。有学者认为，这种圆形铜器是常设在神庙中的神器，或者是用于某种祭祀仪式的神器，钉挂在某种物体上，作为太阳的象征接受人们的顶礼膜拜。

2号坑还出土了一座大型青铜立人像，通高2.6米，重达180千克，采用分段浇铸法嵌铸而成，身体中空，分人像和底座两部分。他头戴华美的冠冕，上有太阳图案，身着龙纹左衽长襟衣，粗眉大眼，双手夸张地抱握成环状，脚戴足镯，赤足站立在双层方座之上，给人以高贵雍容之感，特别是炯炯的大眼和坚毅的阔嘴显得气质非凡，表明了其非同凡响的身份。该青铜立人像身材比例合适，只有双手大得出奇，显然是做了故意的夸张放大，双手以及手中的器物都应当是被突出和有意渲染的部分。可以推测，其中已经遗失的器物一定是一件“重器”。

无论是面部表情、身体动作，还是衣着，都体现了浓厚的宗教色彩。因此，有的专家推断此像是集神、巫、王三者身份于一体的最具权威性的领袖，是神权与王权最高权力的象征，或许就是一个拥有王权的“司巫”。

青铜立人像是我国迄今为止发现的最早和最大的青铜铸像，它的发掘，对中国的青铜历史及美术史都有重大意义。

在青铜面具中，有一件凸目面像，高65厘米、宽138厘米，两耳如角尺般向两侧展开，两只凸显的眼睛直径13.5厘米、长16.5厘米，鹰钩鼻。据专家论证，三星堆人相信他们的祖先与鸟有关，凸目面具代表的是鸟的形象。

古蜀人对“树”的崇拜，在三星堆时期表现得极为生动而具体。在2号坑，有6棵被专家称为有“不死”或“通天地”功能的青铜神树。其中最大的一棵高近4米，由树座、主干和3层树枝组成，体态挺拔，制作十分精美。树下底盘为圆环形，上有一个描绘着云气状花纹的山形树座。高大的树干一共有3层，每层向外伸出3根枝条。每一根枝条上都站立着一只铜鸟，这些鸟好像是依照统一的规格铸造出来的，象征着它们担负的是同一个明确的使命。更让人称奇的是，在树座下面背朝着树干跪着3个人像，表情十分威严庄重，愈发使神树显得神圣无比。

三星堆菱形矛

三星堆发现的青铜菱形矛和当时中原地区的兵器有很大区别。菱形矛的长杆上装有扁长矛头，矛头上饰有图案、徽志等。此矛制作精良，出土时仍锋利异常。

这棵神树是目前世界上发现时代最早、形体最大的一株青铜铸造树。三星堆的人们，相信他们祭祀的场所一定是世界的中心，当神圣的树木耸立起来的时候，就实现了天与地的沟通。

《山海经·大荒东经》中记述了10个太阳由鸟来背负着上升或下沉的故

事。不过，三星堆1号神树上的鸟却为9只。另外1只哪去了呢？日本学者布川宽结合马王堆汉墓出土的帛画认为，根据太阳的运行规则，值班的太阳已经出发，所以扶桑上只有9个太阳，树木顶上就没有了那1只鸟。徐朝龙先生认为，落在“1号神树”三段构成的分枝长出的9根树枝上的鸟，确实象征着文献记载的“居下枝”的9日，而“居上枝”即正在值班的太阳已经向天空升上去，所以没有表示。

这些青铜艺术作品反映了古蜀先民蓬勃向上的精神，显示了他们发达的思维和纯熟的技艺，它们的出土对现代考古界、美术界、冶铸工艺界造成了一股强大的冲击力，在东方乃至世界艺术史上都占有十分重要的历史地位。

三星堆的不解之谜

古文献记载中的古蜀历史，从蜀山氏、蚕丛氏、柏灌氏、鱼凫氏，到杜宇、鳖灵，都显示出比较浓郁的神话色彩，特别是古蜀的起源和古蜀三代的历史，更是笼罩在一片神秘的迷雾之中。

三星堆的发掘，特别是两个祭祀坑的相继发掘，终于揭开了千百年来笼罩在古蜀历史上的神秘面纱，使我们看到了湮没达数千年之久的古蜀王国的真实面目，领略了远在4000年以前的三星堆人的雄伟神圣的祭祀文化。英国《独立报》撰文说，三星堆的发现比有名的中国兵马俑的发现更要非同凡响，因此三星堆被誉为“世界第九大奇迹”。

三星堆金面铜人头像

造型、大小均与真人头像相同，由铜头像和金面罩两部分组成。倒八字长眉，丹凤眼，蒜头鼻，鼻梁较短，阔口，闭唇，宽方颐，长条形耳廓，耳垂有一穿孔。

三星堆的发掘工作，澄清了许多重大的历史问题，起到了证史、补史和创史的作用。但同时，也给人们留下一串串难解的谜题。

首先，是关于三星堆文明的渊源问题。现在考古可以证实，三星堆是距今5000年至3000年之间的古蜀国遗址，它在约3000年前曾相当发达、繁荣。但是，这里出土的数量庞大的青铜器却不归属于中原青铜器中的任何一类。而且，这些青铜器上没有留下一个文字，三星堆文化的来源也就无从查起。

一般认为，三星堆文化是土著文化与外来文化彼此融合的产物。但这个“外来文化”究竟来自何方，却一直是个悬而未决的问题。有人认为，三星堆出土的小而扁薄的磨制的斧、锛、凿等石器和夹砂灰褐陶器、平底器等陶器，以及这些器具上的纹饰，说明三星堆文化与岷江上游的新石器文化有关。也有人认为，三星堆遗址出土的鸟头把勺等器物，与川东鄂西的史前文化或者山东的龙山文化有关。

兽面具

人们渴望通过各种宗教活动来乞求上苍赐给他们更多的食物，于是就有了兽面具的形成。而兽面具实际上代表的是自然神。

而三星堆出土的青铜人像高鼻深目、颧面突出、阔嘴大耳，耳朵上还有穿孔，不像中国人，倒像是西方人的形象。他们究竟属于什么民族？一些境外媒体曾用远古外星人来解释这些神秘青铜人的身份。学术界目前就青铜人归属问题已有氐羌说、濮人说、巴人说、东夷说、越人说等不同看法。多数学者认为，岷江上游石棺葬文化与三星堆颇有关系，三星堆主体居民可能来自川西北及岷江上游，族属为氐羌系。众说纷纭，莫衷一是。

与其产生一样，三星堆古国的消亡也是个谜。三星堆古国的繁荣持续了1500多年，然后又像它的出现一样突然地消失了。历史再一次衔接上时，中间已经出现了2000多年的神秘空白。一般都认为，三星堆古国有一个发展壮大，再由盛转衰的过程，立国时间在千年以上，与传说中的几代蜀王均有关系。关于古国的灭亡，人们设想了水患、战争、迁徙等多种原因，但都证据不足，始终停留在假设上。

另外，三星堆出土的金杖——“金腰带”等器物上刻有许多神秘的符号，被称为“巴蜀图语”，这些符号是文字还是族徽？是图画还是某种宗教符号？研究者们意见不一。有的认为那就是古蜀国的文字，而且已经开始试图破译；而另一些专家则认为这些刻画符号只是单个存在，并不是文字。

至今，考古工作者们已经对三星堆进行了13次发掘，比较系统和科学地证明了三星堆是古蜀文化的中心，它将四川的历史向前推进了1000多年，并再次证明了中华文明起源的多元化。这一期间的研究也使三星堆遗址的面积，东、西、南三面城墙和北面的天然屏障位置得以确认。但是，对这个预计总共有12平方千米的重点发掘区，目前所发掘的部分还不足总面积的1/100，按现在的进度来计算，将三星堆全部挖掘完毕至少需要整整100年的时间。

庄白一号青铜窖藏

——微氏家族的秘宝

- 年代：公元前11世纪－公元前8世纪
- 位置：陕西省扶风县庄白村
- 发掘迄始：1976年

黄土地里的青铜器

父辛爵

陕西扶风周原出土，父辛为人名，爵为器名。高柱圆底，上饰直棱纹配以长尾凤鸟纹等，造型精美，纹饰富丽。父辛爵是西周铜爵中少见的精品，具有极高的收藏价值。

在陕西省宝鸡市，有一片美丽而富饶的沃土——周原，这里诞生过一个令所有炎黄子孙心潮澎湃的王朝——西周。进入20世纪以来，原上如雨后春笋般出土的青铜器，使这里成为著名的青铜之乡。

周原上共分布着20多个名不见经传的自然村落，其中就包括庄白村。1976年2月15日，中午时分，庄白村的村民们像往常一样在田间耕作。突然，随着“铮”一声脆响，有村民“唉”了一声，手里的铲子滑落在地。原来他刚才一铲铲到了硬物上，由于用力过猛，手臂都被震麻了。他甩甩胳膊，好奇地用手刨开脚下的土壤，一只青铜器的角就露了出来。

先前，陕西省文物局对这一带的村民进行过相关的文物保护教育，所以他们都深知泥土中的青铜器有着非同寻常的意义。中午时分，庄白村的党支部书记急匆匆来到驻扎在附近的考古队办公室，报告了农田里发现的异常情况。当时，由陕西省考古所专家尹盛平带队组成的考古队常年驻扎在周原上。他们闻讯后，立即前往现场。顺着村民发现青铜器的地方，考古队员们很快就挖开了一个洞穴，在电筒光的照射下，洞穴内发出阴森森的冷光。

原来，这是一个西周时期的青铜器窖藏，南北长1.95米，东西宽1.1米，深1.12米。这是周原考古队发掘的第一个大规模青铜器窖藏，也是自1949年以来，中国发现的最大的青铜器窖藏。考古工作者按出土地名为其命名为庄白一号窖藏，并随即展开了清理工作。周原上最为激动人心的考古发掘由此拉开了帷幕。

蕴藏丰富的宝库

由于窖藏坑小，器物多，许多器物都是互相套放的。窖坑的四角各有一只大铜壶，这种铜壶在周朝时是用来装酒的器皿。出土时，其中两只壶内装满了清澈的液体，考古队员从中捞出了二十五六件小型铜器，另外的两个壶里也各装着七八件大小不同的器皿。这些较小的器皿主要是铜爵和铜觯，它们都是古人的酒具，爵就像今天喝白酒用的小酒盅。其中最有价值的是“父辛爵”，父辛为人名，爵为器名。该器宽流、长尾、深腹、圈底，下呈三刀状足。近流口处设帽形柱，流饰垂冠凤纹。记“木羊氏为父辛器”，意思是说这是木羊氏为父辛制作的饮酒器。器身饰直棱纹配以长尾凤鸟纹等，后被定为国家一级文物。而觯也就相当于今天喝红酒用的高脚杯。

刖人守门方鼎

通高177厘米，口横119厘米，口纵92厘米，腹深6.3厘米，重1750克。此鼎设计匠心独具，造型奇巧别致，装饰和实用相结合，既是一件实用器，也是一件难得的艺术佳品。

当尹盛平清理出一件造型奇妙的青铜器：盖前呈羊首，后为大兽面，通体遍雕夔龙纹，原来这就是传说中的折觥，关于折觥的传说迅速传遍了整个村庄，围观的人突然越来越多，后来这件折觥被鉴定为国宝级文物。

还有一件冬簋，通高21厘米。簋身以两耳为界分两面构图，整个器型生动别致，独具风格。有铭文134字，是一件难得的艺术珍品。

冬簋

通高21厘米，口径22厘米，腹深12.5厘米。器型侈口垂腹，双耳，带盖，短圈足，盖顶有圈足形捉手。

窖中还出土了一尊西周刖人（受过刖刑的人，受刑者的脚会被割掉）守门方鼎，双附耳，分上下两层。上层四角各有一个立体卷尾龙，口沿下装饰云雷纹衬底的窃曲纹。下层为盛炭火的炉膛，底部四兽足。方鼎造型奇妙，装饰和实用相结合，颇具匠心，是一件难得的艺术品。

根据周代的礼仪规定，天子享用九鼎和八簋；

诸侯王享用七鼎六簋；用五鼎四簋的主人是大夫一级的大臣；三鼎二簋是上士的等级；下士则只能用最低的一鼎一簋。然而，在庄白一号窖藏中，出现了完全相同的八只簋，但相配使用的鼎却没有发现。专家认为，从以往周原贵族墓葬出土鼎和簋的配置情况分析，结合这八只簋的形制来看，它们应该分属于五鼎四簋的两套，从而说明这些器皿的主人应该是属于大夫级别的高级贵族。

声名赫赫的史墙盘

据统计，“庄白1号”的窖藏器物共有103件，它们不仅数量大，种类也多，除了实用器具，还有涉及周王朝各种礼仪的不同礼器——成套的编钟等乐器。在这些青铜器中，铸有铭文的多达74件。铭文表明这些青铜器属于一个叫作微氏的家族窖藏，其内容不仅涉及微氏家族的七代作器人，同时也涉及自周王朝建立以后300多年的历史，具有极为珍贵的史料价值。

其中，最为珍贵的是一个盘。盘是一种用来盛水的器皿，是供西周贵族盥洗的工具。由于其上的铭文表明它是一个名叫“墙”的史官所作的礼器，因此专家们命名其为“史墙盘”。

史墙盘制作于西周恭王时，即公元前900年前后。通高16.2厘米，口径47.3厘米，深8.6厘米，重12500克。该盘圈足，双附耳，腹饰垂冠长尾凤鸟，圈足饰窃曲纹，均用线条很细的云雷纹衬底。由于盘还常被用于祭祀，所以史墙盘的盘沿以兽面纹饰为主，形象诡异神秘。

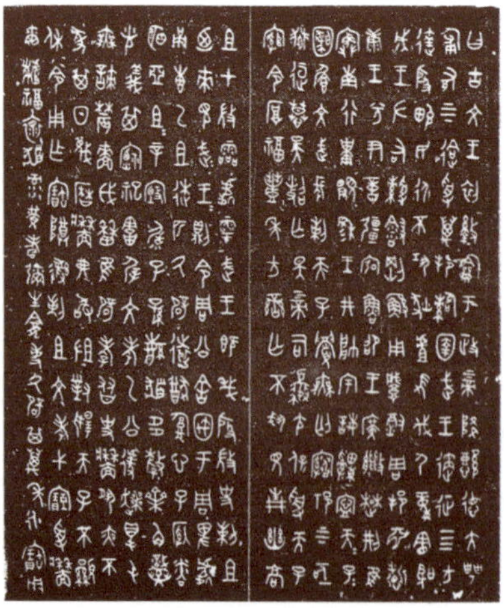

史墙盘

史墙盘为西周恭王史官墙所作的礼器。器型宏大，制造精良。盘高16.2厘米，口径47.3厘米。圆形，浅腹，双附耳，圈足。

盘口内底铸有铭文18行284字，文章使用四言句式，典雅高古，大多押韵，结构严谨，一气呵成，颇似《诗经》，堪称我国古代优秀的文学作品。铭文字体为当时标准字体，字形整齐划一，均匀疏朗，笔画横竖转折自如，粗细一致，笔势流畅。史墙盘年代久远，其中许多文字已无法辨认，留待研究金文学者探考。

史墙盘所记述的内容丰富而且重要，主要分为前后两段，前段叙述了西周文、武、成、康、昭、穆、恭七位天子的事迹。其所记述的周王的政绩，与《史记·周本》上记载的内容相吻合；后段主要记述的是史墙自己列祖列宗的功业和微氏家族的发展史，这些资料大多不曾见于文献，是重要的历史资料。因此，史墙盘被考古界专家誉为中国的“青铜史书”。

微氏家族的故事

识读“史墙盘”以及其他青铜器物上的铭文，考古学家们了解到这样一个故事：武王伐商后，墙的祖先因为身为殷商的旧臣而获罪，他戴着枷铐，步步跪行来到武王面前请罪。在那个动荡的年代，他将面临怎样的命运呢？

面对投诚的殷商旧臣，武王一时没有较好的对策。他广泛征求臣子们的意见，重臣姜尚当即上朝觐见武王，劝其将殷商的旧臣统统杀掉，以绝后患。一场血腥屠杀即将展开，灭门之灾降临到微氏家族。

周武王像

周武王（姬发）（？－公元前1043年），周朝第一代帝王。他继承父亲遗志，于公元前11世纪消灭殷商王朝，建立了西周王朝，表现出卓越的军事、政治才能，成为中国历史上的一代明君。

在这千钧一发的时刻，周公旦上朝进谏了。他力主让殷人在他们原来的住处安居，耕种原来的土地；争取殷人当中有才能有贤德的人，让他们为周王朝效力。他认为只有用这样的方式治理国家，才能真正得到民众的拥护。

那么，微氏祖先究竟有什么才能，引起了周公旦的兴趣？从墙盘铭文中，专家们得知，微氏家族历代都是以史官为职。在商周时期，史官不是普通人可以担当的。“国之大事，在祭与戎。”史官不仅仅是修史，更肩负着祭祀的重任。在某种程度上他们还是巫师的化身。所以史官不是一般人能够做的，而是世袭的。史官也就有了别人难以替代的重要性。这或许是微氏祖先得以在新的王朝谋得自己职务的重要原因。

所以，武王不但没有杀投诚的殷商旧臣，还亲自给微氏祖先解了枷铐，“令周公舍寓于周庳处”，也就是将周公在周原的采邑赏赐给他，微氏家族因而得以在周原这块土地上繁衍生息。

庄白一号青铜窖藏的发掘，在西周考古史上具有划时代的意义。这就是青铜器主人微氏家族的故事。它填补了过去仅凭传统文献写成的史料中的诸多空白，并修正或印证了一些模棱两可的历史资料，其重要性不容小觑。

法门寺地宫

——供奉佛祖佛指舍利的宝库

- 年代：873年
- 位置：陕西省西安市扶风县
- 发掘迄始：1985年

千年古刹话传奇

1981年8月里的一天，陕西八百里秦川上空乌云滚滚，雷声不断。突然，矗立在扶风县城北法门镇的一座古塔上空腾起一个火球，紧接着就是一声天崩地裂的惊雷——古塔被从中劈开，应声倒地！

此塔是著名佛教古刹——扶风法门寺的标志性建筑。法门寺距西安118千米，始建于东汉时期，初名阿育王寺，唐朝时改名“法门寺”，并修成瑰琳宫二十四院，颇具规模。

据佛典记载，公元前486年，佛祖释迦牟尼在印度一个树林中圆寂，其尸体焚化后的尸骨结晶体和未烧尽的遗骨被称作舍利，由其亲属和弟子们作为圣物收藏。100多年后，统一了印度半岛的阿育王皈依佛门，将他收集所得佛舍利共84000枚散施世界各地，建塔供养。中国共得19枚，法门寺所得为第5枚。法门寺将佛指舍利建塔供奉，此塔也因此被称为“圣冢”。

法门寺佛骨受到了历代统治者的尊崇，还引发了唐代每30年一次的迎佛骨运动，共有8位皇帝6次迎佛骨进宫，形成了中国佛教史上最盛大、最狂热的典仪。显庆五年（660年），唐高宗李治第一次迎佛骨进宫奉养，并与皇后武则天一起为佛骨制作了九重宝函和金银棺椁，还派工匠在法门寺宝塔下修造了地宫。

咸通十五年（874年）正月，唐僖宗下令将8个月前由其父懿宗迎奉来的佛陀真身舍利送回原塔，并下诏置入塔下石室封存。此后历经千年，宝塔几经修葺，几番兴衰，却没人再能开启地宫之门。

转眼进入抗战时期，历尽风雨侵蚀的宝塔已颓破不堪了。1939年，爱国志士朱子桥将军决定对宝塔进行修缮。当民夫们清理塔基时，无意中挖开了地宫顶盖，他们点起烛火想看个明白。谁料，没走几步，地宫中就蹿出了4条丈余长的青蛇，嘴吐信子，尾梢使劲地拍打着石板，似乎是在警告人们“莫动地宫”，民夫们赶紧退出。

朱子桥将军闻讯后赶赴现场，命令人们盖紧石门。他说国难当头，大家应该严守秘密，要是让地宫中的圣物落入强盗之手，大家就愧对佛祖，也会成为民族罪人。中华儿女果然是好样的，谁也没有将消息传出去。不久，一座新宝塔又悄然屹立于黄土大地！

而40多年后的这一声惊雷，却炸响了中国考古史上极其辉煌的一阕乐章。千年宝塔的倒地，引起了国内国际佛教界的广泛关注，许多人士积极奔走，呼吁有关部门重修法门寺塔。

法门寺

法门寺位于陕西省扶风县城北10千米处的法门镇，东距西安市110千米，西距宝鸡市90千米。始建于东汉末年桓灵年间，距今约有1700多年历史，有“关中塔庙始祖”之称。

开启地宫之门

1985年秋，陕西省人民政府正式决定重修法门寺塔，有关文物考古部门也随之进驻法门寺。此时，一位参加过1939年古塔修复工作的村民找到考古专家，说出了埋藏心中多年的秘密——当年，他们挖开过的地宫里有金光灿灿的宝物。

这个消息引起了考古工作者的高度重视，他们立刻加强了搜寻的力度。1986年4月2日，考古工作者发现了一个被土填实的井。泥土被挖出后，一块巨大的汉白玉石板露了出来，有队员借着手电筒的光，透过石板裂缝往里一看，就不由得惊叫起来，只见里面是金灿灿、明晃晃的一大片！

法门寺真身宝塔

该塔位于扶风县城北10千米处的法门镇。始建于东汉末年，因安置释迦牟尼佛指舍利而驰名。

大家加紧了宫门的搜寻工作，4月4日，地宫的入口被找到。入口宽约2米，下面有砖砌的台阶，共有19级之多。每个台阶上都摆着一盏瓷灯，且撒满了厚厚的铜钱。除了少量的汉代五铢钱外，大部分是唐代的“开元通宝”及“乾元通宝”，没有晚于唐代的，这说明地宫中的文物很可能是唐代的。

进入地宫，首先迎接人们的是一道高约1米、朴素无装饰的石门，门槛上雕有莲花和佛像，透着庄严肃穆的气息。为表示对佛教的尊重，开启石门之前，考古专家请来了法门寺的住持法师设案诵经，为即将出世的佛教圣物诵经祈祷。

石门开启，展现在人们面前的是一个长长的甬道。地上依然是一层厚厚的铜钱，加上宫门口的，总共有7万枚之多，几乎包括了唐代所有年号的钱币。其中最为稀有的是13枚玳瑁“开元通宝”，这是世界上目前发现最早的、绝无仅有的玳瑁币。

法门寺博物馆
法门寺博物馆位于陕西省扶风县城北10千米处的法门镇，是以收藏、保护、展示和研究法门寺唐塔地宫出土珍贵文物为主要内容的专题性佛教艺术博物馆。

地宫甬道的尽头是第二道石门，门上雕刻有两尊对称的菩萨像，门框上还有坐佛像和护法的天王像，十分庄严肃穆。由于长年承受重负，石门已经断裂。

石门前矗立着两块石碑。细读碑文，考古专家们大喜过望。原来，它们是《大唐咸通启送岐阳真身志文》和《监送真身使随真身供养道具及金银宝器底物账》，上面详细地记载了法门寺真身舍利的由来及唐朝诸帝迎奉佛骨的情况，还有地宫内密封的各种珍宝的名称、数量及质地。从物账上看，除一些难以计数的钱币、衣物外，共有各种宝物2489件。后来，考古人员按这个账本查找地宫中的藏物，竟一件不少。

金碧辉煌的藏宝

打开第二道石门后，就进入了地宫前室。大理石地面上不见了铺地的铜钱，却堆满了令人眼花缭乱的金银珠宝和丝锦织物。这些全都是唐代帝王迎佛骨进宫供奉期间宫内女眷和王公大臣们布施的宝物。

丝织品主要有纱、绢、罗、绮、绣、锦等，这些绚丽多彩的丝织品都是当时宫廷供品，皆价值不菲。最引人注目的武则天赏赐的金绣裙，这也是迄今为止发现的唯一一件武则天的遗物。

遗憾的是，大部分丝织品已经炭化和部分炭化。在炭化的丝织品中，人们惊讶地发现有5件蹙

捧真身菩萨
地宫中座的鎏金珍珠装捧真身菩萨，在咸通十四年（873年）迎送佛舍利时被一并请入地宫，永为供养。

鎏金双拢12环锡杖

锡杖全长1.96米，虽名为锡杖，但它并不是锡做的，而是由62两金子和58两银子制成。

金绣被完整地保留了下来。金丝细仅0.1毫米，反映了唐代丝织工艺水平的高超，也正是这些镶嵌在织物中的金线阻挡了时光的侵蚀，让我们在1000多年后还能一睹唐代丝绸的真容。

前室还有石函、白瓷瓶、锡杖等法物。其中的鎏金双拢12环锡杖长1.96米，用金62两、银58两，后被认定是“世界锡杖之王”。

接着，考古专家又被一座高78厘米的汉白玉阿育王塔吸引住了。它是由整块汉白玉石料雕绘而成，共由塔刹、塔身、塔座三部分组成。塔的四面雕刻着身姿婀娜的菩萨像和12名护法力士，朱红色的裙裤和粉绿色的披带就像刚刚画就一般鲜艳夺目。塔虽小巧玲珑，却透着一股非凡的气势，令人不由得顿生肃穆敬仰之意。

前室的清理告一段落后，大家又都把目光投向了两只张口怒目的汉白玉狮子，隐藏在它们后面的就是地宫第三道石门。石门分为两扇，上面绘有两幅威风凛凛的护法天王像。推门望去，室内金碧辉煌，考古队员们又禁不住一阵欢呼。

这是地宫的中室，迎面是一顶巨大的汉白玉灵帐，通高116厘米，上披三领金光耀眼的纯金罗蹙金团花袈裟。旁边是一双金鞋。帐前还有4个金银包角的檀香木箱，内装鎏金菩萨像和秘色瓷等绝世珍宝。其中的16件秘色瓷釉彩细润，光可鉴人，美观大方，造型别致，具有极高的审美价值和史学价值。秘色瓷简称秘瓷，是中国古代瓷器发展史上以越窑为主体的青瓷工艺的一种产品形态。被称为秘色，不是因为其色调特殊或制作隐秘，而是在人们未能熟练掌握工艺的情况下，很难确保瓷器质量，烧制出来的青瓷往往出人意料。高质量的秘瓷专作供奉之用，异常珍稀，罕有传世之品。法门寺地宫秘色瓷的发现，为研究秘色瓷提供了新的线索。

专家们还来不及细看宝物，就又发现了第四道门。石门两侧有护卫的天王像，还有一尊雕刻精美、栩栩如生的菩萨像。造像之上有一句题记："奉为睿文英武明德至仁大孝广孝皇帝，敬造捧真身菩萨永为供养。"看完题论，在场的人无不热血沸腾，因为这就是在告诉人们，千百年来的传说是真的，这个地宫里，的确有佛祖释迦牟尼的真身舍利！

失传千年的佛指舍利

考古队员打开第四道门，进入地宫后室，但见一片金碧辉煌，满眼流光溢彩——这便是人们从井筒中窥见的地方。整座石室面积大约只有1.6平方米，堆满了唐王室的供奉器物，有餐具、茶具、鎏金银盆等。其中金银器121件，各种珠宝玉石400多件。最奇妙的是两个鎏金银质圆球"香囊"，为了防止香囊晃动时香料流出，工匠们在圆球内部装了两个平衡环。圆球滚动时，内外平衡环也随之滚动，而香囊的重心却不动。

这些器物以石室中部的宝函为中心，层层摆放。而最引人注目的"八重宝函"，就像8个方形的箱子相套在一起，由外至内逐渐缩小。专家们一层层打开金包银裹的七层宝函，最后，是一座小巧别致的小金塔；塔身内空，有

八重宝函

法门寺地宫中珍藏佛指舍利的八重宝函，是目前世界上发现的最精美、层数最多的宝函。其最外一层在出土时已严重朽坏，如今完好的只有七重。

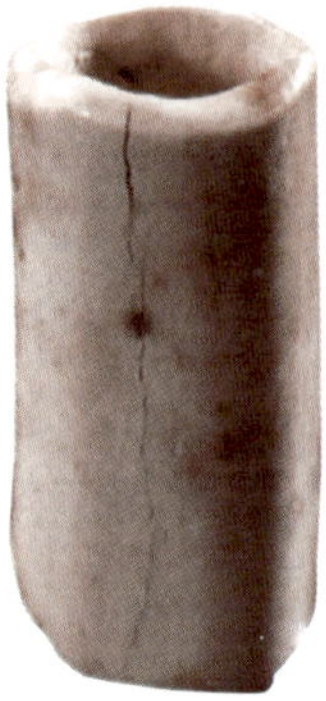

佛指舍利
释迦牟尼佛弃世涅槃前，其指骨发生了质变，变为舍利质，故称“佛指舍利”。

四门。专家轻轻取下塔身，只见塔座上面的金柱上套竖着一根拇指大小的洁白似玉的管状物——佛指舍利面世了！

仿佛是佛祖在冥冥之中的安排，此时是1987年5月5日凌晨1点，在古老的东方历法上恰好是佛祖诞生的时刻。那个千百年来在民间流传、在古籍中记载、在信徒心里膜拜的佛指舍利，真的在法门寺地宫出现了。

然而，激动过后，经鉴定确认，这枚舍利竟然是玉质的。就在人们有些失望地离去前，一位考古人员无意间发现，在地宫后室的一个角落里有片松动的浮土。

经发掘，一个密龛露了出来，密龛中有个不大的包裹，里面是一个锈迹斑斑的铁函。打开铁函，里面又是一层套一层，最里面是一个黄蓝宝石水晶椁和一个洁白的壶门座玉棺，一枚佛指舍利静静地躺在玉棺里。这枚舍利色泽微黄，有裂纹，有蜡质感，有星星点点的白色雪花点附在上面，不如前面的那枚舍利光滑、透亮。突然，铁函上一行錾文吸引了人们的视线：“奉为皇帝敬造释迦牟尼佛真身宝函。”毫无疑问，这就是至高无上的佛祖释迦牟尼真身指骨，也是世界上唯一的指骨舍利。

接着，考古人员又先后在前室阿育王塔和中室灵帐里发现了另外2枚玉质舍利，至此，法门寺地宫共发现4枚佛指舍利：1枚真身佛指，是灵骨；3枚玉质佛指，是影骨。影骨既是保护真身舍利的复制品，又是真身舍利的影像，受到与真身舍利相同的供养。法门寺地宫佛指舍利子的发现，证实了历史记载和佛门的传说。自874年法门寺地宫封埋，至1987年重新被发现，时间已过去了1113年。

至此，法门寺地宫的发掘工作结束。此次发掘，总面积达1300平方米。整座地宫结构复杂，用材讲究，雕饰精美，在目前全国已发掘的塔基地宫中是独一无二的。地宫及大批文物的发现，是继秦代兵马俑之后震惊中外的考古工作的重大成果，是我国唐代考古的空前大发现，也是佛教界的一大盛事。

1988年11月，历时1年的法门寺工程全部竣工，巍峨高耸的真身宝塔和唐代风格的博物馆建筑相互辉映，矗立在古老的黄土大地上。曾经为重修宝塔奔忙的父老乡亲奔走相庆，更多的善男信女聚集在法门寺，膜拜佛祖真身舍利，香烟缭绕，经声佛钟，千年古刹法门寺历经无数劫难之后，重获新生了。

龙兴寺窖藏

——众佛同窟

- 年代：4－12世纪
- 位置：山东省青州市
- 发掘迄始：1960年

“东方维纳斯”的破土而出

在广袤而富饶的齐鲁大地上，有一座古老而年轻的城市。它以悠久的历史彪炳汗青，更以秀丽的新姿态令世人瞩目，这就是素有海岱明珠之称的青州市。

“右有山河之固，左有负海之饶。”青州东接潍坊，西邻淄博，北为鲁北平原及渤海，南倚沂蒙山区，是古时水路和陆路交通的重要枢纽，历来为兵家必争之地。它的历史渊源，可追溯到7000年前，自大禹治水时起，它就是中国古“九州”之一，《尚书·禹贡》：“海岱惟青州”，“海”即渤海，“岱”即泰山。从地理上看，青州位于九州的最东方，因而它又被誉为“东方第一州”。

1960年10月7日，风和日丽。青州市内的一所学校里，人声鼎沸，原来是施工队在这里修建操场。突然，轰鸣的推土机戛然而止。司机师傅从驾驶舱里探出头，朝着地面上的人喊：“看看，下面好像有什么东西，很硬。”

工人们走到车前，刨开浮土，一尊石刻佛像头露出了地面。再往下看，竟然还有大大小小好多尊佛像，显然，这是一个装满了佛像的地窖！一时间，整个工地沸腾了……

青州市博物馆的考古人员得到消息后，迅速展开了对窖藏的抢救性发掘工作。经过钻探和初步的清理，考古工作者们了解了窖藏的基本情况。这是一处东西走向的大型佛

“东方维纳斯”彩绘菩萨像

唐代龙兴寺佛教石刻群以本地红砂岩为材料，雕刻工艺水平极高，所陈列的众多石刻堪称国宝。其中的断臂菩萨立像，以其优美的造型、生动的表情，被誉为“东方维纳斯”。

像窖藏，坑底距地表3.45米。

考古人员采用了局部发掘的方式，一点一点地进行清理。整整七天七夜后，覆盖着泥土的佛像逐渐显露出了本来的面貌。考古人员发现，窖藏内的造像存放有一定的规律，以上、中、下三层陈放为主，大部分造像为东西向排列，厚70—90厘米。较完整的造像被放在了窖藏中间，下面是比较残破的。完整的头像则沿坑壁边沿存放。

发掘中，有一尊彩绘菩萨像深深地吸引了考古专家们的眼球。拨开浮土，她就静静地躺在那里，通高136厘米，头戴透雕花冠，黑发在前额梳成圆圈状，两条发束后垂，自肩至肘。她面部清秀，神态安详，高鼻挺直，唇线清晰，大眼下视，似有所思；脖颈细长，佩戴连珠状项圈，内穿对襟上衣，外着有团花图案的披帛和长裙，长长的璎珞自双肩垂下，在腹前交叉于一个圆形的玉环上。丰满的双脚从裙脚的弯弯曲曲的褶痕中露出，立于台座上。她是那样亭亭玉立，没有印度式的三道弯的媚态，也没有东晋那种弱不禁风的“秀骨清像”，而是从内到外散发着一种健康而又典雅的美。

由于她右臂已失，只剩下下垂的左臂，让人一下子就联想到了西方的女神维纳斯。于是，专家们就称她为“东方维纳斯”。

石破天惊龙兴寺

青州发现大批佛像的消息传到北京后，国家文物局迅速组织专家前往青州进行复原和鉴定工作。

清理复原后发现，坑内的佛像共有400余尊，材质主要有石灰石、汉白玉、花岗岩、陶、铁、木及泥塑等。其中既有大型造像碑、高浮雕背屏式造像，又有圆雕单体造像，涉及佛像、菩萨像、弟子、罗汉像、供养人像等诸多题材。多数造像形体较大，最大的高320厘米，但也有高仅20厘米的小型造像。

专家们从造像上刻的纪年、雕塑技法和题材等多方面分析，这些佛像的造像时间从北魏、北齐、隋、唐直至北宋，延续了500多年，而绝大多数完成于5到6世纪的南北朝时期，以北魏、东魏、北齐的居多。造像运用了浮雕、镂雕、线刻、贴金、彩绘等多种技艺手法，造型生动，线条流畅，具有极高的艺术水准。

但是，这里原来究竟是什么地方，为什么会集中埋藏着这么多佛像呢？考古工作者在佛像窖藏坑周围进行了普探，发现窖藏南边是龙兴寺的遗址。

经普探证明，龙兴寺遗址南北长200米，东西宽150米，南部为一东西向的宽30米的砖铺地面，以北为三条轴线：中轴线由南北向的三座大殿组成，殿基东西长30米，南北宽25米；东轴线也由南北向的三座大殿组成，中间大殿殿基东西长30米，南北宽25米，南北二殿殿基东西长30米，南北宽12.5米；西轴线由成片的僧房组成。整座龙兴寺建筑面积近1万平方米，其遗址是我国迄今保存最完整、布局最清楚的唐以前的寺院遗址，具有极高的考古发掘和保护价值。

龙兴寺佛教造像

国家文物界的权威人士认为：龙兴寺佛教造像“地方特色鲜明，整体水平很高，为中国美术史的研究提供了珍贵的资料”。

据史书记载，佛教自1世纪传入中国后，一直影响甚微，但在青州却比较兴盛，寺院文化十分厚实。早在西晋太安二年（303年），青州即建有宁福寺（今广福寺遗址）；十六国时，慕容德建立南燕国后，推崇佛教，拨巨资支持著名高僧朗公大兴佛事，建有多所寺院，其中就有龙兴寺。

4世纪时，佛教在中国得到空前发展。北魏的皇帝、皇后和一些王室贵族都是积极倡导佛教的虔诚信徒，巨大的石窟佛像开始大规模兴建，据说造像的模特就是皇帝本人。而且，在民间各地也都出现了造像热潮，青州作为南朝和北朝之间联系的纽带，也成为佛教石窟、佛教造像集中的地区。

根据出土石碑的记载，专家们得知，龙兴寺南北朝时已是远近闻名的佛教寺院，寺内有高高的佛塔和雄伟的佛殿，一尊高达三丈九尺的巨佛耸立在佛殿中央。此后，龙兴寺香火繁盛，长达800多年的时间，直至1300年前后的元末明初时，才逐渐衰落下去。

至此，这个佛像窖藏被正式命名为“龙兴寺窖藏”，窖藏内佛像的来历自然也清楚了。

接踵而至的谜题

虽然弄清楚了佛像的来源，但更多的问题却接踵而至。考古学家和历史学者深感不解的是，这些佛像在出土前几乎全部遭到了严重的损坏，大多只剩下一些残破的肢体和佛头。这也就是说，它们在埋入前就已经被人为地砸碎了，为什么会这样呢？又是什么人将它们埋在这里的呢？这静静躺卧的佛像身后，究竟隐藏着多少风云突变的历史故事呢？

考古队员们在窖藏最上部的地层内，发现了唐宋时期的遗物，其中有几枚北宋时期的货币“崇宁通宝”，还有几件佛像被鉴定为北宋时期所造，一件佛像上还刻有“北宋天圣四年”的字样。这就说明，窖藏的埋藏时间应是北宋末年或金朝初年。专家们由此推测，佛像的毁灭是在北宋或者更早一些时候。

龙兴寺佛教造像群

造像群中的佛教造像类型多样，造型优美，雕刻精湛，立体感强，是研究中国早期佛教艺术的难得的实物资料。

关于佛像的毁坏，历史学家们首先想到的是灭佛运动。历史上，曾有过多次灭佛事件的发生，其中声势最为浩大的是著名的“三武一宗”灭佛运动。南北朝、中唐和晚唐时期，是佛教最兴盛的时期。当时人们对佛教简直达到了狂热的地步：有人割自己的肉喂鸟，流血遍体仍面不改色；有僧人以铁钩挂体，点燃千灯，日夜端坐不动。然盛极必衰，历史上也曾发生过多次反佛运动，其中有4次规模较大，史称“三武一宗”灭佛运动。“三武”即北魏太武帝、北周武帝和唐武宗，由于他们的称号中都有一个“武”字，所以称“三武”；“一宗”是指后周周世宗。这“三武一宗”在位时都进行过轰轰烈烈的灭佛运动，这些佛像有可能就是在这个时候被毁坏的。

佛头像

但是，由于佛像残破、丢失得很严重，谁也不能肯定它们是一次性被毁坏的，还是多次被毁而积攒起来的。在一些佛像上，可以清晰地看到火烧或修复的痕迹，说明它们很可能是在南北朝时期的历次毁佛灭法运动中被砸毁，又在此后随着佛教的重新兴盛而被修复的。

还有人认为，这些佛像毁于战争。北宋末年，金兵曾在三年之内，五次攻打青州城，五次攻进来，有四次退出来，战争相当激烈，主战场就在龙兴寺一带。所以，有学者认为佛像是毁于那场战争。

那么，它们又是什么人埋的呢？关于这个问

题，也是众说纷纭。

在发掘中，考古工作者发现，龙兴寺窖藏的四壁垂直，拐角明显，底部整修平整。在最上层的造像上，还有明显的烟迹和席纹，表明在掩埋它们之前曾举行过祭祀活动，并用苇席掩盖。显然，这是一次精心安排的掩埋行动。有人认为，这些佛像，是战争中前来龙兴寺祈愿的善男信女为求佛祖保佑而埋的。

但是，考古学家们在一块“造像记”上又找到了不同的答案。“造像记”于20世纪80年代初出土于临近青州的临朐的一处佛像遗址中。上面记载，当地僧人看到一些古代佛像已残破，就做功德把这些残样收集埋起来。做功德时还举行了一个盛大法会，并刻了一块碑记。石碑记录仪式日期在宋景德元年，与龙兴寺窖藏属于同时期。这似乎可以解释为什么在龙兴寺的窖藏中，以曾经发生过灭佛运动的南北朝时期佛像居多，而隋唐到北宋的佛像却十分少见的原因了。

然而，还有一个疑惑仍然困扰着人们：如果这些前代的佛像在北宋时期才被埋葬，历经500年时间，他们身上的贴金彩绘应该早就褪去了。而直到今天，这些千年以前的佛像仍然散发着动人的光泽和炫目的色彩，这又如何解释呢？

有关青州佛教的种种猜测与疑惑，至今仍无法寻找到明确的答案。但这也许已经不重要了，重要的是，如今，埋于地下千年之久的窖藏佛像终于重见天日，正在向世人展现佛教文化的奇异风采！

独特的造像艺术

虽然龙兴寺窖藏中的佛像大多残破，很多已经无法修复，但这依然遮掩不了它们熠熠的光辉。这批佛像，绝大多数都是用青州当地盛产的被称为“青石”的石灰石雕刻而成的。青石质地细腻、硬度适中，特别适合制作精美的雕像。

龙兴寺石桌

这些佛像雕工细腻、高雅瑰丽，形态各异，或深思，或凝视，或禅定，或说法，佛教的全部思想和智慧，都通过这些精美的佛像展现了出来。其

曹衣出水佛像

雕塑中“曹衣出水”艺术样式是魏晋南北朝时期佛教造像的重要样式。

雕刻艺术之精湛，风格之独特，令世人惊叹。尤为珍贵的是，造像大多保留完整的贴金或彩绘。所以，它们被学术界誉为足以改写东方艺术史及世界美术史的“中国古代雕刻艺术的集大成者，雕刻与绘画的完美结合”。

中国早期的佛教造像制作先后受到中亚和印度的影响。龙兴寺遗址发现的佛教造像主要是北魏晚期到东魏、北齐时代的作品。

北魏的造像大多为高浮雕背屏式一铺三身像，中间为主尊佛像；两侧分别为胁侍菩萨，有龙做护法，并且龙口衔莲花、莲叶、莲蕾形成基座，将二胁侍菩萨托起；背屏上部正中为一龙或单层塔，两侧环绕伎乐飞天，或奏乐歌舞，或持物供奉，表现出一派欢乐祥和的气氛。

这些佛像大多身材单薄、肩部低垂，是典型的中国汉人的体态；面部的颧骨微微突出，这是中国传统文化中智者的形象。这样的造像风格被称为“秀骨清像”，深受汉族士大夫阶层传统审美情趣的影响，先在南方的汉族王朝兴起，很快又波及北方。

佛像在服饰上的风格也多受南方汉族王朝的影响，如宽衣大袖褒衣博带的长衫，这是典型的汉族传统服装。佛像上的汉化风格是当时北方草原民族王朝汉化的一个缩影。

而北齐时期的佛教造像，秀骨清像的造像风格完全被新的造像风格所取代，早期从印度传入的艺术风格再次成为主流，表现出了完全不同的审美情趣：佛像大多面部丰满圆润，有一种朴素而真实的伟岸、挺拔之美。在衣饰上，或是采用凸棱的方式刻出衣纹，好像打湿的衣衫紧贴身体；或是身上没有任何皱褶，衣饰的轮廓充分显现着肉体的优美，艺术家似乎有意要把刻画对象的肉体完全自然地表现出来。在青州以外的地区，同一类型的造像从未被发现过，他们很可能就是史书文献中记载过的“曹衣出水”的样式。

“曹衣出水”源自于曹仲达。曹仲达是北齐时著名画家，原为中亚曹国（今乌兹别克斯坦撒马尔罕一带）人，官至散大夫，以画佛像名闻天下，其画线稠密，衣薄而透体，如刚从水中出来一样，世称“曹衣出水”。

然而，“曹衣出水”的样式为什么会从万里以外的西域传播到青州，至今仍是众说纷纭。据历史学家们考证，当时胡人已经广泛地进入到青州进行经济和文化交流活动，这也包括造像艺术。这种新的样式传入青州后，工匠们用自己所熟悉的技法与之相融合，于是，一批异域风格的佛教造像在北齐出现了。

龙兴寺出土的佛像是极为珍贵的艺术珍品，它反映了北朝时期佛教造像的最高水平，为山东地区北魏到北宋时期的造像提供了一批珍贵的断代标本，为研究佛教在我国的传播、发展及雕刻、绘画艺术的发展，提供了珍贵的实物资料。

敦煌莫高窟

——遭逢浩劫的宝库

- 年代：366－1524年
- 位置：甘肃省敦煌市东南
- 发掘迄始：1900年

戈壁滩上的千佛洞

元鼎三年（公元前115年），汉朝设置了武威、酒泉二郡，酒泉郡下辖敦煌地区。4年后，汉朝又增设了张掖、敦煌二郡，这就是所谓的“河西四郡”，由此，“敦煌”作为郡县之名正式登上了历史舞台。敦煌坐落在甘肃河西走廊的绿洲上，西临浩瀚无际的沙漠，南倚气势宏伟的祁连山脉，东部和北部以三危山和白山为屏障，形成一个封闭的富饶之地。由于树阴挡住了风沙，自古以来这里就被称为“塞上江南”。东汉大家应劭称：“敦，大地之意；煌，繁盛也。”

在千里荒漠中，能有这样一方繁盛的绿洲，本身就是自然界的一个奇迹。而更为重要的是它的经济和战略地位，它前有阳关，后有玉门，是古代丝绸之路的咽喉。千百年来，敦煌不仅是东西方贸易的中转站，同时也是宗教、文化和知识的交汇处。

十六国时期，群雄逐鹿中原，战火四起，百姓流离失所，而河西成为

敦煌莫高窟

莫高窟始建于十六国的前秦时期，历经十六国、北朝、隋、唐、五代、西夏、元等朝代的兴建与修缮，成为世界上现存规模最大、内容最丰富的佛教艺术圣地。

局势相对稳定的地区。中原大批百姓及文化人士纷纷背井离乡，逃往河西避难，为这里带来了先进的文化和生产技术。由汉魏传入的佛教在敦煌也空前兴盛起来。另外敦煌也是佛教东传的通道和门户，也是河西地区的佛教中心，河西各地的佛门弟子多来此地研习。

前秦建元二年（366年），对佛教修养很深的和尚乐尊，为了求得佛祖真经，寻找极乐世界，带着3个徒弟西行。来到敦煌城东南的三危山下时，天色已近黄昏，乐尊仰望山顶，竟然看见一幕奇景：夕阳照耀下，三危山高高的三个山峰发出灿灿金光，仿佛显现出千万尊佛。虔诚的乐尊认定这里就是真佛所在，便在山下顶礼膜拜，并立志要在此建造佛窟。为了还愿，他四处化缘，募集钱款，最终在这里开凿了第一个石窟。

此后，历经北魏、西魏、北周、隋、唐、五代、宋、西夏、元等10个朝代，敦煌佛窟的开凿一直没有间断，其中隋唐时期为鼎盛期。这些石窟群落恰如颗颗明珠，点缀在茫茫大漠之中。而其中规模最大、最为恢弘的，是位于敦煌市东南25千米鸣沙山东麓断崖口的莫高窟，最盛时，这里曾有石窟千余，号称“千佛崖”“千佛洞”。

除了莫高窟外，敦煌周边还有西千佛洞、榆林窟及东千佛洞等，它们共同组成了敦煌石窟群。榆林窟今存彩塑100余身，壁画5000余平方米，约占莫高窟壁画总面积的1/9。西千佛洞位于莫高窟西南30余千米的党河北岸崖壁上，呈东西向排列，全长2.5千米，现存洞窟22个、壁画约800平方米、彩塑34身，它的洞窟形制、塑像和壁画的题材内容、艺术风格均与莫高窟十分相似，但由于保护不善，目前残损坍塌较为严重。

明朝嘉靖三年（1524年），明王朝下令闭锁甘肃西部的嘉峪关，将关西平民迁徙关内，隔断了中原与敦煌的联系，敦煌也因此冷清了下来。此后300年间，敦煌成了“风播楼柳空千里，月照流沙别一天”的荒漠之地，莫高窟也逐渐沉寂。

重见天日的藏经洞

清朝末年的一天，沉寂的莫高窟来了一位不速之客——一身道袍的王圆箓。此人原本是湖北麻城的农民，因连年旱荒，生活无着，便逃到肃州（今

敦煌九层楼

第96窟是莫高窟最高的一座洞窟，其外附岩而建的“九层楼”是莫高窟的标志性建筑。内有弥勒佛坐像，高35.6米，由石胎泥塑彩绘而成，是中国国内仅次于乐山大佛和荣县大佛的第三大坐佛。

甘肃酒泉），做了一名边防军卒。退伍后无所事事，就当了道士。王道士云游到莫高窟后，觉得在此地生活倒也闲适，就在今天的第143号窟居住下来。当时，住在敦煌寺院的多为红教喇嘛，诵的是番经，只有这个王圆箓能诵道经、会说汉语。因此，当地人大都请他礼忏，他也因此有了一些收入。

日子久了，王道士开始不满足于现状，就琢磨着按照道教的信仰改造佛窟，好让人们来烧香，进些香油钱。1900年5月26日，他起了个大早，来清扫莫高窟北端七佛殿下第16号石窟甬道中的积沙。在甬道内的积沙被清除掉后，北壁忽然发出了一声巨响，墙上竟然裂开一道缝隙。

这让王圆箓吃了一惊，他很快发现墙壁竟然是空的！他以为发现了藏宝阁，不由得心跳加速。但又怕消息传出去后，会招来更多的人抢宝，便不动声色地回到了自己的石窟。

好不容易等到晚上，他蹑手蹑脚地来到那扇墙边，打开了伪装的窟壁，找到了泥封的洞口。打开洞口，令他失望的是，呈现在他面前的不是金光灿灿的宝藏，却是一个黝黑的高约160厘米，宽约270厘米，略带长方形的复室，室中堆满了数不清的经卷、文书、绣画、法器等。

发财梦虽然破灭了，但这毕竟是佛的东西，王道士还是心怀敬畏的。他带着几份经卷来见县令汪宗翰。汪宗翰见多识广，知道这些古物的价值，便仗势向王道士索要了一批画像和写本。甘肃学台叶宗炽通过汪宗翰也得到了不少石窟的藏品，其中有北宋乾德六年（968年）的水月观音像。他建议藩台衙门把这批文物运到省城来保存。

昏庸的清政府觉得花高昂的路费运送这些“废纸”根本不值得，便只是

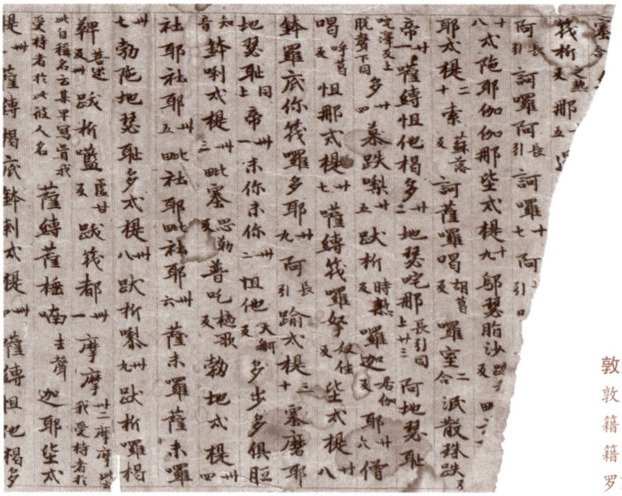

敦煌经卷

敦煌石窟内珍藏着数万卷的古代典籍，所载内容从佛道经卷到儒家典籍，从史地论著到科技书籍，可谓包罗万象。

发出了一纸命令，让王圆箓封起藏经洞，从此就不再过问了。藏经洞就像是被从睡梦中惊醒了一样，在晨光中伸了个懒腰，又徐徐睡去了。

罪恶的劫掠

然而，发现藏经洞的消息，并没有因为清政府的冷漠和莫高窟的地处大漠而阻塞，外国探险家们很快就嗅到了气味，他们敏感地意识到莫高窟是一处不为人知的宝藏。于是，一只只罪恶的黑手无耻地伸向了这块佛门净地。

西方人对于敦煌和莫高窟的认识，开始于匈牙利地址调查所所长洛克齐。洛克齐是第一个到达莫高窟的西方人，他见到了浩如烟海的精美壁画和塑像，完全被莫高窟征服了。回国后，他到处宣扬莫高窟的迷人之处，引得西方学者对莫高窟蠢蠢欲动。藏经洞的发现，加速了他们前来的步伐。

敦煌雕塑

莫高窟内的彩塑有圆塑、浮塑、影塑、善业塑等。这些塑像精巧逼真，体现出创作者的丰富想象力与高深造诣。

1905年秋天，俄国人奥伯鲁切夫到了莫高窟。匆忙成行的他准备不足，就用随身携带的廉价商品跟王道士换回了一小批经卷，满意而归。

1907年，英国考古学家马尔克·奥莱尔·斯坦因在进行第二次中亚考古旅行时，沿着罗布泊南的古丝绸之路，来到了莫高窟。他只用了200两白银，便换取了24箱写本和5箱其他艺术品。

1914年，斯坦因再次来到莫高窟，又以500两白银向王圆箓购得了570段敦煌文献。他两次掠夺的莫高窟文物，包括丝织品150多件，绘画500余幅，各种写本、印本、图书、经卷达6500多卷，他也名副其实地成为敦煌艺术宝藏的第一盗匪。斯坦因将这些藏品大都捐赠给了大英博物馆和印度的一些博物馆。

最为惨重的损失发生在1908年。精通汉学的法国考古学家伯希和在得知

敦煌壁画《张骞出使西域》
张骞出使西域本为贯彻汉武帝联合大月氏抗击匈奴之战略意图，但出使西域后汉夷文化交流频繁，中原文明通过“丝绸之路”迅速传播，这恐怕是汉武帝所始料不及的。

莫高窟发现古代写本后，立即从迪化赶到敦煌。他在洞中拣选了3个星期，最终以600两白银为代价，获取了1万多件最为精华的敦煌文书，满载而归。这些文献后来大都入藏法国国立图书馆。

1909年，伯希和在北京向一些学者出示了几本敦煌珍本，这引起了中国学术界的注意。他们向清朝学部上书，要求甘肃和敦煌地方政府马上清点藏经洞文献，并运送进京。清廷指定由甘肃布政使何彦升负责押运。但在清点前，王圆箓已将一部分文物藏了起来，押运沿途也散失了不少，到了北京后，何彦升和他的亲友们又各自攫取了一些。于是，1900年发现的5万多件藏经洞文献，最终只剩下了8757件。

而那些流失在中国民间的敦煌文献，有一部分后来被收藏者转卖给了日本藏家，也有部分归南京国立中央图书馆，但更多的已难以查找。王圆箓藏匿起来的写本，除了卖给斯坦因一部分外，其他的也都在1911年和1912年卖给了日本的探险家吉川小一郎和橘瑞超。1914年，俄罗斯佛学家奥尔登堡对已经搬空的藏经洞进行了挖掘，又获得了1万多件文物碎片，目前这些文物藏于俄罗斯科学院东方学研究所。

价值连城的经典

藏经洞的发现，是20世纪初中国考古学上的一次重大发现，震惊了世界，并由此形成了“敦煌学”。敦煌学历经百年，在学术、艺术、文化等方面取得了令人瞩目的成果。

经清理后发现，藏经洞内堆积着数以万计的从5世纪到11世纪的文献、书籍、画卷、丝制品等。文献书籍中包括佛经、道经、儒书、字书、地志、小说、诗词、通俗词曲、俗讲、信札、账簿、医卜、户籍、契据、状牒等，多为写本，少量为刻本，其中不少是孤本和绝本。

文献中使用的文字种类也很复杂，除汉文外，还有藏文、印度文、佉卢文（一种古印度的地方文字）、康居文（一种中亚文字）、古和阗文、回纥文（古维吾尔文）、龟兹文等，其中很多是今天已经无法辨认的文字。这些典籍对于了解西北及中亚各民族的古代历史有重要价值。

画卷多是佛教题材，是研究古代佛教、绘画及社会生活等的重要依据。

敦煌经卷的发现，对人们研究历史、文化、佛教等都产生了深远的影响。但是，围绕敦煌经卷的谜团也随之而来——如此丰富的经卷是被谁封藏起来的？封藏这批经卷又是出于何种目的？对此，专家们各持己见，莫衷一是。目前比较流行的说法有两种。

第一种是“废弃说”：敦煌各寺院把没有用途的书卷集中在一个洞窟中，形成了藏经洞。

但大多数学者认为洞中的经卷是当时人们躲避战乱而有目的地藏起来的。藏经洞的内壁绘有菩提树、比丘尼等图像，洞中有一座禅床式低坛，上塑高僧洪辨的坐相，另有一座石碑，似未完

伯希和在藏经洞中翻拣经卷

伯希和于1906年至1908年间进入西域，深入敦煌莫高窟，对全部洞窟编号，并抄录题记、摄制大量壁画照片。伯希和熟悉中国古典文献，将藏经洞中的遗物全部挑选一遍，廉价骗购走大量的藏经洞文献及绢画、丝织品。

工。从洞中出土的文字资料来看，最晚的写于北宋年间，且不见西夏文字，因此可推断藏经洞是开凿于公元11世纪时。

自汉代起，作为西陲重镇的敦煌，一直是兵家相争之地。每次兵灾，管理莫高窟的和尚都要逃难。宋景祐二年（1035年），西夏之乱祸及敦煌莫高窟。和尚照例要避祸他乡，遂把不便带走的经卷、文书、绣画、法器等都封闭在一个洞窟的密室里，外面用泥壁封堵，并绘上壁画。

然而，这批和尚一去就再也没能回来，于是这个密室便盛着5万余件"宝藏"静静地安息了七八百年。由于敦煌地区全年日照充足、干燥少雨，它们得以完整地保存了下来。

永远的艺术宝库

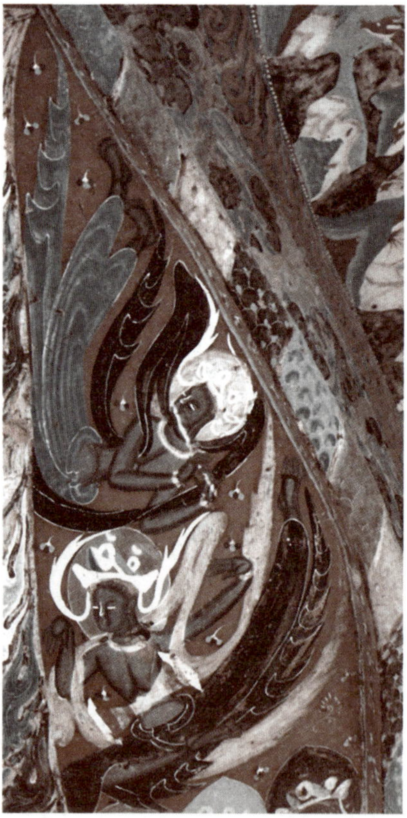

敦煌飞天壁画

飞天是侍奉佛陀和帝释天的神，能歌善舞，形象多是一位反弹琵琶的美丽仙女。在莫高窟的壁画中，随处可见飘逸灵动的飞天形象。

百年前的一幕，至今回想起来仍令中华儿女心颤。一个巨大的中华文明宝库，竟被一个假道士据为己有，进而被分割得体无完肤，写下了令中华民族世代垂泪的一笔。今天，敦煌以其举世无双的石窟艺术、藏经文物，当之无愧地成为人类最伟大、最辉煌的历史文化遗产之一。敦煌石窟的历史价值、学术价值已是全世界文明价值中的重要组成部分，对于它的保护，得到了全世界和全中国人民的重视。

如今，荒凉的敦煌莫高窟周围已经长起了浓绿的草木，一支专业的保护及研究队伍活跃在这里的黄沙与绿树之间，古老的莫高窟开始重放璀璨的艺术之光。远远望去，它上下5层，绵延1600多米，最高处达50米。长长的栈道将大大小小的石窟曲折相连，洞窟的四壁尽是与佛教有关的壁画和彩塑，肃穆端庄的佛影，飘舞灵动的飞天……庄严神秘，令人肃然起敬。

如今，莫高窟现存北魏至元的洞窟735个，分为南北两区。南区是莫高窟的主体，为僧侣们从事宗教活动的场所，有487个洞窟，均有壁画或塑像。北区有248个洞窟，其中只有5个存在壁画或塑像，其他都是僧侣修行、居住和死亡后掩埋的场所，有土炕、灶坑、烟道、壁龛、台灯等生活设施。两区共有壁画4.5万平方米、泥质彩塑2415尊、唐宋木构崖檐5个以及数千块莲花柱石、铺地花砖等。

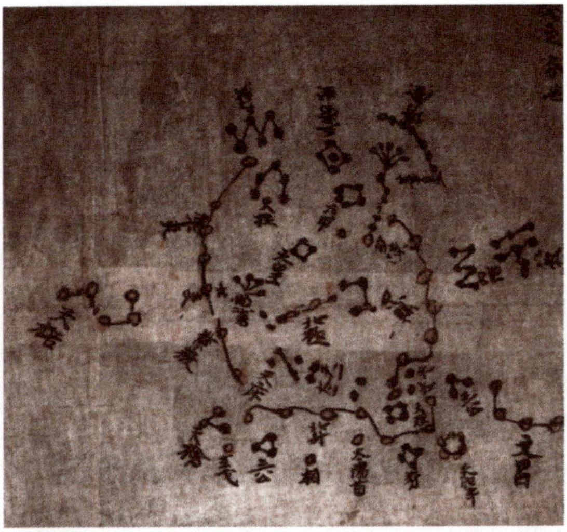

敦煌星图

敦煌星图是世界现存古星图中星数较多而又较古老的一幅，约绘制于唐中宗时期（705–710年），1907年被英国人斯坦因盗走，现存英国大英博物院。

莫高窟的石窟形制主要有禅窟、中心塔柱窟、殿堂窟、中心佛坛窟、四壁三龛窟、大像窟、涅槃窟等。各窟大小相差甚远，最大的第16窟达268平方米，最小的第37窟不足1尺高。窟外原有木造殿宇，并有走廊、栈道等相连，现多已不存。

敦煌石窟的建筑，尤以莫高窟保存的5座唐宋木构窟檐和一些宋元土木古塔为稀世之珍。第96窟是莫高窟最高的一座洞窟，其外附岩而建的“九层楼”是莫高窟的标志性建筑。它是一个九层的遮檐，也叫“北大像”，正处在崖窟的中段，与崖顶等高，巍峨壮观。其结构为土红色，檐牙高啄，外观轮廓错落有致，檐角系铃，随风作响。

敦煌石窟艺术是集建筑、雕塑、绘画于一体的立体艺术。这些艺术珍品不仅反映了中国古代宗教和社会生活情况，同时也表现了历代劳动人民的杰出智慧和非凡成就。

“墙上美术馆”

敦煌石窟艺术中，数量最大、内容最丰富的是壁画。它们绘于洞窟的四壁、窟顶和佛龛内，题材丰富，涉猎了佛像、佛教故事、佛教史迹、经变（佛

敦煌石窟

敦煌石窟开凿在鸣沙山东麓的崖壁上，横长约600多米，上下排列共5层，洞窟密密麻麻，宛若蜂窝鸽舍悬在崖壁上面，景象壮观。

经故事画）、神怪、供养人、装饰图案等诸多方面，还有很多表现当时狩猎、耕作、纺织、交通、战争、建设、舞蹈、婚丧嫁娶等社会生活的画作。这些画构图宏伟多变，用色浓艳繁复，线条细密流畅，具有强烈的艺术感染力。

据统计，莫高窟壁画的总面积达4.5万平方米，若按2米高排列，可排成长达25千米的画廊，是座名副其实的“墙上美术馆”。中国五代以前的画作已大都散失，莫高窟壁画为中国美术史研究提供了重要实物，也为研究中国古代风俗提供了极有价值的形象和图样。

从壁画分布上看，窟顶及上部多为天宫伎乐；下部为夜叉或装饰花纹；中部壁画除千佛外，主要有佛传故事、因缘故事和本生故事。所谓本生故事，就是指佛祖释迦牟尼的前生，包括做王子以前的许多世中所做的诸多善事，最为脍炙人口的主要有割肉求鸽、舍身饲虎、九色鹿舍己救人等。

莫高窟的壁画上，处处可见漫天飞舞的美丽飞天。飞天是侍奉佛陀和帝释天的神，能歌善舞。飞天在无边无际的茫茫宇宙中飘舞，有的手捧莲蕾，直冲云霄；有的从空中俯冲下来，势若流星；有的穿过重楼高阁，宛如游龙；有的则随风悠悠漫卷，神态闲散。画家用蜿蜒曲折的长线、舒展和谐的意趣，为人们绘就了一个优美而空灵的神话世界。

石窟壁画中还出现了不少代表那个时代的古建筑图样，可说是研究中国古代建筑史不可或缺的第一手资料，具有宝贵的历史和艺术的价值。

敦煌壁画从多方面反映了我国封建社会的政治、经济和文化状况，是中国古代美术史的光辉篇章，为中国古代史研究提供了珍贵的形象史料。学者们在研究了大量的壁画艺术后还发现，古代艺术家们在民族化的基础上，吸取了伊朗、印度、希腊等国古代艺术之长，这又一次见证了敦煌作为文明集汇地的历史地位。

佛教彩塑博物馆

彩塑也是敦煌艺术的主体，莫高窟保留下来的彩塑多达2400多尊，有佛像、菩萨像、弟子像以及天王、金刚、力士、神等，最高的达35.6米，最矮的仅2厘米左右，皆出自历代能工巧匠之手，风格多样，千姿百态，内涵丰富，堪称是一部中国古代千年佛教彩塑史，是我国最大、最有系统、最为珍贵的一份雕塑遗产。

中国石窟艺术源于印度，印度传统的石窟造像以石雕为主，而莫高窟所处山崖的土质较松软，并不适合制作石雕，所以莫高窟的造像除四尊大佛为石胎泥塑外，其余均为木骨泥塑。塑像皆为佛教人物，排列有单身像和群像等多种组合，群像一般以佛居中，两侧侍立弟子、菩萨、天王、力士等，少则3身，多则达11身。

彩塑形式以一个洞窟为例，一般前为圆塑，而后逐渐淡化为高塑、影塑、壁塑，最后则以壁画为背景，塑、画两种艺术融为一体，相得益彰。

莫高窟最早的彩塑是北魏时期的，题材比较单一，人物形象带有印度人的元素，塑造手法也存在石雕的痕迹，没有充分发挥泥塑特有的自由伸展的性能。

至隋朝，彩塑的形式开始有了明显变化。佛与菩萨由北魏以来的“秀骨清像”变得雍容厚重。隋朝的雕塑家们突

反弹琵琶图

这幅壁画出自莫高窟的《伎乐图》，描绘了伎乐飞天伴随着弦乐翩翩起舞、举足旋身、反弹琵琶的瞬间。人物造型饱满，线条写实明快、流畅飞动，是敦煌壁画中的杰作。

破了外来艺术规范的束缚，创造出了本土的佛、菩萨的形象。它们的耳朵变大并下垂，鼻梁较低，手足肌体丰满，衣褶柔和而华丽。但这时的塑像还有头大身小、表情呆板的缺点，反映了佛教艺术本土化过程中技巧上的不成熟。

唐朝是莫高窟彩塑的极盛时代，艺术家们充分发挥他们的艺术天赋，创造出了丰富多彩、风格迥异的艺术造型，并使塑像更接近写实，使佛与菩萨“世俗化”，并最终成功地打破了“神”与“人”的界限，使莫高窟艺术更接近生活。其中，17窟唐代河西都僧统的肖像塑，为我国最早的高僧写实真像之一，具有很高的历史和艺术价值。

规模宏大的莫高窟，因其内容丰富，历史悠久，与山西云冈石窟、河南龙门石窟并称为中国“三大石窟艺术宝库”，吸引着越来越多的学者和艺术家前来观摩、研究。

但莫高窟的发现工作远远没有结束，近年来，随着现代科学技术的进步，各种现代化的手段都被应用到了石窟的考古和研究工作当中，人们正在努力地破解种种难解的谜题，例如莫高窟壁画所用的颜料出自哪里等。

在北区的考古工作中，种种迹象也表明，这里远不是原来人们认为的僧人的居所那么简单，很可能会别有一番洞天。随着考古工作的深入，也许，这里还会有第二个藏经洞面世……

《金刚经》书影

这是世界上最早的雕版印刷品，图文风格凝重，印刷墨色清晰，雕刻刀法纯熟。此经原藏于敦煌第17窟藏经洞中，1907年被英国人斯坦因盗骗，曾藏于英国伦敦大英博物馆，现藏于大英图书馆。

重现神秘都城

CHONGXIAN SHENMI DUCHENG

曾经，这里有华丽的宫殿，有喧闹的街市，有拥挤的人群……一切归于沉寂后，考古工作又将往日的都市重现眼前。这里究竟发生过什么？让我们静心聆听古老遗址的诉说。

偃师二里头

——华夏第一都

- 年代：约4100－3700年前
- 位置：河南省偃师市西南约9千米二里头村西南
- 发掘迄始：1959年

寻找夏王朝

中华民族，历史悠久，从早期的人类到原始的氏族社会，我们的祖先在这片广袤的土地上留下了深深的足迹。随着社会生产力的提高和社会的不断进步，尧、舜、禹三代之后，大禹之子启废除了传统的部落禅让制，自立为王，建立了中国历史上第一个国家，也是第一个奴隶制王朝——夏朝。夏朝共传13代16王。

夏启像

禹死后，启继位，他建立夏朝，废除了传统的“禅让制”，成为“世袭制”的第一人。

甲骨文和商都殷墟的发现，使我们对商王朝的文明情况，有了较清楚的了解，但对于商前的夏代，基本上还是一片空白。这个曾经统治华夏几个世纪之久的王朝，似乎在刻意地隐藏着自己的庐山真面目。有外国学者甚至提出疑问——中国历史上究竟有没有夏朝？中国学者不甘心夏朝的历史就这样被否定，于是，一场漫长的寻夏之旅就此展开。

但是，中国地域辽阔，究竟该从哪找起呢？早在20世纪三四十年代，就有史学家运用文献资料来考订夏代都邑，但却无法有效地辨认出夏王朝的物质遗存特征。于是，他们开始尝试运用考古学方法探讨古史，即在文献大致限定的地域范围内去寻找夏文化。

根据古代文献的记载，学者们将寻找的目光落在了洛阳。地处伊洛平原，山河拱戴、四方辐辏的洛阳盆地及其邻境地区，自古以来就被认为是“天下之中”，为兵家必争之地，帝王建都之首选。司马迁在《史记·封禅书》中又说“昔夏、商、周三代之居，皆在河洛之间”。因此，学者们认为，洛阳境内必有夏王朝的遗址。

二里头遗址标牌

二里头遗址位于伊、洛二水之间，距离洛阳市约18千米，东西长约2.5千米，南北宽约1.5千米，是夏朝都城遗址。

但是转眼几十年过去了，在洛阳地区寻找夏王朝的工作并没有取得实质性的突破。1958年的一天，中国科学院考古研究所著名古史学家徐旭生结束了一个阶段毫无收获的田野踏察工作，回到了住所。为什么就是找不到呢？年近七旬的他陷入了沉思，那段大禹治水三过家门而不入的历史，难道就这么丢了吗？是古文献的记载有误，还是并没有找到真正的突破口？

他开始整理以往的资料，重新理清思路。他仔细地翻阅着那些已经被他翻过无数次的文献，“伊洛竭而夏亡”，突然，这六个字像一道灵符一样击中他的思维闪光点。这句话不就是在暗示夏朝就在伊水和洛水河畔吗？于是，他又信心百倍地投入到了以往的工作中。

接下来的数月间，徐旭生几乎踏遍了伊洛平原，虽然收获不大，但他始终都没有放弃。这天，他来到了偃师的二里头村，这是位于洛河北岸的一个普通的村庄。他在田间遇到了一位老伯，就聊了起来。老伯听完他的来意，猛地想起了什么。他带着徐旭生来到了村东的水塘边，展现在徐旭生面前的是一堵布满陶器碎片的墙壁。徐旭生仔细地查看了这面墙壁，确认这就是夏王朝的遗址。

就这样，偃师二里头古遗址，从此走进了考古专家们的视线。

偃师古都的发现

“河洛毓秀地，古亳帝王都。”偃师土地肥沃，气候温和，且四塞坚

二里头遗址出土的铜铃

固，易守难攻，是一处“河山拱戴、天成帝居”的理想之所。最早在偃师建都的帝王，乃传说中五帝之一的帝喾高辛氏，《史记·五帝本纪》云：“帝喾、都亳”。《集解》注曰：“亳，今河南偃师是也。”可见帝喾建都的亳地就在偃师境内。当历史进入文明时代，先后有夏、商、东周、东汉、曹魏、西晋、北魏等7个朝代在此建都，故偃师素有“洛阳十三朝，古都半在偃”之美誉。

偃师，位于河南省西部，黄河中游南岸。它南依嵩岳，北临黄河，东控虎牢，西扼崤函，伊、洛河水在境内逶迤百里。偃师历史悠久，文化灿烂。公元前11世纪，武王伐纣，凯旋而归，在河洛平原一带“息偃戎师”，“偃师”由此而得名。

二里头村四周环山，中间是一个狭长的盆地，遗址恰好坐落在伊、洛河之间的夹河滩上。这里地势平坦，自然环境十分优越。徐旭生立即在此展开了发掘调查。

他很快发现，二里头密布着许多重要的遗迹：宫墙、居住址、道路、铸铜遗址、陶窑墓葬等，还有贵族们专用的青铜器、玉器，祭祀时使用的卜骨以及大量的石器、骨器、蚌器等生产工具。这些遗存使徐旭生意识到，二里头遗址绝不是一般的村落遗存，而是一处曾经拥有过辉煌历史的都邑废墟。

1959年，在徐旭生调查的基础上，中国科学院考古所洛阳工作队前往二里头复查，确认这里是一处大型遗址，面积约4平方千米，于是决定对二里头开展正式发掘。1960年，发掘工作拉开了帷幕。

二里头遗址就像一个发掘不尽的宝藏，从1960年至1964年间，考古队在二里头遗址共进行了8次发掘，仅出土的陶器就包括了早、中、晚三期不同的类型。当时，一部分考古

长流爵

长流爵是古代饮酒器，高22.5厘米，流至尾长35厘米，壁厚0.1厘米，现藏于偃师市文管会。

学家把二里头文化划分为介于龙山文化和郑州二里岗商文化之间的一种新型文化。

1964年秋至1972年春，因政治运动，二里头发掘工作暂停，直到1972年秋季才得以恢复。此后30多年来，一处处大型宫殿基址，一间间大型青铜冶铸作坊，各种制陶、制骨遗址，与宗教祭祀有关的建筑以及400余座墓葬，成组的青铜礼器和玉器，逐一亮相。一座沉睡了几千年的古都，在考古队员们的喧哗声中渐渐苏醒了。

中国最早的宫城

事实上，自20世纪60年代的发掘工作一开始，二里头就捷报频传。在各种惊喜的发现中，最为引人注目的是大型宫殿基址。

1960年12月的一天，考古队在遗址中部发掘出了第一座宫殿基址，编号为1，总面积在1万平方米以上，是一组布局规整的建筑群。居于基址中部的殿堂，东西面阔8间，长30米；南北进深3间，宽11米。殿堂之前还有一个宽敞的庭院，过庭院则为面阔8间的牌坊式大门。

绿松石兽面纹牌饰

1981年河南偃师二里头出土，盾牌状，两侧有圆鼻，兽面纹用绿松石片镶嵌而成，制作精美，技术高超，反映了当时手工业已经达到相当高的水平。

考古队员们在基址西北角，沿着台基的边沿开了一条探沟，很快，在耕土层下发现了扰动过的夯土块，再向下挖，找到了夯土基址和相关的地层。夯土基址上面圆形的小夯窝清晰可辨，从地层中出土的陶片表明，夯土台基的年代比郑州商代城址的年代还要早。也就是说，这是商代以前的宫殿，一时间，整个考古界都沸腾了。

在接下来的几十年里，考古工作者们在此又发现了8座大型的宫殿建筑基址。3号基址的发掘始于2001年秋，其建筑基址属于二里头文化早期，结构复杂，规模庞大，是迄今为止可确认的二里头文化最早的大型夯土基址。它南北窄长，已探明的长度达150余米，主体部分至少由三重庭院组成。

在前面的发掘中，人们看到的多是像1号宫殿基址那样形制简单、独门独院的建筑结构。所以，3号基址的发现，刷新了考古专家们对古代宫殿的认识，也使我国最早的宫殿建筑群年代提早了约百年左右。

从目前所发掘的9座宫殿遗址推断，当时的宫殿都有大型的夯土台基，整个建筑一般包括殿堂、庭院、围墙与廊庑等几大部分。坐北朝南的殿堂为整个建筑的中心，位置在建筑群的北部，与南大门之间构成了广阔的庭院，形成了我国古代宫殿建筑的基本式样。这样的建筑格局非常适合集会、祭祀、行礼与发布政令等大规模的集体活动。

随着各个宫殿基址的浮出水面，2003年春季，中国考古史上迄今为止发现的年代最久远的宫城结构也渐渐清晰起来。

发掘发现，宫殿区的四周均有宽达10—20米的大路，大路纵横交错，大体呈井字形，构成二里头都邑中心区的道路网。新发现的宫城城墙就是沿着已探明的四条大路的内侧修筑的。

宫城平面略呈长方形，形制规整方正，保存完好的东北角呈直角。宫城东西宽近300米，南北长约360至370余米，面积超过10万平方米。城墙用纯净的夯土筑成，宽约2米。各个宫殿建筑群在宫城内排列有序，它们分别以大型宫殿基址为核心，每组都有明确的中轴线。宫城、大型建筑以及道路都有统一的方向——坐北朝南，显现出了极强的规划性。

就目前的发现而言，这一宫城是中国古代最早的具有明确规划的都邑，是中国古代宫城的渊源之一，其布局开创了中国古代都城规划制度的先河。

发达的手工业

三足爵

除了大型的建筑遗址外，考古工作者们还在二里头遗址发现了400多座贵族墓葬及青铜、玉器、石器以及骨器等手工业作坊，出土了大量珍贵的文物。

二里头遗址中的墓葬多为土坑竖穴墓，墓内铺有朱砂，棺痕依稀可见。考古工作者们在这里出土了铜器、玉器、漆器、白陶器、印纹釉陶器（或原始青瓷）、嵌绿松石工艺品、蚌制工艺品、海贝等大量精美随葬品。

二里头的青铜器种类比较丰富，有爵、鼎、铃、牌等，造型简单，质朴无纹，器壁较薄，具有早期青铜器的特点。其中，爵比较有代表性，虽然还不足10件，但在铸造史上却极为重要。这些爵流和尾细长，器壁也比较薄，高度都在20厘米以下，体型有长体束腰式、长体分段式和短体束模式等几种，都是纯粹的实用器。二里头青铜器一般无纹饰，但有些爵的杯体正面有一排或两排圆钉形状的纹饰。

青铜不仅用来制作高贵的礼器，还用来制作杀伤力远远高于石器的武器。除铜戈、矛等外，这里还发现了多种铜镞，即铜箭头。从铸造简单的兵器、工具到铸造容器，在铸造技术上是一个飞跃。

考古学家还发现了大量的玉器，均制作精美，甚至有琮、圭、璋等玉礼器，大多带有纹饰，其中以夔龙纹、饕餮兽面纹最为奇特，这在中国美术史上意义重大。

二里头出土的陶器，以灰色为主，多拍印绳纹装饰，流行鸡冠耳饰和花边口沿，模仿绳索的箍状泥条堆纹比较发达。炊具以底部涂泥的夹砂圜底罐和鼎为主。所出土的供贵族使用的白陶和施釉陶器，代表了当时制陶工艺的最高水平。

二里头还出土了一些陶塑，有蛤蟆、羊、龟、龙、鱼等造型，陶塑上刻有人像、蛇纹、鱼纹等图案。

2004年，二里头出土了一条绿松石龙，长64.5厘米，中部最宽处4厘米，由2000余片直径0.2—0.9厘米、厚0.1厘米左右的形状各异的绿松石片组成。该龙巨头蜷尾，龙身曲伏有致，形象生动，色彩绚丽；龙头置于由绿松石片黏嵌而成的托座上，托座由绿松石拼合出有层次的图案，多处有由龙头伸出的弧线，还拼嵌出圆孔的弧形纹样。这件距今至少3700年的龙形器，被命名为“中国龙”。这件“中国龙”的出土，似乎为中华民族的龙图腾找到了最直接、最正统的根源。

玉弦纹刀
长50.7厘米，宽8.6厘米，厚0.3厘米，玉料呈深碧色。该刀玉质精良，开片较薄，阴线琢纹笔直、流畅，当属商代早期或二里头文化遗物。

二里头青铜器陶器及玉器的出土，都说明此时的手工业已相当发达。

华夏第一都

经过三代考古学者半个多世纪的不懈努力，中国最早的都城遗址——河南偃师二里头遗址的布局已经基本清楚。二里头遗址现存面积约3平方千米，沿古伊洛河北岸呈西北——东南向分布，东西最长约2400米，南北最宽约1900米。遗址的中心区位于遗址东南部的高地，这里分布着宫殿基址群、铸铜作坊遗址和中型墓葬等重要遗存。遗址的西部地势略低，为居住活动区。

那么，偃师二里头遗址究竟是什么时代的城邑呢？经现代科学技术对土层等的测定显示，二里头文化延续时间在公元前2000年至公元前1600年的范围内，约历时400年，与文献记载夏王朝的起止年代大体一致；二里头文化的分布地域与文献所载夏人活动地域也大体相符。因此，二里头遗址应为夏王朝的一处都邑，二里头文化就是“夏文化”，它的主体为夏人遗存。由于这是目前中国历史上可以确定的最早的都城遗址，所以被称为“华夏第一都”。

问题是，二里头遗址究竟是夏朝哪代的都城呢？由于考古专家们在二里头遗址中发现了属于夏商过渡时期的文物遗存，根据现代科学技术对土层测定以及历史文献所记载的方位，考古专家们判定，这座都城最末曾延续至商初。史籍古本《竹书纪年》中说：“太康居斟鄩，羿又居之，桀亦居之。”也就是说，自太康至夏朝的末代君主桀，都曾以“斟鄩”为都城。那么，偃师二里头遗址处就是夏朝的古都斟鄩。

“华夏第一王都”石碑

如今，夏都以及夏商更替时期的历史终于被揭开了神秘的面纱。作为都邑的二里头遗址的发现，以及二里头文化被推定为夏文化，为中国古代文明和国家始于夏代这一学术论点，提供了充分的证据。

二里头遗址总面积近400万平方米，而目前对二里头遗址的发掘还不到整个遗址面积的5%，核心区的宫殿群也才刚刚露出“冰山一角”，所以对于二里头文化遗址的发掘工作还在进行中。殷墟的发现曾震惊了世界，有理由相信，二里头遗址将像20世纪的殷墟一样，引领21世纪的中国古代文明研究走向新的辉煌。

郑州商城

——中原防御第一城

- 年代：约3620年前
- 位置：河南省郑州市老城区周围
- 发掘迄始：1950年

二里岗的商代遗址

20世纪上半期安阳殷墟的发现和发掘，将中国的信史上溯到了3300年前的晚商时代，震惊了整个世界。但是，成熟的殷墟文化由何而来，却一直都是一个谜。所以，考古学者们都致力于寻找殷墟之前的早商文明，填补这段令人遗憾的空白。

1950年秋天，刚刚从连年的硝烟炮火中解放出来的郑州人民开始在废墟上重建家园，整个城市呈现出一派欣欣向荣的景象。面对此情此景，小学教员韩维周尤其兴奋。他原本是一位文物工作者，但战争的爆发阻断了中国的考古事业，他只好转业做了老师，但他却从未放弃过自己爱好的文物研究工作，闲暇的时候，总会到各处的古迹去走走，期待着能有所发现。

这是一个周日的上午，韩维周来到了城南二里岗的施工现场。工人们正干得热火朝天，谁也没有注意到他的到来。突然，身后传来了“咔嚓”一声脆响，接着就见一位工人铲起一些碎石块，抛在了路基下，口中抱怨道：“这些没完没了的破瓦烂石头，烦死人了！”

这一举动引起了韩维周的注意，他发现，这些“破烂”中，竟然有许多绳纹陶片，而那些不起眼的石头，竟也都是些磨光了的石器。一种强烈的预感涌上心头，让韩维周兴奋不已。他在二里岗一带展开了大面积的考察。他拿着小铲，边走边挖，不时地在断崖沟坎处认真地察看。

郑州商代遗址
郑州商代遗址位于郑州市区内，遗址中部有一座周长近7千米的商代城墙，距今有3500多年，是目前我国发现的规模最大、保存最好的商代前期都城遗址。

他发现残留在土层中破碎的、像拇指大小的陶片比比皆是，还有红、黑、灰、白等各种不同的颜色。他还发现了一件磨制精美的石铲。所有的迹象都告诉韩维周，这里是一处相当大的古遗址。于是，他向河南省文管会作了报告。

1951年春天，中国科学院考古所河南调查发掘团的安金槐等人来到郑州，对该遗址进行调查，他们根据采集到的标本，推断出这里是一处商代遗址，时代要比安阳殷墟更早。这一重大发现，立刻引起考古界的注意。

商朝是继夏朝之后，中国第二个奴隶制王朝，距今已有3600年的历史。自商汤灭夏到帝辛（纣王）亡国，商朝延存600年左右，共经历了17世31王。商朝前期，从建国到迁都殷共历9世19王：从商汤至太戊，一直定都于亳；从中丁到盘庚，共迁都5次。

商族与夏族有着同样悠久的历史，商的始祖契和夏启的父亲禹是同时代的人，但是当夏族建立起第一个奴隶制国家时，商族还处于氏族公社阶段，只是夏王朝的一个附庸。商族在斗争中不断地强壮和丰满，最终走上了与夏王朝分庭抗礼的道路。司马迁在《史记》中记载，商朝建立之前共经历14世14王，政治活动中心先后迁徙过8次。可是，司马迁排列商王世系究竟依据什么，目前尚为谜团，但14位商王的名字在殷墟甲骨文中已得到印证。

那么，这一次在郑州发现的商代遗址，是商朝前期的某个都城，还是一座普通的商代城市呢？考古专家们开始了更深层次的勘探。

初步的发掘

新中国建立初期，中国还没有正式的考古机构。1952年夏天，文化部社会文化事业管理局、中国科学院考古研究所和北京大学联合举办了全国第一届考古人员训练班，经过3个多月的培训后，全体师生分批到郑州、洛阳两地进行实习。郑州实习分队以二里岗遗址为重点进行了试探性的发掘，郑州商代遗址考古发掘自此缓缓拉开序幕。

1953年至1954年，河南省和郑州市的文博单位相继在二里岗、南关外、白家庄等地点进行大规模发掘和调查，确认商代遗址遍布郑州市区，总面积达25平方千米。

1954年春，随着郑州市基本建设工程的全面开展，不断有新的古文化遗址与墓葬暴露出来，据初步统计，郑州市新发现的古文化遗址与墓葬群就有20余处，其中绝大多数都需要及时进行发掘。

3月，考古学家安金槐带领郑州市文管会的成员在二里岗一带开展了大规模的考古发掘工作。经过钻探，他们发现地下存在着密集的商代墓葬群和大量的灰坑，显然是人类居住后遗留下来的痕迹。于是，安金槐把考古队一分为二，一部分负责清理墓葬，一部分负责清理灰坑，以便弄清它们的性质和地层关系。

一年来，他们共清理出上百座商代墓葬，但绝大多数是小型土坑墓，极个别为中型墓。在一些较大的墓内，随葬器物较多，有铜器、玉器、陶器、原始瓷器、石器和象牙器等。

在一些灰坑中，考古工作者发现了许多填埋的人骨，成堆的尸体重叠纵横地抛掷在一起，有的没有人头，有的肢体残缺不全。他们有的脸朝下，也有的用手遮盖着脸，呈现出惊恐和绝望的样子，也有人骨和猪骨架分层

商汤像

商朝的开国君主，在位30年。

叠埋在窖穴中的情况。

这些人的死因一时成了谜，究竟是屠杀，是自杀，还是瘟疫？在那个蒙昧恐怖的时代，种种推测都是能够成立的。他们死后被当成垃圾与兽骨混埋在一起，可见他们当时的地位之低，生命之贱和猪狗并无二样。

三千年城垣的重现

二里岗兽面纹提梁卣

1955年秋，郑州城市建设部门决定在商代遗址东北部的白家庄西地的较高地带，铺设地下污水管道。由于在此以前，有人在该土岗周围挖沙和挖煤土时，曾挖到过一些商代的墓葬，文物部门决定先行对此地进行考古勘查。安金槐率领考古队，在这里展开了紧张的考古发掘。

他们首先在土岗的南部开挖了两个探沟和一个探方。令考古队振奋的是，在所有的探沟和探方中都发现了商代二里岗期文化遗迹。他们一共发现了5座残房基、8个殉物坑和7座墓葬，在殉物坑中还发现了两具殉葬的奴隶骨架。

一天，安金槐蹲在一座商代墓中小心翼翼地刮探着，他清理完墓底，拿起铁锹向下试探，但是土质很硬，显然是经过夯筑的，这一现象立刻引起了他的警觉。这是一个好兆头，说明这里一定还有其他的埋藏。于是，他们加快了发掘进度。

随着考古队员的进一步清理，夯土层的分布状况也逐渐清晰，但让安金槐不解的是，始终都没有挖到夯土的边缘。考古队又在东、西、南、北四面开出探沟，终于在南、北探沟中找到了夯土层的尽头，宽20多米，但东、西两面的夯土仍然不见尽头。大家在一起反复推论和探讨，最后认定夯土层可能是商代二里岗期一座大墓中的填土。

为了弄清楚大墓的轮廓，考古队沿着夯土层继续发掘，可夯土层似乎没有尽头一样，继续向西北和东南两个方向不断地延伸，一直挖了五六十米，还是没有找到它的尽头，而当时发掘的长度已经远远超过武官村大墓的长度！这些不断延伸的夯土层似乎带着巨大的秘密，在地下向着未知的远方延伸。

1956年年初，安金槐组织发掘力量，以白家庄附近的商代夯土为起点，沿着夯土层的走向展开了一场大规模的考古钻探。经过一番奋战，夯土层的走向逐渐清晰起来：一端由白家庄沿城东路西侧向南延伸，与郑州老城东城墙的夯土连在一起；另一端从白家庄西侧向西延伸，又沿杜岭街东侧折而向南，与郑州老城西城墙内的夯土相接。这四面相连接的夯土，组成了一座规模巨大的近似长方形的城垣——这竟是一座古城！

在队员们的欢呼声中，沉睡了3000多年的商代古城被唤醒了。

二里岗兽面纹扁足鼎

商朝青铜礼器。通高31.1厘米，口径24.2厘米，重4850克。铸造于公元前14—前11世纪，现藏于上海博物馆。

全面发掘

就在考古工作准备进一步展开之时，“文化大革命”爆发了，郑州商城的发掘工作被迫告一段落。直到1971年，安金槐才得以再度组织考古人员，继续挖掘工作。

1973年，为了寻找郑州商代宫殿遗迹，考古队在郑州商城内展开了全面的考古钻探与试掘。郑州商城内分布有大面积的商代文化层及房基、水井等各种遗迹。他们在城内东北部近40万平方米的较高地带，发现了许多大小不等的商代夯土建筑基址，基址均用红土和黄土夯筑而成。多处建筑规模宏大，大者达2000余平方米，小的也有100余平方米。

其中，10号房基南北长34米，东西宽10.6米，由10多层夯筑硬土堆垫而成，在房基地坪上清理出7排用料礓石块砸成的圆形柱础或底部为坚硬平面的柱子洞。房基内还出土有铜簪、玉簪等，这些遗物在郑州商城之外的发掘中基本不见，说明这里居住的是奴隶主贵族。考古学家根据发掘资料分析，这座大型宫殿应当有重檐，四周有宽大的回廊，也可能是“堂”一类的建筑。遗址内还发

二里岗兔埙

二里岗兽面纹铜鬲

现有小型的方形或长方形地面建筑和半地穴式居址，显然是地位低下的人所居之处。

至1979年止，考古队在郑州商城内相继发现宫殿基址20多处，宫殿区的范围不断扩大，约占商城总面积的一半。通过发掘探明，城址东北部的宫殿区建筑物分布密集，已形成规模宏大、结构复杂的宫殿建筑群。

经过近十年的考古发掘，郑州商城的研究已取得辉煌成果。

“商邑翼翼，四方之极！赫赫厥声，濯濯厥灵！”《诗经·商颂》曾记载了当年商城城墙的壮丽雄伟。发掘资料显示，郑州商城呈南北长方形，东、南城墙长约1700米，西城墙长约1870米，北城墙长约1690米，总计周长近7千米。城墙高约10米，顶部宽约5米。根据估算，郑州商城共用夯土量达174万立方米左右，即使每天有上万名奴隶筑城，也需要三四年的时间才能完成这个巨大的工程。

鉴定相关文物后，专家们判定该遗址为盘庚迁殷之前的商代都邑，也就是商汤建国的国都“亳”的所在。这填补了商代前期文化的空白，为早商文化和夏文化的研究提供了重要的依据。

千秋永载的商魂

郑州商城在一代又一代考古工作者的共同努力下，古老的轮廓一步步清晰，一个完整的商都遗址徐徐展现在世人的面前。这之中除宫殿基址外，最能反映早商文化面貌的是在城址外围发现的窖藏坑和一系列大型铸铜遗址、制陶遗址、制骨作坊遗址。

1974年9月，在“深挖洞，广积粮”方针的指引下，人们在商城西墙外杜岭土岗上，热火朝天地挖起了防空洞。突然，在隧道右前方阴暗的洞穴中闪现出一道火花，原来是挖掘者的铁锹碰到了坚硬的金属器，两件“杜岭方鼎”所在的窖藏坑因此被发现。

杜岭方鼎均为铜鼎，通高分别为1米和0.87米，鼎腹分别饰以饕餮纹和乳丁纹，鼎足为圆柱形，饰饕餮纹和凸弦纹。两鼎造型雄奇，制作精美，纹饰古朴，是我国青铜器中代表性的杰作。从铜方鼎的形制和纹饰看，表明当时人们已掌握了冶炼铜矿、精工制范和浇注等铸造技术。在年代上，两件方鼎比安阳殷墟出土的司母戊鼎还要早，距今3400多年，是我国目前所发现的商代前期青铜器中罕见的重器。

考古人员在城外还发现了两处大型的铸铜作坊遗址，出土有残坩埚、炼渣、红烧土块、木炭和数以千计的铸造青铜器的陶范。当时的生产规模之大，可见一斑。

制陶作坊遗址在城址西墙外，发掘面积达1400平方米，共清理出14座排列有序的陶窑和小型房基，出土了数十件陶拍子和陶印模等制陶工具，还出土了大量的残陶器以及未经烧制的陶坯。

制骨作坊遗址位于城址北墙外，遗物极为丰富。在一个长方竖井形窖穴中，出土了上千件成品和带有印痕的骨料以及10余块磨制骨器用的砺石等。

制骨作坊遗址中的骨料经鉴定，除牛骨、猪骨和鹿角外，半数以上是人骨。在宫殿区内，考古人员还发现了一条南北向的壕沟，宽1.4米、深0.9米，里面弃置了近百个人头骨，大多被从眉部与耳部锯开而成瓢形。那么，这么多的人骨是做什么用的呢？在安阳殷墟曾发现过人头骨刻辞，《战国策》中曾有赵襄子用智伯的人头作为饮器的记载。因此，考古专家推断，这些人头骨应是用来制作器具的，真是让人毛骨悚然。

在商城遗址中，考古人员还挖掘出了大量的玉器、瓷器、金器等。其中的玉器有玉戈、玉铲、玉璋、玛瑙等，有青、白、淡黄和墨绿等色，光泽晶莹，反映了前商时期制玉工艺的较高水平。

二里岗兽面纹鼎

口微敛，折沿，立二拱形耳，耳内侧为素面，外侧有凹槽。深腹，圜底，下附三个中空圆锥足。颈部饰单线兽面纹。该鼎形制较大，为商代二里岗期的青铜重器。

在宫殿区东北部较高地带的一个埋葬狗的灰坑中，考古人员发现了一团极薄的金箔片，展开后却是一件罕见的夔龙纹金叶，这很可能是镶嵌在某种漆器上的装饰。这件纯金饰物，做工精制，造型奇特，说明商代的工匠不但熟练掌握了高超的铸铜技术，还掌握了黄金冶炼技术，已经能够制作精美的艺术品。

岁月无声流逝，商魂永载千秋。郑州商城是迄今发现的我国商代最早、最大的一座王都，也是中国历史上第一座建有城垣的王都。虽然经历了数千年风雨的侵蚀，周长近7千米的古城墙大部分还保留在地面上，向人们诉说着那个逝去的时代的繁华与它历经的那些沧桑。

安阳殷墟

——中华考古圣都

- 年代：约3300年前的商代晚期
- 位置：河南省安阳市小屯村
- 发掘迄始：1916年

甲骨引出殷墟

19世纪末20世纪初，在辽阔的河南大地上，人们发现了大量刻字的龟甲兽骨。这引起了王懿荣、刘鹗等金文学家们的注意。在对这些甲骨上的文字

安阳殷墟宫殿宗庙遗址

殷墟遗址是商代晚期的都城遗址，总面积约24平方千米。遗址规模宏大、遗存丰富、分布密集。此外，安阳殷墟遗址还是商代甲骨文的发现地，为研究商代晚期历史提供了重要而丰富的资料。

进行识读和研究后，他们惊讶地发现，这些文字竟然是对中国古代商王朝王室活动的记载，包括占卜、祭祀等，这就向世人打开了观察3000年前黄河流域人们生活的窗户。一时之间，海内外的考古界为之震动，一门独立的研究甲骨文的学科——甲骨学也逐渐兴起。

随着研究的深入，人们开始追寻这些甲骨的出土地。因为只有弄清出土地，找到实物证据，才能最终揭开甲骨文字的奥秘，更深入地了解商朝。但唯利是图的古董商们为了能垄断财源，对甲骨的出土地守口如瓶。

安阳殷墟甲骨文

甲骨文主要指殷墟甲骨文，是中国商代后期（公元前14－前11世纪）王室用于占卜记事而刻（或写）在龟甲和兽骨上的文字。它是中国已发现的古代文字中时代最早、体系较为完整的文字。

1916年，清代著名金石学家罗振玉抓住古董商贪财的心理，利诱之下，终于得知了甲骨的真正出土地点——河南省安阳县小屯村。

经过考证，学者们很快确认，安阳就是商朝后期的都城——殷，它是中国历史上第一个稳定的都城，也是当时世界上规模最大最繁华的都城之一。它地处黄河北岸的冲积平原，著名古河道洹河自西向东蜿蜒流淌，河道两岸土地肥沃；前有黄河天堑，后倚太行山脉，地势险要，易守难攻。殷见证了商朝从盘庚迁都到灭亡的273年历史。

商朝灭亡后，殷逐渐败落，成为废墟。“殷墟”的名字在古代史籍上频频亮相，司马迁在《史记·项羽本纪》中明确地记载，项羽击败秦将章邯后，就在洹水南岸的殷墟上举行了声势浩大的受降仪式，可见殷墟得名之早。但是，随着岁月的流逝，殷墟的遗迹也在改朝换代中逐渐隐没，被世人遗忘了，甚至有人认为那些记载几近传奇，不可尽信。

安阳考古进行曲

殷墟的发现，极大地激励了年轻的中国考古学家们。当时，中国的考古学已开始受到西方现代技术和方法的影响，年轻的中国考古学家们渴望运用新兴的考古科学,去揭开殷墟的重大秘密。

1928年，中国当时的最高科研机构“中央研究院”成立，研究院中的历史语言研究所代所长傅斯年上任伊始即以关注殷墟甲骨文为首要大事。当年

殷墟出土的龙形玉玦

8月，他委派中山大学副教授董作宾前往安阳小屯村进行调查。

在这之前，由于甲骨学的兴起，刻字甲骨的市场需求量激增。在经济利益的驱动下，盗掘甲骨的风气极为盛行。当地农民盲目地挖掘甲骨，严重地破坏了殷墟遗址，造成了难以估量的损失。对安阳殷墟进行系统的保护和发掘，已经迫在眉睫。董作宾将这一情况报告给了傅斯年。

傅斯年接到董作宾的报告后，当即同意发掘小屯村殷墟遗址。在研究院院长蔡元培的支持下，发掘队争取到了一千银元的充裕经费，开赴安阳。1928年10月7日，殷墟科学发掘的序幕正式拉开，一支嘹亮的现代考古进行曲在小屯村奏响了。

第一次发掘，重点在于寻找甲骨。年幼的中国考古队，还没有能力进行大规模的挖掘，所以那次发掘的范围也很小。队员们共发掘了40个坑，揭露了280多平方米的面积，出土了石、蚌、龟、骨、贝、玉、铜、陶等器物近3000件，获得甲骨854片，其中提字甲骨784片。

1929年春，从美国哈佛大学学成归国的著名考古学家李济，被聘为历史语言研究所考古组主任，主持对殷墟的全面发掘，殷墟的发掘工作由此深入。到1932年10月第七次发掘时，发掘范围已经扩展到了小屯村周边的地区。

至1937年止，考古队总共在殷墟进行了15次大规模的发掘。发现了总计24900多片甲骨，其中包括在洹河北岸侯家庄发现的“大龟七版”。这是六块腹甲和半个背甲，龟版上刻满字迹。七版共有137条卜辞，对于判断洹河北地遗址的性质、时代具有十分重要的意义。

殷墟出土的鸟形玉器

殷墟玉器是中国古代玉器中的重要组成部分。它上承夏及商代早期玉器的优良传统，下启西周玉器的先河，在200多年的生产实践中，具备了较高的设计水平和雕琢技术。这一时期诞生了很多精美的作品，令人耳目一新。这件鸟形玉器就是代表。

在1936年的第13次发掘中，考古队意外发现了一整窖穴的甲骨，像这样完整的、没有盗扰和搅动过的整坑甲骨的发现，是十几年来考古发掘的第一次。经考古学家辨识，这些甲骨是殷人后代废弃的殷商档案典册，具有十分重要的文献价值。

考古队还发现了商代后期的宫殿、宗庙遗址和王陵区，出土了大量珍贵的铜器、玉器、陶器，从物质文化上提供了殷墟为商代王都的证据。

更为重要的是，在后5次的发掘中，考古工作者们对殷墟建筑基础的遗留及墓葬的排列情况都做了详细研讨，为中国考古学的形成奠定了基础。可惜的是，进一步发掘的步伐被1937年爆发的抗日战争阻断了。

司母戊鼎传奇

罪恶的战火逼停了正规的发掘工作，却助长了私人盗挖的风气。1939年，正值乱世，邻近小屯村的武官村盗墓风气盛行。村民们意识到，自己的村子就在小屯旁，说不定3000年前就是王公贵族的居住地。于是，他们开始有组织地在夜间盗掘古墓。

司母戊大方鼎

该鼎高133厘米，口长110厘米，口宽78厘米，重875千克，鼎腹呈长方形，上竖两只直耳，下有四根圆柱形鼎足，是中国目前已发现的最重的青铜器。

1939年3月的一个夜晚，村民吴希增像往常一样漫无目的地在自家坟地里探宝。他又一次把探杆插到地下10多米深时，突然感觉碰到了硬东西，拔出一看，探杆上面带有铜锈。他连忙回来见堂弟吴培文，一看探铲，吴培文就知道他们要挖到宝物了。

当晚，吴希增和吴培文就带人来挖宝。等挖到地下13米时，一截圆柱形的器物露了出来，大家不由得兴奋起来。但是此时已近黎明，为了防止事情被驻扎在附近的日本人发现，他们只好将坑重新填好。

次夜，他们又挖开了那个坑，一只硕大的铜鼎露了出来。众人费了九牛二虎之力，才把它抬出土坑，运回了家。但是村民们却发愁了，这么大的铜鼎，该如何处理呢？古董商肖寅卿得到消息，表示愿意出价20万现大洋来买下它。但是，紧接着问题就来了，这么大的铜鼎，要想悄无声息地运走根本是不可能的。所以他提出让村民将铜鼎肢解成七八块，分批运出。于是，村民们找来锯子据鼎，折腾了一个晚上，只锯掉了一只鼎耳。

交易没有做成，却引来了日本人。为了不让鼎落入日本人的手中，吴培文一咬牙，将其转移，埋在了一个安全的地方。300多名日本兵声势浩荡地赶来搜查，在吴家的马棚下挖到了一只村民们事先准备好的铜夜壶，“凯旋”而去，铜鼎逃过了一劫。

此后，铜鼎几经辗转，被国民党军队司令当作寿礼献给了蒋介石，后来它又被存放到当时国民政府的中央博物院，南京解放被运送到台湾时，被解放军截获。1959年，中国国家博物馆建成，这尊鼎成了镇馆之宝。

这尊鼎高1.33米，长1.1米，宽0.78米，重875千克。立耳、方腹、四足中空，除鼎身四面中央是无纹饰的长方形素面外，其余各处皆有饰纹。在细密的云雷纹之上，各部分主纹饰各具形态。鼎身四面在方形素面周围以饕餮作为主要纹饰；四面交接处则饰以扉棱，扉棱之上为牛首，下为饕餮；鼎耳外廓有两只猛虎，虎口相对，中含人头；耳侧以鱼纹为饰；四只鼎足的纹饰也匠心独具，在三道弦纹之上各施以兽面。

此鼎因腹内壁铸有铭文“司母戊”而得名“司母戊鼎”。据考证，司母戊鼎应是商王室重器,一说为商王文丁为其母而作；另一说为商王且庚、且甲为其母而作。

此鼎型制雄伟，是当今世界上最大、最重、最古老的青铜器。其造型、纹饰、工艺均达到极高水平，是商代青铜文化顶峰时期的代表作，不仅反映了殷商时代冶铸青铜的高超技艺，也为我国古老、灿烂的文明书写了光辉的一页。

女将军妇好墓

新中国成立后，中国科学院考古研究所组建了安阳工作站，并把工作站直接驻扎在小屯西地。此后，从1950年春到1977年，研究所对殷墟进行了十几次有组织、有计划的科学发掘工作，得到有字甲骨5000多片及多件商代青铜器等珍贵文物。其中，最振奋人心的是妇好墓的发掘。

在前面几十年的发掘工作中，考古工作者在小屯村及其周边的侯家庄等地，发现了王陵墓葬及其他许多商代的墓葬。但是，这些墓室里的文物基本上都已经被盗掘一空了，这使得考古工作者无法确定墓主等重要信息。难道历史就没有给我们留下哪怕一座有确切纪年、有丰富墓藏、有墓主姓名的商代墓葬？

1975年冬，安阳掀起平整土地的高潮，小屯村西北的一片高岗地是小屯村的棉花田。岗地南部由于历年农民取土而形成一面断崖，高出周围平地近1米，因此也被列入平整范围。而就在平整土地动工之前的考古勘测中，考古工作人员在棉花地边缘的耕土层下，发现了殷代夯土层。

1976年春，考古队对此地展开了发掘。经过初步清理，他们判断出，埋藏在这里的是一处大型墓葬，就加快了挖掘的进程。而后，不断地有遗物被挖掘出来，越往下挖，遗物就越丰富，且始终没有发现盗洞，这种现象在殷墟实属罕见。

因为墓穴已在当时安阳的水位线以下，考古队员几乎是在水里捞东西。该墓共出土了各种随葬器物1928件，其中青铜器468件，以礼器和武器为主，它们造型优美、纹样绮丽，充分体现了当时铸造工艺等方面的高度成就。墓中有一对象征财富与权力的大方鼎，仅次于司母戊大方鼎，在目前出土的青铜器中排名第二，可知该墓主人身份高贵。

妇好像

妇好是商王武丁60多位妻子中的一位，即祖庚、祖甲的母辈“母辛”，生活于前12世纪前半叶武丁重整商王朝时期，是我国最早的女政治家和军事家。

该墓还出土了酒器15种156件，从这可想象出当年墓主人的豪爽与善于应酬；玉器700多件，大都来自新疆；贝壳货币6880枚，大都来自台湾、海南及更遥远的海域；铜镜4面，它们是目前所知我国最早的镜子。种种迹象表明，墓主人是一位贵族女子。

但接下来出土的则是4件铜钺，还有大量的兵器，这让考古人员迷惑了。大型铜钺通常是由商王亲自授予，它象征着统帅的威仪。其中的两件铜钺无论是重量还是长度，都堪称中国青铜钺之最。由此观之，这应该是一位将军的墓地。莫非该墓的主人又成了男人？

解开谜题的是随葬的200多件铸有铭文的青铜礼器和乐器。这些铭文中，出现最多的是“妇好”及“司母辛”字样。根据甲骨文关于“妇好”的记载，考古学家们推断，妇好是商代“中兴之主”武丁的王后，庙号为“司母辛”。这座墓因此被称为“妇好墓”。

甲骨文卜辞中没有描绘妇好的美丽，但记载了她武艺高强，善于带兵。

妇好扁足方鼎

高42.4厘米，口横长33.3厘米，1976年河南安阳小屯出土，中国历史博物馆藏。

有一年夏天，北方边境发生战争，双方相持不下，妇好自告奋勇，要求率兵前往，武丁犹豫不决，占卜后才决定派妇好率兵前去，结果大胜。此后，武丁放心让她担任统帅。她东征西讨，打败了周围20多个独立的小国，立下了赫赫战功。有一片甲骨卜辞上说，妇好在征战羌方时，统帅了13万人的庞大队伍，这是迄今已知商代对外用兵最多的一次。

武丁在位59年，妇好先他而死的。有学者据卜辞“妇好要分娩了，不好”推断，妇好是因为大龄生子，难产而死。悲伤的武丁为了纪念这位最杰出的妻子，将她葬在了王宫的旁边，日夜守候，并亲率子孙祭祀她。

迄今，妇好墓是唯一能与甲骨文相互印证、纪年确切、墓藏丰富、墓主姓名明确的商代王室大墓。妇好墓的发掘，把殷墟考古推向了极致，使得近百年来轰轰烈烈的殷墟考古又跃上了一个新的台阶。

还原商都

几十年来，安阳殷墟的考古发掘工作收获颇丰，这里已发掘出70多座宏大宫殿宗庙基址，发现大中型夯土基址和小型房子百余座，铸铜作坊等手工作坊10多处，还有上千座的祭祀坑、殉葬坑、车马坑。数以万计的甲骨、青铜器、玉石器、陶器等大多成了各大博物馆的珍贵藏品乃至“镇馆之宝”，其华美而充满神秘感的造型、纹饰每每使世人心醉神迷。

随着发掘工作的进行，昔日商代首都的轮廓也逐渐清晰起来。目前已经认定，殷墟遗址面积至少有30余平方千米——东西延伸约6千米，南北宽约5千米，中心区域是宫殿区和王陵区，它们均处在洹河南北两块高地上。

从遗址上看，小屯村是当时的王宫所在地，外围是居民区和手工业作坊区，其中，王室的作坊分布于宗庙区周围。在房基附近，还发现有700多

妇好平底爵

1976年6月安阳小屯妇好墓出土，通高26.3厘米，口高21.2厘米，属商代晚期文物，中科院考古所藏。

个大小深浅不同的窖穴，这些窖穴大都用来贮藏粮食、器具、甲骨，少数则作为居穴。再往外，呈卫星状分布着家族墓地以及其他邑落。在小屯村也发现有墓葬，它们集中分布在宗庙基址周围，多为人祭坑。

通过研究，专家们发现，整个国都布局合理，沿洹河而建。在宫殿区的西、南边都发现了相当宽阔的壕沟，均是人工挖制，起着保卫城池的作用。

如今，安阳殷墟的考古发掘工作还在继续。殷墟埋着太多的神奇，甲骨中藏着太多的秘密。在殷墟，我们找到了一个失落的王朝；透过甲骨，我们看到了中华文明的上游。这个曾经在世界上最为辉煌的城市，在数千年前烟消云灭，考古学家只能沿着它旧日的痕迹，一点点地将它的辉煌重新展现在世人面前。

殷墟的发现，是中国文化史上的重要里程碑，它以确凿的事实确认了商朝历史为信史，扫清了人们对三代历史的疑史之风，增强了人们认识三代直至以前历史的信心。因此，它被列为20世纪中国100项重大考古发现之首。基于发掘资料的不断充实，学者们的研究范围已扩大到商代的政治、经济、文化、军事、交通、天文历法、宗教信仰等诸多方面，殷商学也成为一门国际性的显学。

妇好三联甗

通高68厘米，甗架高44.5厘米，长103.7厘米。由一件长方形甗架和三件大甑组成。1976年河南省安阳殷墟五号墓出土，中国社会科学院考古研究所藏。

周原

——礼乐文明的源头

- 年代：约公元前11世纪－公元前8世纪
- 位置：陕西省凤翔、岐山、扶风、武功等县
- 发掘迄始：1949年

青铜器之乡

“周原朊朊，堇荼如饴”，《诗经》中歌颂的美丽富饶的周原，就在陕西省宝鸡市一带，这里曾是西周的统治中心，也是中华礼乐文明的发源地。周人在这里繁衍生息了几百年，创造了光辉灿烂的文化。公元前770年，走向衰落的西周王朝将都城迁到了雒邑。仓促的背井离乡者把那些刻录着祖先荣誉的宝器藏在了地下，以待归来后重新取出，然后一步一回头地踏上了去往远方的征途。

自从西汉开始，生活在周原的人们，就挖出过埋藏在地下的西周铜器，历代文人对西周青铜器的收藏研究从未断绝，对上面镌刻的铭文也做了许多研究，还形成了专门的学问——金石学。而周原因为是西周青铜器的主要出

周原广场

周原广场位于陕西省岐山县县城西关，曾出土众多青铜器。

土地点，因此被称为“青铜器之乡”。

周原遗址出土的玉佩

清光绪十六年（1890年），宝鸡农民任致远在挖土壕时，发现了一个藏有120多件青铜器的青铜窖藏，其中就有传世名器大小克定鼎。在周原地区发现一两件的宝物不是什么稀奇的事情，但这样大批量的出土还是第一次。

1961年，宝鸡齐家村的一位农民在农田中耕作时，挖出了3件形制完全相同的青铜器，根据铭文，专家们将其称为“周我父簋”。西周的青铜簋一般都有盖子，但这3件簋却都没有盖子，它们的盖子在哪里呢？1983年春，周原的一个青铜器窖藏中出土了4件方座簋，却有7件盖子。当人们把多出的3个铭文相同的盖子盖到原来的周我父簋上时，刚好合适，千年分离的青铜器终于相逢了。

1940年，周原再一次轰动了，任致远的孙子又挖出了各类古董170多件。但是，兵荒马乱的年代，这并不是一件好事，投机倒把的文物商贩，到处流窜的土匪盗贼，最终使这些宝物落得个下落不明。

自从发现周原地区发现大量西周铜器之后，此地盗掘、倒卖青铜器之风非常猖狂，很快就引起了考古研究者及文物管理部门的注意，但是局势动荡，他们也无计可施，只能干着急。直到1949年，国家局势逐渐稳定后，文物主管部门才开始组织周原地区的考古与发掘，沉睡千年的青铜器之乡终于绽开了它美丽的笑颜。

周原的首次大规模考古

1957年，陕西岐山董家村出土了一窖青铜器，共37件。经考察发现，青铜器上的铭文记载了西周中期有关征伐、租田、诉讼等事。

1974年，扶风县黄堆云塘村也传来青铜器出土的消息。但这批青铜器却因来不及抢救而流落到了民间，考古队员们只征集到了7件器物，其中比较珍贵的是师毁鼎，这件有着361字铭文的铜器告诉大家，它出自周恭王八年。

1975年，董家村再次出土了一窖青铜器，还是37件。那天，董家村的董宏哲与叔叔正在村子西边的土壕中挖土，突然，镬头碰到了一个硬硬的东西，清除掉浮土后，见是一个铜器盖子。村里所有的社员们都知道这是挖到青铜器了，一起嚷嚷着挖出来看看。身为队长的董宏哲很有文物保护意识，

三年兴壶

盛酒器，兼可盛水，制于西周中期。通高65.4厘米，口径20.1厘米，最大腹围129厘米，腹深48.4厘米，重26000克。现藏于陕西省周原博物馆。

立刻制止了众人，并将这件事情告诉了正在邻村发掘调查的文物人员。

考古人员有序地发掘出了这些青铜器，其中有著名的国宝级文物裘卫四器，其余大部分也都是国家一级文物，制作时代是从周穆王到宣王时期。

这些青铜器中有30件铸刻有铭文，记载了西周中晚期以物换田、土地交换、林场易主、诉讼判决、赏赐判决、赏赐策命等重要事件，反映了西周社会的政治、经济、法律、土地制度、阶级关系等多方面情况。其中的碳匜铭文是我国目前发现的最早的一篇诉讼判决书，是研究西周法制史的重要资料。

铭文中还记载了一个很有趣的情况，就是当时的王室重臣矩伯曾经为了参加周王举行的大典，向地位比较低的裘卫家借了东西，最后无钱偿还只好用自己的土地去抵偿，这对研究西周时期的社会变化有重要的意义，改变了我国史学界关于西周时期实行的严格分封制的一些看法。

不断出土的青铜器也使考古专家们更加确定了周原地区的重要考古地位，从而决定对此处进行一次较大规模的考古发掘。1976年，陕西省文物管理委员与北京大学、西北大学的考古系共同组织了对周原遗址的第一次大规模考古发掘。

在两年时间里，考古队发掘了召陈村和凤雏村旁边两处大型建筑基地遗址，经过测定，此处建筑大约是在3100年前建造的，属于周人的宗庙建筑；在岐山县发掘出了凤雏西周宫室建筑基址，出土了2万多片甲骨，其中有字卜甲293片，共900余字；在扶风县发现了藏有103件青铜宝器的青铜大窖藏，轰动整个世界。

经过考察，考古专家将岐山北麓扶风县法门寺周围大约数十平方千米确定为周原遗址。

周原遗址集中了大量的建筑、青铜窖藏遗址，很像是一个比较大的都邑。此后几十年中，为了确定这里是否属于周人的都城，考古工作者在这里进行了不懈的努力，对周原遗址的发掘一直没有间断。

辉煌的西周文明

考古人员发掘了岐山凤雏村西周的两组宫室建筑基址，其中一组是座四合院式的建筑，坚实的夯土台基上，左右对称的房屋基址南北有45.2米长，东西有32.5米宽，面积超过了1400多平方米，而扶风地区的一座宫殿基址面积更是超过了6000平方米。

这些建筑的修建技术已经相当成熟，虽然房屋的修建还处于“茅茨土阶”阶段，但是房屋的隔墙已经体现了不同墙体的不同用途，墙面及地面也都用加有白灰、细沙的黄土抹平。而且这些建筑还构成了一个整体，形成了比较统一的建筑群。以前，学术界普遍认为，我国古代群体式建筑始于秦汉时期，周原建筑群落遗址的发掘，驳斥了此种观点。不仅如此，考古人员还在这些建筑基址附近发现了3000多年前的瓦片以及部分土坯，这也把我国建筑用瓦和土坯的历史推到了周代以前。

在这些建筑群落中，最引人注目的是西周先民们修建的排水设施。先民们已开始在地下铺设陶管连成的排水通道，还能用石块叠砌下水道。为了保护台基，他们还在夯土台基周围布下鹅卵石散水。这样发达的排水技术，让考古人员大为感叹。

除了修建大型的宫殿，周代的贵族还铸造了许多名传千古的青铜器。这些青铜器物中比较常见的是宗庙祭祀用的礼器，贵族们为了祭祀先祖或者纪念比较大的事情，铸造了许多精美的青铜礼器，还把事情的来龙去脉记载其上。

人们在周原共发掘出了60多处青铜窖藏，出土了许多刻有铭文的庄严、神秘的青铜器，如传世名器大盂鼎、大克鼎、毛公鼎等。这些青铜器不仅显示了周人高超的青铜铸造工艺，还为历史学家参照记载研究历史提供了宝贵的可信史料。而墓葬中发掘出来的青铜明器则相对比较简陋。

但是，不管是祭祀还是陪葬，其所用的青铜器都有比较严格的规定，为传世史料中所提到的西周等级制度森严这一说法，提供了有力的物证。

考古工作者在周原还发掘出了许多祭祀用的甲骨，从而纠正了周代不再流行甲骨占卜的错误

折觥

盛酒器，制作于西周早期。折为人名，觥为器名。通高28.7厘米，长38厘米，腹深12.5厘米，口宽11.8厘米，口横7厘米，重9100克。1976年出土于陕西省扶风县庄白村1号西周青铜器窖藏，现藏于陕西省周原博物馆。

认识，也为研究周代社会提供了宝贵的史料。

西周是我国古代文明的昌盛时期，周人讲究礼乐的文化传统对中国乃至世界文明都有着极大的影响，是我国礼乐文明发源地。

周公庙的惊世发现

考古界对于周原地区的发掘，虽然已经进行了数十年，但是还有许多重大的谜题没有解开：历代周王的墓地到底在哪里？周原到底是不是都邑……

为了解开这些谜题，1999年，北京大学、陕西省考古研究所、中国社科院考古所再次联合组成了一支周原考古联合大队，对周原遗址进行大规模的考古发掘。

2003年1月，眉县杨家村的5位农民在村北坡挖土时，发现了一个大型的青铜器窖藏。这些朴实的农民立即把事情报告给了文物部门，还相当合理地保护了现场。考古工作者闻讯赶来，清理出了27件带有铭文的青铜器。铭文中追述了单氏家族8代先人跟随12位君主为西周王朝立下的汗马功劳，基本上概括了西周的历史。

不久，考古队又在扶风县李家村发掘出了一处西周铜器作坊遗址。一个个重大成果，似乎向人们预示着未来的惊喜。

商卣

盛酒器，制作于西周早期。商为人名，卣为器名。通高38.6厘米，重8200克。1976年出土于陕西省扶风县庄白村1号西周青铜器窖藏，现藏于陕西省周原博物馆。

12月，北京大学徐天进副教授在周公庙附近进行田野考古调查时，发现了两片带有卜辞的西周甲骨，上面有55个字，这可是一个罕见的大发现。这里会不会是周人早期都城的重要区域？专家们的视线立刻转移了过来。国家文物局的领导们非常重视，立即指示陕西省文物考古所和北京大学富有经验的考古人员组成了周公庙考古队，在局里专家的直接指导下，对这一带进行紧急调查发掘。

次年5月，调查取得了突破性的进展，北京大学雷兴山副教授在周公庙东边的一座小山上，发现了拥有4条墓道的西周大墓。一般来说，只有天子才能拥有4条墓道，那么这里是不是西周王墓呢？考古人员对周公庙进行了大规模的勘探，勘察出了19座大型墓葬。而这还仅是已知面积的1/3，要想探查完61万平方米的周公庙遗址，真正解决考古者的疑惑，还需要一段相当长的时期。

就在大型墓地周围，考古人员发现了西周时期修筑的夯土城墙及6处大型夯土建筑遗址。那条大型的夯土城墙总长大约有1500多米，分别环绕了墓地的东、西、北三面，有些地方至今还有2米多高的残存墙体。墓地外围还发现了700多片甲骨，其中有4片都出现了“周公”字样，还有关于周王活动的卜骨。著名考古学家邹衡推测，这里很可能是西周著名政治家周公姬旦的封地。

不管陵墓中还会有什么发现，考古学者们目前的发现已足以使周公庙遗址成为轰动世界的大发现，甚至有些专家称这是“新中国最重大的考古发现”。考古人员对周公庙遗址的考古发掘和研究，将为寻找和确认西周王陵、都城提供更详细、重要的资料。

琉璃河

——周王族在北方的封居之地

- **年代**：公元前11世纪－公元前8世纪
- **位置**：北京市房山区
- **发掘迄始**：1958年

寻找北京第一城

北京，中华人民共和国的首都，世界历史文化名城。早在70万年前，北京周口店地区就出现了原始人群部落，而自公元前221年秦始皇统一中国以来，这里一直是中国北方重镇。但是，究竟是从什么时候在这片土地上开始出现真正意义上的城市的呢？这个问题，曾经困扰了考古学家们很多年。

翻阅史籍，在《史记·周本纪·燕召公世家》中有这样的记录：“周武王之灭纣，封召公于北燕。”召公，名奭，姬姓，是与周王室同姓的贵族，也是西周的开国元勋。也就是说，周武王灭商以后，将召公分封在了北燕。

据考证，北燕就在今天的北京地区。但是，当时周朝的国都在陕西，而北京地处偏远，周王会把一个国家功臣分封到偏远之地吗？所以这一记述受到众多学者的怀疑。其实，谜底就在琉璃河。这一遗址的发现，极具传奇色彩。

1945年，一位姓吴的银行代办员在路过北京城西南房山区琉璃河乡时，一些散落在路边的陶片引起了他的注意，平时爱看考古故事的他敏锐地意识到这不是现代的陶片，于是就捡了几片回来。后来，这些陶片辗转到了当时的考古学家苏秉琦手中。考证的结论是惊人的——这些陶片属于商周时代！但由于种种原因，琉璃河的考古工作迟迟没有提上日程。

1958年，在新中国第一次全国文物普查中，琉璃河引起了考古工作者们的重视，经勘测发现，这是一处大型的古遗址。它距市区43千米，范围包括琉璃河北部的洄城、刘李店、董家林、黄土坡、立教、庄头等6个自然村落，分布于京广铁路两侧，东西长3.5千米，南北宽1.5千米，总面积约5.25平方千米。

1962年，北京市文物工作队在刘李店遗址中进行了小型的试掘。他们共发现了8件骨器，分别为笄、锥、镞等。石器3件，其中2件为长方形的石刀，另一件为石杵。出土物中，陶器占绝大多数，有鬲、甗、盆、簋、罐、瓿、纺轮等。陶器的制法分泥条盘筑、模制、轮制三种。陶鬲的器型可分为三式，其中第3式鬲的形制与河南安阳大司空村殷商墓葬中出土的同类器相同。陶簋为泥质灰陶，其形制与河南安阳小屯村发现的同类器相同。根据这些器物的形制，可以判断刘李店遗址的年代，最早可到商代。

然而，由于“文化大革命”等种种原因，琉璃河遗址的大规模发掘计划被搁浅了，这一耽搁，就是10年。

琉璃河大石桥

向墓葬群进军

1973年，由北京文物研究所和中国社会科学院考古研究所联合组成的考古队进驻琉璃河古遗址，全面的考古发掘工作轰轰烈烈地展开了。

琉璃河商周遗址

琉璃河商周遗址位于北京市房山区。遗址东西长3.5千米，南北宽1.5千米，包含居住址、古城址和墓葬区三部分遗存。

很快，考古队员们在刘李店村南又发现了两座墓葬。墓中出土了大量文物，尤为引人注目的是"筒腹鬲""圆腹鬲""敛口罐"和铜耳环等器物，根据器物特征，考古专家判断，这两处墓葬属于夏家店下层文化，但年代较晚，相当于商代晚期。

夏家店文化是中国古代早期的一种北方文化类型，因最早发现于内蒙古自治区赤峰市夏家店村而得名。其分布范围大致北起今内蒙古自治区的西拉木伦河，南至河北省东北部，遍于燕山南北。夏家店文化初步可分为燕南型和燕北型。近年来，有学者认为燕南型仍可分为不同类型。今北京地区正处于夏家店文化圈的南缘。至于夏家店下层文化的年代，一般认为相当于中原地区的夏、商时代，最晚不超过西周早期。

在琉璃河刘李店村发现的夏家店下层文化和商代文化遗物表明，在殷人势力向北发展到燕山地区时，这里曾一度并存着两种不同的文化，即夏家店下层文化和商文化。也就是说，这里同时存在着夏家店下层文化的土著民族和殷人。

在刘李村的东南是黄土坡村，这里是墓葬最为集中的地方。1973年至1983年，考古工作者们在这里进行了一系列的发掘，共发掘墓葬300多座，车马坑30多个。这些墓葬分大、中、小三种类型，皆为长方形竖穴土坑，中小型墓有熟土二层台，大型墓多有两条墓道，个别的带有4条墓道。尸骨的保存情况，一般是小型墓较好，葬式多为仰身伸直，屈肢葬则较少。京广铁路从中穿过，将墓葬区分成了东、西二区。

在西区，考古工作者们共发掘了33座墓葬和3座车马坑。其中7座墓葬有奴隶殉葬，在这7座墓葬中，共出土了青铜礼器、兵器、工具以及陶器、釉陶器等100多件，另外还有用玉石、蚌、蛤蜊、象牙等制作的饰物。

出土文物中最有意义的是带有铭文的铜器。其中52号墓出土的一件盾饰，背面铸有阳文“匽（燕）侯”二字，明显地表明了该遗址与西周燕国的关系；复尊，铭文为“匽侯赏复冂衣、臣妾、贝，用乍父乙宝彝”。根据与同型器比较，可以判断是西周早期康王时代器物；53号墓出土的攸簋，器内铭文为“侯赏攸贝三朋，攸用乍父戊宝彝，肇乍纪”。根据纹饰判断，其年代应在西周康王、昭王之际；54号墓出土的铜盘，其年代可早至商末周初时代。

意义重大的东区墓葬

黄土坡遗址中最有意义的发掘，是在铁路以东的第二区。至1979年为止，考古人员共在这里发掘了27座墓葬和2座车马坑，出土了许多价值连城的青铜器。

251号墓出土了伯矩鬲、单子尊、单子卣、伯矩盘和庶觯等青铜器。其中伯矩鬲尤为珍贵，形制端庄厚重，纹饰制作极为工细，与众不同的高浮雕装饰风格，令人惊叹。器内铭文为“在戊辰，匽侯易（赐）伯矩贝，用乍（作）父戊彝”。由此可知，此鬲是伯矩接受燕侯的赏赐，为纪念其父而作。

253号墓出土了堇鼎、圉卣、圉方鼎等器物。最为珍贵的是堇鼎，高62厘米，重41.5千克，是北京地区目前发现和出土的商周青铜器中最大的一件，器内壁铸铭文26字，记述堇奉郾侯之命，前往宗周向太保贡献食物，受到太保的赏赐一事，这与文献记载一致，反映了燕国与周王室的关系。这说明周初召公虽受封于燕，但由于他长期供职于宗周，实际统治燕地的乃是他的子辈。

1981—1983年，考古学者在黄土坡遗址东区，又发掘了121座西周初期墓葬，车马坑21座。墓葬可分大、中、小三种类型，有3座是带有斜坡墓道的燕国高级贵族墓葬。一般大中型墓葬均有车马陪葬，只是在数量上有所差别，最多者马14匹、车5辆。陪葬的车辆大多是拆开后埋放，这与西区车马坑中的整车埋放不同，显示着周人与殷人在风俗习惯上的不同。

这些墓葬的随葬品有陶器、铜器、漆器和玉、石、玛瑙制作的装饰品。

西周燕都遗址博物馆

西周燕都遗址博物馆位于房山区琉璃河镇董家林村。博物馆建于商周遗址的墓葬区，占地20667平方米，为楼阁式建筑，仿唐风格。馆内有展厅、文物库、墓葬处和两处车马坑。

陶器绝大部分是专门用来陪葬的冥器，分鬲、簋、罐三种器型，表面多饰绳纹。铜礼器有鼎、簋、罍、爵、尊、卣、甗等，且部分带有铭文。与以前发现的铜器铭文相比较，这些铭文没有突破性的内容。

墓内还出土了玉器、漆器等。漆器包括豆、杯、俎、簋、彝、觚、壶、罍等器类，有的器表采用蚌片镶嵌技术，并有彩漆绘制成的各种图案。最大的是一件通高50厘米的漆罍形体，是漆器制作中的精品。这批漆器的发现，把中国出现螺钿漆器的历史，提早了1500年。

既然在刘李店发现了商周墓葬和相当于商晚期的夏家店下层文化墓葬，在黄土坡遗址又发现了西周燕国的大规模墓葬——据推测，个别大墓有可能是燕侯的陵墓。那么，周初燕国的都城，就应该离这里不远了。

发现董家林都城遗址

在刘李店和黄土坡村之间稍北的董家林村，考古人员又发现了一处古城遗址，考古学家将其定名为董家林都城遗址。它位于村北部和东、西两边，大石河（古圣水）流经古城西、南两侧。地面尚存北城墙和东西城墙的北半部，北墙存长829米，东西墙北段尚存约300米，建城年代约在西周初期，属燕国。这是北京地区迄今为止发现最早的古城遗址，对研究燕国早期历史及文化有重要价值。

城墙外有城壕，深约2米。城壕横断面呈梯形，上宽下窄，壕底有10厘

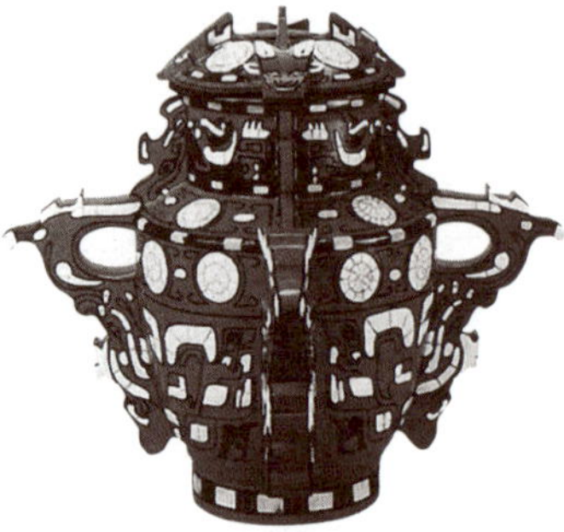

琉璃河西周墓出土的漆罍

米左右的淤土层。这说明当时人们已经知道利用护城河来保卫城市。城墙结构有主墙体和内外护坡组成。主墙体下挖有浅基槽，直达生土层，填土与基槽相平后，墙体再向两侧展宽。主墙采用分层夯筑技术，夯层厚5厘米左右，夯窝直径约3厘米，非常密集。夯土纯净，呈红褐色，质地坚硬。说明当时的筑墙技术已经很发达。

古城外的古代遗存十分丰富，在村道两旁的黄土断层中常可发现灰坑遗迹，其中混杂着早期绳纹灰陶碎片。在古城遗址的地表也散落着很多古代遗物，有被农民耕地时翻出地面的陶纺轮等物。

由于该城内侧护坡被商末周初墓葬和西周时期灰坑、房基打破，因此这座古城建造年代不会晚于西周初期，大约是商朝末期或更早一些。根据董家林古城东南不远存在着黄土坡村西周燕国贵族墓葬群，以及这座古城本身的年代和规模，考古专家们推断它就是西周时期燕国的都城。

证明专家这一推断的，是1986年的大发现。

这年秋天，考古队员们发掘了黄土坡东区墓地的1193号墓。该墓为长方形土坑葬，有4条墓道分布在大墓四角，墓内陪葬有许多青铜器。而在椁室东南部出土的铜罍让考古专家们欣喜若狂——其上有多达44字的铭文，大意为：周王说，太保，你用盟誓和清酒来供你的君王，我非常满意你的供享，令你的儿子克做燕国的君侯，管理和使用那里的人民。

在周朝，太保专指召公，因此可以肯定，克就是召公的儿子。虽然铭文中的周王是否就是周武王，暂时还不能肯定，但对于专家来说，有了这44个字已经足够了，它打开的是通往3000年前北京建城史的大门。也就是说，北京市房山区琉璃河镇的董家林，就是北京历史上最早出现城池的地方！由此，北京建城的年代，被推断为周武王灭商之年的公元前1045年。

1995年，北京市政府正式认定：北京市建城3040年。

如今，几十年过去了，随着考古工作的全面深入，琉璃河遗址的内容正在不断地充实和完善：遗存数量逐渐增加、分布地点不断扩大，文化内涵也日益丰富，这为深入研究北京古代的城市建设、社会经济及文化发展水平，开辟了广阔的前景，其影响深远，意义重大。

楼兰

——沙海迷城

- 年代：约公元前3世纪－4世纪
- 位置：新疆维吾尔自治区若羌县境罗布泊西岸
- 发掘迄始：1901年

沙海中的古老文明

在海上道路没有开通之前，丝绸之路是地球几大洲人类文明聚首的唯一通道，古老的四大文明曾在中亚荒漠碰撞出炫目的光芒。这丝绸之路如怒放过的繁花，即使已凋零，即使已湮没于滚滚黄沙，但她那曾拥有芬芳依然透过厚重的沙漠，穿越浩瀚的历史长河，吸引着人们去接近她，探索她，发现她。其中，就包括瑞典探险家斯文·赫定。斯文·赫定先后6次到塔克拉玛干沙漠和藏北无人区探险，历时近半个世纪之久。中亚荒漠的许多古城都是斯文·赫定首先发现的。他走过的许多地方，在他之后，至今无人去过。他在近一个世纪前绘制的地图，今天仍是中亚科学考察必备的参考图。他的著作被译成30余种文字，在世界广为流传。由于斯文·赫定在中亚科学考察史上

楼兰古城遗址

楼兰古城遗址西北距库尔勒市350千米，西南距若羌县城330千米，整个遗址散布在罗布泊西岸的雅丹地貌群中，几乎全部为流沙所掩埋。占地面积12万平方米，接近正方形，边长约330米。

楼兰民居遗迹

4世纪前后，楼兰的名字从中国史籍中消失。种种迹象表明，这座长期活跃于丝绸之路上的城市从这时起逐渐被废弃，居民远徙他方，城市最后完全被风沙湮没。

的辉煌成就和奋不顾身的精神，被人们誉为20世纪初最杰出的探险家之一。

1899年9月，斯文·赫定第二次踏上中亚探险的征程。这次他得到了瑞典国王奥斯卡尔和著名化学家诺贝尔的资助，决意打通从新疆到西藏的道路。

1900年3月下旬，斯文·赫定的探险队进入塔克拉玛干沙漠东部的罗布泊地区，他们此行的目的是考察罗布泊的游移问题。

队伍从罗布荒原的水源地“阿提米希布拉克”（俗称六十泉）出发，计划由北向南穿越荒原。可是，28日傍晚准备宿营时，他们突然发现驼队仅有的一把铁锹遗失在了路上。这是性命攸关的大事，因为那把铁锹是他们唯一的挖水工具。

无奈之下，向导奥尔德克只好回去找。他是幸运的，顺利地找到了铁锹；但他又是不幸的，因为他赶上了沙尘暴。黄沙滚滚，遮天蔽日，奥尔德克在风的卷携中，身不由己地跑出了很远。等风停时，睁开迷离的双眼，眼前的景象让他惊呆了：这是一座苍老的古城，灰色的城墙，长长的街市上布满参差不齐的房屋和高大的泥塔，还有烽火台……简直就是海市蜃楼！

奥尔德克以为自己撞进了传说中的魔鬼之城，有些害怕。他随手捡了一些散落在地上的木雕和古币，匆匆离开了。赶上驼队后，奥尔德克向斯文·赫定诉说了自己的经历，并将捡回来的木雕给他看。斯文·赫定一眼就认出这木雕具有希腊化的艺术风格，他意识到奥尔德克撞上的一定是一个失落在沙海的古老文明。异常激动的他想立即前去考察那座城堡，但由于事先没有准备，队伍需要给养，他只好暂且放弃，决心明年再来。

唤醒沙海古城

1901年3月3日，斯文·赫定如愿来到了奥尔德克曾经发现古城的地方，这是一片位于塔里木盆地东部、罗布泊洼地西北边缘的废墟。当看到眼前的一切时，这位饱经沧桑、阅历丰富的探险奇才还是忍不住兴奋地大喊：“天！我发现了第二个庞贝城！”

古城平面近正方形，几乎全部为流沙所掩埋。从西北至东南斜贯全城的是一条古河道，河道西南的中部有3间木构土坯大型房址。古城中的一切，如同中了魔法而静静地睡着了：街道整齐，屋宇完好，一辆马车的巨大木车轮才修补完好等待重装，一栋房舍荆门半掩似乎主人知道有远客将临，屋内陈设物有各种农用工具，甚至储粮的瓮内还盛着子实……好像这里突然降临了一场大灾难，人们来不及搬运和逃生便被湮没了！

在接下来的一个星期中，斯文·赫定及他的队员们在这里进行了细致的挖掘，出土了大量的珍贵文物，包括中亚希腊化艺术风格的木雕建筑构件、木雕塔刹、刻有带翼兽的木雕板、莲花纹木雕等，其中一件带有木雕小佛像的佛殿建筑饰件十分精美，迄今仍是中国境内发现的年代最早的佛像艺术品。另外，还有五铢钱以及罗马等古国的钱币多枚、简牍100多片以及一封佉卢文书信，外加一些汉、晋时期丝毛织品和小陶碗、玻璃器、铜镜、装饰品、料珠等生活用具。

在所有的文物中，最重要的是那些魏晋木简残纸。魏晋书法真迹流传至今的寥寥无几，只有晋人陆机的《平复帖》和王羲之的《快雪时晴帖》等屈指可数的几件，且为历代收藏家视为珍宝，秘不示人。而斯文·赫定在此一次发掘所获就达150余件，真可谓是价值连城。

随后，他们又在这片废墟东南部发现了许多烽火台，一直延续到罗布泊西岸的一座被风沙掩埋的古城，后经证实，这就是楼兰古城。后来，英国考古学家斯

毛毯残片
楼兰遗址出土，东汉时期制作。两侧为深蓝色，中央以黄、褐、红、绿等织成花纹，有鲜明的西域特色。

坦因将这座古城编号为LA城，而将奥尔德克发现的废墟编作LB遗址。

根据赫定带回的木简，德国语言学家研究后确认：这片废墟就是在历史上赫赫有名后又销声匿迹的楼兰。就这样，沉睡于黄沙之下1600余年的楼兰王国苏醒了。

楼兰，是汉代西域的一个小国的名字，约公元前3世纪时建国，公元前77年改名鄯善。它东通敦煌，西北到焉耆、尉犁，西南到若羌、且末，是丝绸之路上的重要枢纽城市——丝绸之路的南、北两道从楼兰分道，为古代新疆与内地以及东西方经济文化交流和促进当地经济发展作出了重要贡献。但是，到了4世纪，楼兰却神秘消失了。

中国楼兰考古工程

斯文·赫定回国后，将这次中亚考察报告汇集为《1889—1902年中亚科学考察成果》一书，并在斯德哥尔摩出版，这进一步推动了塔克拉玛干沙漠的考古探险。在随后的几十年里，英国人斯坦因、日本人橘瑞超等曾多次来到楼兰古城，盗掘了大量文物。直到新中国成立后，中国学者才进入罗布泊地区，进行科学的调查和发掘。

楼兰古城位于若羌县境罗布泊西岸一片密集的雅丹地貌群中，其范围东起古阳关附近，西至尼雅古城，南至阿尔金山，北到哈密。古城遗址为不太规则的方形城池，四周城墙的残垣仍清晰可见，城墙东面长约333.5米，南面长

楼兰佛塔

约329米，西面和北面均为327米，总面积约10.8万平方米。城墙为夯筑，在间隔厚80厘米的夯土中夹压芦苇和红柳枝。南北城墙中段各有一个缺口，似为南北城门。在西城墙中段也有一个缺口，其缺口两侧，有两个突出的土台，因年久风蚀严重，已无法判断其原貌。东城墙只保存了一些残段，城门有无。

城中出土的各种文书、简牍，被称作罗布泊文书。令人惊奇的是，这其中竟然有公元初被广泛使用的佉卢文书写的资料，并且有希腊、罗马的艺术品，还有中亚撒马尔罕、布哈拉一带的纸片残件，波斯的地毡残片以及具有罗马、波斯风格的壁画等等。所有这一切，都无可辩驳地说明了楼兰古国在中西文化交流中的枢纽地位。

1979年12月22日，新疆考古学家王炳华带领的考古队，在通向楼兰的孔雀河下游发现了大批古墓。这批古墓的墓葬形制特殊，它们用7圈木桩摆成7个巨大的同心圆，用一排排6米长的木桩排成一道道的放射线，在大地上组成一个光芒四射的太阳形，所以考古专家们称这批古墓为“太阳墓”，太阳墓的中心葬的全是男性。

考古学家们还在此发现了著名的“楼兰美女”。这是一具保存完好的女尸，脸面清秀、鼻梁高尖、眼睛深凹、毛发、皮肤、指甲都保存完好，甚至连长长的睫毛都清晰可见，深棕色的头发蓬散披在肩上。经鉴定，女尸系3800年前遗存，白种人。“楼兰美女”的发现具有划时代的意义，将楼兰文明推至3800年前青铜时代。

接着，新疆考古研究所对楼兰地区古遗址进行了大规模普查。

1995年发现的位于楼兰西北的营盘古墓，是罗布泊地区100年来发掘面积最大、文化内涵最为丰富的一处墓地。仅在15号墓里，就出土了汉晋时代的绢、缣、绮、丝绣、织金锦、汉代铜镜等，也有中亚艺术风格的麻质面具、黄金冠饰、金耳环、金戒指、波斯安息王朝的玻璃器具和艺术品，乃至希腊、罗马艺术风格的各类毛纺织品都可见到，真可谓尽收天下宝物。

棺上覆盖着狮纹裁绒地毯，墓主已成干尸，身着人兽纹毛布袍、绢面贴金毡靴，戴着金面具。这些都明显具有西亚地域风格，说明楼兰及其后的鄯善王国在联络中西经济、文化交流的丝绸之路上具有非同一般的地位。

楼兰消失之谜

楼兰地处南北两条丝绸之路的交汇点，邻近孔雀河，自新石器后期直至

楼兰美女复原图

汉代前期，一直河道密布水量充盈，森林覆盖率达到40%。绿洲上田连阡陌、人烟袅袅。但是，公元4世纪时，它却突然消失了。为什么？一个农民意外发现也许能为我们解释一二。

最近，楼兰地区的一个农民工在上访时不慎迷失了方向，误入了沙漠深处。为了活命，他用双手挖出了一口水井。令人意想不到的是，这个水井下面竟埋藏着楼兰古国的重要遗迹。考古学家对该遗迹进行了抢救性挖掘，出土了大量瓷器、金银器等，还有大量的图书和文件，它们是楼兰国家档案馆存档的政府文件。通过对这些文件的破译，学者们大体明白，让楼兰变为废墟的最直接的原因是缺水。

那么，这里的水为什么会那么快的干涸呢？学者们从多方面给出了答案。

首先，据《水经注》记载，东汉以后，由于当时塔里木河中游的注滨河改道，导致楼兰严重缺水。敦煌的索勒率兵1000人来到楼兰，又召集鄯善、焉耆、龟兹三国兵士3000人，不分昼夜截断注滨河引水进入楼兰，缓解了楼兰缺水困境。但在此之后，尽管楼兰人为疏浚河道作出了最大限度的努力，但楼兰古城最终还是因断水而废弃了。

还有学者认为，楼兰的水荒是由于人类违背自然规律，乱砍滥伐导致的。据统计，仅修建一座太阳墓，就要使用大小木材600多棵！楼兰人盲目砍伐树木，致使水土流失，风沙侵袭，河流改道，气候反常，瘟疫流行，盐碱日积，沙尘暴肆虐，最后造成王国的消亡。

事实上，砍林伐木、破坏环境的恶果，楼兰人不是没有意识到。出自楼兰荒原的一件佉卢文木简上，就规定“绝不能砍伐小树”，“严禁砍伐活树，砍伐者罚马一匹”。但是，为时已晚，当时的楼兰，已经是丝绸之路上的重镇，人口密度大，过境商业繁荣，这对楼兰沙漠田的农业生产来说，负担实在是太重了。

还许多学者认为，古楼兰的衰亡是与社会人文因素紧密相连的，古籍记载的楼兰古国的最后存在时间在东晋十六国时，这正是我国历史上政局最为混乱的时期，北方许多民族自立为王，相互战争。而楼兰正是军事要冲、兵家必争之地。频繁的战争、掠夺性的洗劫使楼兰的植被和交通商贸地位受到了毁灭性的破坏。而沙漠边缘的古国，丧失了这两个基本要素，也不可能存在下去，只好外迁，留存下来的就是今天满目黄沙、一片苍茫的景象。

那么，这些楼兰人迁居到哪里去了呢？他们的后代是谁？至今仍然无人能够破解。

尼雅

——丝路古国

- **年代**：约公元前2世纪－3世纪
- **位置**：新疆塔克拉玛干沙漠南缘的尼雅河畔
- **发掘迄始**：1901年

沙海中的“东方庞贝”

18世纪中期，在火山掩埋下的庞贝古城重见天日，它那宏伟的建筑、繁华的街市、遍地的金银珠宝，震惊了世界。就在此时，一些来自东方的古写本、文物和传言流入了欧洲，“东方庞贝”的猜想成了欧洲东方学研究中的热点，一股去东方探险的热潮日渐兴起。

20世纪初，楼兰古城的再现于世，给西域探险带来了巨大的震动。由此，西域探险考察开始了一个新的时代——一个对古老的东方文明“重新发现”的时代。而在这一时代，能与斯文·赫定同唱主角的，自然是奥莱尔·斯坦因。斯坦因（1862—1943），英籍匈牙利探险家。10岁时到德国上学，学会了德语、英语，还精通希腊文和拉丁文，后来在莱比锡和维世纳上大学时又学会了梵文和波斯语，21岁时取得大学博士学位。25岁时他独身一人来到印度、克什米尔地区，从此开始了其探险、测绘和考古事业。斯坦因把一生中最好的年华都花在了亚洲腹地的探险考古活动上，终生未婚。在英国和印度政府的支持下，他先后进行了3次中亚探险，从中亚（特别是中国）掠走大量珍宝。

1900年，在英国和印度政府的资助下，斯坦因开始了第一次中亚探险之旅。1901年1月，他结束了对塔克拉玛干沙漠克里雅河流域的丹丹乌里克的探险发掘后，返回沙漠边缘的一个叫可利亚的村子。可是，还没等他安顿下来，就有一个叫易不拉希姆的村民前来找他，并拿出两块木简给他看，说是从沙漠深处的一处古房屋中捡来的。

精通古代文字的斯坦因一看到木简上刻着的文字，立即激动起来。他发现这竟然是中世纪流行于印度西北部的卡洛西提文的手写体，这种文字只在印度很少的石刻中见到，珍稀异常。据易不拉希姆称，那个地方有成堆的这样的木简，自己只是随手捡了6片，在路上丢掉了两片，两片正由自己的小孩当玩具玩呢。斯坦因闻言大喜，立即花重金收购了这几片木简。易不拉希姆一高兴，就说出了木简的出土地，并答应为其作向导。

斯坦因立即雇好了民工，迅速做了必要的准备，便急匆匆地启程了。在新疆地方政府的帮助下，1901年1月27日，斯坦因进入了这座位于新疆塔克拉玛干大沙漠南缘的尼雅河畔的古城。古城以佛塔为中心，散布于南北长25千米，东西宽5—7千米的区域内，有房屋、场院、墓地、佛塔、佛寺、田地、果园、畜圈、河渠、陶窑、冶炼遗址等遗迹。由于此地位于尼雅河畔，而在此出

尼雅遗址

尼雅遗址位于新疆维吾尔自治区民丰县，为汉至魏晋时期的城址。因长期风化，原建筑已经消失，只剩下木质构架。

土的文书上，又有尼那（Nina）的称谓，所以斯坦因将这个古城遗址命名为“尼雅遗址”。

在这里，斯坦因接连不断地发掘出了佛经汉简、陶器、铜镜、耳饰、铜戒指、铜印、铜镞、带扣、铁器、玻璃、贝器、水晶珠饰、木器、漆器、残片和各类织物，还有一些他从未见过的东西，如捕鼠夹、靴熨斗、弓箭、木盾、红柳木笔、六弦琴等。他将凡是能打包带走的东西都运走了。后来，他又在精心的策划和准备下三度重回尼雅，发现、绘图和记录了遗址41处，掠走文物不计其数。

尼雅铜镜

尼雅遗址出土，背面铸有二龙戏珠图案。制作于西汉时期，说明丝绸之路开通后，中原文化对西域产生了重大的影响。

当这些精美的陶器、绚丽的织物、罕见的木雕和大量带有各种文字的木板文书被带回欧洲后，西方学者大为震惊。斯坦因对自己在沙漠中发现的冰窖、仓库、房屋等遗迹的描述绘声绘色，学者们听得如痴如醉，他们不敢相信，在东方的茫茫沙海之中，竟然隐藏着如此辉煌灿烂的古代文明，就称其为“东方庞贝城”。

珍贵的佉卢文书

在尼雅遗址中出土的数以万计的文物中，最有价值、最为珍贵的，是大量的佉卢文书。当初，斯坦因发现尼雅之前，敦煌藏经洞还未被发现，但已有一些东方的古写本流入了欧洲，欧洲人最关心的就是，遗留在遥远东方沙漠废墟中的佉卢文书，到底还有多少？

让斯坦因大感意外的是，进入尼雅的第一天清晨，他就捡到了3块木版文书。而在接下来的这一天里，他又获得了几百片，有些甚至是成批的被封存在陶罐中的。其数量之多超过了以前人们所知的这类文书的总和，这让斯坦因欣喜若狂。

这些带字的木版文书，是用大小合适的两片木版对合在一起，一端削

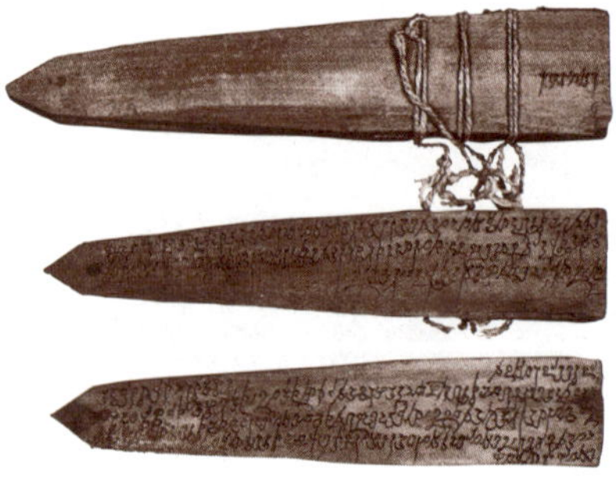

尼雅木简

尼雅遗址出土，佉卢文书写，内容为国王的敕谕。楔形，双块合用。使用时书写文字的一面合在一起，用绳子捆绑，以便保密。

成方形，另一端削成尖状，靠尖端处凿出穿绳孔可以捆绑，外面隆起处凿出方槽，用于押印封泥。文字写在底下木版光滑的内面，上片起到保护作用，文字内容过长时，也可以书写在另一片的内面。

木版上书写的文字，字形过度弯曲，书写形式从右至左，发音无定准。人们曾叫它“驴唇文”，学术界称其为佉卢文，最早起源于古代犍陀罗，是公元前3世纪印度孔雀王朝阿育王时期的文字，全称“佉卢虱底文”，最早在印度西北部和今巴基斯坦一带使用，1至2世纪时在中亚地区广泛使用。4世纪中叶随着贵霜王朝的灭亡，佉卢文也随之消失了，它本身也没演变为其他文字，可谓是“绝种”的文字。直到18世纪末，考古工作者才终于在中亚希腊化王国巴克特里亚钱币上见到了这种文字，19世纪时才能勉强解读。目前世界各地所收藏的佉卢文文书，绝大多数出自尼雅，并且绝大多数都是经斯坦因之手。

经识读，这些文书上记载的是尼雅当时社会生活的各个方面，从民事纠纷、起誓断案，到政治军事、国际往来，无所不包。这对古代历史和社会制度的研究，有着非同寻常的意义。

尼雅消失之谜

斯坦因发现尼雅遗址，不仅震惊了西方世界，更引起了中国学者的广泛关注。以诗词造诣扬名的中国学者王国维，就是其中最杰出的一位。历史文化知识丰厚的他，经过仔细考证，最早指出尼雅就是《汉书》中所记载的精绝国。

据《汉书·西域传》记载，精绝国位于昆仑山下，塔克拉玛干大沙漠南缘，接受汉王朝西域都护府统辖，国王属下有将军、都尉、驿长等。精绝国虽是小国，但它位于丝绸之路上的咽喉要地，地理位置十分重要。史书所描述精绝国所处的环境是：“泽地湿热，难以履涉，芦苇茂密，无复途径。”从文寥寥数语中可以看出，当时的精绝国是一片绿洲。

东汉时，名将班超曾联合西域36国抗击匈奴，威镇西域。精绝国就是西域36国之一。这些国家相对来说都比较弱小，在大国的夹缝之间摇摆不定。不管尼雅遗址是不是曾经的精绝国，但这里确实曾存在过古老、发达的文明。这种文明是如何神秘消失的？许多专家、学者为此争论不休。

有人认为，是干旱和沙漠化毁了尼雅。据考证，75年以后，哈密、罗布泊一带连年大旱，加上人口的增加、植被和水资源的破坏、频繁的征战、粗放落后的耕作方式等等，致使河流水量日益减少，环境开始恶化，沙漠化速度加快，不断扩展的沙漠迫使尼雅人终于放弃了祖辈居住的家园。但是也有人认为，事情没有这么简单。

为了揭开这千古之谜，1995年，由中日两国考古学家组成的考古队，深入塔克拉玛干沙漠，开始了对尼雅遗址的大规模科学考察。这次考察收获颇丰，出土文物之丰富，保存之完好震惊了中国乃至世界考古界。这次考古价值最高的发现是大量保存完好、特色鲜明的织锦和写有佉卢文的木简函牍。

考古专家解读佉卢文木牍后发现，尼雅王国长期受到来自西南方SUPIS人的威胁与入侵。木牍的文字表明SUPIS人对尼雅王国的威胁与入侵是一步步深入的，如“SUPIS人之威胁令人十分担忧，余等将对城内居民进行清查”；“现有人带来关于SUPIS人进攻之重要消息”；“现来自且末之消息说，有来自SUPIS人之危险……兵士必须开赴，不管有多少军队……”显然尼雅人无法抵御强大的SUPIS人的进攻，“SUPIS人从该处将马抢走”；“SUPIS人抢走彼之名菩达色罗之奴隶”。

考古学家们在这个沉睡了1600年的废墟上，看到了宅院四周尸骨累累，各种遗物四处散落院内，房门敞开或半闭，用来存放佉卢文的陶瓮密封完好没有拆阅，储藏室里仍有大量的食物，甚至纺车上还有一缕丝线。这一切似乎告诉人们尼雅王国突然之间遭遇了灭顶之灾，甚至没留下最后的只言片语。

佉卢文木牍上记载的SUPIS究竟是指哪个国家或王朝？在各种史书上没有关于SUPIS人的任何记载，他们会不会是外星人？尼雅王国后裔们的命运如何?这些都是未解之谜，等待着我们去探索，去发现。

尼雅遗址石碑

龟兹

——消失的绿洲佛国

- 年代：约公元前2世纪－9世纪
- 位置：新疆维吾尔自治区库车县
- 发掘迄始：1890年

库车“天书”

“南山截竹为觱策，此乐本自龟兹出”，这是唐朝诗人李颀所作的《听安万善吹密策歌》。龟兹，又称丘慈、屈兹等，意为“白色”，约公元前2世纪建国，是汉时西域36国之一。最盛时，辖境相当于今新疆轮台、库车、沙雅、拜城、阿克苏、新和6县市，甚至深入到今天的咸海和阿富汗地区。

龟兹不仅是古西域塔里木盆地人口最多的国家，也是丝绸之路的交通要道和军事争夺要地。9世纪时，回鹘人西迁，占领了龟兹，将其改名为“库车”。“库车”在维吾尔语中，就是十字路口或者通衢之路的意思。自此，昌盛了1000多年的龟兹国逐渐沉沦，尘封在了历史的长河中。

但是，历史是不甘寂寞的，曾经的繁华，在这片土地上留下了丰富的遗

龟兹古城遗址

龟兹是我国古代西域的大国，现存的龟兹古城遗址位于库车县城西约2千米的皮朗村。古城周长近8000米，东、南、北三面城墙尚可辨认，西墙已荡然无存。

迹，它们会时不时地跳出来，向世人讲述那往昔的峥嵘岁月。

1890年，两个维吾尔族人在库木吐拉附近的一个废弃关隘里，捡到了一沓桦树皮，上面有手抄的文字，他们将其拿给当地的一个鉴赏家去看，鉴赏家却不认得。当时，恰好有位名叫鲍尔的英国军官在库车执行任务，他听说此事后，买下了其中的51块桦树皮。

后来，这些桦树皮文稿被转到了印度加尔各答的孟加拉亚洲学会。第二年，学会的德裔语言学秘书霍恩勒发表了一篇报告，他指出这些文字是婆罗迷字母，属于古代印度梵语，文字内容有关医药，时间应在4世纪左右。由于当时人们所知道的最古老的写本是在11世纪，所以这份被称为“鲍尔文书”的手稿，在世界上引起了不小的轰动。

这个发现大大激发了人们去新疆考古的兴趣，大批的学者及探险家涌进了新疆，更多的文字残卷被发掘了出来。这些古文字残卷五花八门，书写材料和使用的字母多种多样，有婆罗迷字母、佉卢文字母，拼写出的语言除梵语、回鹘语外，还有一些连语言学家们也不得而知。其中最难解读的一种是用婆罗迷字母中亚斜体拼写而成，许多句子都是连在一起的，单词都无法分开。熟悉梵语的学者们勉强能认出一些印度名字、医药名词和佛教术语。后来语言学家将这种语言定名为吐火罗语，定位于印欧语系西支。后经研究发现，“龟兹”就是出自吐火罗语的音译，这里曾经有一个龟兹古国，生活在龟兹古国的居民使用的就是吐火罗语。

几页残缺的纸片，一个死亡的语言被发现了，一个消失了一千多年的民族，若隐若现于塔里木盆地的绿洲之上。他们来自哪里？他们在这块绿洲上做了什么？荒漠戈壁下还埋藏着更多的秘密。

龟兹千佛洞的劫难

龟兹古文书的发现，使这个尘封千年的古国重新走入了人们的视野，龟兹遗址考古的帷幕由此拉开。19世纪末20世纪初，瑞典人斯文·赫定、英国的斯坦因、法国的伯希和、德国的格伦威德尔和勒柯克、日本的大谷等纷纷率队到此进行考古发掘，在龟兹地区展开了疯狂的文化掠夺，其中，龟兹古国的佛教文物受损最严重。

受印度佛教东渐的影响，龟兹国是一个很早就开始信奉佛教的国家，佛教石窟艺术也因此迅速发展起来。龟兹石窟包括克孜尔石窟、库木吐拉石窟、森木塞姆石窟、克孜尕哈石窟、玛扎伯哈、托乎拉克埃肯石窟等6处主要石窟以及台台儿石窟、温巴什石窟、托乎拉克店石窟、亚吐尔石窟等小石窟。

克孜尔千佛洞

克孜尔千佛洞是由一个采药的小伙子发现的，包含200多个汉唐时候的壁画洞窟。在19世纪初，有很多珍贵的壁画和佛像被德国的探险家盗走，如今只剩下斑驳剥落的墙壁。

其中，最著名的是克孜尔石窟群。该石窟群位于新疆阿克苏地区拜城县克孜尔乡东南7千米的木扎提河北岸崖壁上。它是中国四大石窟之一，始凿于3世纪后期，于8世纪后期逐渐衰落，主要包括建筑、雕塑和壁画，其中壁画的成就最高。该石窟群现有洞窟236所，分谷西区、谷内区、谷东区和后山区，绵延3千米，被称为“第二个敦煌千佛洞”。

这些洞窟原先大部分属于一座寺院，这从洞窟的形制上可以看出，如有用于礼拜的中心柱窟和大像窟，用于讲经的方形窟，用于僧人起居的僧房和坐禅修行用的小禅窟等。

1906年1月，德国探险家勒柯克和格伦威德尔第一次走进克孜尔的石窟佛寺。在清除沙石堆后，他们提着灯摸黑进去，石窟里没有一扇窗子，整个窟室除了禅房有窗洞之外，伸手不见五指。借助手中的灯光，他们才看清了这些壁画，最先映入眼帘的是供养人画像。他们双脚叉开，踮着脚尖，身穿有大翻领的织锦长袍，头戴三角帽。从画中人物的服饰衣着以及绘画技巧的成熟洗练，可以推断该地的文明水准要比同时期的日耳曼国度高出许多。

让他们大吃一惊的是壁画的富丽堂皇：不但保存完整，还泛着炫亮的湛蓝色。在克孜尔石窟大部分存留的壁画中，这种奇特的蓝色——青金石无处不在，它的价格是同等重量黄金的好几倍。更让人惊奇的是，在这里，古代的画家甚至还要在佛像的袈裟上涂上一层厚厚的金粉与金箔。所以，洞内丹青交织，金光闪烁，让人如置西天仙境。

这些风格各异、丹青闪耀的佛教壁画，代表了龟兹石窟艺术的最高境界深远的意境美、强烈的感染美、真实的生活美、生动的形象美、完满的和谐美与深邃的神秘美。

1906年2月26日，德国皇家吐鲁番考察队第三次来到克孜尔，他们对克孜尔石窟群进行了大肆的劫掠——将最精美的壁画切割下来，连同其他文物，整整46箱，每箱重37千克，全部运走了！克孜尔石窟留下了触目惊心的伤痕。第二次世界大战中，这些壁画全部毁于战火。

瑰丽的壁上画卷

龟兹壁画

龟兹地区石窟艺术的成就，集中反映在瑰丽多彩的壁画上。壁画题材包括释迦牟尼诸菩萨、比丘阿难众弟子、本生和佛传众故事，以及伎乐、飞天、供养人等。

龟兹的壁画被运到西方后，掀起了龟兹文化研究的热潮，内容涉及历史、地理、语言、艺术等各领域，各种研究至今仍在继续中。

1928年11月底，新疆考古的中国开拓者黄文弼来到克孜尔石窟，拉开了中国学者对龟兹壁画系统研究的序幕。新中国成立后，国家高度重视龟兹的考古研究工作，中国龟兹文化的研究开始走向科学化、系统化。

龟兹石窟中的壁画，多为描绘小乘佛教本生故事及传教故事及因缘故事，它们千变万化，内容非常丰富。在克孜尔第38窟的墙壁上，可以看到14组精美的飞天，他们的面部虽然被反对偶像崇拜的异教徒所毁坏，但奏乐、跳舞的热烈气氛还依稀可感。每组飞天由一男一女两个神组成，他们的肤色一白一棕，女性飞天袒露上身，头戴花环，妩媚艳丽；男性飞天头披方巾，戴着珠冠，他们在天宫中舞璎珞，弹乐器，洒花雨，各显其能。这种繁复的飞天形象被称为天宫伎乐。

由于龟兹留给人们的是一些晦涩深奥的文字残片，龟兹人的生活状态便成为无法识读的历史之谜，而解开这一谜题的最重要的线索，就是这些石窟中的壁画——有许多壁画表现的是耕种、狩猎、商旅等场面。

《旧唐书·西域传》记载龟兹人“男女皆剪发，垂与项齐，唯王不剪发”，克孜尔第80窟、第114窟的人像皆为短发齐肩，如果说剪发是一种习俗，那么，不剪发便会成为特权。事实果真如此，壁画中的国王虽然前额短发中分，但头部后面却长发披肩。

在克孜尔第14窟穹顶的菱格画中，画的是佛教本生故事，人物形象却是现实中的龟兹人，骑在同一匹马上的两个人，也身穿双领对襟大衣、高筒靴、束腰带，可见这就是一般龟兹平民的衣着。

有意思的是，在克孜尔第58窟的壁画中，有萨缚燃臂引路的一则故事，在萨缚引导下的商队中，驮运货物的是驴。2000年前，因为地处丝绸之路要冲，需要为商团驮运货物，龟兹人大量饲养驴。今天的库车还有“驴背县城”之誉，每逢赶集之日，上百辆驴车停在干枯的河道里，情景颇为壮观。

瑰丽的龟兹壁画不仅对世界美术史产生了深远的影响，也是现代人瞭望古龟兹国的一扇窗户，其历史意义，学术意义非常重大。

天宫飞来的歌舞

克孜尔千佛洞前的鸠摩罗什雕像

鸠摩罗什生于龟兹古国，七岁随母出家，九岁跟随当时著名的法师盘头达多学习佛教经典。先深受小乘佛教的影响，后改宗大乘。曾对古龟兹国佛教产生过重大影响。鸠摩罗什后入凉州，再到长安，潜心佛学，翻译经卷近三十年，遂成一代佛教宗师。

龟兹是东西方文明汇集交流地，是西域文化的摇篮。多国度、多民族、多地域文化艺术的“良种”，在这片文明沃土中孕育、创新形成了气质高亢奔放、个性独具魅力的龟兹文化。龟兹乐舞把这种具多元特征和杂交优势的文化推到了至善至美的境界，人称龟兹乐舞为“天宫飞来的歌舞”。

在克孜尔千佛洞中，有一幅名为《天宫伎乐图》的集龟兹乐舞艺术之大成的巨幅壁画，从中可以看到形象出神入化的伎乐天群像，似乎可以听到凤凰和鸣般的美妙音乐，感受到“一曲似从天上来”般的旋律。那些“回裾转袖若飞雪，左旋右旋生旋风”，如惊鸿、如飞燕的优美舞姿，会把人带进一个魅力无穷的艺术洞天，为龟兹乐舞无可匹敌的美感深深陶醉。

龟兹音乐随着丝绸之路传入中原，在那

里，它受到人们尤其是王公贵族广泛的喜爱，成为很多朝代宫廷音乐中的重要组成部分。382年，前秦苻坚遣骁骑将军吕光伐龟兹。战后，吕光从龟兹带回了许多乐舞艺人和乐器。在割据凉州建立后凉国后，他把这些乐舞伎和琵琶、筚篥、箜篌、羯鼓等乐器，融洽中原艺人组成了一支庞大的乐舞队。在他的亲自主持下，龟兹和中原的艺术家们把大量的龟兹乐曲改编，又和西凉地区的乐舞融合，形成独具特色的西凉乐，又名秦汉乐。此后历朝历代，龟兹的音乐、舞蹈在宫廷时时出现，连唐代著名的《霓裳羽衣曲》中也有龟兹音乐的元素。但是如此动听的音乐却早已失传，多年以来，一直有很多学者在研究龟兹音乐，希望能够将它完整地复原出来。

龟兹的舞蹈和音乐一样享有盛名，《新唐书·西域传》记载说，龟兹俗尚歌乐，当时闻名的龟兹舞蹈有近10种。中国历史上的著名僧人玄奘就曾亲自领略过龟兹的音乐与舞蹈。后来，龟兹国的“乞寒舞”传到中原，再由中原传到缅甸、云南一带，后来演化为傣族的传统节日的“泼水节”。

所以说，龟兹国不仅在政治上世代与中原友好相处，而且，在文化艺术上也与中原有诸多交流，这在中国历史上消失了的古国中是不多见的。

探寻龟兹古城

自1953年起，中国西北行政委员会文化局、新疆人民政府文化事业管理局组成新疆省文物调查工作组，在库车、新和、沙雅、拜城、温宿展开了遗址、墓葬、石刻、石窟寺和伊斯兰古建筑的调查，收获颇丰。但是，有一个问题一直困扰着考古学家，那就是龟兹古城究竟在哪里。

关于龟兹古城在《汉书·西域传》里只有一个粗略的记载：“龟兹国，王治延城，去长安七千四百八十里。”古文献只说其国都为延城，并未指明延城的所在。而在北魏郦道元的《水经注》中所记载：“龟兹山水有二源，王治延城……其水南流经赤沙山，又出山东南流，枝水左派焉。又东南水流分三，右二水俱东南流往北河……”

但是，在龟兹古国境内，残存的古城遗址有大约上百座，其中有当地居民生活的聚落，也有汉唐将士戍边的城堡，究竟哪一座是王城呢？

1958年3月，当地的农民在库车县新老城之间、位于库车县城西约2千米的皮朗故城中一个叫哈拉墩的地方取土时，发现土中有陶制品和人骨架。恰好，中国第一代考古学家黄文弼先生带领的考古工作队在库车休息，他们当即调查了整个城墙，发现库车的古城与附近水系的关系，与郦道元所著《水经注》中对古代延城与附近几条水系关系的描绘竟完全一样，黄文弼由此断定：库车新旧城之间有龟兹古国的都城。

舍利器上的龟兹乐舞图

南北朝时期，在文化和民族大交流、大融合过程中，龟兹文化进一步发展，音乐艺术日趋繁盛，龟兹成为西域一个乐舞胜地。

经考古发掘确认，龟兹古城周长近8000米，除东、南、北三面城墙尚可辨认外，西墙已荡然无存，全城呈不正规的正方形，城墙高2—7米，全为夯土筑成，每隔40米左右有城垛一个。昔日繁荣一时的古城，如今只剩下了皮朗墩、哈拉墩、哈喀依墩3个大土堆。“皮朗”在维语中的意思是“大象”，传说皮朗墩原为国王豢养大象的御苑高台。

进行深入发掘后，考古工作者发现该遗址明显分为早晚两期文化层。在遗址新石器时代后期到金石并用的早期文化层之上，发现了一枚汉代五铢钱，表明早在中国汉代，中原文化的影响已经深入到南天山之麓的这片绿洲。晚期文化层出土物中有成组的酒库储酒用的大陶缸33个，还有纹式形制与唐代长安城大明宫麟德殿地砖相似的莲纹铺地砖。同时出土的还有建中钱、中字钱、大历元宝和开元通宝等钱币。

而让考古学家们疑惑的是，在汉代与唐代之间，古城遗址存在着几百年的断层。在这段时间内，龟兹王都到哪里去了？这是龟兹古国为历史留下的一个难解之谜。

徙居东方的吐火罗人

长久以来，关于龟兹古国一直有许多难解的迷惑：是谁建立了龟兹？创造如此灿烂的佛教文明的，究竟是些什么样的人？没有人知道答案。学者们通过研究发现，从龟兹古国遗址出土的残片上的文字是吐火罗语，属于印欧语西支语言。这让学者们大吃一惊，印欧语系西支是今天西欧一些地区的语言，它为什么会出现在遥远的塔里木呢？这是否就意味在中国新疆，曾有过拥有高度文化的印欧人？各方学者为此探讨了近一个世纪，一直都没有满意的答案，一切，在等待着新的契机。

1989年7月的一天，拜城县的克孜尔乡在进行赛马叼羊的活动时，有匹马将地面踩得塌陷了下去。考古人员闻讯赶来，发现这是一处规模庞大的墓葬群。

1990年至1992年的3年中，考古人员在此做了4次抢救性的发掘，共发掘墓葬160余座。这些墓葬以多人多层合葬为主，葬式多侧身屈肢，头向西北。为了令墓室更加干燥，尸体的上面铺有一层木炭。墓葬时间在公元前1000年到600年，在这个时期，中原的文献对龟兹还没有记载。

他们是说着吐火罗语来自西欧的印欧人吗？考古人员总结了被葬者的种族特点：男性的，乳突比较大，眉骨也比较明显，鼻骨比较高，这是明显的白种人特点，也就是欧罗巴人种的特点。为了取得科学的结论，考古工作者将古墓头骨送到新疆博物馆，用现代科学技术对其进行了测量。果然，他们就是欧罗巴人种，人类学与语言学的解读结果竟然一致：龟兹古国人的祖先是古欧洲人。4000多年以前，这些古欧洲人就向东迁徙，曾到达西域的罗布泊一带的楼兰等地。

龟兹古国古墓颅骨与南西伯利亚、哈萨克斯坦、伏尔加河草原和咸海沿岸地带分布的青铜时代居民的颅骨，同属原始欧洲人种的古欧洲人类型，他们是迄今所知欧亚大陆上时代最早、分布位置最靠东的古欧洲人类型。正是这些远道而来的人们在绿洲上住了下来，并发展出了一支灿烂而神秘的绿洲文明。

壁画中的吐火罗人

吐火罗人是最早定居天山地区的古代民族之一，他们对西域文明，乃至整个中国文明的发生、发展都起过重要作用。

但是，谜题依然没有完全解开，例如，这支人群后来到哪里去了？他们的语言为何会灭绝？这些，都只能等待还在进行的考古工作去解开了。